주식투자
궁금증
300문
300답

최신 개정증보판
주식투자 궁금증 300문 300답

초판 1쇄 발행 2000년 6월 30일
13판 1쇄 발행 2024년 3월 20일 (총 56쇄)

지은이 | 곽해선
펴낸이 | 이정훈 · 정택구
책임편집 | 김좌근
펴낸곳 | 혜다
출판등록 | 2017년 7월 4일(제406-2017-000095호)
주소 | 경기도 파주시 산남로 195번길 11
대표전화 | 031-901-7810
팩스 | 0303-0955-7810
홈페이지 | www.hyedabooks.co.kr
이메일 | hyeda@hyedabooks.co.kr

인쇄 | (주)재능인쇄

ISBN 979-11-91183-28-3 03320

주식투자 궁금증 300문 300답

곽해선 지음

헤다

머리말

주식을 복권 사듯 '찍어' 사는 이들이 있다. 우연에 기대는 셈이니, 투자법치고 무모하다 할 것이다.

주가 흐름에 어떤 이유가 있는지 찾느라 골몰하는 이도 있다. 하지만 주가를 움직이는 이유는 너무 많으니 다 알아낼 수 없다.

고급 정보를 구해 투자하면 어떨까? 역시 문제가 있다. 작전 정보를 듣고 투자해도 낭패 보는 수가 허다하기 때문이다.

그럼 어떻게 해야 좋단 말인가?

왕도가 없다. 투자자 스스로 비용을 들여가며 이론을 익히고 실전 경험을 쌓아야 한다. 시행착오를 거치다 보면 여러 가지 경우의 수에 익숙해지고 자기 나름의 안목이 생긴다. 어떻게 투자하면 좋을지 알게 되고, 무모한 판단으로 손해 볼 위험도 줄일 수 있다.

이 책에는 주식 투자에 필요한 기본 지식과 요령을 정리했다. 증시가 어떻게 움직이고 어떻게 해야 투자에 성공할 수 있을지, 원리에 실례를 곁들여 이해하기 쉽게 설명했다. 독자가 끈기 있게 읽어야 할 부분도 많지만, 다 읽고 나면 문외한이라도 어느 정도 전문가 못잖은 안목을 얻을 수 있으리라 자신한다. 초보자에게는 일단 처음부터 차례대로 읽고 나서 이후 필요할 때마다 찾아 읽기를 권한다. 웬만큼 투자

경험이 있는 독자라면 필요한 대목만 골라 읽어도 될 것이다.

주식 투자를 정말 잘 하려면 증시를 넘어서 경제가 움직이는 이치와 트렌드까지 꿰뚫어 볼 수 있어야 한다. 경제 이해력을 키우려 하는 독자는, 이 책이 취향에 맞는다면 저자의 다른 책《경제기사 궁금증 300문 300답》도 읽어보기를 권한다.

이 책은 2000년 6월 초판 이래 지난 24년간 독자의 꾸준한 호응에 힘입어 개정판 출간을 거듭해왔다. 이번 책은 열두 번째 개정판인 제13판이다. 여느 때처럼 증시 흐름과 거래 환경 변화를 반영해 내용을 고쳤다. 독자가 더 쉽게 읽을 수 있게 공들였고, 구판을 읽은 독자가 보더라도 새 정보와 지식을 많이 얻을 수 있도록 보강했다.

개정판이 나올 때마다 열심히 찾아 읽어주시는 독자 여러분께 감사드린다.

2024년 3월

곽 해 선

차례

3 시장 흐름, 어디를 봐야 하나

5 공모주 · 실권주 투자 포인트

6 배당주 · 우선주 · 액면변경주 투자 포인트

7 주식 선물 · 옵션 투자 포인트

1

주식시장, 어떻게 움직이나

주식 매매와 기업공개

주주의 권리와 책임

주가와 경기

유가증권시장과 코스닥시장

상장과 상장 기업

장외시장과 K-OTC시장

주식 시세는 부단히 움직인다.
어느 날 갑자기 폭등할 수도, 폭락할 수도 있다.
시세가 자주 움직이므로 은행 예금이나 부동산 같은
투자 수단보다 매력 있지만 안정성은 낮다.

주식이란 무엇인가?

주식(株式)은 주권(株券)이라고도 한다. 주식회사가 자사 사업 밑천의 재산 가치를 표시해 발행하는 증서다.

주식회사는 투자자가 사업을 벌여 돈을 벌 목적으로 밑천을 대 운영하는 회사다. 주식회사가 마련하는 사업 밑천은 자본금, 자본금을 대는 투자자는 주주(株主, stockholder, shareholder)라 한다.

주식회사는 상법에 따라 자본금을 일정 소액 단위로 균등하게 나누고, 나눈 수만큼 주식을 발행하게 되어 있다. 발행 최소 단위는 1주, 단위 수량 호칭은 '주(株)'다.

1주당 발행가격(발행단가)은 상법 테두리 안에서 정할 수 있다. 자본금이 5000만 원인 주식회사라면 1주 5000원씩 1만 주, 1주 500원씩 10만 주, 1주 100원씩 50만 주… 식으로 발행할 수 있다.

주주는 자본금 조성에 기여한 금액만큼 주식을 나눠 갖는다. 가령 투자자 3명이 100만 원씩 내서 자본금 300만 원 규모의 주식회사를 만든다 하자. 주식 단가(주당 가격)를 50만 원으로 정하면 합계 6주의 주식을 발행하고 주주 3명이 2주씩 나눠 갖는다.

주주 각자가 자본금 조성에 기여한 만큼 보유하는 주식 금액을 지분(持分)이라 한다. 자본금에서 지분이 차지하는 비율은 지분율(지분 비율)이라 한다. 가령 주주 5명이 지분을 똑같이 나눈 회사라면 주주 1인당 지분율은 5분의 1이다. 회사가 사업을 벌여 이익이 나면 지분율에 따라 주주에게 이익을 배분할 수 있다.

주식은 사고팔 수 있다. 일단 매매가 시작되면 발행가뿐 아니라 발행가를 떠난 가격에도 매매된다. 주식을 매매하는 시장을 주식시장, 주식시장에서 형성되는 주식 매매 가격을 매매 시세라고 부른다. 매매 시세는 시장가격, 시가(市價, market price)와 같은 뜻이다.

주식 매매 시세는 시시각각 변한다. 보통 발행사의 사업이 잘되고 시장에서 좋은 평가를 받으면 주식 수요가 늘어 시세가 오른다. 반대로 발행사의 사업이 잘 안 되고 시장 평가가 나쁘면 주식 수요가 줄어 주가가 침체하거나 떨어진다.

주가가 등락하면 보유 주식을 팔지 않더라도 주주가 보유한 주식의 값어치가 변한다. 시세가 급변할 때 흐름을 잘 타서 매매하면 단기에 큰 이익을 낼 수 있지만, 잘못하면 투자금을 한순간에 다 잃을 수도 있다.

주주에겐 어떤 권리 있나?

주주총회 참석을 알리는 통지서

주 주 총 회 참 석 장

주주번호: 30000115962750 * * *

소유주식수	주주명부				0
	실전주주명부	3	0	0	0
	주식수계	3	0	0	0
	무의결권수				0
	의결권수	3	0	0	0

○○기업(주)	제 33 기	정기 주주총회 및
속회 또는 연회가 있을 예정이오니 참석하시길 바랍니다.		
일시	2023년 3월 17일 (금 요일) 10 시 00 분	

장소 서울시 강북구 수유동 산 76 아카데미하우스 대화의 집

(주총문의처 : 02-993-6181)

188-50033-030000115962750

경기도 시 구 동 148아파트 101-301 심여송 11-20

*성명옆에 제출인감을 날인하여 주십

주주가 누리는 권리는 크게 세 가지다.

첫째, 지분에 비례하는 영향력과 책임을 갖고 회사 경영에 참여할 수 있다. 주식회사는 경영 관련 주요 사항을 주총(주주총회)에서 의결하는데, 주주는 주총에 참석해 지분만큼 의결권을 행사할 수 있다.

둘째, 배당을 받을 수 있다. 배당이란 주식회사가 사업을 해서 올린 이익 중 일정 몫을 주주에게 주식이나 현금으로 나눠주는 것이다. 회사가 배당을 결정하면 주주는 지분에 비례해 이익을 분배받는다.

셋째, 보유 주식을 팔아서 매매 차익을 얻을 수 있다. 주식은 발행 후 시장에서 매매가 이뤄지는 동안 시세가 형성되어 등락을 거듭한다. 보통 쌀 때 사서 오른 값에 팔면 시세 차익을 낼 수 있다.

여러 가지 권리를 누려 좋지만, 경영 책임도 나누어 져야 한다. 혹

시 회사가 망하기라도 하면 보유 주식 시세가 폭락해 휴지 조각이 되는 사태까지 감수해야 한다.

다만 회사가 영업하다 진 빚이나 손실에 따르는 변상 책임은 지분 범위에서만 진다. 만약 개인기업이라면 영업하다 진 빚이나 손실을 기업 소유자(owner)나 투자자가 개인 재산을 털어서라도 갚아야 하지만, 주식회사는 아니다. 개인기업 투자자는 무한책임, 주주는 유한책임이다.

주식 매매가 어떻게 회사를 키우나?

주식회사는 성장 잠재력이 큰 회사 형태다. 경영이 잘되고 회사 규모가 어느 수준 이상 커지면 주식시장에서 주식을 매매하는 것만으로 쉽사리 규모를 키울 수 있다. 어떻게 그럴 수 있나?

주식시장에 참여하는 수많은 투자자를 새 주주로 끌어들일 수 있기 때문이다.

주식회사를 처음 만들 때는 흔히 가족이나 친구 등 몇 안 되는 사람이 자본금을 모아 낸다. 주주 수가 적다 보니 기업 소유권이 널리 일반에 분산되어 있지 않다. 이처럼 주식 소유가 널리 일반에 분산되어 있지 않은 상태를 비공개 상태라 한다. 비공개 상태로 있는 주식회사는 비공개회사라고 부른다.

비공개회사는 기업공개 절차를 거치면 공개회사(public corporation)가 된다.

기업공개란 기업이 이미 발행했거나 추가로 발행하는 주식의 전부 또는 대부분을 주식시장에 내놓고 불특정 다수 투자자에게 공개리에 파는 일이다. 곧 새 주주로부터 자본금을 공개 모집(공모)한다는 얘기다. 영어로는 IPO(Initial Public Offering)라고 한다. 기업공개로 증시에 나오는 주식은 IPO주라고 부른다.

기업공개 절차를 거친 회사는 새 주주를 통해 새로이 자금을 마련할 수 있다. 대신 새 주주도 많이 생기고, 그만큼 주식 소유와 기업 소유권이 일반에 분산된다.

기업공개 절차는 법에 정해져 있다. 공개 실행은 대개 기업 스스로 하기보다 증권회사에 수수료를 주고 맡긴다. 공개를 실행해서 일반 투자자에게 공개된 공개회사는 공개하지 않은 비공개회사와 구분한다. 그러니까 주식회사에는 공개회사와 비공개회사가 있는 셈이다.

대개 처음 공개(신규 공개)하는 회사는 이전에 발행한 주식에 더해 새로 주식을 발행한다. 새 주식을 불특정 다수 투자자에게 팔면 회사로 새 자금이 들어오므로 자본금 규모를 더 키울 수 있다. 주주 수도 늘어나게 마련이다. 그만큼 업계나 사회에서 영향력이나 신용도도 높아진다. 신규 공개 뒤 투자자에게서 좋은 평가를 받는다면, 이후 주식을 몇 번이고 더 발행해서 자본금을 불리고 사업 규모를 키울 수 있다. 이자 부담을 져가며 은행 등에서 돈을 빌릴 필요도 없어진다.

다만 아무나 기업공개로 사업 규모를 키울 수 있는 것은 아니다. 투자자에게서 좋은 평가를 받지 못하면 기업공개를 하더라도 주식을 팔기 어렵다. 또 그렇기 때문에 기업공개 절차를 완수하기도 어렵다. 기업공개에 한 번 실패했다 재도전하는 사례를 전한 보기 기사만 봐도,

기업공개가 호락호락하지 않다는 사실을 알 수 있다.

기사보기

빗썸 2025년 목표로 기업공개 추진, 2020년 실패 이후 2번째 도전

국내 2위 가상화폐 거래소 빗썸이 기업공개(IPO)를 추진한다. 13일 빗썸에 따르면 2025년을 목표로 기업공개를 진행할 준비를 하고 있다. … 빗썸은 앞서 2020년에도 한 차례 기업공개를 추진했었다. 당시 정부에서 가상화폐 과세 법안을 준비하는 등 제도권 편입을 준비해 가상화폐의 가치가 상승할 것으로 전망했었다. 다만 불투명한 주주 구성과 이정훈 전 빗썸홀딩스·빗썸코리아 이사회 의장의 사기 혐의 검찰 수사 등으로 기업공개를 미뤘다.

비즈니스포스트
2023.11.13

주가 오르면 누가 득 보나?

주식시장을 가리켜 '증시(證市)'라고 부를 때도 많다. 증시란 증권시장의 약칭이다. 증권을 매매하는 시장이라는 뜻이다.

증권은 주식처럼 재산 가치를 지닌 증서, 곧 유가증권(有價證券, securities)을 뜻한다. 유가증권에는 주식뿐 아니라 채권, 수표, 어음도 있기 때문에 주식시장은 증시의 일부일 뿐이다. 다만 주식시장에 투자자가 많고 관심도 높다 보니 증권가나 미디어에서는 주식시장과 증시를 같은 뜻으로 쓸 때가 많다.

증시에서 투자자가 매매에 나서는 동안, 주식은 수요량과 공급량이 달라지고 시세도 끊임없이 오르내린다. 시세 등락에 따라 주주가 보유한 주식 평가액(시세로 계산한 주식의 시장가치)도 불어났다 줄어들기를 거듭한다.

주식회사 창립 때 자본금 조성에 참여한 투자자 중에는 나중에 주가가 폭등해 일약 부자가 되는 이도 있다. 회사 창립 때 지분 참가를 하지 않았더라도 나중에 증시에서 유통되는 주식을 샀다가 시세가 올라 득 보는 이도 나온다.

주가가 오르면 누가 득 볼까?

주식을 발행한 회사와 주주가 득 본다. 회사는 주가가 오르면 신용도가 높아지고 주식을 더 발행할 수 있어서 좋다. 주주는 보유 주식 시세가 올라 돈 버니 좋다.

주식 시세는 부단히 움직인다. 어느 날 갑자기 폭등할 수도, 폭락할 수도 있다. 시세가 자주 움직이므로 은행 예금이나 부동산 같은 투자 수단보다 매력 있지만 안정성은 낮다.

주식 투자, 누가 하나?

주식 투자자는 크게 개인, 기관, 외국인 등 세 그룹으로 나뉜다.

개인은 개인투자자(개인투자가)다. 일반, 일반인, 일반 투자자라고도 부른다. 보통 적은 금액을 투자하지만 숫자가 많기 때문에 개미 또는 개미 군단이라고도 부른다.

기관은 기관투자가다. 개인과 달리 거금을 동원해 투자하는 단체다. 정부와 정부가 관리하는 기업, 증권회사·보험회사·은행·자산운용회사·종합금융회사·상호저축은행 등 각종 금융회사와 공제회, 국민연금 같은 연금·기금, 일반 기업체(사업 법인) 등이 해당한다.

외국인(외인)은 외국인 투자가다. 외국인 중에도 개인이 있고 기관이 있지만, 지금 우리나라 증시에서 외국인은 대개 기관이다. 그래서 우리 증시에서는 3대 투자 주체(개인, 기관, 외국인) 대신 2대 투자 주체(외국인을 포함한 기관, 개인)로 투자자를 구분할 수도 있다.

우리 증시가 외국인에게 문을 연 것은 1992년이다. 개방 초기에는 외국인이면 특정 주식을 못 사게 하거나 일정 지분 이상 못 사게 하는 등 제한을 두었으나, 1997년 말 외환위기 이후로는 거의 제한 없이 투자할 수 있게 했다. 이후 외국인은 우량주와 대형주(자본금이나 시가총액 규모가 큰 주식) 위주로 국내 주식을 많이 사들여 투자자로서 위상을 크게 높였다.

외국인은 거금을 동원해 세계 규모로 투자하는 만큼 국제 자금 흐름에 밝다. 자연히 개방된 증시에서는 현지 기관투자가보다 시장 지배력이 세기 마련이다. 실제로 우리 증시에서도 외국인의 영향력이 매우 커서 외국인 매매가 주가를 좌우하는 현상이 자주 나타난다. 개인과 기관이 외국인 매매 패턴을 따라 투자하는 사례도 많다.

외국인과 달리 개인이 시장에 영향을 미치는 정도는 비교적 미미하다. 외국인과 일반 법인, 기관 등을 합하면 시가총액 비중이 개인보다 훨씬 크다. 더구나 기관과 외국인은 개인보다 자금력이 월등하고 정보 수집력과 분석력도 단연 앞서므로 증시에 미치는 영향력이 압도적이다. 개인이 어떤 식으로 매매하더라도 기관과 외국인이 일시에 몇 종목만 골라 매매하면 증시 흐름이 달라지곤 한다.

증권사가 주식 사라면 왜 새겨들어야 하나?

주식거래는 보통 증권회사가 중개한다. 투자자가 증권사 영업점에 거래 계좌를 만들고 현금을 맡긴 다음 주식을 골라 매매 주문을 내면, 증권사가 투자자를 대신해 매매 거래를 한다.

증권사는 투자자의 주문으로 주식이 매매될 때마다 매매 수수료를 받는다. 부동산 중개업자가 부동산 거래를 중개하고 중개 수수료를 받는 것과 마찬가지다. 중개 수수료는 투자자가 득 보든 손해 보든, 사든 팔든 상관없이 치러야 한다. 이것도 부동산이나 주식이나 마찬가지다.

투자자가 거래를 할 때마다 수수료가 발생하므로 중개업자 입장에서는 거래가 많을수록 좋다. 이런 구조다 보니 증권사는 아무래도 투자자가 매매를 자주 하게 부추기고픈 유혹을 느끼기 쉽다. 주가가 상승 무드일 때면 '더 오른다'며 사라 하고, 주가가 하락세면 '도로 오를 테니 사두라'거나 '더 떨어지기 전에 팔아치우라'고 권하는 식이다.

실제로 증권사 영업 직원이 주가 등락에 상관없이 '지금이 찬스'라며 매매를 부추기는 행태를 자주 볼 수 있다. 그러니 증권사나 증권사 영업 직원이 매매를 권한다고 대뜸 따르는 것은 바람직하지 않다. 설사 전문가의 투자 분석이나 권고라 할지라도, 그가 증권사 소속이면 증권사의 이해관계를 고려해서 들어야 한다.

같은 맥락에서, 전문가들이 투자자에게 흔히 권하는 '손절매(損切賣, stop-loss)'도 잘 생각해봐야 한다. 손절매란 보유 주식 시세가 매입가보다 떨어졌을 때 손해를 무릅쓰고 주식을 처분하는 투자 기법이다. 그대로 놔두면 손실이 더 커진다 싶을 때 추가 손실이라도 줄이자는 뜻에서 매매하는 경우다.

일리가 있지만, 손절매를 하는 순간 투자자는 손실을 실현하고 만다. 그냥 갖고 있다 시세가 도로 올라 손실을 만회할 가능성도 없어진다. 반면 증권사는 매매 수수료를 얻는다. 주가가 떨어질 때 투자자는 손절매를 하든 안 하든 손해 볼 수 있지만, 증권사는 투자자가 손절매를 해야 매매 수수료를 얻을 수 있다.

액면주와 무액면주, 무엇이 다른가?

예전 우리나라에서 기업이 주식을 발행할 때는 종이에 발행회사명과 금액란을 적은 주식 실물(實物)을 인쇄해 유통했다. 2019년 9월 16일 이후로는 더 이상 실물을 쓰지 않고, 일정한 등록 절차를 거쳐 발행한 전자증권만 유통한다.

실물 주식을 발행할 때는 금액란에 발행단가를 적었다. 금액란은 액면, 액면에 적는 가격은 액면가(par value)라고 했다. 액면가를 표시한 주식은 액면주식, 곧 액면주(額面株, par stock)라고 불렀다. 전자증권만 쓰는 지금은 액면주의 발행단가인 액면가가 그대로 발행가인 셈이다.

우리 상법상 액면주의 액면가는 주주총회 의결로 정하되 100원 이상이라야 한다. 보통 100원, 200원, 500원, 1000원, 2500원, 5000원, 1만 원 등으로 정한다.

액면주의 액면가는 발행주식 수와 함께 발행주식 총액을 결정한다. 자본금이 5000만 원인 주식회사가 액면가를 1000원으로 정해 주식 5만 주를 발행한다고 하자. 그럼 액면가(1000원)에 발행주식 수(5만 주)를 곱한 금액이 발행주식 총액(5000만 원)이 된다. 즉 액면가에 발행주식 수를 곱하면 발행주식 총액이 된다. 주식은 본래 자본금만큼 발행하므로 발행주식 총액과 자본금은 액수가 같은 게 원칙이다.

한번 액면주를 발행한 기업은 이후 얼마든지 액면주를 추가 발행해서 자본금을 늘릴 수 있다. 하지만 추가로 발행하는 주식은 발행가를 액면가보다 낮게 정할 수 없다. 만약 이미 정한 액면가보다 발행가를 낮게 하려면 주주 전체로 구성된 주주총회(주총)를 열어 결의하고 법원 인가까지 얻어야 한다. 회사 성립일로부터 2년이 지나야 하고, 주총 결의 때 최저 발행가도 정해야 한다.

법 요건을 갖추더라도 또 다른 문제가 있다. 주식 시세가 액면가를 밑돌 때는 시장 여건상 주식 추가 발행이 힘들다. 시세가 액면가를 밑돌 정도면 투자자가 해당 주식(회사)의 장래성을 좋지 않게 보고 신주(새로 발행되는 주식)를 사주지 않을 가능성이 높기 때문이다. 다만 이 문제는 이론상 무액면주(無額面株, no-par stock)를 발행하면 넘어설 수 있다.

무액면주란 액면가, 곧 발행단가를 적지 않고 발행하는 주식이다. 해당 주식이 전체 자본금의 몇 %에 해당하는지를 지분율이나 주식 수 형태로만 표시한다. 발행단가가 아예 없으니 시세가 단가 밑으로 떨어질 일이 없어서 자본금 늘리기에 편리하다. 일부 외국(미국, 일본, 캐나다 등)에서는 전부터 기업들이 대규모 자금을 마련할 때나 기업 간 합병·분할 때 발행하곤 했다. 우리나라에서도 무액면주가 자본 늘리기에 편하다는 데 착안한 기업들의 요구로 상법 개정(2012년 4월 15일 시행)을 거쳐 무액면주 발행이 허용됐다.

법 제도가 바뀌면서 액면가 없이 원하는 가격에 신주를 발행해 자본금을 모을 수 있게 됐지만, 국내 기업들은 여전히 무액면주를 발행하지 않고 있다. 왜일까?

발행 절차가 까다롭기 때문이다.

우리 상법상 기업이 무액면주를 발행하려면 정관으로 정해야 한다. 일단 '무액면주를 발행한다'고 정관으로 정한 다음에 새로 발행하는 주식은 전부 무액면주라야 한다. 액면주는 발행할 수 없다. (단, 정관으로 정해놓는다면 이미 발행한 액면주를 무액면주로 바꾸거나 무액면주를 액면주로 바꿀 수 있다.) 액면주를 발행한 기업이 무액면주를 발행하려면 정관을 바꾸고 기존 주식을 무액면주로 바꿔야 하는데, 그러기는 매우 번거롭다. 무액면주를 발행하면, 시장에서 '주가가 낮은 한계기업이 액면주를 발행할 자신이 없어서 무액면주를 발행한다'는 평가를 들을 가능성도 있다. 이래저래 무액면주 발행은 쉽지 않다.

주가와 경기, 어떻게 움직이나?

경기란 경제 상태(business conditions)를 말한다.

'경기가 좋다'고 하면 경제 상태가 좋다는 뜻이다. 경기가 좋을 때는 투자·생산·고용·소비·판매가 모두 활발히 움직이고, 투자액·생산량·고용량·소비액·판매액이 다 함께 늘어난다. 기업이 이익을 더 많이 낼 수 있다. 이익을 많이 내는 기업일수록 미래 성장성을 밝게 보는 시장의 기대가 높아지므로, 시세 차익과 이익배당을 노리는 주식 투자 수요를 더 많이 끌어당기고, 그 결과 주가가 오른다. 이런 이치로 경기가 좋을 때는 많은 기업이 이익을 늘리면서 증시 전반에 걸쳐 주가가 오른다.

반대로 경기가 나쁠 때는 주가가 침체한다. 경기가 나쁠 때는 투자·생산·고용·소비·판매가 침체해 기업 이익이 줄고, 이익 분배 전망이 어두운 기업이 늘면서 주식 투자 수요가 줄기 때문이다.

요컨대 보통 때 경기와 주가는 같은 방향으로 움직이는 것이 정상이다. 경기가 좋아지면 주가도 오르고, 경기가 나빠지면 주가도 내린다. 모든 종목이 다 경기 흐름을 타는 것은 아니지만 주식시장 전반에 걸쳐서는 대개 그렇다.

경기가 주가를 움직이듯 주가가 경기를 움직이기도 한다. 주가가 오르면 경기에 좋은 영향을 미치고, 주가가 내리면 경기에 좋지 않은 영향을 미친다.

증시 전반에 걸쳐 주가가 오르면 거래가 활발해지면서 시장 참가자 모두가 득 본다. 기업은 주식을 더 발행해서 사업 자금을 늘릴 수 있다. 증권사는 거래 중개 수수료 수입이 늘어난다. 투자자는 보유 주식 평가액이 커진다. 주식 투자로 돈 번 투자자는 소비를 늘리게 마련이다. 소비가 늘면 판매가 늘고 투자·생산·고용이 꼬리를 물고 늘어나면서 경기가 확대될 수 있다.

만약 증시 전반에 걸쳐 주가가 침체하면 거래가 줄면서 시장 참가자 모두가 손실을 본다. 기업은 주식을 새로 발행해 자금을 마련할 길이 막힌다. 주식을 팔고 싶어도 주가가 너무 내려 팔지 못하는 투자자가 늘고, 새로 주식을 사려는 수요는 줄어든다. 주식 매매 거래가 줄면서 증권사들은 거래 수수료 수입이 줄어 경영이 어려워진다. 투자자는 보유 주식 평가액이 줄어드는 만큼 재산을 잃는 셈이므로 소비를 줄이게 된다. 이렇게 증시 침체로 소비가 부진해지면 판매가 줄고 투자·생산·고용도 잇따라 둔해져 경기가 가라앉을 수 있다.

경제는 경제주체의 심리 상태에 따라 움직일 때가 많다. 주가는 특히 경제주체의 소비 심리에 직접 영향을 미쳐 경기를 움직이는 요인이다.

유가증권시장·코스닥·코넥스, 어떻게 다른가?

주식거래는 여러 경로로 이뤄진다. 투자자끼리 직접 매매할 수도 있고, 거래 중개자를 끼워 매매하기도 한다. 가장 흔한 경로는, 체계를 갖추고 운영하는 잘 조직된 시장에서 공인 중개자를 두고 일정 거래 원칙을 따라 공개리에 경쟁 매매하는 것이다.

공개경쟁 매매란 매매를 둘러싸고 시장 참가자 간에 엇갈리는 이해를 미리 정한 원칙에 따라 경쟁시켜 조정되게 하는 거래 방식이다. 공개경쟁 매매가 원활하게 이뤄지려면 시장이 잘 조직되어 있어야 한다. 우리나라에서는 유가증권시장과 코스닥시장, 코넥스가 비교적 잘 조직된 주식시장으로 손꼽힌다.

유가증권시장은 국내에서 가장 오래된 증시다. 비교적 규모가 큰 기업이 발행한 증권을 유통시킨다. 비공식 명칭으로 코스피(KOSPI, Korea Composite Stock Price Index) 또는 코스피시장이라고도 한다.

코스닥시장은 유가증권시장보다 늦게 출범한 증시다. 주로 중소기업과 벤처기업이 발행하는 증권을 거래한다. 그냥 코스닥(KOSDAQ, Korea Securities Dealers' Automated Quotation System)이라고 부를 때도 많다.

예전 한때는 유가증권시장과 코스닥을 운영하는 주체가 달랐는데, 2005년 1월 정부가 나서서 통합 증권시장으로 만들었다. 통합 증시 운영은 주식회사 한국거래소(Korea Exchange, KRX)가 맡고 있다. 한국거래소는 2013년 7월부터 코넥스(KONEX, Korea New Exchange)라는 시장도 새로 만들어 유가증권시장, 코스닥과 함께 운영하고 있다.

코넥스는 주로 창립 초기 단계 중소기업과 벤처기업 주식을 거래한다. 과거 코넥스에서는 법으로 정한 전문 투자자가 아니면 기본예탁금 명목으로 3000만 원 이상을 거래 계좌에 맡겨두거나, 연간 3000만 원 한도로만 거래할 수 있는 소액 투자 전용 계좌를 만들어야 주식을 매매할 수 있었다. 2022년 5월 말부터는 이런 제한이 폐지됐다.

증시가 어떻게 바뀌든 투자자로서 달라질 것은 별로 없다. 유가증권시장에서든 코스닥이나 코넥스에서든 증권거래는 투자자와 거래 중개자, 증시를 실시간으로 연결하는 온라인 전산 네트워크 시스템에서 이뤄지기 때문이다. 투자자는 증권사 영업점에 거래 계좌를 만들고, 증권사에 연결된 온라인 네트워크를 통해 시세 정보를 보면서 매매 주문을 내놓는다. 거래 중개자, 곧 증권사는 투자자의 주문을 받아 거래를 대행한다. 증권사는 전국 각지의 영업점을 거쳐 나온 주문을 증시로 내보내고, 증시에 나온 주문이 서로 만나 거래가 이뤄지면 그 결과를 투자자에게 전달한다. 이 모든 과정이 온라인 전산 네트워크에서 실시간 처리된다.

상장과 상장 기업이란 무엇인가?

기사보기

핏펫, 25년 코스닥 상장 추진…
NH투자증권과 대표주관계약 체결

반려동물 토탈 헬스케어 기업 핏펫이 코스닥 상장을 추진한다. 1일 핏펫에 따르면 이 회사는 지난달 17일 NH투자증권과 기업공개(IPO) 대표 주관 계약을 체결했다. 오는 2024~2025년 기업공개 준비를 마무리하고 2025년도 하반기에 코스닥 상장을 완료한다는 계획이다.

머니투데이
2023.11.01

반려동물 케어 기업이 코스닥 상장을 추진한다고 전한 기사다.

상장(上場, listing)이 뭘까?

기업이 증권을 발행해 유가증권시장이나 코스닥처럼 조직된 증권시장에서 공개 매매할 수 있게 등록하는 일이다.

상장한 기업은 많은 투자자가 참가하는 증시에서 공개리에 주식을 팔 수 있다. 주식을 공개 판매한다는 것은 곧 자본금을 공개 모집한다는 얘기다. 주식 판매 대금은 자본금에 추가되므로 사업 밑천을 부쩍 키울 수 있다. 대외 신용도 좋아진다. 상장 후에도 별문제가 없으면 주식을 추가 발행해 거액 자금을 쉽사리 마련할 수 있다. 그래서 기업이 웬만큼 규모가 커지면 대개 상장을 원한다.

다만 원한다고 아무 회사나 상장할 수 있는 것은 아니다. 유가증권시장이나 코스닥시장에 상장하려면 공인된 시장 관리자, 즉 한국거래소에 상장 자격 심사(공식 명칭은 상장예비심사)를 청구해 승인을 받아야 한다.

상장예비심사 청구를 받은 한국거래소는 해당 기업의 규모나 사업 내용이 믿을 만한지, 증시에서 해당 기업이 발행하는 주식을 팔면 다수 투자자에게 관심을 받고 잘 매매될지 등을 따져보고 승인 여부를 결정한다.

상장예비심사에서 승인을 받은 기업은 기업공개(IPO)를 해야 한다. 새로 주식을 발행해 일반 투자자에게 공개 매각하는 방법으로 자본금을 공모하는 것이다. 기업공개 실행은 보통 수수료를 주고 금융회사(주로 증권회사)에 맡긴다.

보기 기사도 핏펫이 코스닥시장 상장을 추진하면서 그 전에 기업을 공개한다고 전한 예다. 기업공개 절차 실행은 NH투자증권에 맡겼다.

기업공개 실행을 맡는 금융회사를 대표 주관사라 부른다. 기사는 NH투자증권이 대표 주관사가 되어 핏펫의 기업공개를 실행할 수 있도록 핏펫과 대표 주관 계약을 맺었다(체결했다)고 전한다.

상장예비심사와 기업공개를 거쳐 상장한 기업은 상장 기업(상장회사, 상장 법인)이 된다. 공식 용어로는 유가증권시장 상장 기업을 주권상장법인, 코스닥 상장 기업을 코스닥상장법인이라 한다.

상장회사 수와 상장종목 수, 왜 다른가?

상장 기업이 발행하여 증시에서 유통시키는 증권을 상장종목이라고 한다.

종목(種目, name, issue)이란 증시에서 거래하는 증권의 명칭 또는 고유 번호다.

종목마다 발행사가 있으므로 보통은 발행사 이름을 따라 '삼성전자 주식'이나 '신한지주 종목' 식으로 종목을 구분해 부른다. 증권 매매도 종목별로 한다. 예를 들면 삼성전자 종목을 1주에 5만 원씩 10주 사고, 신한지주 종목을 주당 3만 원씩에 100주 파는 식이다.

단, 종목명과 발행사 이름이 늘 같은 것은 아니다. 같은 회사가 발행해도 종목이 다른 경우가 있는데, 발행 조건 등에 따라 종류를 구분하는 증권이 있기 때문이다. 예를 들면 주식에는 보통주(보통 주식)와 구분하는 우선주라는 것이 있다.

보통주에는 주주총회에 참석해서 의결을 행사할 수 있는 권리, 곧 의결권이 딸려 있다. 반면 우선주에는 의결권을 주지 않는다. 그 대신 배당(기업이 사업을 해서 올린 이익을 재원으로 주주에게 나눠주는 이익 분배분)을 보통주보다 더 준다. 기업이 보통주와 우선주를 모두 발행하면 보통주와 우선주가 각자 별개 종목이 된다. 이를테면 LG전자 보통주와 LG전자 우선주는 발행사가 같아도 별개 종목으로 상장한다.

하나의 증권 발행사가 여러 종목을 발행할 수 있으므로 상장회사 수와 상장종목 수가 반드시 일치하지는 않는다. 실제로 2023년 11월 17일 현재 유가증권시장에 상장한 기업은 838개인데 상장종목은 952개다. 코스닥시장에는 1691개사가 1694개 종목을 상장했다. 코넥스에는 129개사가 129개 종목을 상장했다(KRX 정보데이터시스템 참조).

상장한 뒤라도 기업 경영 상태가 계속 나쁘거나 주식거래 시장 규칙을 심하게 어기면, 시장 관리자의 판정에 따라 상장 자격을 취소할 수도 있다. 이른바 '상장 폐지'다.

상장, 왜 아무나 하면 안 되나?

주식회사는 주식을 발행해 모은 자금을 밑천 삼아 세운다. 회사 설립 뒤에도 주식을 사줄 투자자만 있으면 주식을 더 발행해 사업 자금을 늘릴 수 있다. 그렇다고 주식회사 모두가 이런 식으로 사업 자금을 구할 수 있는 것은 아니다. 우리나라에서 주식을 발행해 사업 자금을 구하려면, 유가증권시장이나 코스닥처럼 많은 투자자가 참여하면서 투자 시스템이 비교적 잘 짜인 정규 증시에 상장해야 한다.

다만 유가증권시장이나 코스닥에 상장하려면 시장 관리자인 한국거래소에서 상장 자격 심사를 받아야 한다. 상장 자격 심사를 통과하고 주식을 발행하면 수많은 투자자가 선뜻 투자해주므로 웬만하면 원활히 자본을 조달할 수 있다.

유가증권시장이나 코스닥에서 투자자가 상장 기업 주식에 선뜻 투자하는 이유는 뭘까?

기본적으로 증시 관리자의 상장 자격 심사를 믿기 때문이다.

투자자는 평소, 증시 관리자가 믿고 투자해도 될 만한 회사를 상장시키고 공정한 규칙에 따라 운영한다고 생각한다. 그런데 상장 기업이 걸핏하면 경영 부실로 쓰러지거나, 한동안 멀쩡하던 주식이 갑자기 휴지 조각이 되는 사태가 자주 생긴다고 해보자. 어떻게 될까?

손해 본 투자자는 증시 관리자가 부실기업을 상장시켰다며 비난할 것이다. 증시 전반을 감독할 책임이 있는 정부 당국도 탓할 것이다. 그래도 상황이 개선되지 않는다면 주식 투자를 아예 단념해버릴지 모른다.

증시가 투자자에게 신용을 잃고 외면당한다고 해보자. 기업은 증시를 통해 사업 자금을 마련할 길을 잃는다. 그만큼 기업 투자는 부진해지고 국민경제는 위축될 것이다.

증시가 신용을 잃는 사태를 예방하려면, 증시 관리자가 상장 심사를 엄격히 해서 자격을 갖춘 기업만 상장시켜야 한다. 일단 상장시킨 기업일지라도 상장 뒤 자격 요건을 벗어나면 가차 없이 상장을 폐지하고 시장에서 퇴출시켜야 한다. 그래야 투자자가 증시를 믿고 활발히 투자하며, 증시가 건전하게 유지되고, 증시를 통해 금융·기업·국민경제가 함께 성장할 수 있다.

장외시장은 어떤 시장?

우리나라 증권가에서는 유가증권시장이나 코스닥, 코넥스 등을 정규 시장 또는 정규 증시라고 부른다. 정규 증시에는 시장을 관리하는 관리자가 있다. 우리나라 정규 증시에서는 한국거래소(KRX)가 시장 관리자 역할을 한다.

국내 정규 증시에 상장하려는 기업은 한국거래소 상장예비심사를 거쳐 상장 자격을 인정받아야 한다. 그럼 상장하지 못하는 회사는 어디서 주식을 유통시키나?

정규 시장 바깥에서 할 수밖에 없다.

정규 시장 바깥은 장외(場外)다. 그래서 장외시장이라고 부른다. 장외시장을 전제로 놓을 때 정규 시장은 장내시장이라고 부른다. 장내시장에서 이뤄지는 거래는 장내거래, 장내에서 증권을 거래하는 기업은 장내기업이라 한다. 장외에서 하는 거래는 장외거래, 장외에서 증권을 거래하는 기업은 장외기업, 장외에서 거래하는 주식은 장외주식이라 한다.

예전에 국내 장외주식 거래는 주로 증권사 영업점, 사채업자 사무실, 공증인 사무실 같은 곳에서 매매자끼리 직접 만나 계약서와 (종이에 인쇄한) 증권 실물을 주고받는 식으로 이루어졌다. 사무실 창구(counter)를 통해 거래한다 해서 장외시장을 OTC시장(Over The Counter market)이라 불렀고, 지금도 그렇다. 일본에서는 점두시장(店頭市場)이라고 부른다.

지금은 장외주식도 증권사가 운영하는 온라인 매매 전용 프로그램(HTS, MTS)으로 편리하게 거래할 수 있다. 장외주식만 거래할 수 있는 장외증시, 곧 K-OTC시장도 있다. K-OTC시장은 한국장외시장(Korea Over-The-Counter market)의 약칭이다. 시장이라고는 하나, 실체는 한국금융투자협회가 운영하는 온라인 전산 거래 중개 네트워크 시스템이다. 한국금융투자협회(금투협)는 증권사 등이 모여 만든 사업자 단체다.

K-OTC시장은 2014년 8월 25일 개장했고, 예전에는 프리보드(Free Board)라고 불렀다. 장외증시 중 하나일 뿐이고 장외주식을 다 모아놓는 것도 아니지만, 투자자가 편리하게 거래할 수 있도록 조직한 시장이라는 점이 장점이다.

K-OTC 운영자인 금투협은 정규 시장 관리자인 한국거래소와 다른 역할을 한다. 한국거래소는 매매 자격을 걸러내고 시장을 규제하는 관리자 역할을 중시하지만, 금투협은 시장이 원활하게 작동할 수 있게 촉진하는 운영자 역할에 주력한다. 그런 만큼 K-OTC에서는 정규 증시에 비해 기업이 자사 주식을 유통시키기가 훨씬 쉽다. 그 대신 시장의 신용도나 조직성은 정규 시장보다 많이 떨어진다.

K-OTC를 포함해 장외시장이 정규 증시보다 좋은 점은 무엇보다 자유롭다는 것이다. 장내에서 매매되든 안 되든 다 거래할 수 있다. 장내시장처럼 공인된 시장 관리자나 거래 중개자가 있어서 시시콜콜

K-OTC 거래 대금 상위 종목

거래 대금 상위	거래량 상위	상승률 상위	기준일 : 2023-11-17

순위	종목명	현재가	전일 대비	거래량	거래 대금
1	삼성메디슨	6,440	▼ 90	19,400	123,376,660
2	비보존	8,940	▼ 270	10,696	96,456,370
3	넷마블네오	5,290	▲ 80	17,590	85,838,005
4	SK에코플랜트	61,000	▼ 1,800	1,328	82,237,500
5	LS전선	62,000	▲ 300	638	39,556,000

거래를 규제하는 일도 없다.

그 대신 단점이 있다. 매물 정보를 얻기가 어렵다. 장내주식의 경우는 시장 관리자가 발행사에게 실적 정보 등 이런저런 정보를 투자자에게 공개하라고 촘촘히 규제한다. 증권사나 미디어가 종목 분석 정보를 내놓는 일도 잦다. 하지만 장외주식에는 정보 공개를 요구하는 규제가 별로 없고, 증권사나 언론이 종목 분석을 해서 내놓는 정보도 적다. '38커뮤니케이션'이나 '피스탁(PSTOCK)'처럼 인터넷 사이트를 통해 주요 장외주식 시세와 관련 거래 정보를 제공하는 사설 업체가 있지만, 정규 증시에 비하면 습득 가능한 정보의 소재, 양, 신뢰도가 모두 미덥지 않다. 자연히 장외주식은 유망 종목과 부실 종목을 가려내기 어려워, 투자할 때 많이 주의해야 한다.

투자자 입장에서, 장외거래가 이처럼 위험 부담이 크다면 투자자와 증시 보호를 위해 아예 법으로 금하는 게 낫지 않을까 생각할 수도 있다. 하지만 거래를 아예 막기에는 장외시장이 지닌 장점이 크다.

장외시장은 성장 초기 유망 기업 등이 장외에서 주식 발행으로 사업 자금을 마련하는 데 유용하다. 장외시장을 통해 장외기업이 성장하면 정규 시장으로 옮아갈 수 있으니 정규 증시를 활성화하는 효과도 있다. 부작용이 있다고 시장을 통째로 닫아버리면 증시와 국민경제에 손실이 크다는 것이 업계나 정부의 시각이다. 업계나 정부는 오히려 장외 증시를 활성화하기 위해 노력하고, 그래서 K-OTC 같은 장외 시장도 운영하는 것이다.

2

매매는 어떻게 하나

주문 방식과 규칙

매매 체결 3원칙

매매 비용

동시호가와 시간 외 매매

신용거래

매도가가 낮은 호가와 매수가가 높은 호가를 우선 거래하고,
주문가가 같다면 먼저 나온 호가부터 거래하고,
주문가가 같은 호가가 동시에 여러 개 나오면
주문 수량이 많은 쪽부터 거래한다.

거래 계좌는 어떻게 만드나?

국내 증시(유가증권시장, 코스닥, 코넥스, K-OTC)에서 주식 투자를 하려 한다. 어떻게 하면 될까?

먼저 증권거래 계좌(증권 위탁 거래 계좌)부터 만들어야 한다.

증권거래는 투자자의 증권거래 계좌, 거래 중개자 역할을 하는 증권회사, 그리고 증시에 실시간으로 연결한 온라인 전산 네트워크를 통해 이뤄지기 때문이다.

투자자는 저마다 증권사 네트워크에 주식 매매 주문을 내고, 증권사는 투자자의 주문을 모아 증시로 내놓은 다음 거래 결과를 투자자에게 전해준다. 이 과정은 온라인 전산 네트워크 시스템에서 실시간 처리된다. 투자자는 증권거래 계좌를 통해 매매 주문을 낼 뿐이다. 증권사가 주문을 받아 거래를 대행한다. 거래 결과도 알려주고, 투자자가 받아야 할 주식이나 현금도 증권거래 계좌에 넣어준다.

증권거래 계좌는 증권사가 운영하지만 꼭 증권사에서 만들어야 하는 것은 아니다. 은행에서 만들 수도 있다. 스마트폰, 컴퓨터, 태블릿

등 디지털 기기를 이용하면 비대면으로 만들 수도 있다. 증권사나 은행 영업점에 직접 찾아가 창구 직원과 얼굴을 마주하지 않아도 된다.

스마트폰으로 주식거래를 하려면 증권사 애플리케이션을 내려받고 본인 실명 확인을 거쳐 '비대면 계좌'를 만든 다음, 증권사가 제공하는 주식 매매 전용 애플리케이션 MTS(Mobile Trading System)를 설치해야 한다. 컴퓨터나 태블릿으로 거래하려면 증권사가 제공하는 온라인 주식 매매 전용 프로그램 HTS(Home Trading System)를 설치하거나, 증권사 홈페이지에 접속하여 WTS(Web Trading System)를 이용해야 한다(WTS는 증권사 홈페이지에 접속만 하면 바로 이용할 수 있는 웹 기반 시스템 툴이다).

MTS, HTS, WTS 같은 온라인 증권거래 시스템은 증시에 전산 통신망으로 실시간 연결되어 있다. 그래서 투자자가 컴퓨터나 모바일 기기(스마트폰 등)로 접속하면 언제 어디서든 직접 매매 주문을 내놓을 수 있다. 거래 결과도 확인할 수 있고, 증권거래 계좌에 들어온 현금을 은행 등 다른 금융기관으로 옮길 수도 있다.

만약 증권사에 직접 찾아가서 거래 계좌를 만들고 싶다면 신분증을 갖고 가까운 영업점에 들르면 된다. 근처에 증권사 영업점이 없다면 은행에서 만들 수도 있다. 은행에서는 은행 예금계좌와 증권거래 계좌를 연결한 종합 계좌를 만들어준다.

주식거래 계좌를 만들 때 한 가지 유의할 점은 수수료다.

증권사는 투자자로부터 주문을 받고 주식 매매를 대행해주는 대신 거래 수수료를 받는다. 거래 수수료는 증권사마다 다르고 주문 방법 등에 따라서도 다른데, 각 증권사 홈페이지에서 확인할 수 있다. 아무래도 싸면 좋지만, 무조건 싸다고 좋은 회사는 아닐 테니 회사 평판도 고려하는 게 좋다. 혹 영업점이 있는 것이 편하겠다 싶으면 가까이에 영업점이 있는 증권사를 고르는 것도 한 방법이다.

다만, 증권사 선택에 너무 많이 고민할 필요는 없다. 원하면 언제든 거래 증권사를 옮길 수 있기 때문이다. B증권사에 새로 계좌를 만들고 기존 거래사인 A증권사에 요청하면, A사가 내 계좌의 주식과 현금을 B사 계좌로 고스란히 옮겨준다.

주문은 어떻게 내놓나?

증권 위탁 거래 계좌를 만들었다면 즉시 주식 매매 주문을 낼(내놓을) 수 있다.

주식을 사기 위해 내는 주문은 '사자 주문'이나 '매수 주문', 주식을 팔려고 내는 주문은 '팔자 주문'이나 '매도 주문'이라 한다.

매도 주문을 내려면 당연히 자기 거래 계좌에 주식이 있어야 한다. 매수 주문도 마찬가지. 특별한 경우가 아닌 한 거래 계좌에 주식 매수에 충분한 금액이 현금으로 들어 있어야 한다.

주식 매수를 위해 거래 계좌에 미리 넣어두는 현금을 예탁금이라 한다. 증권사는 예탁금을 받는 입장이므로 예수금이라고도 부른다. 매수 주문은 거래 계좌를 만들 때 예탁금 입금과 동시에 할 수도 있고, 거래 계좌만 만들어놓고 나중에 할 수도 있다. 당장 매매 주문을 내지 않는다면 예탁금을 넣어두지 않아도 된다.

예탁금을 넣는 방법은 여러 가지가 있다. 증권사 영업점 창구에서 현금을 입금해도 되고, 은행 예금계좌에서 이체해도 된다. 스마트폰이나 태블릿, 컴퓨터 등 디지털 기기로 이용할 수 있는 프로그램(MTS, HTS, WTS)에서도 은행 예금을 증권거래 계좌로 옮길 수 있다. 주식 매매를 시작하기 전에 증권거래 계좌와 은행 계좌 간에 언제든 자금을 옮길 수 있게 이체 약정을 해두면 편리하다.

주식 매매 주문은 보통 '○○ 종목 100주를 1주당 1만 원에 사겠다(팔겠다)'는 식으로 내놓는다. 스마트폰 등을 쓴다면 증권사 홈페이지에 접속하거나 주식 매매 전용 앱을 익혀 주문하면 된다. 온라인 주문이 어렵다면 증권사 영업점으로 전화를 걸거나 직접 찾아가서 직원에게 어떤 종목을 얼마에 몇 주 사달라거나 팔아달라고 청해야 한다. 증권사 영업점 직원은 고객에게서 받은 주문을 주식 매매 네트워크에 연결된 컴퓨터에 입력하는 식으로 매매 주문을 대행한다.

주문은 어떻게 체결되나?

주식 매매 주문은 증권사 영업점을 거미줄처럼 연결한 전산 통신망을 타고 증시로 모인다. 증시는 수많은 매매 주문이 모이는 거래 시스템이다. 증시에 모인 매도·매수 주문이 거래로 연결되려면 제각기 가격과 수량이 맞는 상대를 만나야 한다. 가령 주식 매수 주문을 냈는데 시장에 나오는 매도 물량(팔려고 내놓는 물량, 곧 매물)이 없거나 가격이 맞지 않으면 주식을 살 수 없다.

예를 들어 보자.

어느 날 갑돌은 '○○ 종목 100주를 주당 1만 원에 사겠다'고 매수 주문을 내놓았다. 갑돌이 원하는 만큼 주식을 살 수 있으려면, 증시에 같은 종목 100주를 1만 원씩에 팔겠다는 주문이 나와야 한다. 하지만 실제로 나온 매도 주문은 '50주를 주당 1만 원에 팔겠다'는 것이 전부라면 어떻게 될까?

매수·매도 주문이 가격과 수량 면에서 맞는 물량은 50주뿐이므로 갑돌은 50주만 살 수 있다.

증시에서는 증권 매매 주문이 서로 어울려 거래가 이뤄지는 것을 가리켜, 주문 또는 거래가 '체결된다'고 말한다. '체결(contract)'이란 약정(약속, 계약)한다는 뜻이다. '주식거래가 체결된다'는 말은 '매매자 간에 주식과 대금을 맞바꾸기로 약속(약정)한다'는 얘기다. 그래서 증권거래나 주문이 체결된 날을 약정일이라고 부른다.

갑돌의 주문 물량 100주 가운데 거래가 체결된 물량은 50주다. 이를테면 이 50주가 이날 ○○ 종목을 두고 거래가 체결된 물량 전부라고 하자. 증시에서는 주문 물량 중 거래가 체결된 수량만 '거래량' 계산에 넣는다. 때문에 이날 ○○ 종목의 당일 거래량은 50주가 된다.

거래가 체결되지 못한 나머지 50주의 매수 주문은 어떻게 처리될까?

증시 규칙상 주식 매매 주문은 증시가 열리는 날 장을 마칠 때까지만 유효하다. 장이 끝날 때까지 거래가 이뤄지지 못한 주문은 장이 끝나면서 자동 취소된다.

갑돌이 내놓은 50주의 매수 주문도 마찬가지. 당일 장이 파할 때까지 '1만 원에 50주를 팔겠다'는 주문이 나오지 않으면 자동 취소된다.

주식 매매 체결 결과는 전산 통신망을 통해 주문 때와 역순으로, 다시 말해 증시에서 증권사 영업점을 거쳐 실시간으로 주문자에게 전달된다. 스마트폰이나 컴퓨터 등으로 이용하는 매매 전용 프로그램은 대개 주문 체결 즉시 자동으로 체결 내역을 알려준다. 모바일 기기를 이용하지 않는 경우, 증권사 영업점에 신청해두면 매매가 체결될 때마다 투자자에게 ARS(음성 자동 응답 시스템)나 휴대전화 문자 메시지, 이메일 등으로 알려준다. 주문을 낸 뒤에는 아무 때든 증권사 영업점으로 전화해 체결 여부를 물어볼 수도 있다.

지정가 주문이 늘 유리한 이유는?

(주문 방식 1. 지정가 주문)

주식 매매 주문을 내는 방식은 여러 가지가 있다. 개인투자자가 가장 많이 이용하는 것은 '지정가 주문(보통가 주문)'이다. 주문을 낼 때 매매하려는 종목의 이름과 수량, 원하는 매매단가를 지정한다. '△△ 종목을 100주, 1주 1만 원(씩)에 사겠다'는 식으로 주문한다.

지정가 주문이 거래 체결로 연결되는 과정에는 크게 세 가지 원칙이 작용한다.

첫째, 사자 주문과 팔자 주문의 가격과 수량이 서로 일치하면 거래된다.

어떤 종목을 주당 1만 원씩 100주 산다는 주문이 나오고, 1만 원에 100주 판다는 주문이 나오면 100주 모두 거래된다.

둘째, 매수 주문을 내면 주문가 이하로만 거래가 체결되고, 매도 주문을 내면 주문가 이상으로만 거래된다. 매매가 되는 한, 사든 팔든 주문자에게 유리한 가격으로만 거래된다는 말이다.

가령 500원에 매수 주문이 나온 다음 490원에 팔자 주문이 나왔다 하자. 500원에 사겠다는데 500원보다 싸게 팔겠다니 490원에 제꺽 거래가 체결된다. 이런 이치로 지정가 매수 주문을 내면 주문가로는 물론 주문가보다 싸게 살 수도 있다. 적어도 주문가보다 비싸게 거래되지는 않는다.

반대로 매도 주문을 내면, 주문가로는 물론 주문가보다 비싸게 주식을 팔 수도 있다. 예를 들어 500원에 팔자 주문을 낸 다음 510원에 사자 주문이 나왔다 하자. 500원에 팔겠다는데 500원보다 비싸게 사준다니 510원에 제꺽 거래가 체결된다. 매도자 입장에서 500원보다 싸게(이를테면 490원에) 사겠다는 주문에는 응하지 않을 것이다. 지정가 매도 주문이 주문가보다 싸게 매매되는 경우는 없다.

셋째, 매매가가 맞아도 주문 수량이 맞지 않으면 맞는 물량만 거래된다.

예를 들어 매수 주문 100주가 나왔는데, 매수자가 원하는 가격에 매도자가 내놓은 수량이 50주뿐이면 50주만 거래된다.

갑돌이 한국전자 100주를 500원에 팔겠다고 주문하고, 이어서 510원에 40주, 500원에 30주, 490원에 20주를 산다는 주문이 나왔다 하자. 그럼 갑돌은 510원에 40주, 500원에 30주, 합해서 70주만 팔 수 있다.

주가 폭등락 때는 어떻게 주문해야 유리한가?

(주문 방식 2. 시장가 주문)

'시장가 주문'은 시세가 얼마든 좌우간 매매를 하고 싶을 때 희망 매매가를 지정하지 않고 종목과 수량만 지정해 증권사에 매매를 맡기는 주문 방식이다. '얼마 이하로 ○○ 종목을 몇 주 사달라'든지, '얼마 이상으로 ○○ 종목 몇 주를 팔아달라'고 가격 범위를 정해 주문하기도 한다. 개인투자자가 지정가 주문 다음으로 선호한다.

'시장가격을 받아들여 적극 매매하겠다'는 주문이므로 거래 순서에서 지정가 주문보다 우선권을 누리고, 그렇다 보니 주문 즉시 매매가 이뤄지는 것이 보통이다.

예를 들어 장중(場中, 주식시장이 열려 있는 동안)에 ○○ 종목을 놓고 투자자 A가 2만 원에 팔자 주문을 낸 뒤 B는 1만 9000원에 지정가 매수 주문을, C는 시장가 매수 주문을 냈다고 하자. B와 C 중 누가 주식을 사게 될까? 매매 가격은 얼마가 될까?

시장가 주문이 지정가 주문보다 앞서 체결되므로, 시장가 매수 주문을 낸 C가 지정가 매수 주문을 낸 B를 제치고 시장가(2만 원)에 주식을 살 수 있다.

시장가 주문이라도 수량 조건은 맞아야 거래가 된다.

투자자 A가 △△ 종목 100주를 '당일 시세가 쌀 때 사달라'고 주문했다 하자.

A의 주문이 거래되려면 가격 조건이 맞는 매도 잔량(시장에 나왔으나 아직 안 팔린 상태로 남아 있는 수량)이 있어야 한다. 만약 A가 주문을 낸 시

점에 △△ 종목 매도 잔량이 1만 원에 50주, 1만 1000원에 30주로 합계 80주뿐이라면 80주밖에 살 수 없다. 그것도 50주는 1만 원씩, 30주는 1만 1000원씩 줘야 한다.

주가가 폭등락할 때면 주문자 입장에서 가장 유리한 조건으로 거래하기 편한 점도 시장가 주문의 특성이다. 주가가 폭등세일 때면 '값이 얼마든 당장 ○○ 주식을 시세대로 사달라'고 주문해서 잘나가는 주식을 재빨리 사들이는 데 써먹을 수 있다. 반대로 주가가 폭락할 때는 '값이 얼마든 ○○ 주식을 당장 다 팔아달라'고 주문해서 보유 주식의 추가 손실을 줄이는 데 써먹을 수 있다.

당일 내 꼭 매매하려면 어떻게 주문할까?
(주문 방식 3. 조건부 지정가 주문)

주식거래를 하다 보면 지정가 주문을 낸 뒤 아무리 기다려도 적당한 상대 주문이 나오지 않아 매매가 안 될 때가 있다. 매매가 안 된 채로 당일 장이 끝나도 상관없다면 괜찮지만, 그렇지 않고 당일 장 마감 전에 매매를 꼭 하고 싶을 때 적당한 주문 방법이 있을까?

'조건부 지정가 주문'이란 것이 있다. 처음에는 지정가 주문으로 시장에 나갔다가 거래가 안 될 경우 장 막판(마감 10분 전)에 시장가 주문으로 바뀌는 주문 방식이다. 먼저 희망 가격으로 매매를 시도해보고 정 안 되면 시세대로 매매하겠다고 마음먹었을 때 쓸 수 있다.

조건부 지정가 주문에서 지정가 주문이 시장가 주문으로 바뀌는 '장 마감 10분 전'은 보통 낮 3시 20분을 가리킨다. 현재 국내 정규 증시(유가증권시장, 코스닥, 코넥스)에서는 장(시장)이 열리는 시간대가 정해져 있다. 공휴일을 빼고 매주 월요일부터 금요일까지, 오전 9시부터 오후 3시 30분까지가 정규(일반) 거래 시간대다. 증시 제도상 정규 거래 시간을 벗어나 거래가 가능한 '시간 외 매매' 시간대도 있는데, 조건부 지정가 주문은 정규 거래 시간대에만 낼 수 있다.

가장 유리한 값에 거래하려면 어떻게 주문할까?
(주문 방식 4. 최유리 지정가 주문)

주식을 팔든 사든 좌우간 거래는 꼭 한다고 마음먹고 주문하면서 내게 가장 유리한 매매가를 부를 방도가 있을까?

매매할 종목과 수량을 지정하고 '최유리 지정가 주문'을 하면 된다.

최유리 지정가 주문이란 원하는 매매가를 부를 때 거래가 가능한 가격 범위에서 주문자에게 가장 유리한 가격을 고르는 주문 방식이다. 주식을 살 때는 주문 시스템에서 '남들이 팔겠다고 내놓은 가격(매도 주문가)' 중 최저가를 부르고, 팔 때는 '남들이 사겠다고 내놓은 가격(매수 주문가)' 중 최고가를 부른다.

예를 들어 보기에 매매 주문 현황을 표시한 '일등화학' 종목에 '최유리 지정가'로 매수 주문을 낸다면, 주문 시스템이 매수가를 얼마로 부르게 될까?

팔려는 물량(수량) 중에서 매매 주문가가 가장 낮은 것(가장 낮은 매도

일등화학 매매 주문 현황

팔려는 수량	매매 주문가	사려는 수량
65	5,050	
25	5,000	
80	4,950	
	4,900	20
	4,850	10

주문가)은 4950원이다. 4950원에 80주를 팔겠다는 주문이 나와 있다. 사려는 물량 중에서 매매 주문가가 가장 높은 것(가장 높은 매수 주문가)은 4900원이다. 4900원에 20주를 사겠다는 주문이 나와 있다.

이 상황에서 주식을 꼭 사고 싶다면 매수가를 4950원 이상 불러야 한다. 4950원보다 낮은 값에는 팔려는 물량이 없기 때문이다. 그나마 4950원이 거래 가능한 범위에서는 가장 낮은 매도 주문가이고, 매수자에게는 거꾸로 가장 유리한 가격이다. 따라서 최유리 지정가로 매수 주문을 내면 증권사 주문 시스템에서는 4950원에 '사자' 주문이 나간다.

만약 최유리 지정가 주문으로 주식을 판다면 얼마에 주문이 나갈까?

매수 주문가 중 최고가인 4900원으로 '팔자' 주문이 나간다.

현재 4900원보다 높은 값에는 사려는 물량이 없기 때문이다. 그나마 4900원이 거래 가능한 범위에서는 가장 높은 매수 주문가이고, 매도자에게는 거꾸로 가장 유리한 가격이다.

가격 상관없이 무조건 빨리 매매하려면 어떻게 주문할까?
(주문 방식 5. 최우선 지정가 주문)

가격은 얼마가 됐든 무조건 빨리 매매하고 싶을 때 적당한 주문 방법이 있을까?

매매할 종목과 수량을 지정하고 '최우선 지정가 주문'을 하면 된다.

최우선 지정가 주문을 하면 주문 시스템이 주식을 살 때와 팔 때 각기 다른 주문가를 지정해 내놓는다. 살 때는 거래 가능한 범위에서 '사자' 주문가 중 최고가로, 팔 때는 '팔자' 주문가 중 최저가로 내놓는다.

보기 '일등화학'에 최우선 지정가로 매수 주문을 낸다면, 주문 시스템이 사자 주문가 중 최고가인 4900원에 매수 주문을 내보낸다. 반대로 판다면, 팔자 주문가 중 최저가인 4950원에 매도 주문을 내보낸다.

최우선 지정가 주문은 가장 비싼 값에 사고 가장 싼 값에 팔겠다는 주문이므로 (최유리 지정가 주문과는 정반대로) 주문자에게 가장 불리한 주문 방식이다. 다만 누구보다 먼저 매매할 수 있다는 이점이 있어서, 값이 얼마든 빨리 매매하려 할 때 쓸 만하다.

원치 않는 거래 피하려면 어떻게 주문할까?
(주문 방식 6. 조건부 주문)

주문을 내고 나면 간혹 뜻하지 않은 거래가 체결될 때가 있다.

갑돌이 일등화학 300주를 산다고 시장가 주문을 낸 직후 1000원에

200주를 팔겠다는 주문이 나왔다 하자. 그럼 200주만 거래되고 100주는 남는다. 그런데 이후 주가가 오르면서 1100원에 300주를 팔겠다는 주문이 나오면, 갑돌이 주문한 매수 물량 중 남은 100주가 1100원에 거래된다.

당초 갑돌이 원한 매수가는 1000원이며, 매수 주문 물량 300주 중 남은 100주를 1100원씩에 사들인 거래는 원한 것이 아니다. 그럴 수만 있다면, 처음 200주가 거래된 직후 남은 100주는 매수 주문을 취소했을 것이다.

갑돌은 그러지 못했지만 실제로는 그럴 방도가 있다. 지정가, 시장가, 최유리 지정가로 주문을 낼 때 특별한 조건을 붙이는 조건부(조건부여) 주문, 곧 IOC 주문과 FOK 주문을 활용하면 원치 않는 거래를 피할 수 있다.

IOC(Immediate Or Cancel) 주문은 '즉시 거래 후 주문 잔량은 취소한다'는 조건이 붙는다. 매매될 물량이 있으면 즉시 거래를 체결하고 남는 (미체결) 물량은 주문을 취소한다.

일등화학 100주를 1000원에 매수하는 '지정가 IOC 주문'을 냈다 하자. 이후 40주 매도 주문이 나오면 40주는 바로 매매되지만 미체결분 60주는 매수 주문이 취소된다.

FOK(Fill Or Kill) 주문은 '주문 수량 전체를 매매하지 못할 경우 아예 주문 전체를 취소한다'는 조건이 붙는다.

가령 일등화학 100주를 1050원에 매수한다고 '지정가 FOK 주문'을 냈는데 매도 주문이 60주만 나왔다면, 매수 주문 전체가 취소된다. 만약 IOC 주문을 냈다면 60주는 샀을 것이다.

주문 취소와 예약은 어떻게 하나?

주문 제도는 융통성이 있다. 이미 주문을 냈더라도 아직 매매가 체결되지 않은 상태면 취소할 수 있다. 가격이나 수량을 고쳐 다시 주문할 수도 있다.

주문을 고치거나 취소하는 방법은 여러 가지가 있다. 증권사 HTS나 WTS, 스마트폰 앱의 주문 메뉴에 있는 '정정 취소' 창을 열어 이미 낸 주문 단가와 수량을 고쳐 새로 주문하거나, 주문을 취소하면 된다. 증권사 영업점을 이용한다면 창구 직원에게 얘기하면 되고, 전화로 얘기해도 된다.

만약 오늘 낸 주문이 거래되지 않았다면 정규 장이 끝나면서 자동 취소된다.

주문 예약도 가능하다. 내일 내놓을 주문을 오늘 장이 끝난 뒤 미리 내놓는 것으로, 예약 주문이라 한다. 예약 주문은 대개 정규 시장이 끝난 뒤 오후 4시부터 시작해서 다음 거래일 장 시작 전 오전 7시 30분까지 할 수 있다. 증권사마다 가능한 시간대가 조금씩 다르므로 미리 확인해야 한다. MTS 등 온라인 전용 프로그램을 이용할 때는 주문 메뉴에 따로 마련된 예약 주문 전용 창을 열어 주문해야 한다.

예약 주문은 장이 시작되기 직전인 오전 8시 20분부터 증권사가 주문자의 계좌 잔고 등을 확인해 정상 여부를 확인하는 절차를 거친다. 정상 주문으로 처리되면 8시 30분에 거래소로 나가고, 정규 장이 시작하는 오전 9시면 거래(체결) 여부를 확인할 수 있다. 예약 주문은 자동 취소되지 않기 때문에, 거래가 안 됐다면 주문을 취소할지 말지 정해야 한다. 거래 체결 전까지는 여느 주문처럼 취소가 가능하다.

예약 주문은 크게 일반 예약 주문과 기간 예약 주문으로 나뉜다. 기간 예약 주문은 지정한 기간 동안 미리 지정한 조건을 유지하면서 되풀이 나가는 주문이다.

가령 투자자 길동이 2024년 1월 20일부터 2월 20일까지 한 달 동안 ○○ 종목을 주당 1만 원씩 10주 사들이는 조건으로 기간 예약 매수 주문을 냈다 치자. 그럼 증시에서는 2024년 1월 20일부터 2월 20일까지 한 달 동안 장이 열리는 날 장이 열리는 시각(오전 9시 정각)마다 ○○ 종목을 1만 원에 매수하는 주문이 나간다.

기간 예약 주문을 할 때도 일반 예약 주문을 할 때처럼 지정가 주문, 시장가 주문, 조건부 주문 중 한 가지 방식을 고르게 되어 있다. 다만 '잔량 주문'과 '지정 수량 반복' 중 하나를 고르게 되어 있는 점은 다르다.

'잔량 주문'이란 예약 기간 동안 지정한 수량이 모두 체결될 때까지 미체결 수량만큼 주문이 매일 나가는 방식이다. 예를 들어 하이닉스 종목을 한 달 동안 100주 매수하는 기간 예약 주문을 '잔량 주문' 방식으로 내놓았다 하자. 첫날 100주 매수 주문이 나갔는데 30주만 거래가 체결되고 70주는 남았다. 그럼 다음 거래일에는 거래되지 않고 남은 수량(곧 잔량) 70주의 매수 주문이 나간다. 이런 식으로 100주 거래가 다 체결될 때까지 예약 기간 중 잔량 주문이 매일 나간다.

'지정 수량 반복'은 예약 기간 동안 지정한 수량만큼 매일 되풀이 주문이 나가는 방식이다. 예를 들어 하이닉스 종목을 한 달 동안 100주 매수하는 기간 예약 주문을 '지정 수량 반복' 방식으로 내놓았다 하

자. 첫날 100주 매수 주문이 나갔는데 30주만 거래가 체결됐다 하자. 그래도 다음 거래일에는 전날처럼 100주 매수 주문이 나간다. 이런 식으로 예약 기간 중 100주 매수 주문이 매일 되풀이 나간다.

기간 예약 주문은 투자자가 정규 장 시간에 매매를 할 수 없을 때, 일정 기간 동안 매매를 되풀이하거나 특정 가격에 매매하려 할 때 유용하게 쓸 수 있다.

이 밖에 주식 자동 주문도 넓게 보면 예약 주문으로 볼 수 있다. 자동 주문은 시세 포착 주문이라고도 한다. 투자자가 미리 조건을 정해 내놓고 장중 해당 조건이 충족되면 자동으로 주문이 나간다.

예를 들면 ○○ 종목의 지금 시세가 주당 1만 원인데 장중 시세가 1만 3000원 이상으로 오르면 자동으로 100주 매도 주문이 나가서 거래가 체결되게 하거나, 장중 시세가 7000원 이하로 내리면 자동으로 50주 매수 주문이 나가서 거래가 체결되도록 조건을 지정해 주문한다.

자동 주문은 증권사 홈페이지나 HTS, MTS 등에서 자동 주문 화면을 열어 조건을 설정하고 주문할 수 있다. 투자자가 사정상 주가를 실시간으로 들여다볼 수 없을 때에도 유용하고, 기계적 매매를 통해 수익을 키우는 방도로 활용할 수도 있다. 다만 조건 설정이 빗나가면 쉽사리 큰 손실이 발생할 수 있으므로 신중하게 활용해야 한다.

호가 규칙이란?

정규 증시에서 주식 매매 주문을 내놓을 때는 '호가 규칙'을 따라야 한다. '호가(呼價, a bid)'란 말 그대로 뜻을 풀면 '값을 부르는 행위'다. 증시에서는 증권사가 투자자에게서 위탁받은 주문을 증시에 내놓는 행위를 말한다. 우리나라에서 통용되는 공식 의미는, 한국거래소 회원인 증권회사가 고객(투자자)에게서 주식 매매 주문을 위탁받고 거래소에 자기 명의로 매매 의사를 표시하는 행위다.

호가 규칙은 국내 정규 증시 운영자인 한국거래소가 정한다. 증권사가 고객 주문을 증시에 내놓을 때는 호가 규칙을 따라야 한다. 본래 증권사가 따르게 돼 있는 제도지만, 일반 투자자도 마찬가지로 따라야 한다. 주문가가 호가 규칙에 맞아야만 증시 전산 시스템에 주문이 접수되기 때문이다.

한국거래소는 거래를 표준화하고 매매 체결을 원활히 하려는 뜻에서 보기 그림과 같이 호가 가격 단위(Tick Size) 규칙을 정하고 있다. 호가 가격 단위란 가격대별로 호가할 수 있는 최소 단위를 말한다. 전에는 유가증권시장과 코스닥, 코넥스 등 시장에 따라 서로 달랐는데 2023년 1월 25일부터 유가증권시장, 코스닥, 코넥스, K-OTC시장에서 모두 통일됐다.

보기 표에서 보듯 '시세 단가'가 5만 원 이상 20만 원 미만인 종목은 주문가를 100원 단위로 불러야 한다. 여기서 시세 단가란 거래일 기준으로 전날 장 마감 때 거래된 시세(전일 종가)를 말한다. 예를 들어 전날 종가가 6만 원인 종목에 '100주를 주당 6만 100원에 사겠다'고 주문하면 문제없지만 '6만 50원에 사겠다'면 주문이 접수되지 않는다.

호가 규칙은 일견 까다로워 보이지만 실제 거래 때는 그리 신경 쓸 문제가 아니다. 투자자가 규칙에 안 맞는 호가를 내놓으면 아예 주문

호가 가격 단위

주권 가격	호가 가격 단위
2,000원 미만	1원
2,000원 이상 5,000원 미만	5원
5,000원 이상 20,000원 미만	10원
20,000원 이상 50,000원 미만	50원
50,000원 이상 200,000원 미만	100원
200,000원 이상 500,000원 미만	500원
500,000원 이상	1,000원

이 접수되지 않기 때문이다. 인터넷이나 전화로 거래할 때는 '호가를 고쳐 내라'는 안내를 받게 된다. 증권사 영업점 창구에서 주문할 때는 창구 직원의 안내를 받아 고칠 수 있다.

우리 증시에서는 장중에 종목마다 매도 주문가 10개, 매수 주문가 10개를 실시간 공개하고 있다.

보기 그림이 유가증권시장 상장 기업 SK하이닉스의 매도 주문가와 매수 주문가를 표시한 예다. 호가마다 잔량도 표시했다. 잔량이란 주문 접수는 됐지만 아직 거래되지 않고 남아 있는 물량을 말한다. 매도 잔량은 해당 단가에 접수된 매도 주문 수량, 매수 잔량은 해당 단가에 접수된 매수 주문 수량이다.

종목별 호가 정보는 매수와 매도 양쪽에서 주문 가격과 수량이 어떻게 나오는지를 실시간으로 보여주므로 주문 내기 전에 꼭 살펴봐야 한다.

종목별 호가 사례(SK하이닉스)

2,081	130,800	
5,454	130,700	
6,797	130,600	
9,737	130,500	
6,319	130,400	
12,895	130,300	
6,308	130,200	
5,171	130,100	
106,521	130,000	
12,406	129,900	
	129,800	11,523
	129,700	5,580
	129,600	34,770
	129,500	13,737
	129,400	12,997
	129,300	10,146
	129,200	10,253
	129,100	17,005
	129,000	46,420
	128,900	12,756

2023.11.17 장후 16:00

매매 체결 3원칙이란?

정규 증시에는 매매 조건이 제각기 다른 주문이 시시각각 쏟아져 나온다. 수많은 주문이 단시간에 질서 있게 거래되려면 어떤 원칙이 작동해야 한다. 국내 정규 증시는 세 가지 기준(가격, 시간, 수량)에 따른 원칙을 운용하고 있다.

첫 번째, 가격 우선 원칙. 매도 주문가가 낮은 호가를 높은 호가에 우선해서, 매수 주문가가 높은 호가를 낮은 호가에 우선해서 거래를 체결한다. 또 가장 낮은 매도 주문가를 가장 높은 매수 주문가에 우선

연결해 거래를 체결한다.

가령 삼성전자 10주를 A는 주당 5만 원에, B는 5만 200원에 산다고 주문한 다음 삼성전자 10주의 매도 주문이 나왔다 하자. A와 B 중 누가 삼성전자 10주를 살 수 있을까?

B가 산다. A보다 매수가를 높게 불렀기 때문이다. 만약 이날 증시에 나온 삼성전자 매도 물량이 단 10주뿐이라면 B가 몽땅 사들이고, A는 1주도 못 산다.

만약 주문가가 같은 호가가 여러 개 나올 때는 어떻게 하나?

두 번째 원칙인 시간 우선 원칙을 적용해, 먼저 나온 호가부터 거래를 체결한다.

A와 B가 같은 종목에 같은 가격으로 매수 주문을 내고 A는 오전 10시, B는 오전 10시 1분에 주문했다 하자. 이후 증시에 나오는 매도 물량은 A가 주문한 매수 물량과 먼저 연결된다. 만약 A가 매도 물량을 몽땅 사들이면 B는 1주도 살 수 없다.

그럼 주문가가 같은 호가가 동시에 여러 개 나올 때는 어떻게 하나?

세 번째 원칙인 수량 우선 원칙을 적용해, 주문 수량이 많은 호가부터 거래를 체결한다.

10주 매도 주문이 나온 종목을 A는 10주, B는 11주 사겠다며 동시에 같은 가격으로 주문했다 하자. 이 경우 B가 낸 매수 주문이 매도 주문에 먼저 연결된다. B가 주문한 수량이 A보다 1주 많기 때문이다. B가 매도 물량 10주를 사고 나면 A는 1주도 살 수 없게 된다.

사례보기

매매 체결 원칙에 따른 거래

문 증시가 활발하게 움직인 어느 날, 투자자 A가 KB금융 10주를 5만 6000원에 '팔자' 주문했다. 곧이어 B와 C가 동시에 KB금융 10주를 사겠다고 주문했다. B는 5만 6000원, C는 5만 6100원을 불렀다. 이날 증시에서 A, B, C가 내놓은 것 말고 다른 주문이 나오지 않았다면, B와 C 중 누가 주식을 살 수 있을까?

답 C.

C가 B보다 높은 주문가를 불렀기 때문이다. 매매 체결 첫 번째 원칙인 가격 우선 원칙에 따라 A의 매도 주문은 B보다 주문가가 높은 C의 매수 주문과 연결된다. C가 B보다 높은 주문가를 부른 덕에 A는 자기가 부른 값보다 100원 비싼 5만 6100원에 KB금융 10주를 팔게 된다.

거래 결제에는 왜 3일 걸리나?

주식거래가 완결되려면 주문(order) 체결 후 결제(payment)까지 돼야 한다. 결제란 거래를 계약대로 이행한다는 뜻이다. 주문이 체결된 상태에서는 거래자 간에 매매하기로 계약만 한 셈이므로 주식과 대금이 교환되지 않는다. 결제가 돼야 비로소 주식과 대금이 교환된다.

정규 증시에서 거래 결제는 투자자 각자가 증권사에 개설한 증권 위탁 거래 계좌를 매개로 이루어진다. 주문이 체결되어 거래 약정이 된 상태에서는 매매 당사자의 거래 계좌에 변화가 없다. 하지만 결제를 하면 변화가 생긴다. A가 주식을 사고 B가 판다면, A 계좌에서 현금이 빠져나가 B 계좌로 들어가고 B 계좌에서는 주식이 빠져나가 A 계좌로 들어간다. 매수자인 A 계좌에서는 주식을 사기 위해 치른 대금이 빠져나간 만큼 예탁금 잔고가 줄지만 새로 산 주식이 들어온 만큼 주식 잔고가 늘어난다. 매도자인 B 계좌에서는 전에 갖고 있던 주식을 팔아넘긴 만큼 주식 잔고가 줄지만 주식 판매 대금이 들어온 만큼 예탁금 잔고가 늘어난다.

국내 정규 증시에서 주문이 체결되고 결제되기까지 걸리는 시간은 주문 체결 당일을 포함해 3일이다. 증시가 오늘부터 시작해 3일간 매일 열린다고 할 때, 오늘 A가 낸 매수 주문이 체결됐다면 A의 증권거래 계좌에서 예탁금이 빠져나가고 주식이 들어오는 것은 3일째인 모레다.

여기서 말하는 '3일'은 달력 날짜가 아니라 거래일(매매일, 곧 증권사가 영업하는 날)로 따진다는 점에 유의해야 한다.

주식시장은 주 5일제로 운영하며 공휴일에 쉬는 것이 원칙이다. 증권사 영업일도 마찬가지다. 가령 주문이 화요일에 체결되고 수요일이 공휴일이라면, 결제는 화요일부터 세어 수요일을 건너뛰고 3일째인 금요일에 이뤄진다.

결제가 이뤄지면 주식과 대금이 교환되지만 실제로 주식 실물이 오가는 것은 아니다. 매매자 각자의 증권거래 계좌를 통해 주식 대금만 정산하는 방식으로 결제를 대신한다. 이런 결제 방식을 (계좌 간) '대체 결제'라 한다.

결제 뒤 주식 소유권이 바뀌는 문제도 전산 처리된다. 우리나라에서는 2019년 9월 16일 이후 '주식 · 사채 등의 전자등록에 관한 법률(전자증권법)'이 시행되면서 예전에 쓰던 종이로 된 실물 증권을 더 이상 쓰지 않는다. 모든 증권을 전자등록기관(한국예탁결제원)이 운영하는 전자등록부에 등록해 관리하고, 주식 소유권 변경 절차도 전자등록정보를 변경하는 것으로 대신한다.

매매 비용은 얼마 드나?

주식 매매에는 보통 거래 수수료와 증권거래세, 두 가지 비용이 든다.

첫째, 거래 수수료는 매매 중개 수수료 또는 위탁 거래 수수료라고도 한다. 증권사가 '거래 대금 중 몇 %' 식으로 요율을 정해놓고, 투자자가 증권사 거래 계좌로 낸 주문이 체결될 때마다 떼어 간다. 단, 거래가 이뤄졌을 때만 떼어 간다.

수수료율은 증권사마다 다르고 주문 방법이나 거래액 크기에 따라서도 다르므로, 여러 증권사의 수수료를 비교해보고 거래처를 고를 필요가 있다.

보통 컴퓨터나 모바일 기기(스마트폰 등)로 거래하면 거래액 대비 0.01~0.10%로 가장 싸다. 거래 대금 1000만 원에 1만 원 꼴이다. 은행 연계 계좌(은행에서 은행 계좌와 증권사 계좌를 연결해 개설한 계좌)로 거래하면, 똑같이 HTS를 이용하더라도 증권사 영업점에서 만든 계좌로 거래할 때보다 싸다. 증권사 영업점 창구나 고객센터 상담 직원을 거치면 0.5% 안팎, 증권사 ARS(음성 자동 응답 시스템)를 이용하면 0.15~0.20% 정도다.

둘째, 증권거래세는 주식을 팔 때 내는 세금이다(살 때는 내지 않는다).

2024년 유가증권시장에서는 거래세 0.03%에 농특세(농어촌특별세) 0.15%를 더해서 주식 판매액(양도액)의 0.18%를 낸다. 2023년에는 거래세 0.05%에 농특세 0.15%를 더해 판매액의 0.20%를 냈다. 2025년에는 거래세 없이 농특세 0.15%만 내면 된다.

코스닥에서는 2024년에 농특세 없이 거래세로만 0.18%를 낸다. 2023년에는 0.20%를 냈다. 2025년 거래세는 0.15%로 더 낮아진다.

코넥스에서는 농특세 없이 거래세만 0.10%를 낸다.

비상장 주식도 농특세 없이 거래세만 부담하되 K-OTC시장에서는 0.20%를, 장외시장에서는 0.35%를 낸다.

세금을 내는 방법은 두 가지다.

유가증권시장, 코스닥, 코넥스, K-OTC시장에서는 원천징수한다. 투자자가 주식 판매 대금을 손에 쥐기 전에 증권사가 해당액을 떼어 세무서에 대신 낸다. 은행에서 예금이자를 내줄 때 세금을 떼고 나머지만 내주는 것과 같은 방식이다.

K-OTC시장을 제외한 장외시장은 자진 신고제다. 주식을 판 거래자가 관할 세무서에 직접 신고하고 거래세를 내게 되어 있다. 장외시장에는 증권거래세를 원천징수할 시장 관리자가 따로 없기 때문이다.

이제 정규 증시에서 거래할 때 거래세와 수수료를 합해 거래 비용이 얼마나 드는지 예를 들어 계산해보자.

2024년 기준 HTS로 상장 주식을 유가증권시장이나 코스닥에서 매매할 때 수수료율은 보통 거래액의 0.01~0.10%이므로 0.01%로 계산해보자. 살 때는 매매액(매수액)의 0.01%를, 팔 때는 수수료 0.01%에 거래세 0.18%를 얹은 0.19%를 떼인다. 살 때와 같은 금액에 판다면 (0.01%+0.19%=) 0.20%가 드는 셈이다. 단순하게 생각하면, 살 때보다 적어도 0.20%는 높은 금액에 팔아야 수지가 맞는다.

가령 100만 원에 사서 110만 원에 판다고 하자. 살 때는 매수액 100만 원의 0.01%인 100원, 팔 때는 매도액 110만 원의 0.19%인 2090원이 든다. 합해서 2190원이다. 매매 차익 10만 원에서 수수료와 세금으로 2190원을 떼니까, 실질 수익은 9만 7810원이다.

주식 양도소득세는 누가 내나?

주식을 샀다가 팔아서 올리는 차익을 주식 양도 차익이라 한다. 주식 양도 차익에 물리는 세금이 주식 양도소득세(양도세)다.

주식 양도소득세는 장내시장(즉 유가증권시장, 코스닥, 코넥스)에 소액을 투자하는 개인이라면 크게 신경 쓸 것 없다. 장내에서는 소액주주의 주식 양도 차익에 양도세를 물리지 않기 때문이다. 다만 장외에서 주식을 팔면 소액주주도 양도세를 내야 할 경우가 있다.

세법상 주식 양도세 관련 규정은 좀 복잡하다. 양도한 주식이 상장 주식이냐 비상장 주식이냐, 양도자가 소액주주냐 대주주냐, 양도한 주식을 발행한 회사가 대기업이냐 중소기업이냐에 따라 세율이 다르기 때문이다.

소득세법상 2020년 1월 1일 이후 양도분을 기준으로 소액주주는 장내에서 상장 주식을 양도한 경우 양도세가 면제다. 장외에서 양도하면 중소기업 발행 주식은 양도 차익의 10%(주민세 포함 11%)를, 대기업 주식은 20%(주민세 포함 22%)를 세금으로 내야 한다.

소액주주와 달리 대주주는 어떤 주식을 어디서(장내+장외) 팔든 양도세를 내야 한다.

대주주가 대기업 발행 주식을 1년 이상 보유하고 양도하면 양도 차익의 과세표준이 3억 원 이하일 경우 양도 차익의 20%(주민세 포함 22%)를, 과세표준이 3억 원을 넘으면 더 내야 한다(양도 차익의 과세표준은 양도 차익에서 필요경비와 기본공제액 연 250만 원을 뺀 액수).

대주주가 대기업 발행 주식을 1년 미만 보유하고 양도하면 양도 차익의 30%를 내야 한다.

중소기업 발행 주식을 양도하면 보유 기간에 관계없이 양도세를 내야 한다. 양도분의 과세표준이 3억 원 이하면 양도 차익의 20%(주민세 포함 22%)를, 3억 원을 넘으면 더 내야 한다.

세금 징수 방법도 장내와 장외가 다르다. 장내에서는 증권사가 양도세를 원천징수하지만, 장외에서는 자진 신고 납부제다.

동시호가 매매는 어떻게 하나?

유가증권시장, 코스닥, 코넥스, K-OTC에서 주식거래를 할 수 있는 시간대는 다양하다.

첫째, 정규 거래 시간대는 공휴일을 빼고 매주 월요일부터 금요일까지 오전 9시부터 오후 3시 30분까지다. 이 시간대 거래를 정규 매매 또는 일반 매매라 한다.

둘째, K-OTC를 제외한 정규 증시(유가증권시장, 코스닥, 코넥스)에서는 정규 거래 시간대를 벗어나서도 거래한다. 단, 거래 조건이나 방식 등이 정규 매매 때와 조금 다르다. 동시호가 매매가 대표적인 예다.

동시호가(同時呼價)란 말 그대로 동시에 나온 호가를 말한다. 정규 증시에서는 장 시작 직전·직후와 마감 직전에 주문이 한꺼번에 몰려 나온다. 이때는 어떤 주문이 먼저 나오고 나중에 나왔는지 가리기 힘들 정도라 거래에 시간 우선 원칙을 적용하기 어렵다. 그래서 이 시간대 주문은 모두 동시호가로 간주한다. 모든 주문을 동시에 나온 것으로 보기 때문에, 일반 호가 거래 3원칙(가격, 시간, 수량 우선)을 적용하는 여느 호가 거래와는 달리 가격 우선 원칙과 수량 우선 원칙만 적용한다.

일반 호가 거래 3원칙 - 가격, 시간, 수량 우선 원칙

매도가가 낮은 호가와 매수가가 높은 호가를 우선 거래하고, 주문가가 같다면 먼저 나온 호가부터 거래하고, 주문가가 같은 호가가 동시에 여러 개 나오면 주문 수량이 많은 쪽부터 거래한다.

동시호가 거래에서 매매 체결 방식은 일반 거래와 다르다. 증시 관리자가 미리 설정해놓은 컴퓨터 프로그램이 특별한 거래 메커니즘을 운영한다.

동시호가 시간대

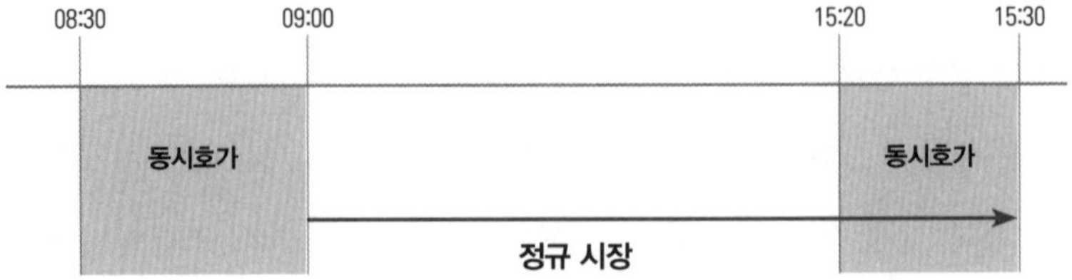

첫째, 호가가 나오면 나오는 대로 쌓아둔다. 둘째, 거래 시간대가 끝날 때쯤 매도가가 가장 낮은 호가와 매수가가 가장 높은 호가를 연결해서 거래 가능한 수량이 있는지 따져보고, 비교적 많은 수량을 거래할 수 있는 가격(체결가)을 하나 정한다. 셋째, 해당 가격에 매매가 가능한 호가만 골라 한꺼번에 거래를 체결한다. 이렇게 단일한 체결가를 정해 여러 호가를 일괄 체결한다 해서, 동시호가 매매를 단일가 매매라고 부르기도 한다. 시가 단일가 매매라고 부를 때도 있는데, 호가는 시세를 따라 다양하게 나와도 거래 체결은 단일가로 하기 때문이다.

동시호가 시간대는 둘이다. 하나는 장이 열리는 날 오전 8시 30분부터 장 시작 시각(오전 9시)까지 30분간. 이 시간대 거래를 '장 시작(장전) 동시호가 거래'라 한다. 30분간 호가를 받아두기만 했다가 9시 정각에 거래를 일괄 체결한다.

다른 하나는 장 마감 10분 전(오후 3시 20분)부터 장 마감 시점(오후 3시 30분)까지 10분간. '장 마감 동시호가 거래' 또는 '장중 동시호가 거래'라 한다. 이 시간대에도 일단 호가만 받아뒀다가 오후 3시 30분 정각에 거래를 한번에 체결한다. 이때 체결된 가격이 당일 종가가 된다.

체결되지 않은 호가는 일괄 자동 취소된다.

동시호가 단일가가 어떻게 정해지고, 거래는 어떻게 이뤄지는지 보기로 살펴보자.

사례보기

동시호가 시간대에 나온 호가 전체가 다음과 같다면 얼마에 몇 주나 거래될까?

매도		매수	
850원	100주 ⓕ		
800원	300주 ⓔ	800원	400주 ⓐ
750원	600주 ⓓ	750원	200주 ⓑ
		700원	100주 ⓒ

1) 가격 원칙에 따라 가장 낮은 매도호가 ⓓ(750원, 600주)와 가장 높은 매수호가 ⓐ(800원, 400주)를 연결해서 거래가 될지 따져본다.

2) 매도호가 ⓓ(750원, 600주)가 부른 가격 750원을 체결가로 삼아 거래한다면 매도호가 ⓓ가 팔겠다는 물량 600주로 매수호가 ⓐ(800원, 400주)와 ⓑ(750원, 200주)의 물량까지 다 소화할 수 있다. 게다가 ⓐ는 800원에 사려던 400주를 50원씩 싸게 살 수 있게 된다.

3) 체결가 750원에 매수호가 ⓐ, ⓑ와 매도호가 ⓓ를 연결시켜 600주를 거래하고 나면 매수호가 ⓒ(700원, 100주)가 미체결 물량으로 남는다. 매도호가 ⓔ(800원, 300주), ⓕ(850원, 100주)도 미체결 물량으로 남는다. 매매 결과는 다음과 같이 된다.

매도		매수	
850원	100주 ⓕ		
800원	300주 ⓔ		
현재가 750원		700원	100주 ⓒ
거래량 600주			

동시호가 주문은 왜 밑질 것이 없나?

동시호가 거래에서는 체결가 이하의 매도호가와 체결가 이상의 매수호가를 연결해 서로 수량이 맞는 범위에서 일괄로 주문을 체결한다. 나머지 호가, 즉 체결가를 웃도는 매도호가와 체결가를 밑도는 매수호가는 거래 체결 대상에서 제외한다. 이 같은 호가 처리 방식은 흥미로운 결과를 낳는다.

① 매도호가의 경우 체결가가 주문가와 같은 수준으로 정해진다면 본래 기대한 값에 주식을 팔 수 있다. 만약 체결가가 주문가보다 높게 정해지면 당초 기대보다 비싸게 주식을 팔 가능성이 있다. 반대로 체결가가 주문가보다 낮게 정해지면 주식을 팔 수 없다.

② 매수호가의 경우도 마찬가지. 체결가가 주문가와 같은 수준으로 정해진다면 본래 기대한 값에 주식을 살 수 있다. 만약 체결가가 주문가보다 낮게 정해지면 당초 기대보다 싸게 주식을 살 가능성이 있다. 반대로 체결가가 주문가보다 높게 정해지면 주식을 살 수 없다.

①과 ②를 고려할 때 동시호가 거래는 적극 참가해볼 만하다.

매도호가의 경우, 동시호가 처리 가격(체결가)이 주문가보다 높게 정

동시호가 체결가의 결정

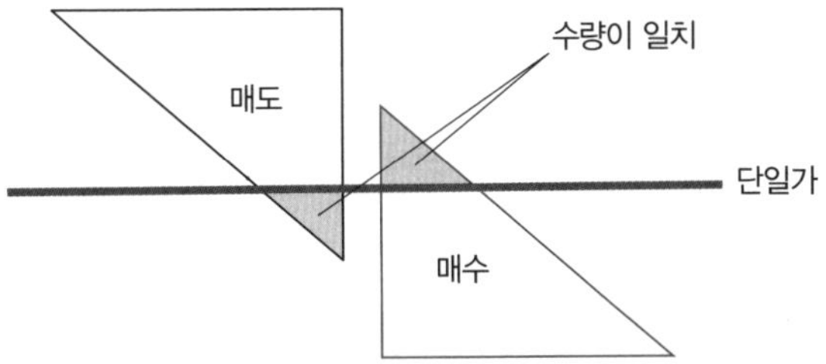

해지면 뜻밖에 비싸게 주식을 팔 수 있다. 반대 경우라도 주식을 팔지 못할 뿐 손실을 보는 것은 아니다.

매수호가의 경우도 마찬가지. 동시호가 체결가가 주문가보다 낮게 정해지면 뜻밖에 싸게 주식을 살 수 있다. 반대 경우라도 주식을 사지 못할 뿐 손실을 보는 것은 아니다.

요컨대 동시호가 시간대에 내놓는 주문은 투자자 입장에서 득 보면 봤지 손해 볼 일은 없다.

거래 안 된 동시호가는 거둬들여야 하나?

동시호가 거래에서 매매가 체결되는 시점은 동시호가 시간대가 끝나는 오전 9시와 오후 3시 30분이다. 따라서 동시호가의 거래 체결 여부는 동시호가 시간대가 끝난 직후, 즉 오전 장이 시작되거나 오후 장이 마감되고 나서야 알 수 있다.

거래 여부를 확인한 다음에는 주의할 점이 있다. 오전 장 시작 전에 내놓은 동시호가는 거래가 안 된 경우 정규 장으로 넘어가서 장 마감 때까지 유효하며, 자동 취소가 안 된다는 사실이다.

정규 장중에는 주식 시세가 계속 움직이므로 동시호가 시간대에 내놓은 호가를 정규 장에 그대로 뒀다가는 뜻밖에 불리한 거래가 체결될 수도 있다. 그러므로 오전에 내놓은 동시호가가 정규 장으로 넘어가기를 원치 않는다면 반드시 취소 주문을 내야 한다.

오전 장과 달리 오후 장에서는 주문한 다음 취소 여부를 신경 쓰지 않아도 된다. 오후 장 마감 직전에 내놓는 동시호가는 거래가 체결되지 않는 경우 자동 취소되기 때문이다.

예약 주문(☞ '주문 취소와 예약은 어떻게 하나?' 참조)도 동시호가와 마찬가지다. 오전 동시호가 시간대가 시작될 때(8시 30분) 동시호가로 나가게 되어 있기 때문에, 체결이 안 됐을 때는 취소 여부를 결정해야 한다.

동시호가 거래도 상·하한가 제한하나?

동시호가 거래에는 장중 거래와 달리 단일가를 쓰지만, 장중 거래에 적용되는 상·하한가 제한 규칙은 동시호가 거래에도 예외 없이 적용된다.

상·하한가 제한이란 정규 증시에서 장이 열리는 날 하루 동안 종목마다 주가가 오르내릴 수 있는 범위를 일정하게 묶어놓는 제도다. 일중(日中) 가격제한폭이라고도 한다. 일중 가격제한폭은 기준가에서 위로 몇 % 이내, 아래로 몇 % 이내로 설정한다.

기준가(기준 가격)는 시장 관리자가 전일 종가(전 거래일 장 마감 때 형성된 시세)를 고려해서 당일 장 개시 가격으로 정하는 가격이다. 일중 상·하한가 가격제한폭을 정하는 기준으로도 쓴다. 만약 전 거래일 매매 거래가 없었다면 전 거래일 기준가를 전일 종가로 삼아 기준가를 정한다.

기준가를 따로 정할 필요가 있는 종목은 시장 관리자(한국거래소)가 일정 산식으로 적정 이론 가격을 산출해 기준가로 삼는다. (기준가 설정 방식과 가격제한폭 제도, 상·하한가 산출 방법과 관련된 상세 내용은 한국거래소 홈페이지 매매거래제도 일반 참조.)

결국 전일 종가가 기준가가 되는 일반적인 경우, 일중 가격제한폭은 전일 종가를 기준으로 상하 몇 %가 된다. 일중 가격제한폭에 따라 하루 중 상승 가능한 최고 가격은 상한가(상종가), 하락 가능한 최저 가격은 하한가(하종가)라 한다.

2023년 11월 현재 유가증권시장, 코스닥시장, K-OTC시장에서 장중 종목별로 주가 등락이 가능한 범위는 기준가±30%다. 코넥스시장에서는 ±15%다.

동시호가 거래에도 상·하한가 제한을 적용하므로, 동시호가 주문가나 체결가도 장중과 마찬가지로 당일 상한가보다 높을 수 없고 하한가보다 낮을 수 없다.

시간 외 매매는 어떻게 하나?

유가증권시장과 코스닥에서는 거래일마다 정규 매매 시간대(오전 9시~오후 3시 30분) 앞뒤로도 거래를 한다. 이른바 시간 외 매매(시간 외 거래)다. 코넥스에서는 유가증권시장과 코스닥에서 하는 시간 외 거래 중 일부만 하고, 장외시장인 K-OTC시장에서는 아예 하지 않는다.

시간 외 매매는 정규 매매나 동시호가 매매와는 성격이 다른 거래다. 여기서는 유가증권시장과 코스닥에서 개인이 참가할 수 있는 시간 외 매매를 기준으로 설명하겠다. (외국인과 기관, 거액 투자자가 참가하는 시간 외 매매도 있는데 소액 투자자와는 시간대나 매매 방식 등이 다르다.)

시간 외 매매가 가능한 시간대는 오전 8시 30분~8시 40분, 오후 3시 30분~4시, 4시~6시로 3개 구간이다. 시간대마다 거래 방식이 조금씩 다르다.

첫 번째 시간대. 정규 장 개장 전인 오전 8시 30분부터 8시 40분까지는 전일 종가로 거래한다. 10분에 걸친 이 시간대 매매를 '장전(場前) 시간 외 종가(단일가) 매매'라 한다. 이 시간대에 체결되지 못하고 남은 호가는 오전 8시 40분 직후 한꺼번에 자동 취소된다. 이 시간대에 온라인 네트워크(HTS, WTS, MTS 등)로 주문하려면, 주문 메뉴에 따로 마련된 '시간 외 (종가) 매매' 전용 주문 창을 열어 입력해야 한다.

두 번째 시간대. 정규 장을 마친 뒤 오후 3시 30분부터 4시까지는 당일 종가로 매매한다. 곧 '장후(장 마감 후) 시간 외 종가 매매'라고 부르는 시간대다. 이때 3시 30분부터 40분까지는 주문만 받고, 3시 40분부터 4시까지는 주문이 접수된 순으로 거래를 체결한다. 체결되지 않고 남는 주문은 오후 4시에 일괄 자동 취소된다. 주문 시간이 짧은 만큼, 이 시간대에 매매하려면 장이 끝나자마자 바로 주문을 내는 것이 좋다.

세 번째 시간대. 오후 4시부터 6시까지는 '장후 시간 외 단일가(동시호가) 매매'를 한다. 당일 종가±10% 가격 범위에서 (희망 매매가와 수량을 지정해 내놓는) 지정가 주문으로만 주문을 받고, 단일가로 일괄 체결한다. 미체결 주문은 오후 6시에 일괄 자동 취소된다.

주문 체결은 4시 10분부터 6시까지 10분에 한 번씩 총 12회에 걸쳐 한다(4시 10분, 4시 20분, 4시 30분, 4시 40분, 4시 50분, 5시, 5시 10분, 5시 20분, 5시 30분, 5시 40분, 5시 50분, 6시). 12개 거래 체결 구간마다 앞서거니 뒤서거니 나오는 호가는 구간별로 동시에 나온 호가로 간주한다. 이를테면 4시 15분에 나온 주문이나 4시 18분에 나온 주문은 다 같은 시각에 나온 주문으로 간주하고 4시 20분에 단일가로 일괄 체결한다.

이 시간대 매매는 주문을 단일가(동시호가)로 처리한다는 점에서 여느 시간 외 매매와 좀 다르다. 본래 동시호가 시간대는 정규 장 시작 직전(오전 8시 30분~9시)과 마감 직전(오후 3시 20분~3시 30분)인데, 하나가 더 있는 셈이다.

이 시간대에는 당일 종가±10% 범위에서 호가를 낼 수 있으므로 매매 체결가도 당일 종가±10% 범위에서 움직인다. 비록 '당일 종가±10% 범위'이기는 하지만 체결가가 움직일 수 있는 만큼 상·하한가 제한도 적용된다. 따라서 당일 종가가 상한가라면 장후 시간 외 매매 체결가도 당일 상한가를 넘지 못한다. 당일 종가가 하한가라면 장후 시간 외 매매 체결가도 당일 하한가보다 내려갈 수 없다. 당일 종가가

시간 외 매매 / 동시호가 매매 시간대

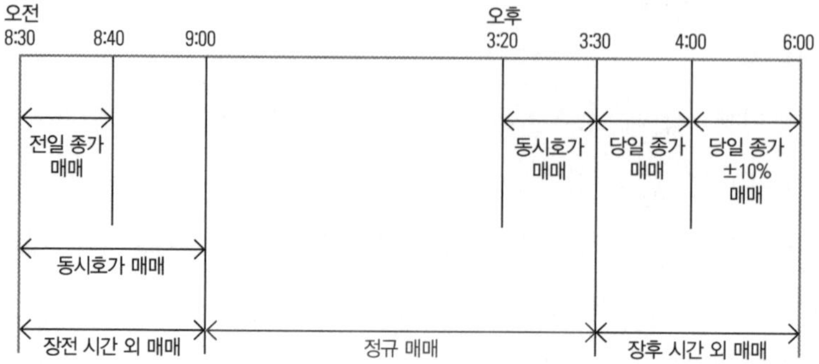

상·하한가일 때는 '당일 종가±10%' 범위 내 시세 변동이라는 원칙을 적용하지 않는다는 얘기다.

이 시간대(오후 4시부터 6시 직전까지)에 온라인 주문 전용 프로그램(HTS, MTS 등)으로 거래할 때는 주문 메뉴에서 '시간 외 단일가 매매' 주문 전용 창을 골라 주문해야 한다.

시간 외 매매로 체결된 주식 가격은 시간 외 거래에서만 통하고 정규 장에서는 거래가에 아무 영향도 미치지 않는다. 당일 종가가 1만 원이었다면, 장후 시간 외 단일가 매매 때 1만 500원에 거래됐더라도 이튿날 정규 장 시세는 1만 원으로 시작한다.

증권사가 제공하는 온라인 주문 전용 프로그램은 주문 메뉴에 시간 외 매매 주문 창을 따로 만들어놓고 있다. 증권사마다 창 명칭이나 구성이 조금씩 다르므로 적당한 주문 창을 골라 주문해야 한다.

시간 외 매매 제도에는 주로 기관과 외국인이 참가하는 시간 외 대량 매매, 이른바 블록딜(Block Deal)도 있다. 거액 투자가가 정규 장에

주식 매매 시간(유가증권시장 / 코스닥)

거래 종류	시간
장 개시 전 시간 외 단일가(전일 종가) 매매	08:30～08:40
장 개시 전 시간 외 단일가(동시호가) 매매	08:30～09:00
정규 매매	09:00～15:30
오후 시간 단일가(동시호가) 매매	15:20～15:30
장 마감 후 시간 외 단일가(당일 종가) 매매	15:30～16:00
장 마감 후 시간 외 단일가(당일 종가±10%) 매매	16:00～18:00

서 주식을 대량 거래하면 주가가 심하게 요동치기 쉽기 때문에, 정규 매매 시간이 아닐 때 매도자가 가격을 정하거나 경쟁 입찰을 진행하는 방식 등으로 거래를 진행한다. 장 개장 전에는 오전 8시부터 9시까지 한 시간, 장 마감 뒤에는 오후 3시 40분부터 6시까지 운영된다.

신용거래는 어떻게 시작하나?

물건을 사면서 대금은 나중에 주는 거래를 외상이라 한다. 주식도 외상으로 거래할 수 있다. 바로 신용거래(margin trading)다.

주식시장에서 신용거래란 개인투자자가 증권사에서 현금이나 주식을 빌려 주식을 매매하는 거래를 말한다. 현금을 빌리는 거래는 신용융자거래(신용거래융자), 주식을 빌리는 거래는 신용대주거래(信用貸株去來, 신용거래대주)다. 줄여서 융자거래, 대주거래라고 부른다. 신용거래와 달리 자기 자금으로 주식을 매매하는 거래는 실물거래 또는 실물투자라고 부른다.

신용거래를 하려면 증권사 영업점에서 신용 계좌(신용거래 계좌)부터 만들어야 한다. 신용 계좌는 보통 주식 매매를 위해 만드는 위탁 거래 계좌와는 별개로 운용되는 계좌다. 신용 계좌를 개설한 뒤에는 HTS 등 온라인 주문 전용 프로그램에서 제공하는 신용 매매 주문 창을 띄워 거래할 수 있다.

신용 계좌를 만든 뒤에는 증권사에 보증금(곧 신용거래 보증금=증거금=담보금=위탁증거금)을 맡겨야 한다. 현금 외에 현금을 대신하는 대용금으로 대용증권(代用證券)을 맡길 수도 있다. 대용증권이란 현금 대신 쓸 수 있는 유가증권이다. 흔히 상장회사가 발행한 주식이나 공공기관이 발행한 채권(공채), 한국거래소가 지정하는 유가증권 등을 쓴다. 단, 정규 증시에서 시세가 이상 급등하는 등 주가 흐름이 정상이 아니어서 시장 관리자가 관리종목으로 지정한 주식은 대용증권으로 쓸 수 없다.

보증금은 얼마나 내야 할까?

신용융자를 받아 거래하려는 금액에 보증금률을 곱하면 계산할 수 있다.

보증금=거래액×보증금률

융자거래 때 보증금률은 보통 45%다. 신용융자를 받아 주식을 100만 원어치 사려는데 보증금률이 45%라면, 보증금은 (거래액×보증금률=100만 원×0.45=) 45만 원이다. 45만 원을 보증금으로 맡기고 55만 원을 빌릴 수 있다. 이렇게 신용융자를 받아 주식을 사는 것을 신용매수라 한다. 보증금률은 증권사마다 다르다. 주로 고객 신용도와 거래 실적을 고려하면서 종목마다 다르게 정한다.

신용융자거래는 왜 위험한가?

신용융자거래는 증권사에 보증금을 맡기고 주식 매매에 필요한 현금 일부 또는 전부를 빌려 주식을 매매한 다음, 빌린 돈을 갚고 이익을 내는 주식 투자법이다.

신용융자거래는 일반 주식거래보다 손실 위험이 크다.

첫째, 이자를 내야 한다. 돈을 빌렸으니 거래 기한별로 정해진 이자율에 따라 융자 이자를 갚아야 한다. 기한을 정해놓고 주식거래를 해서 이자를 내고도 남을 정도로 높은 이익을 내야 하므로, 자기 돈으로 거래 기한이나 이자 부담 없이 주식 매매를 할 때보다 부담이 크다.

신용거래를 할 수 있는 기한이나 액수(거래액 한도) 등은 증권사 정책이나 고객 신용도 등에 따라 다르다.

거래 기한은 보통 90일이고, 2~3회 정도 연장이 가능하다.

거래 이자율은 2023년 11월 현재 16~30일에 연 7~9%대, 61일~90일에 연 8~9%대로 매우 높은 수준이다. 보통 융자 기한이 길수록 이자율도 높다. 만약 기한 내 원금을 갚지 못할 때는 만기 다음 날부터 연체이자까지 내야 한다. 연체이자율은 2023년 11월 현재 6~11%대다. 키움증권의 이자율은 90일 초과분에 연 9.3%, 연체이자율은 연 9.7%다. 한화투자증권의 연체이자율은 연 11%다.

둘째, 주가가 하락할 경우 손실이 커진다. 자기 돈으로 주식을 샀을 때 주가가 떨어지면 딱 그만큼만 손실을 보면 된다. 하지만 신용으로 산 주식은 시세가 떨어져서 반대매매를 당할 경우 손실 폭이 뜻밖에 매우 커질 수 있다.

반대매매(covering)란 증권사가 신용거래를 하는 투자자의 계좌에 있는 주식을 투자자 의사에 상관없이 임의로(마음대로) 처분해 빌려준 돈을 회수하는 거래다. 주가가 하락해서 신용거래 투자자의 주식 평가액이 줄어들고, 그대로 가다간 증권사가 내준 빚을 제때 돌려받지 못할 것 같을 때 투자자와 미리 약정한 권리를 행사하는 것이다.

증권사가 반대매매를 할 때는 주식을 쉽게 팔기 위해 투자자 계좌의 주식을 하한가나 전일 종가보다 20~30% 싼 매도가로 주문을 내 팔아치운다. 그럼 투자자는 단지 증시에서 주가가 떨어져 입는 손실보다 더 큰 손실을 입게 된다. 자기 돈으로 투자하는 경우처럼 주가가 반등해서 손실을 회복할 기회도 잃는다.

신용거래 하면 어쩌다 반대매매 당하나?

주식 신용거래를 하다 보면 반대매매를 당해서 신용 계좌에 보유한 주식을 잃는 일이 생길 수 있다. 구체적으로 어떻게 반대매매를 당할까? 신용융자거래에서 반대매매가 일어나는 경우를 자세히 살펴보자.

신용융자거래(융자거래)는 투자자가 증권사에 보증금을 맡기고 주식 매매에 필요한 현금 일부나 전부를 빌려 주식을 매매한 다음 빌린 돈을 갚는 순서로 한다. 고객이 융자거래를 할 때 증권사는 투자자의 신용 계좌를 담보로 잡고 담보유지비율을 정해둔다.

담보유지비율은 담보율에서 파생된 개념이다. 먼저 담보율이 무엇인지부터 알아보자.

담보율은 고객 신용 계좌의 평가액이 신용융자액에 비해 얼마나 되는지를 나타내는 비율 지표다. 다음 식으로 구할 수 있다.

$$\text{담보율(\%)} = \frac{\text{신용 계좌 평가액}}{\text{신용융자액}} \times 100$$

신용 계좌의 평가액은 증권사가 담보로 잡아놓으므로 담보액(담보가액=담보 평가액)이라고 부르기도 한다. 그래서 담보율은 다음 식으로 표현할 수도 있다.

$$\text{담보율(\%)} = \frac{\text{담보액}}{\text{신용융자액}} \times 100$$

이제 담보율을 한번 구해보자.

홍길동이 자기 돈 45만 원과 신용융자 받은 55만 원으로 100만 원어치 주식을 샀다. 이 상태에서 담보율은 얼마인가?

$$\text{담보율(\%)} = \frac{\text{담보액}}{\text{신용융자액}} \times 100 = \frac{\text{100만 원}}{\text{55만 원}} \times 100 = 181.8\%$$

담보율이 무엇인지 이 정도면 설명이 됐을 것이다. 이젠 담보유지비율을 알아보자.

담보유지비율은 담보액이 신용융자액을 웃도는 상태를 유지할 수 있는 최소 한계선에 해당하는 비율이다. 증권사 입장에서 고객으로부터 빚을 떼이지 않으려고 신용거래에 붙이는 안전장치이자, 빚을 얼마나 회수할 수 있는지 나타내는 지표이기도 하다. 최소(최저) 담보율, 최저(최소) 담보유지비율, 담보율(담보비율) 한도라고도 부른다. 2023년 12월 현재 증권사가 투자자에게 돈을 빌려줄 때는 보통 투자자와 증권사 간 융자 총액의 140%를 담보유지비율로 운용하고 있다.

담보유지비율이 고객과 신용융자거래를 하는 증권사의 채권 회수에 어떻게 활용되는지 예를 들어 알아보자.

홍길녀는 신용융자거래를 이용해 주식을 매매하려고 증권사에서 55만 원을 빌렸다. 증권사가 설정한 담보유지비율은 140%다. 그럼 길녀의 신용 계좌 평가액(곧 담보액)은 신용거래 만기일까지 신용융자액(55만 원) 대비 140% 이상이 되게 유지해야 한다. 그러자면 신용 계좌 평가액, 곧 담보액이 얼마라야 할까?

담보유지비율이 140%가 되는 신용 계좌 평가액(담보액)은 다음 식으로 구할 수 있다.

$$\text{담보유지비율 } 140\% = \frac{\text{담보액(곧 신용 계좌 평가액)}}{\text{신용융자액}} \times 100 = \frac{\chi}{\text{55만 원}} \times 100$$

식을 풀면 χ는 77만 원. 곧 길녀의 신용 계좌 평가액(담보액)이 신용거래 만기일까지 신용융자액(55만 원) 대비 140% 이상 되게 유지하려면, 계좌 평가액(담보액)이 적어도 77만 원은 돼야 한다.

증권사는 평소 고객의 신용 계좌 평가액을 '신용거래 미수(未收) 잔고'라는 명목으로 기록해둔다. 증권사가 받을 빚을 다 돌려받지 않은 상태에서 고객의 신용 계좌에 남아 있는 자산이라는 뜻이다.

증권사는 (신용거래) 미수 잔고를 매일 매시 기록하면서 신용거래 만기일까지 미수 잔고가 담보유지비율 위에서 움직이는지 지켜본다. 만약 미수 잔고가 담보유지비율 밑으로 떨어지면 해당 신용 계좌를 담보부족계좌로 규정한다. 담보유지비율을 유지하지 못한 계좌라는 뜻이다.

길녀의 신용 계좌는 잔고 평가액이 77만 원 미만으로 줄어들 경우 담보유지비율 140% 선이 깨져 담보부족계좌가 된다.

담보부족계좌가 생기면 증권사는 투자자에게 증거금을 더 내서 부족한 담보를 채우라며 추가 담보를 요구한다. 담보율 산식(=신용 계좌 평가액÷신용융자액)에서 분자에 해당하는 담보액(곧 신용 계좌 평가액)을 키워 담보율을 담보유지비율 이상으로 유지하라는 것이다. 그러려면 투자자가 신용 계좌에 현금이나 증권을 더 맡겨야 한다.

담보부족계좌가 생겼을 때 증권사가 증거금을 더 내라고 요구하는 것을 '마진콜(margin call)'이라고 부른다. 흔히 '마진콜을 건다'는 표현을 쓴다. 마진콜 이후 신용거래자가 내야 하는 추가 증거금도 현금이나 유가증권이라야 한다. 마진콜에 따른 추가 증거금 납입 기한은 증권사마다 다르다.

마진콜이 제시한 기한 내에 추가 증거금을 내지 못하면 어떻게 될까?

증권사는 법률상 담보 처분권을 확보하게 되고, 이후에는 투자자 의사를 묻지 않고 담보로 잡은 고객 신용 계좌의 자산을 임의로 처분할 수 있다. 주식은 반대매매를 해서 일방적으로 팔아치울 수 있다.

단, 증권사와 투자자가 미리 합의했다면, 주가가 급변해 채권 회수가 어렵겠다고 판단될 때 증권사는 추가 담보 납입 요구 없이도 반대매매를 할 수 있다.

증권사가 반대매매에 나서는 것은 신용 계좌에 담보 부족이 발생해 증권사가 제시한 추가 증거금 납입 기한이 지나고 증시가 열리는 첫날이다.

매매라고는 하나 반대매매는 투자 차익이 아니라 융자금 회수가 목적이므로 대상 주식을 시장에서 가장 빨리, 쉽게 팔 수 있는 방법을 고른다. 그래서 장 시작 전 동시호가 매매 시간대(오전 8시 30분~9시)에 전일 종가 기준 하한가로 매도 주문을 낸다. 매수 호가(주식을 사려는 호가)가 나오는 즉시 매매가 체결되게 하려는 것이다. 이렇게 거래된 반대매매 매물 체결가는 동시호가 시간대를 넘기고 정규 장이 시작될 때 해당 종목 첫 거래가, 곧 시초가가 된다.

반대매매 주문가가 전일 종가 기준 하한가로 나간다고 해서 거래가 꼭 하한가로 체결되는 것은 아니다. 해당 종목을 하한가보다 높은 가격에 사려는 수요도 있을 수 있기 때문이다. (매도 호가, 곧 주식을 팔려는 호가가 하한가로 나와도 매수 수요가 없으면 거래가 체결되지 못한다. 이런 경우에는 다음 거래일 장 시작 전 동시호가 시간대에 전일 종가 기준 하한가로 다시 주문이 나간다.) 그래도 반대매매가 실행된 주식은 거래가가 전날 종가보다 20~30%씩 떨어지기 쉽다. 그 결과 신용 계좌에서 실제로 처분되는 금액은 담보 부족 금액보다 훨씬 커진다. 주가가 떨어지면 떨어질수록 반대매매 수량도 늘어나고, 신용 계좌에서 처분되는 금액도 커진다.

반대매매가 시작되면 신용 투자자는 치명적 손실을 입게 된다. 그 중 최악은, 신용 계좌 평가액이 담보유지비율은 물론 융자 원금에도 못 미칠 정도로 쪼그라든 경우다. 이런 경우 신용 계좌는 투자자가 한 푼도 건질 수 없는, 빈 깡통처럼 된다. 바로 '깡통계좌'다.

깡통계좌에서는 반대매매로도 융자금을 다 회수할 수 없다. 그래서 증권사가 투자자에게 융자 원리금을 따로 청구한다. 그럼 투자자는 주식을 잃은 뒤에 빚까지 지게 된다.

신용대주 투자는 왜 주가 떨어져야 득 보나?

신용대주거래(대주거래)는 투자자가 거래 증권사를 통해, 증권금융회사(증권을 담보로 잡고 증권회사 등 금융투자업자에 자금을 빌려주는 회사)인 한국증권금융에서 제공하는 주식을 빌려 매매하는 거래다. 주식을 빌려 판 다음 시세가 떨어지면 되사서 돌려주고 매매 차익을 챙기는 거래다. 주당 100원 하는 주식을 빌려 판 다음 시세가 80원으로 떨어지면 되사서 주식은 갚고 차익 20원을 챙기는 식이다. 증권사에 빌린 주식(차입 증권) 가치만큼 증거금(보증금, 거래 보증금)을 내야 하고, 빌린 주식을 매도한 대금은 증권사에 담보로 맡겨둬야 한다.

대주 기간(곧 주식 대여 기간)은 증권사마다 조금씩 다른데, 보통 90일 정도이고 90일 단위로 3회 정도 기한을 연장해주곤 한다. 거래 한도액도 증권사마다 다르다.

대주거래도 일반 주식거래에 비해 손실 위험이 크기는 융자거래와 마찬가지다.

첫째, 대여 수수료(이자) 부담을 져야 한다.

대주거래를 위해 빌린 주식은 대여 이자 부담이 큰 편이다. 증권사에서 신용대주거래에 매기는 주식 대여 수수료율(이자율)은, 상상인증권의 경우 2023년 11월 20일 현재 7일 이내 연 4.4%, 30일 이내 5.3%, 60일 이내 5.75%, 90일 이내 6.2%다.

둘째, 주가 상승 리스크가 따른다.

신용대주 투자를 할 때는 증권사에 증거금(보증금)을 맡기고, 주식을 빌려 판 대금도 담보로 맡겨둔다. 다음에는 신용거래 기한(신용 기한, 상환 기한) 내에 빌려 판 주식을 도로 사서 갚아야 한다. 이렇게 해서 득 보려면 신용 기한 내 주가가 주식을 빌렸을 때보다 떨어져야 한다. 만약 주가가 오르면 담보로 맡긴 주식 판매 대금과 증거금을 합친 액수로도 앞서 빌려 판 주식을 되사지 못하는 담보 부족 사태가 생길 수 있기 때문이다.

담보 부족이 발생하면 증권사는 '마진콜'을 걸어 투자자에게 추가 증거금 납입을 요구한다. 마진콜에 제때 응하지 못하면, 투자자가 맡겨놓은 주식 판매 대금은 물론 증거금까지 몽땅 걷어 간다. 그러고 나면 투자자의 신용거래 계좌는 깡통계좌가 되고 만다.

깡통계좌가 됐다고 끝이 아니다. 증권사가 투자자의 신용 계좌에서 담보(곧 미수 잔고)와 증거금을 확보하고도 융자 원리금을 다 회수하지 못할 때는 남은 금액을 투자자에게 별도로 청구한다. 그럼 투자자에게 빚만 남는다.

알고 보면 신용 투자는 큰 위험이 따르는 거래다. 주가 향방을 잘 맞히면 좋지만, 잘 못 맞히면 실물 투자 때보다 훨씬 손실이 커진다. 거래 만기 전에 담보 부족 사태가 발생하지 않는지 신경도 많이 써야 한다. 하지만 아무리 노력해도, 어떤 이유로든 주가가 갑자기 폭등락하면 담보부족계좌나 깡통계좌가 되는 사태를 피하기 어렵다.

증시에서는 흔히 주식 공매도(空賣渡, short stock selling, short selling) 얘기도 많이 한다. 공매도란 신용대주거래와 마찬가지로 자기가 갖고 있지 않은 주식을 파는 거래다. 신용대주거래와 비슷하지만 조건이나 방식에 차이가 있다.

신용대주거래는 투자자가 증권사를 경유해 증권금융회사에서 주식을 빌리고, 빌린 주식 평가액만큼 증거금(100%)을 내고 거래한다. 공매도는 투자자가 직접 증권사에서 주식을 빌리고, 빌린 주식 평가액의 40~100%를 증거금으로 내고, 주식 평가액의 140% 이상을 담보금으로 내야 한다.

최근 우리 증시에서는 기관투자자가 약세장을 틈타 대량 공매도 거래를 해서 주가를 폭락시키는 일이 잦았다. 이로 인해 개인투자자가 손실을 입으면서 증권 당국(금융위원회)이 공매도를 일시 금지하는 일이 되풀이되었다. 2023년 11월 6일부터 2024년 6월 말까지, 그리고 2008년 금융위기, 2011년 유럽 재정위기와 2020년 코로나 위기 때도 공매도가 전면 금지됐다.

반대매매 늘면 왜 '깡통계좌'가 걱정인가?

기사보기

반대매매 하루 5257억… '빚투 개미' 곡소리

사흘짜리 초단기 대출인 미수거래 대금을 갚지 못해 주식을 강제 처분당하는 반대매매가 사상 최대치로 치솟았다. … 미수금 대비 반대매매 비중도 69%로 사상 최고치를 기록했다. 반대매매 비중이 69%라는 것은 투자자들이 미수거래 대금(1조13억원)의 69%를 갚지 못해 강제로 처분당했다는 의미다. … 주가가 급락한 상태에서 반대매매가 이뤄지면 막대한 손실이 발생한다. 원금이 마이너스가 되는 '깡통계좌'도 속출했을 것으로 추정된다.

한국경제
2023.10.20

주가가 급락하자 반대매매가 급증해 개인투자자의 주식거래 계좌에서 깡통계좌가 속출했으리라고 추정한 기사다. 증권사가 반대매매에 나설 때는 투자자의 의사를 묻지 않고 일방적으로 한다. 그것도 최대한 쉽게 팔기 위해 헐값에 주식을 팔아치운다. 때문에 심한 경우 신용 계좌 잔고가 빈 깡통처럼 될 수 있다.

반대매매든 깡통계좌든 모두 빚으로 주식 투자를 할 때 발생한다. 빚으로 하는 주식 매매는 크게 두 가지 방식이 있다. 하나는 앞서 설명한 신용거래, 다른 하나는 이제 설명하는 미수거래(未收去來)다.

미수거래도 증권사에서 돈을 빌려 주식을 사고 나중에 대금을 갚는 거래라는 점에서 신용거래와 본질은 같다. 다만 신용거래보다는 거래 방식이 단순하고 단기간 거래라는 점 등 몇 가지가 다르다.

증권사가 투자자에게 돈이나 주식을 빌려줄 때는 투자자가 되갚지 못할 때를 대비해 보증금을 받아둔다. 거래액 대비 일정 비율로 계산해서 현금이나 유가증권으로 받는다.

미수거래 때 보증금률은 투자자의 신용도나 종목에 따라 다르지만 보통 30% 안팎이다. 주식 매입 대금의 30% 정도만 내면 나머지 70%를 증권사가 빌려준다. 적은 돈으로 많은 주식을 살 수 있는 셈이다. 그 대신 투자자가 미수거래로 사들인 주식은 증권사가 담보로 잡고, 결제 만기 3일(거래일 기준) 조건을 적용한다. 신용거래가 보통 90일 기한으로 거래할 수 있는 데 비하면 거래 만기가 초단기다. 주식을 사고 거래일 기준 3일째까지 빌린 돈(증권사 입장에서는 미수금)을 갚지 못하면, 다음 날(4일째) 증권사가 반대매매에 나서 투자자 계좌의 주식을 처분하고 담보 부족분을 회수한다.

신용거래 계좌가 '깡통' 되는 사례는?

신용융자거래 계좌가 담보부족계좌나 깡통계좌가 되는 이치를 사례로 살펴보자.

신용융자거래를 허용하는 증권사에서 400만 원을 증거금으로 맡기고 600만 원을 빌려 주식 1000만 원어치를 샀다 하자. 증거금률(=증거금/거래액)은 40%, 담보유지비율은 150%가 조건이다.

보기 사례에서 첫 번째는 정상 신용거래 계좌, 두 번째는 담보부족계좌, 세 번째는 깡통계좌의 경우다.

첫 번째, 정상 계좌에서는 미수 잔고(계좌 잔고 평가액, 담보 평가액)에 별다른 문제가 없다. 주가가 당초 매수가보다 조금 떨어져 잔고 평가액이 1000만 원에서 950만 원으로 줄기는 했지만 아직 담보유지비율 금액(600만 원의 150%=900만 원)보다는 많다.

두 번째, 담보부족계좌는 잔고 평가액이 담보유지비율 금액에 못 미친다. 주가가 당초 매수가보다 꽤 떨어져 잔고 평가액이 800만 원으로 줄면서 담보액이 담보유지비율 금액(900만 원)에서 100만 원 부족해졌다. 이런 경우 증권사는 투자자에게 마진콜을 건다. 계좌에 증거금 100만 원을 더 넣어 담보를 채우라고 통고하는 것이다. 만약 투자자가 기한 내 응하지 않으면, 증권사는 주식을 반대매매 해서 담보 부족분 융자액을 회수한다.

세 번째, 깡통계좌는 계좌 잔고 평가액이 담보유지비율 금액뿐 아니라 융자액에도 못 미친다. 주가가 단기 급락하는 바람에 계좌 잔고 평가액이 100만 원으로 쪼그라들면서 담보액이 담보유지비율 금액(900만 원)에서 800만 원이나 부족해졌다. 증권사는 마진콜을 걸고, 투자자는 추가 증거금을 내서 담보 부족분을 채워 넣어야 한다. 담보 부족분을 채워 넣지 못하면, 증권사는 담보로 잡은 계좌의 주식을 반대매매 한 뒤 다 회수하지 못한 융자 원리금을 따로 청구한다. 투자자는 신용융자로 샀던 주식을 잃고 빚까지 지게 된다.

사례보기

신용융자거래의 세 가지 경우

증거금률 40%, 담보유지비율 150% 조건에서 400만 원을 증거금으로 맡기고 600만 원을 빌려 주식 1000만 원어치를 샀을 때

1. 정상 신용융자거래 계좌

융자액<담보유지비율 금액<계좌 잔고 평가액

2. 담보부족계좌

융자액<계좌 잔고 평가액<담보유지비율 금액

증권사: 마진콜, 응하지 않으면 반대매매로 융자 원리금 회수

3. 깡통계좌

계좌 잔고 평가액<융자액<담보유지비율 금액

증권사: 반대매매로도 융자 원리금을 다 회수하지 못해 별도 청구

주식담보대출 거래는 어떻게 하나?

기사보기

고금리에도 '빚투' 열기 여전… 올해 주식담보대출 3조 넘게 늘어

투자자가 주식을 증권사에 담보로 넣고 돈을 빌리는 소위 주식담보대출이 올해 들어 3조원 넘게 불어났다. … 금융투자협회에 따르면 지난 5일 기준으로 주식담보대출을 의미하는 예탁증권담보융자 잔액은 22조 1329억원을 기록했다. … 통상 투자자들은 주식담보대출을 받아 이를 다시 주식을 사는 데 쓰기 때문에 예탁증권담보융자 잔액으로 빚투 규모를 가늠할 수 있다. 올해 들어 금리가 고공행진을 지속했지만 빚투는 성행하고 있는 셈이다.

서울신문
2023.10.06

주식담보대출이 늘었다고 전한 기사다.

주식담보대출이란 증권사에서 투자자가 보유한 주식 등 유가증권을 담보로 잡고 기한을 정해 투자자에게 현금을 빌려주는 거래다. 증권담보대출, 예탁증권담보대출, 예탁증권담보융자라고도 한다. 증권회사가 투자자에게 현금을 빌려주는 점만 보면 증권사가 제공하는 신용융자와 비슷한 거래다.

투자자로서는 증권사와 주식담보대출 약정을 맺으면 언제든 보유 주식을 담보로 자금을 대출받을 수 있어서 편리하다. 급전이 필요할 때 보유 주식을 처분하지 않아도 되고, 담보로 맡긴 주식을 처분해 대출금을 갚을 수도 있다. 이자율은 증권사마다 차이가 있고, 고객 등급별로도 차이를 둔다. 2023년 11월 현재 1~15일 기준 연 4~9%대, 31~60일이나 61~90일 기준 6~9%대, 180일 초과 때 연 7~9%대다. 연체이자율은 7~11%대다.

주식담보대출을 내줄 때 증권사는 보통 대출 전날(거래일 기준) 증시 마감 때 형성된 시세로 투자자의 계좌 가치를 평가하고, 계좌 평가액을 기준으로 담보유지비율(대출액 대비 담보액의 최저 비율, 보통 140%)을 설정해둔다.

대출 실행 후에는 투자자의 계좌 평가액(담보 주식 평가액)이 담보유지비율 위에서 움직여야 한다. 만약 담보유지비율 밑으로 떨어지면 증권사는 마진콜을 걸어 대출금 상환을 요구하고, 투자자가 요구에 응하지 못하면 반대매매로 담보 주식을 처분해 대출 원리금을 회수한다.

엔젤클럽 가입하면 뭐가 좋나?

기사보기

[해봤니? 엔젤투자]
"1500만원이 5년 만에 1억 됐어요"

엔젤투자자(이하 엔젤)는 예비 창업자나 초기 스타트업에 자금을 공급하고 멘토 역할을 하는 개인투자자를 말한다. … 엔젤투자자가 되는 길은 누구에게나 열려있다. 국내 엔젤투자자는 1만3000명 정도로 추산된다. … 엔젤투자자

아시아경제
2023.05.16

간 정보를 공유하는 모임인 엔젤클럽은 같은 기간 240개, 250개, 257개로 증가했다.

장외주식 투자 때는 종목 고르기가 어렵다. 정보가 부족해서다. 이런 어려움을 더는 길 중 하나는 보기 기사에서 말하는 '엔젤클럽(angel club)'에 들어 투자하는 것이다.

증권가에서 '엔젤(angel)'이란 벤처기업 등 주로 창업 초기 유망 기업, 기술력과 아이디어는 있지만 자본이 부족한 중소기업에 투자하는 개인이나 기관투자가를 말한다. 기업 입장에서는 사업 자금을 모아 제공해주는 이들이므로 천사와 같다는 뜻으로 엔젤이라고 부른다.

엔젤 투자자는 흔히 여러 개인이나 기관이 자금을 모아서 유망 기업 증권에 공동 투자하는 투자조합, 곧 엔젤클럽(엔젤투자클럽)을 만들어 투자한다. 흔히 유망 기업이 주식을 새로 발행하거나 추가 발행해서 자본금을 키우려 할 때 주식 매수에 참여하는 방식으로 투자한다. 자본 참여뿐 아니라 경영 자문과 홍보 지원 등 다양한 노력을 기울여, 기업이 성장할수록 더 많은 투자 이익을 얻는 식으로 움직인다.

엔젤클럽에 회원으로 가입하면 클럽이 개최하는 기업 투자설명회나 회원 간 정보 교환 기회를 활용해 투자 정보를 쉽게 얻을 수 있다. 클럽에 가입한 기업 경영 경험자나 전문가에게서 고급 정보를 얻을 수도 있다.

우리나라에는 2023년 11월 현재 전국에 260개 엔젤클럽이 활동하고 있다(한국엔젤투자협회 부설 엔젤투자지원센터 통계). 폐쇄적인 곳이 있는가 하면, 인터넷 사이트를 열고 간단한 절차로 회원 가입을 허용하는 개방적 클럽도 있다. 규모나 수준이 천차만별이어서 사기꾼이 섞여 있지 말라는 법도 없다. 클럽에 가입하려거든 먼저 해당 클럽의 과거 실적을 살펴보고, 기존 참여 회원은 어떤 이들인지도 꼼꼼히 검토해야 한다.

3

시장 흐름, 어디를 봐야 하나

시세 정보 보는 법

호가 정보 보는 법

주가지수

금리와 주가

금융장세와 실적장세

환율과 주가

내부자거래와 주가조작

투자를 잘 하려면 장세를 잘 알아야 한다.
장세를 알려면 주가 전반이 오르는지 내리는지,
거래는 활발한지 등 여러 가지 측면에서
장세를 알려주는 지표를 봐야 한다.

시세 정보에서는 뭘 알 수 있나?

주식 시세를 포함한 증시 정보는 주식 매매 체결 시스템을 개발하고 운영하는 기업 코스콤(KOSCOM, 옛 한국증권전산)이 공표한다. 인터넷, 신문, 방송 등 대중매체가 제공하는 주식 시세도 다 코스콤의 정보를 토대로 만든다. 이렇게 만들어진 종목별 시세 정보 사례로 시세 정보 보는 법을 알아보자.

보기 그림은 유가증권시장 상장 기업 '삼성전자'의 시세 정보를 검색한 결과다. 2023년 11월 24일 장 마감 후 포털 사이트 네이버의 증권란에서 발췌했다.

표 맨 윗줄에서 볼 수 있는 '삼성전자, 005930, 코스피'는 종목명, 종목 코드, 상장한 시장을 나타낸다. 종목명은 주식 발행사가 해당 주식을 발행하면서 붙인 명칭이다. 종목 코드는 종목별 고유 번호다.

나머지 시세 정보도 하나씩 살펴보자.

종목별 시세 정보 사례

삼성전자 005930 코스피 2023.11.24 기준(장마감) 실시간 |

71,700 전일대비 ▼700 | −0.97%	전일 72,400	고가 72,600
	시가 72,400	저가 71,700

종합정보 | 시세 | 차트 | 투자자별 매매동향 | 뉴스·공시 |

주요시세

현재가	**71,700**	매도호가	71,800
전일대비	▼700	매수호가	71,700
등락률(%)	−0.97%	전일가	72,400
거래량	6,394,446	시가	72,400
거래대금(백만)	460,905	고가	72,600
액면가	100원	저가	71,700
상한가	94,100	전일상한	94,600
하한가	50,700	전일하한	51,000
PER	15.24	EPS	4,704
52주 최고	73,600	52주 최저	54,500
시가총액	4,280,334억원	상장주식수	5,969,782,550
외국인현재	3,196,826천주	자본금	778,046백만

현재가 말 그대로 현재 시세. 주식 시세 정보는 종목별 시세를 1주당 시장가격(market price), 곧 시세 단가로 표시한다. 보기 표의 삼성전자 현재가 7만 1700원은 정규 장 마감 때 거래된 시세 단가다. 장중 마지막으로 거래된 시세를 '종가(終價, closing price)'라 하므로, 당일 종가인 셈이다.

전일가 거래일로 따져 하루 전날의 종가. 전일 종가라고도 한다. 보기 표는 전 거래일인 11월 23일 종가 7만 2400원을 전일가로 표시했다.

전일대비 전일 종가와 당일 종가의 차이. 전일비 또는 등락이라고도 한다. 보기 표에서 삼성전자는 (당일) 종가가 7만 1700원인데 '전일 대비 ▼700' 표시가 붙었으므로 전날 종가보다 700원이 내렸다는 뜻이다. 보기 표는 전일가를 표시했지만, 표시가 없더라도 전일가는 7만 2400원이었음을 알 수 있다. 여기 예처럼 당일 종가가 전일가보다 내렸을 때는 ▼(▽) 기호, 올랐을 때는 ▲(△) 기호로 표시하는 것이 보통이다. 전일가와 당일 종가에 차이가 없을 때는 '0'이나 '-'로 표시한다.

등락률 전일 종가에 비해 당일 종가가 얼마나 오르고 내렸는지를 비율로 표시한 지표. 보기 삼성전자는 전날 종가보다 700원 내렸는데(전일대비 ▼700), 이 금액 700원은 전날 종가 7만 2400원에 비해 0.97% 내린 것이므로 -0.97%로 표시했다.

시가(始價) 정규 장 개장 후 장중 최초로 거래된 시세. 시초가(opening price)와 뜻이 같다. 시장가격이나 시세를 뜻하는 시가(市價)와는 완전히 뜻이 다르다. 보기 표에 따르면 당일 삼성전자의 시가는 7만 2400원이었다.

고가 당일 장중 최고 수준으로 거래된 가격, 곧 최고가. 보기 표에 따르면 당일 삼성전자의 고가는 7만 2600원이었다.

저가 당일 장중 최저 수준으로 거래된 가격, 곧 최저가. 보기 표에 따르면 당일 삼성전자의 저가는 7만 1700원이었다.

보기 시세표에서 보여주는 현재가, 시가, 고가, 저가 정보를 종합하면 삼성전자의 하루 시세 흐름을 이렇게 읽을 수 있다:

삼성전자는 11월 24일 장에서 7만 2400원으로 거래를 시작해 장중 7만 2600원까지 오르거나 7만 1700원까지 내리기도 했지만, 막판엔 전 거래일보다 700원 내린 7만 1700원으로 하루 거래를 끝냈다.

거래량 거래 당일 매매가 체결된 주식 수량. 보기 표에 따르면 당일 삼성전자는 639만 4446주가 거래됐다.

거래대금 거래 당일 매매가 체결된 주식거래액. 보기 표에 따르면 당일 삼성전자는 4609억 500만 원어치가 거래됐다.

액면가 주식을 처음 발행할 때 매기는 1주당 가격, 곧 발행단가. 보기 표가 전하는 삼성전자 액면가는 100원이다. 액면가는 상법에 100원 이상으로 정하게 돼 있다. 보통 100원, 200원, 500원, 1000원, 2500원, 5000원, 1만 원 등으로 정한다. 액면가에 발행주식 수를 곱하면 발행주식 총액이 된다.

상한가, 하한가 장중에 시세가 오를 수 있는 최고한도와 내릴 수 있는 최저한도. 유가증권시장, 코스닥, K-OTC시장에서 기준가±30%(코넥스시장에서 ±15%)로 제한되어 있다. 여기서 기준가는 시장 관리자가 전일 종가를 고려해 산출하는 가격이라서, 상한가와 하한가는 대체로 전일 종가±30%(코넥스 ±15%)에 근접한 가격이 된다. 당일 삼성전자 상한가는 기준가에 30%를 더한 9만 4100원, 하한가는 30%를 뺀 5만 700원으로 표시됐다.

전일상한, 전일하한 거래일 기준으로 전일 상한가와 하한가.

매도호가, 매수호가 현재 나와 있는 매매호가. 7만 1800원에 팔겠다는 호가와 7만 1700원에 사겠다는 호가가 나와 있다.

52주 최고, 52주 최저 최근 52주, 즉 1년 동안 당일 종가를 포함한 종목별 종가 중에서 최고가와 최저가. 삼성전자의 당일 종가는 7만 1700원이지만 최근 1년간 거래가는 최고 7만 3600원, 최저는 5만 4500원이었다. 최근 1년간 최고가와 최저가를 고려할 때, 삼성전자의 당일 종가는 연중 최고가에 근접했다.

증시에서 종목별 최고가와 최저가는 '20일 고가, 저가', '60일 최고가, 최저가', '120일 최고, 최저' 식으로 다양하게 표시한다. 가령 '20일 고가, 저가'는 당일 종가를 포함한 최근 20일간 종가 중 최고가와 최저가를 나타낸다.

다음 기사에서 보듯 '52주 신고가'나 '52주 신저가'를 이야기할 때도 있다.

기사보기

7거래일 오르며 신고가 경신…7만 원 '초 읽기'

두산로보틱스가 7거래일 연속 상승세를 보이면서 장중 52주 신고가를 경신했다. 23일 오전 9시 17분 두산로보틱스는 전 거래일 대비 5,100원(+8.02%) 상승한 6만 8,700원에 거래되고 있다. 장중에는 6만 9,600원까지 오르며 52주 신고가를 경신하기도 했다.

한국경제TV
2023.11.23

'신고가(新高價, a new high)'란 종가를 기준으로 과거 일정 기간, 예를 들면 1년 동안 또는 연초 이래 기록한 최고 시세보다 높은 시세를 뜻한다. 52주 신고가를 기록 또는 경신했다면 최근 52주간 최고가보다 더 높은 시세를 새로 기록했다는 뜻이다.

신고가에 반대되는 개념은 '신저가(a new low)'다. 종가를 기준으로 과거 일정 기간 동안의 최저가보다 더 낮은 시세다.

신고가 기록을 낸 종목은 신고가 종목, 신저가 기록을 낸 종목은 신저가 종목이라 한다.

PER 주가수익률(Price Earnings Ratio)의 약칭. 주가이익률, 주가수익배율이라고도 부른다. 기업이 경영 활동으로 얻은 수익에서 비용을 빼고 남는 이익이 순이익인데, 일정 기간의 순이익을 발행주식 수로 나누면 1주 몫에 해당하는 순이익, 곧 주당순이익을 구할 수 있다. PER은 현재 주가를 주당순이익으로 나눈 비율이다.

PER값을 보면 현재 주가가 주당순이익보다 몇 배나 비싼지 알 수 있다. 보기 표가 표시한 삼성전자 PER은 15.24이다. 현재 주가가 주당순이익 대비 15.24배 높다는 뜻이다. 삼성전자와 같은 업종(반도체와 반도체 장비)에 속하는 업체의 평균 PER은 20.99(배)이다. 삼성전자의 PER은 업종 평균치보다 낮은 셈이다.

EPS 주당순이익(Earnings Per Share)의 약칭. 기업이 일정 기간 사업을 벌여 올린 순이익을 발행주식 수로 나눠 구할 수 있는 1주 몫의 순이익이다. 보기 표에서 삼성전자의 EPS는 4704원이다. 삼성전자 주식이 1주당 4704원씩 순이익을 올린다는 뜻이다.

시가총액 주식 시세 총액. 주당 시세에 발행주식 수를 곱하면 구할 수 있다. 보기 표에 따르면 삼성전자의 당일 시가총액은 428조 334억원이다. 삼성전자는 2023년 11월 25일 현재 유가증권시장에서 시가총액 1위 기업이다.

상장주식수 상장한 주식의 전체 수량. 보기 표에 따르면 삼성전자의 상장 주식 수는 당일 현재 59억 6978만 2550주다.

외국인현재 외국인이 현재 보유한 주식 수량. 보기 표에 따르면 당일 현재 외국인이 보유한 삼성전자 주식 수량은 모두 31억 9682만 6000주다.

자본금 주식 발행사가 주식을 발행해서 모은 사업 밑천이 얼마나 되는지를 금액으로 표시한 것. 보기 표로 볼 때 삼성전자의 사업 밑천 규모는 7780억 4600만 원이다.

보합이란 어떤 상태?

기사보기

SK하이닉스 주가 장중 보합권,
장 초반 52주 신고가 새로 쓴 뒤 주춤

SK하이닉스가 장 초반 52주 신고가를 새로 쓴 뒤 주춤하고 있다. … 이날 SK하이닉스 주가는 전날보다 1.18%(1400원) 높은 12만200원에 장을 시작했다. 장 초반 12만1100원까지 오르면서 52주 신고가를 기록하기도 했다. 이후 SK하이닉스 주가는 하락 전환해 약보합권에서 움직이고 있다.

비즈니스포스트
2023.06.15

유가증권시장 상장 종목인 SK하이닉스의 주가가 장 초반에는 강세를 보여 신고가를 기록했으나 이후 보합 또는 약보합권에서 움직이고 있다고 장중 시세를 전한 기사다. 보합이니 약보합이니 하는 말이 무슨

뜻일까?

보합(保合, no change, stationary, maintenance)은 시세에 거의 변화가 없는 상태를 말한다. 일본어에서 유래한 탓에 용어가 낯설다. 주식뿐 아니라 부동산 시세 등 다양한 상품 시세를 얘기할 때 쓰는 말인데, 강보합(强保合)이나 약보합(弱保合)이라는 용어를 함께 쓰곤 한다.

강보합(bull maintenance)은 시세가 변화 폭은 작지만 조금 올랐거나 오름세인 상태, 당장은 움직임이 적어도 매수세(매수하려는 세력)가 강해서 곧 오를 가능성이 있는 상태를 말한다. 흔히 '강보합세, 강한 보합세' 식으로 표현한다.

약보합(bear maintenance)은 강보합과 반대다. 시세가 변화 폭은 작지만 조금 내렸거나 내림세인 상태, 당장은 움직임이 적어도 매도세(매도하려는 세력)가 강해서 곧 내릴 가능성이 있는 상태를 말한다. 흔히 '약보합세, 약한 보합세' 식으로 표현한다.

이 밖에도 증시에서는 시세를 말할 때 강세니 약세니 하는 표현도 자주 쓴다. 주가가 올랐고 앞으로 더 오를 조짐이 있는 상태는 '강세', 주가가 내렸는데 앞으로 더 내릴 조짐이 있는 상태는 '약세'라고 부른다.

주식 시세 등락을 표시하는 방법은 나라마다 다르고 시세표마다 다르다.

우리나라에서는 보통 증권사 영업점 전광판이나 인터넷 시세표에서 시세가 오른 종목을 붉은색으로, 내린 종목은 녹색으로 표시한다. 그래서 시세가 오르는 종목이 많을 때는 전광판 등 시세표가 온통 붉은 빛을, 반대 경우는 푸른빛을 띤다.

상한가·하한가는 왜 정하나?

우리나라 증시(유가증권시장, 코스닥, 코넥스, K-OTC)는 하루 장이 열리는 동안 주식 시세가 오르내릴 수 있는 폭에 제한을 두고 있다. 하루 중 오를 수 있는 최고 시세를 상한가, 내릴 수 있는 최저 시세를 하한가라 한다.

장중 종목별로 주가 등락이 가능한 범위는 2023년 12월 현재 유가증권시장, 코스닥시장, K-OTC시장에서 전일 기준가(전일 종가를 고려해 시장 관리자가 산출)±30%로 제한되어 있다. 코넥스시장은 ±15%로 묶여 있다.

장중에는 그렇지만 시간 외 매매 때는 상·하한가 제한 폭이 다르다.

유가증권시장과 코스닥에서는 하루 장이 끝나면 오후 3시 30분부터 6시까지 시간 외 매매를 진행하는데, 3시 30분부터 4시까지는 모든 종목을 당일 종가로만 거래하게 되어 있다. 따라서 상·하한가 제한이 적용되지 않는다.

4시부터 6시까지는 당일 종가±10% 한도로 거래하므로 주문가와 체결가가 함께 변할 수 있다. 비록 종가±10% 범위이기는 하지만 체결가가 움직일 수 있는 만큼 상·하한가 제한도 적용된다. 그래서 당일 종가가 상한가라면 장후 시간 외 매매 체결가도 당일 상한가를 넘지 못한다. 종가가 당일 하한가라면 장후 시간 외 매매 체결가도 당일 하한가보다 내려갈 수 없다. 당일 종가가 상·하한가일 때는 예외적으로 시세 변동에 '당일 종가±10%' 제한 원칙을 적용하지 않는다는 뜻이다.

주식 시세 상·하한가 표시

▲ 상승	⬆ 상한가
▽ 하락	⇩ 하한가

코넥스시장에서도 정규 장후에 개인투자자가 시간 외 매매(오후 3시 30분~4시)를 할 수 있지만, 당일 종가로만 매매하게 되어 있어서 상·하한가 제한이 적용되지 않는다.

보통 주식 시세표는 장중 상한가를 기록한 종목은 ⬆ 기호로, 하한가를 기록한 종목은 ⇩ 기호로 표시한다. 매매가가 상한가에 이르면 주가가 '천장을 쳤다'고 말하고, 하한가에 이르면 '바닥을 쳤다'고 말한다.

장중 주가 변동 폭을 제한하는 이유는 뭘까?

주식시장 시세 전반이 단기에 너무 큰 폭으로 변하는 것을 막아 시장을 안정되게 운영하고 개인투자자를 보호하기 위해서다.

증시에서 거액 투자자는 흔히 '큰손'이라 하고, 소액으로 투자하는 개인은 '개미'라고 부른다. 큰손이 주식을 대량 매매하면 그 영향으로 주가가 단기에 폭등 또는 폭락하기 쉬운데, 이때 개인은 손도 못 써보고 피해 보기 십상이다. 개인투자자가 큰손 때문에 손해 보는 경험을 자주 하다 보면 언젠가 증시를 외면하게 될 것이다. 그럼 증시가 활발하게 움직이기 어렵고, 기업이 증시에서 자본을 조달하기도 어려워진다. 결국 나라 경제에 악영향이 미친다. 그리 되지 않게 예방하자는 뜻에서 장중 주가 변동 폭을 제한한다.

외국에서는 어떻게 하고 있을까?

대만, 중국, 일본 등 아시아 주요국도 우리나라처럼 증시에 상·하한가 규제를 두고 있다. 그러나 미국, 영국, 싱가포르, 홍콩처럼 상·하한가 규제를 두지 않는 곳도 많다. 상·하한가 제한이 오히려 증시에 역기능을 한다는 논리가 우세하기 때문이다. 무슨 이야기일까?

증시가 시장 기능을 제대로 발휘하려면 증시 안팎에서 발생하는 호재나 악재가 그때그때 주가에 신속히 반영돼야 한다. 그런데 상·하한가 제한은 신속한 재료 반영을 막아서 증시의 시장 기능을 떨어뜨리고 주가를 왜곡한다는 것이다.

좀 더 자세히 설명하면 이렇다.

합리적 투자자라면 증시에 호재가 생길 경우 주가 상승을 기대해 투자할 것이다. 반대로 악재가 생기면 주가 하락을 기대해 투자할 것이다. 이렇게 합리적 투자자가 기대하고 투자하는 행동이 증시에 그대로 반영된다면 주가도 시장의 호재와 악재를 반영해 자연스럽게 오르내릴 것이다. 그런데 인위적으로 가격 변동 폭을 제한하면, 증시에 호재나 악재가 생겨도 주가가 시장 참여자의 합리적 기대치만큼 충분히 등락하지 못한다.

시장가격이 재료를 반영해 충분히 움직이지 못하다 보면 가격에 왜곡이 생긴다. 가령 증시에 호재가 나오면 주가가 몇 날이고 계속 상한가만으로 거래되고, 악재가 나오면 역시 연일 하한가만으로 거래되는 현상이 생길 수 있다. 가격 제한 때문에 거래가 원활하게 이뤄지지 못할 수도 있다. 결국 가격 제한이 증시의 시장 기능을 떨어뜨린다는 것이다.

가격 제한이 증시의 시장 기능을 떨어뜨린다는 주장은 우리나라 증시에서도 꾸준히 제기되어왔다. 우리도 가격제한폭을 없애든지 아니면 그 폭이라도 키우자는 주장이 이어진 결과 2015년에는 유가증권시장, 코스닥, K-OTC의 가격제한폭이 전일 종가±15%에서 ±30%로 확대되었다.

상·하한가 제한 폭이 위아래로 각각 15%씩이면 종목별 하루 시세 변동 폭이 최대 30%에 그친다. 하지만 상·하한가 제한 폭이 위아래로 각각 30%씩 설정되면 종목별 하루 시세 변동 폭이 최대 60%로 커진다.

장중 시세 변동 한도가 커진 만큼 증시에서 발생하는 호재나 악재가 주가에 반영되는 시간이 줄어들고, 그만큼 시장 기능이 향상된다. 하지만 투기 성향도 높아진다. 단기에 크게 벌 수도 있지만 실패했을 때 입는 손실도 커진다.

기세란 무엇인가?

기사보기

코넥스 종목, 거래량 없는데 15% 급등? '기세제도' 때문

최근 상장한 일부 코넥스 종목들이 거래량이 없는데도 불구하고 주가 변동을 보이고 있다. 거래가 체결되지 않아도 호가만으로 가격이 결정될 수 있는 예외적인 제도가 있기 때문이다. 31일 한국거래소에 따르면 지난 21일 상장한 수술

솔루션 전문기업 애니메디솔루션은 상장 다음날부터 이틀간 15.00%, 14.67% 급등했다. 해당 기간 거래량은 0건이었다.

뉴시스
2022.12.31

주식시장에는 보기 기사에서 말하듯 기세(氣勢) 제도가 있다. 뭘까?

예를 들어 알아보면 쉽다.

○○전기는 어제 종가 10만 원을 기록했다. 오늘 장에서 매도가 9만 9000원과 9만 8000원, 매수가 9만 7000원의 호가가 나왔지만 매매되지 못하고 장이 끝났다. 호가는 나왔으나 매매가 안 돼 거래량이 제로(0)였다. 그럼 오늘 ○○전기의 종가는 어제와 마찬가지로 10만 원으로 기록해야 할까?

그렇지 않다. 비록 매매는 안 됐지만 오늘 매도자와 매수자 모두 어제 종가보다 낮은 호가를 내놓았다. 어제에 비해 오늘 시세는 사실상 하락세로 움직인 셈이다. 이처럼 주문만 나오고 거래는 되지 않은 채 호가가 내림세인 상태로 장이 마감되면 '내림세의 기세가 형성됐다'고 말한다.

내림세의 기세가 형성되면 시장 관리자가 당일 나온 매도호가 중에서 가장 낮은 호가를 사실상의 시세로 간주하고 당일 종가로 인정한다. 따라서 ○○전기의 이날 종가는 9만 8000원이 된다. 거래가 체결되지 않았지만 호가만으로 가격이 결정되는 셈이다.

다른 경우를 보자.

어제 장에서 종가 10만 원을 기록한 ○○전기를 놓고 오늘 장에서는 매도호가 11만 원, 매수호가 10만 5000원과 10만 8000원이 나왔으나 매매되지 못하고 장이 끝났다 하자.

비록 매매가 이뤄지지는 않았으나 매도와 매수 양측 모두에서 어제 종가보다 높은 호가가 나왔다. 어제에 비하면 오늘 장세는 사실상 상승세로 움직인 것이다. 이처럼 거래가 이뤄지지 못했으나 호가가 오름세인 상태로 장이 마감되면 '오름세의 기세가 형성됐다'고 말한다.

오름세의 기세가 나타나면 시장 관리자가 당일 나온 매수호가 중에서 가장 높은 호가를 사실상의 시세로 간주해 당일 종가로 인정한다. 따라서 ○○전기의 당일 종가는 10만 8000원이 된다.

기세는 우리 증시가 인정하고 있는 매매 거래 제도 중 하나다.

정규 장을 마칠 때까지 매매 거래가 성립되지 않은 종목이라도 당일 기준 가격보다 낮은 매도호가가 있을 때는 매도호가 중 최저가를 당일 종가로 인정한다. 당일 기준 가격보다 높은 매수호가가 있을 때는 매수호가 중 최고가를 당일 종가로 인정한다. 요컨대 거래가 체결되지 않더라도 호가만으로 가격이 결정되게 하는 제도가 기세 제도다.

당일 하한가로 매도호가만 나오고 매수호가가 없어 거래가 안 된 종목의 시세는 '기세 하한가', 상한가로 매수호가만 나오고 매도호가가 나오지 않아 거래가 안 된 종목의 시세는 '기세 상한가'라고 부른다.

기세 제도에 따라 인정된 당일 종가는 해당 종목의 다음 거래일 기준 가격이 된다. (기준 가격은 시장 관리자가 전일 종가를 고려해서 결정한 당일 장 개시 가격이다. 일중 상·하한가 제한 폭을 정하는 기준으로도 쓰인다.)

기세가 나타나는 종목을 기세 종목이라고 부른다. 시세표에 따라서는 기세 종목에 ×표 같은 기호를 붙여 다른 종목과 구별하는 경우도 있다.

호가 정보는 어떻게 보나?

보기 표는 삼성전자의 어느 날 장중 호가 정보를 포털 사이트 네이버에서 발췌한 것이다.

호가 정보는 호가 상황 정보 또는 호가 상황표라고도 부른다. 증시 개장 전후와 장중에 투자자들이 지금 어떤 종목을 어떤 가격에 얼마

종목별 호가 정보

투자정보	호가10단계	
매도잔량	호가(20분지연)	매수잔량
211,994	52,200	
282,874	52,100	
690,310	52,000	
488,308	51,900	
352,928	51,800	
376,170	51,700	
393,657	51,600	
950,204	51,500	
799,281	51,400	
646,294	**51,300**	
	51,200	**482,150**
	51,100	361,577
	51,000	393,743
	50,900	267,568
	50,800	259,758
	50,700	211,660
	50,600	262,797
	50,500	268,452
	50,400	160,922
	50,300	160,140
5,192,020	**잔량합계**	**2,828,767**

나 많이 매매하려 하는 상태인지 알려준다. 보기는 20분 지연된 정보지만, 증권사 매매 전용 프로그램(HTS, MTS 등)에서는 실시간으로 볼 수 있다. 매매 주문을 낼 때 꼭 챙겨 봐야 할 정보다.

호가 정보는 매매 체결가를 중심으로 상·하 5~10단계의 호가('우선호가'라 한다)를 보여준다. 실제로 시장에 나오는 종목별 매매호가는 10단계가 넘지만, 투자자에게는 우선호가만 공개된다.

보기 호가 정보가 표시된 시점에서 삼성전자의 매매 체결가는 5만 1300원이었다. 매매 체결가를 중심으로 위로는 매도호가가 5만 1300원부터 5만 2200원에 걸쳐 나와 있다. 호가(매도호가) 왼쪽에 나란히 표시된 매도 잔량은, 주문을 내놓았으나 아직 매매가 체결되지 않고 남아 있는 매도호가 물량이다. 예를 들어 5만 1300원에 '팔자'를 부른 호가의 미체결 물량은 현재 64만 6294주다. 매도 잔량 합계는 잔량 합계(총잔량) 왼쪽에 표시된 519만 2020주다.

매수호가는 매매 체결가 바로 밑으로 5만 1200원부터 5만 300원에 걸쳐 나와 있다. 호가(매수호가) 오른쪽에 나란히 표시된 매수 잔량은, 아직 매매되지 않고 남아 있는 매수호가 물량이다. 예를 들면 5만 1200원에 나온 '사자' 호가의 미체결 물량은 현재 48만 2150주다. 매수 잔량 합계는 잔량 합계(총잔량) 오른쪽에 표시된 282만 8767주다.

보기 표에 나온 우선호가 상황만 보자. 5만 1300원에 거래가 된 직후 역시 5만 1300원에 팔겠다는 물량이 64만 6294주 나와 있지만, 매수자 쪽에서는 5만 1200원에 팔면 사겠다는 물량이 48만 2150주 대기하고 있다. 호가 잔량만 보면 팔려는 쪽이 사려는 쪽보다 많으니 수요보다 공급이 많은 셈이다. 호가 상황이 이렇다면 아무래도 매매가가 내리기 쉽다.

주가지수는 어떻게 만드나?

유가증권시장이나 코스닥 같은 정규 증시는 거래 종목이 매우 많다. 그래서 종목별 시세를 아무리 뜯어봐도 전체 시세가 어디로 가는지 파악하기가 어렵다. 증시 전체의 시세 흐름을 알려면 지수(指數, index)를 활용해야 한다.

지수란 흔히 상품값이나 수량이 어느 기간에 얼마나 달라졌는지 측정하고 비교해볼 목적으로 만들어 쓰는 통계값(통계치)이다. 대개 간단한 숫자로 한눈에 알아보기 쉽게 만든다. 가장 흔히 쓰는 방법은, 기준 시점을 정하고 비교하려는 시점(이를테면 현재)의 값이 기준 시점 값보다 얼마나 달라졌는지 구하는 것이다.

가령 작년에 3678원이던 주가가 올해 8970원이라 하자. 작년을 기준 시점으로 삼을 때 올해 주가는 작년보다 얼마나 올랐을까?

작년 주가를 100으로 놓고 계산해보면 올해 주가는 243이 된다. 올해 주가가 작년보다 2.43배 높아졌음을 알 수 있다. 여기서 243이라는 숫자는 주가 추이를 나타내는 지수이므로 주가지수라고 부른다. 주가지수는 이렇게 주가 추이를 간단한 숫자로 나타내, 주가가 어떻게 변하는지 한눈에 알아보고 비교할 수 있게 해주는 지수다. 주가지수 단위는 포인트(P)를 쓴다. 포인트 단위를 넣는다면, '작년에 100포인트였던 주가지수가 올해 243포인트로 높아졌다'고 표현할 수 있다.

주가지수는 종목별로 만들 수도 있고, 여러 종목의 주가 흐름을 한데 묶어 만들 수도 있다. 여러 종목의 시세 흐름을 한데 묶어 만든 주가지수는 종합주가지수라 한다.

종합주가지수는 상장종목 전체 시세를 묶어 알아보거나 업종별·규모별 또는 기타 다양한 범주로 시세 흐름을 알아보는 데 유용하다. 가령 30년 전 상장종목 전체 시세의 합계를 100이라고 놓을 때 오늘 시세 합계가 2000이면, 오늘 종합주가지수는 2000(포인트)이라고 표시한다. 종합주가지수가 2000이면 증시 전체 주가가 기준 시점에 비해 20배 올랐다는 얘기다.

종합주가지수는 어디에 쓰나?

우리 증시에서 쓰는 대표 종합주가지수는 두 가지로, 코스피지수와 코스닥지수가 있다. 코스피지수는 코스피(KOSPI, Korea Composite Stock Price Index)라고도 부른다. 유가증권시장에 상장한 종목 전체의 시세 흐름을 지수로 만든 것이다. 코스닥지수(KOSDAQ Index)는 코스닥시장에 상장한 종목 전체의 시세 흐름을 지수로 만든 것이다. 둘 다 증시 전산 매매 시스템을 운영하는 코스콤에서 정규 증시 운영 시간(오전 9시~오후 3시 30분)에 일정 주기로 산정해 발표하고 있다.

우리 증시에서는 코스피지수와 코스닥지수 말고도 다양한 종합주가지수를 만들어 쓴다. 몇몇 대표 종목만 골라 만드는 지수, 업종별 또는 시가총액(시장가격 총액) 규모별로 만드는 지수 등 종류가 많다.

유가증권시장에서는 대표 우량 종목 200개를 골라 만드는 종합주가지수로 KOSPI200을 쓰고 있다. KOSPI200을 구성하는 종목 중 시가총액이 높은 순으로 100개를 골라 만드는 KOSPI100, KOSPI200 구성 종목 중 시가총액이 높은 순으로 50개를 골라 만드는 KOSPI50도 쓴다.

상장 기업을 산업별로 구분한 산업별지수, 상장 기업 중 제조업에 속하는 종목으로 구성한 제조업지수도 만들어 쓴다. 유가증권시장 상장종목 전체를 시총(시가총액)이나 자본금 규모별로 구분해 만드는 대형주지수(대형주 종합주가지수), 중형주지수, 소형주지수도 쓰고 있다. 대형주는 시총이나 자본금 규모가 비교적 큰 주식, 소형주는 시총이나 자본금 규모가 작은 주식을 말한다.

코스닥시장에서도 코스닥시장과 업종을 대표하는 150개 종목의 시세 흐름을 묶어 만든 코스닥150(KOSDAQ150) 등을 쓰고 있다.

유가증권시장과 코스닥에 걸쳐 300개 대표 종목을 골라 두 시장 시세를 아울러 표시하는 종합주가지수 KRX300(Korea Exchange 300 Index)도 쓰고 있다.

종합주가지수는 주로 여러 종목의 시세 흐름과 증시 전반의 주가 추이를 보는 데 필요하지만, 다른 용도로도 널리 쓴다.

첫째, 투자자가 증시 추세를 가늠하고 어느 종목을 얼마나 어떻게 매매할지 결정하는 데 유용한 기본 정보가 된다.

둘째, 주식 시황(市況, 곧 시장 상황)과 더불어 물가지수나 경기지수처럼 경기 상황도 알려준다. 대개 경기가 나쁠 때면 많은 종목에 걸쳐 주가가 내리면서 주식 시황도 나빠져 종합지수가 내리고, 경기가 좋아지면 반대로 시황도 좋아져 지수가 오르기 때문이다.

셋째, 경기 예측 지표로 활용할 수 있다. 주가는 보통 실제 경기를 4~6개월 정도 앞서 반영한다는 이론이 있다. 이 이론에 따라 통계청은 경기 예측에 활용되는 경기지표, 곧 경기선행지수(경기 흐름을 앞서가는 경기종합지수)를 만들 때 코스피지수를 변수로 넣는다.

넷째, 재테크 지표로 이용한다. 종합주가지수 추이를 은행 예금금리나 대출금리, 부동산 투자수익률 추이 등과 비교해보면 어디에 투자하는 게 유리한지 가늠해볼 수 있다. 가령 같은 기간에 종합주가지수는 3%, 예금금리는 1% 올랐다면 주식 투자가 은행 예금보다 유리하다고 판단하는 식이다.

코스피지수는 어떻게 만드나?

유가증권시장 종합주가지수인 코스피지수는 한국거래소가 시가총액 방식으로 만들어 발표한다. 즉 코스피지수는 시가총액식 종합주가지수다.

시가총액식 종합주가지수는 어떻게 만드나?

현재 시점의 코스피지수를 구한다면 대략 3단계 작업이 필요하다.

첫째, 지수 산출 기준 시점을 정해놓는다.

둘째, 현재 상장한 종목 전체에 걸쳐 발행주식 수에 시세 단가를 곱해 시가총액을 구한다.

셋째, 현재 시점 시가총액이 기준 시점 시가총액의 몇 배나 되는지

코스피지수 장기 추이

자료: Trading Economics

계산해 지수로 표시한다.

코스피지수 작성 기준 시점은 1980년 1월 4일이다(발표 시점은 1983년 1월 4일). 기준 시점에서 유가증권시장에 상장된 보통주(곧 의결권이 있는 보통 주식. 의결권이 없는 우선주는 제외) 전 종목의 시가총액을 기준값으로 놓고, 이 기준값에 비해 오늘 현재 시가총액이 얼마인지 구하면 오늘 현재 코스피지수가 나온다. 산출식은 다음과 같다.

$$\text{코스피지수} = \frac{\text{비교 시점 시가총액}}{\text{기준 시점(1980.1.4) 시가총액}} \times 100$$

2023년 11월 24일 코스피지수 종가는 2496.63포인트였다. 이게 무슨 뜻일까? 간단히 말하면, 유가증권시장에 상장한 주식의 전체 시세가 기준 시점인 1980년 1월 4일 시세(100포인트)에 비해 24.96배 정도 높아졌다는 얘기다.

다만, 엄밀히 따지면 정확히 24.96배는 아니다.

코스피지수 작성 근거가 되는 시가총액은 발행주식 수에 시세 단가를 곱해 구하므로, 발행주식 수가 늘면 주가가 오르지 않아도 주가지수가 커질 수 있다. 실제로 상장 기업은 가끔씩 주식을 추가 발행해 자본금을 늘리는데('증자'라 한다), 이때 발행주식 수가 늘어나므로 주가가 안 올라도 시가총액이 커진다. 그래서 상장 기업이 주식을 추가 발행해 시가총액이 불어날 때는 시장 관리자(한국거래소)가 기준 시점 시가총액도 그만큼 늘려 잡고 종합주가지수를 계산한다.

혹 상장이 폐지되는 종목이 생기는 등의 이유로 비교 시점 시가총액이 줄어들 때는 기준 시점 시가총액도 그만큼 줄여 잡는다. 정규 증시에서는 이런 식으로 시장 관리자가 필요할 때마다 기준 시점과 비교 시점 시가총액을 수정해가며 종합주가지수를 산출한다. 따라서 주식 시세 변화 폭과 종합주가지수 변화 폭이 정확히 일치하지는 않는다.

코스닥지수는 어떻게 만드나?

코스닥지수는 코스닥 상장종목 전체의 시세를 종합해 나타내는 종합주가지수다. 역시 한국거래소가 시가총액 방식으로 만든다.

지수 산출 기준일은 1996년 7월 1일. 1997년 1월 3일부터 실시간으로 산출·발표되고 있다. 기준 단위는 1000포인트다.

코스피지수 산출은 기준 단위를 100포인트로 하는데 코스닥지수는 왜 1000포인트일까?

코스닥지수의 대외 이미지를 고려해서 그런 것인데, 사연이 좀 있다.

코스닥지수 장기 추이

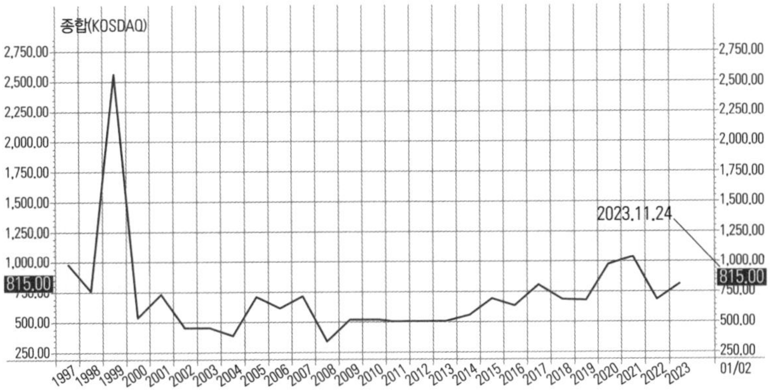

자료: 키움증권 HTS

코스닥지수도 본래는 100포인트를 기준값으로 잡고 지수를 산출했다. 코스닥시장 출범 직후에는 투자가 몰려, 2000년 초에는 2000포인트를 넘을 정도로 치솟았다(3월 10일 장중에 2925.20포인트로 최고치). 문제는 그다음. 시세가 대폭락해서 2003년에는 37포인트까지 떨어졌다. 종합주가지수치고 세계 어느 증시에서도 찾아볼 수 없을 정도로 초라한 기록이어서, 한국 증시의 대외 이미지가 나빠진다는 여론이 일었다. 그래서 2004년 1월 26일부터 기준값을 100포인트에서 1000포인트로 바꿨다. 숫자를 키워 보기 좋게 만든 것이다.

그랬지만 코스닥시장은 여전히 부진하다. 코스닥지수는 기준 단위를 1000포인트로 바꾼 2004년 이후 2023년 11월 24일 현재까지 한 번도 1000포인트에 이르지 못했다. 코스닥시장 출범 당시 투자했다 치면 아직 본전도 못 찾은 상태다.

코스피200·100·50, 코스닥150, KTOP30, KRX300은 어떤 지수?

세계 증시에서는 다양한 범주로 종목별 시세를 묶어 만든 종합주가지수를 쓴다. 한국거래소(KRX)도 여러 가지 종합주가지수를 만들어 쓰고 있다.

유가증권시장의 대표 종합주가지수로 코스피지수 다음 꼽을 만한 것은 코스피200(KOSPI200)이다. 코스피200은 코스피시장(유가증권시장)에서 시가총액 비중이 높은 대표 종목 200개를 골라 시가총액식으로 산출한다. 기준 시점을 1990년 1월 3일(기준 지수 100포인트)로 잡고 1994년 6월 15일부터 발표하기 시작했다. 2023년 11월 24일 장 마감 시세는 334.00포인트. 주요 지수 구성 종목은 삼성전자, LG에너지솔루션, SK하이닉스, 삼성바이오로직스, POSCO홀딩스, 현대차, LG화학, 기아, NAVER, 삼성SDI, 셀트리온 등이다(시가총액순).

코스피200만큼 흔히 쓰지는 않지만 코스피100, 코스피50도 만들어 쓴다. 코스피시장에서 시가총액 비중이 높은 대표 종목 100개와 50개를 골라 시가총액식으로 산출하는 주가지수다. 둘 다 기준 시점을 2000년 1월 4일(기준 지수 1000포인트)로 잡고 2000년 3월 2일부터 발표하기 시작했다. 2023년 11월 24일 장 마감 때 지수는 코스피100이 2516.45포인트, 코스피50이 2307.98포인트를 기록했다.

코스닥시장에서는 2015년 7월 13일부터 코스닥150(KOSDAQ150)이라는 종합주가지수를 새로 만들어 코스닥지수와 함께 발표하고 있다. 코스닥150은 코스닥 상장종목 중 150개 대표 종목의 시가총액을 지수화한 종합주가지수다. 지수 산출 기준일은 2010년 1월 4일, 기준 지

국내 증시의 주요 종합주가지수

KTOP 30	8,579.55 ▼75.91(0.88)	KOSPI	2,496.63 ▼18.33(0.73)	KOSPI 200	334.00 ▼2.91(0.86)
KOSDAQ	815.00 ▼0.98(0.12)	KOSDAQ 150	1,277.18 ▼9.44(0.73)	KRX 300	1,538.56 ▼12.78(0.82)

자료: KRX 홈페이지 2023.11.26

수는 1000포인트다. 2023년 11월 24일 장 마감 때 지수는 1277.18포인트. 코스닥시장이 대체로 부진하다 보니 지수도 좀처럼 커지지 않는다. 2024년 1월 17일 현재 주요 지수 구성 종목은 에코프로비엠, 에코프로, 엘앤에프 등이다.

유가증권시장과 코스닥을 망라해 산출하는 종합주가지수도 있다. KRX300이 대표적이다. 유가증권시장과 코스닥에서 업종별로 시가총액 규모가 큰 대표주 300개의 시세를 종합해 만든다. 코스닥150과 마찬가지로 기준 시점을 2010년 1월 4일(기준 지수 1000포인트)로 삼고 있다. 2018년 2월 5일 발표를 시작했고, 첫날 지수는 1489.41포인트로 마감했다. 2023년 11월 24일 지수 종가는 1538.56포인트. KRX300을 구성하는 주요 종목은 시가총액순으로 삼성전자, SK하이닉스, 삼성바이오로직스, POSCO홀딩스, 현대차, LG화학, 기아, NAVER, 삼성SDI, 셀트리온, 에코프로비엠, 포스코퓨처엠, 카카오, 현대모비스 등이다.

KRX300은 유가증권시장과 코스닥을 아울러 만들기 때문에 통합지수(통합주가지수)라고도 부른다. 통합지수로는 KRX300 이전에 한국거래소가 먼저 만든 KRX100이라는 것도 있다.

KRX100은 유가증권시장과 코스닥에서 고른 대표 종목 100개의 시세를 종합해 만드는 종합주가지수다. 기준 시점을 2001년 1월 2일(기준 지수 1000포인트)로 삼고 2005년 6월 1일부터 산출하고 있다. 기준 지수를 토대로 산출한 2005년 5월 31일 기준가는 1975.71포인트. 첫 지수 발표일인 2005년 6월 1일 시초가는 1964.43포인트였다. 2023년 11월 24일 장 마감 시세는 5164.20포인트. 우리 증시에서는 코스피와 코스닥시장을 아울러 처음 만든 통합지수지만, 출범 이후 편입 종목이 늘지 않고 활용도가 낮아 존재감이 미미하다. 그래서 KRX 300이 나왔다.

통합지수로는 KTOP30이라는 것도 있다. 한국거래소가 유가증권시장과 코스닥시장에서 우량 종목 30개를 골라 만드는 주가지수다. 기준 시점을 1996년 1월 3일(기준 지수 889포인트)로 삼고 산출한다. 2015년 7월 13일 발표 시점에는 6013.45포인트로 출발했다. 2023년 11월 24일 장 마감 시세는 8579.55포인트였다.

KTOP30은 다른 종합주가지수와 산출 방식이 좀 다르다. 코스피지수, 코스닥지수, 코스닥150, KRX300이나 KRX100은 주로 시가총액이 큰 순으로 골라 지수 구성 종목으로 편입한다. 그러나 KTOP30은 코스피시장과 코스닥시장에서 시가총액 상위 100개 기업 중 시가총액뿐 아니라 거래 대금, 거래량, 대표성 등 여러 요인을 고려해서 지수 구성 종목으로 편입한다. 지수를 산출할 때도 시가총액이 아니라 종목별 시세가 높을수록 지수 내 비중을 더 주는 방식을 쓴다. 이른바 주가 평균식이라고 부르는 주가지수 산출법인데, 뒤에 설명하는 다우존스 산업평균지수 산출 방식과 비슷하다. 지수 편입 종목 중 고가 종목의 비중이 크기 때문에 고가 종목 시세가 오르내림에 따라 지수 등락 폭도 크다.

다우지수와 나스닥지수는 왜 보나?

기사보기

블랙프라이데이 시즌 개막…
소비 추세 맑음 '다우 +0.33%' [뉴욕 마감]

블랙프라이데이로 조기 폐장한 뉴욕증시에서 다우존스 지수는 상승하고 나스닥 지수는 약보합세를 기록했다. 미국은 쇼핑시즌 개막에 맞춰 4분기 성장세를 유지하기 위해 할인기간을 미리 시작하고 크리스마스까지 계속 유지하려는 분위기다. 24일(현지시간) 뉴욕증시에서 다우존스(DJIA) 지수는 전일보다 117.12(0.33%) 오른 35,390.15를 기록했다. S&P 500 지수도 2.72포인트(0.06%) 소폭 상승한 4,559.34에 거래를 마쳤다. 그러나 나스닥은 15포인트(0.11%) 내려 지수는 14,250.85에 마감했다.

머니투데이
2023.11.25

다우존스지수(다우지수), 나스닥지수, S&P500 등 미국 정규 증시에서 쓰는 종합주가지수 추이를 전한 기사다. 다우지수, 나스닥지수, S&P500은 미국 주가지수지만 국내 미디어가 매일 빠짐없이 동향을 전하고 국내 투자자도 관심을 기울인다. 왜 그럴까?

미국이 세계경제에 큰 영향을 미치는 경제 대국이고, 미 경제를 거울처럼 반영하는 지표가 미 증시 흐름이기 때문이다. 최근 증시는 세계화 추세를 따라 각국 시장이 개방되고 국내외에 동시 투자하는 투자자가 많아지면서 글로벌 동조화(global coupling) 경향이 강해졌다. 글로벌 동조화란 미 증시가 침체하면 각국 증시도 따라 침체하는 식으로 세계 증시가 동시에 같은 방향으로 움직이는 현상이다. 글로벌 동조화를 이끄는 존재가 미국 시장이기 때문에 투자자에게 미국 증시 흐름은 필수 관심사다.

미국 증시 흐름을 알려면 먼저 미국 증시가 어떻게 구성되어 있는지 알아야 한다. 미국 증시는 뉴욕증권거래소(뉴욕증시)와 나스닥이 양대 축을 이루고 있다.

다우지수

뉴욕증권거래소(New York Stock Exchange, NYSE)는 1792년 출범했다. 시가총액 규모로 따져 미국뿐 아니라 전 세계에서 가장 큰 증권시장이다. 전통적으로 크고 오래된 미국 기업과 외국 기업이 증권을 상장해 유통시킨다.

뉴욕증권거래소는 여러 가지 종합주가지수를 쓴다. 가장 대표적인 것이 다우존스종합지수, 곧 다우존스지수(Dow Jones Index)다. 짧게 다우지수(Dow Index)라고 부른다. 다우지수는 뉴욕증권거래소에 상장한 주요 우량 종목의 주가 추이를 종합해 만드는 주가지수다. 미국 경제신문 〈월스트리트저널(WSJ)〉 공동 창업자 찰스 다우와 에드워드 존스가 고안했다.

다우지수 장기 추이

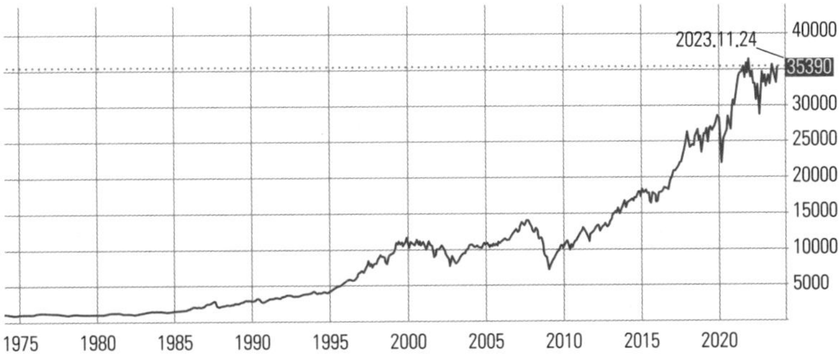

자료: Trading Economics

다우지수는 어떻게 만들까?

먼저 상장종목 중 거래가 활발하고 주가 동향을 잘 반영하는 몇 종목을 골라 대표 종목으로 삼는다. 그리고 기준 시점에서 대표 종목 시세의 단순 평균치를 구하고, 비교 시점에서 대표 종목 시세의 단순 평균치를 구한다. 그다음 비교 시점의 대표 종목 주가 평균치를 기준 시점의 대표 종목 주가 평균치로 나눠 백분비(퍼센트)를 구하면 다우지수가 산출된다. 이렇게 시세 평균을 활용해 종합주가지수를 만드는 방식을 다우존스 방식, 다우존스 주가 평균 방식이라고 한다. 그냥 '다우존스 평균(Dow Jones Average)'이라고 부르기도 한다. 지수 산출 기준일은 1928년 10월 1일이다.

$$\text{다우지수} = \frac{\text{비교 시점의 대표 종목 주가 평균}}{\text{기준 시점의 대표 종목 주가 평균}} \times 100$$

미국 증시에서 다우존스 방식 주가지수를 쓰는 곳은 뉴욕뿐만 아니다. 미 동부의 필라델피아증권거래소에서 발표하는 필라델피아 반도체지수(Semiconductor Sector Index, SOX)도 그런 예다. 필라델피아 반도체지수는 글로벌 반도체 산업과 주가 동향을 대표하는 지표로 널리 쓰는 업종별 종합주가지수다. 반도체업종 대표 기업(인텔, 텍사스인스트루먼트, 엔비디아, 어플라이드머티어리얼즈, 마이크론테크놀로지, 퀄컴 등)의 주가를 종합해 다우존스 방식 종합주가지수를 산출한다.

니케이지수(Nikkei Index, 日經指數)도 다우존스 방식으로 만든다. 니케이지수는 일본 증시를 대표하는 종합주가지수다. 도쿄증권거래소 상장종목 중 유동성이 높은 225개의 시세 평균치로 만들기 때문에 '니케이225(Nikkei 225, 日經平均株價)'라고도 부른다. 1949년 5월 16일을 기준 시점으로 삼고 1975년부터 일간신문 〈니혼게이자이(日本經濟)〉가 만들어 발표하고 있다.

다우지수에는 다우존스 산업평균지수(Dow Jones Industrial Averages, DJIA), 운수업 평균지수, 공공업종 평균지수 등 여러 가지가 있다. 흔히 말하는 다우지수는 다우존스 산업평균지수다. 뉴욕증시에 상장한 30개 대표 종목 시세를 종합해 만들기 때문에 '다우30(Dow30, 다우존스 30 산업평균지수)'이라고도 부른다.

다우30을 구성하는 종목은 다 유명 기업이 발행한 주식이다. IT 부문에 애플, 마이크로소프트, 인텔, 시스코시스템즈, IBM, 버라이즌이 있고, 석유화학업종으로 셰브론이 있다. 바이오와 헬스케어 부문에는 머크앤드컴퍼니가 있고, 소비재 부문에 나이키, 홈디포, 코카콜라, 월마트, 프록터앤드갬블, 3M, 존슨앤드존슨, 맥도날드가 있다. 금융업체인 비자, 골드만삭스, 제이피모건도 있고, 엔터테인먼트업체인 월

트디즈니도 있다. 운송과 화물 부문에는 보잉, 아메리칸익스프레스, 캐터필러가 있다.

나스닥지수

뉴욕증시와 쌍벽을 이루는 증시인 나스닥(NASDAQ, National Association of Securities Dealers' Automated Quotation system)은 1971년 출범했다. 시가총액 규모가 뉴욕증시 다음으로 크다. 벤처기업과 첨단 정보통신기술(Information & Communication Technology, ICT) 관련 기업이 많이 상장한다.

뉴욕증시와 나스닥의 관계는 전자가 제1시장, 후자가 제2시장 격이다. 우리나라에서 유가증권시장이 제1시장, 코스닥이 제2시장 역할을 하는 것과 비슷하다. 증시에서 제1시장, 제2시장 하면 대개 정규 시장과 장외시장을 가리킨다. 이 분류를 따르자면 우리나라의 유가증권시장이나 뉴욕증시는 정규 시장이고, 코스닥과 나스닥은 장외시장인 셈이다.

제2시장 또는 장외시장이라 해서 반드시 제1시장보다 못한 것은 아니다. 우리나라에서는 코스닥이 유가증권시장에 비해 규모나 질이 많이 떨어지지만, 미국은 사정이 다르다. 나스닥은 애플, 마이크로소프트, 아마존닷컴, 페이스북, 인텔, 펩시, 넷플릭스, 테슬라 등 미국 안팎의 글로벌 기업을 많이 상장시키고 활발하게 움직여 세계 장외시장의 본보기로 통한다.

나스닥 역시 여러 가지 종합주가지수를 산출하는데, 가장 대표적인 것이 나스닥지수(NASDAQ Composite Index, 나스닥 종합주가지수)다. 나

나스닥지수 추이

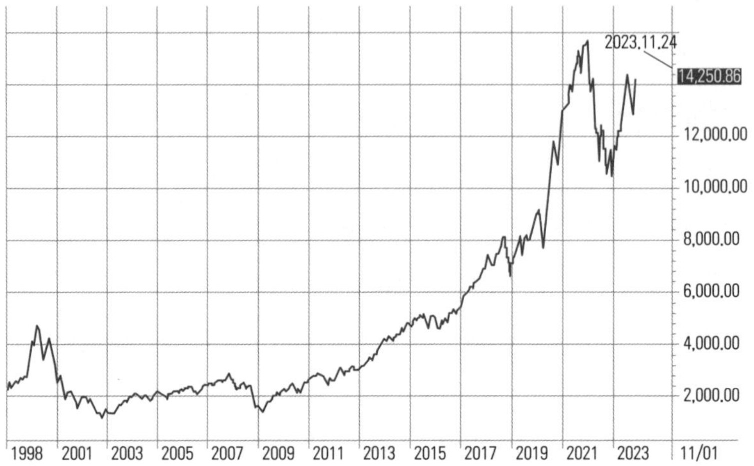

자료: Trading Economics

스닥 상장종목 전체의 주가 추이를 종합해 만드는데, 다우지수와 달리 시가총액식으로 주가지수를 산출한다. 단, 코스피지수를 시가총액식으로 산출할 때처럼 단순한 방식이 아니다.

상장된 모든 보통주에 시가총액에 따라 가중치를 주고, 1971년 2월 5일 시가총액을 기준 시점 지수(100포인트)로 삼고 비교 시점과 기준 시점 시가총액을 대비해 주가지수를 구한다. 종목마다 시가총액별로 가중치를 달리 주기 때문에 개별 기업 주식이 시장가치(시가총액)에 비례해 종합지수 크기에 영향을 미친다. 이른바 시장가치 가중지수 방식이다.

S&P500

S&P500(S&P500 Index, 스탠더드앤드푸어스500)은 글로벌 명성이 있는 미국의 민간 신용평가회사 스탠더드앤드푸어스(Standard & Poor's)가 작성하기 시작했다. 주로 뉴욕증시와 나스닥에 걸쳐 미국의 주요 대기업이 발행한 종목을 중심으로 500개를 골라 만들고 있다.

S&P500도 시가총액식으로 만드는데, 나스닥지수와는 또 다르다. 먼저 지수 편입 종목 전체를 대상으로 주가에 상장주식 수를 곱해 시가총액을 구한다. 이렇게 구한 500개 종목 전체의 시가총액을 지수 작성 기준 연도인 1941~1943년의 평균 시가총액으로 나눠서 얻는 값에 기준 시점 지수(10포인트)를 곱해 지수를 만든다.

다우, 나스닥, S&P500 중에서 대표성이나 공신력을 가장 인정받는 주가지수는 단연 다우지수다. 다만 다우지수는 상장종목이 2000개도

S&P500 추이

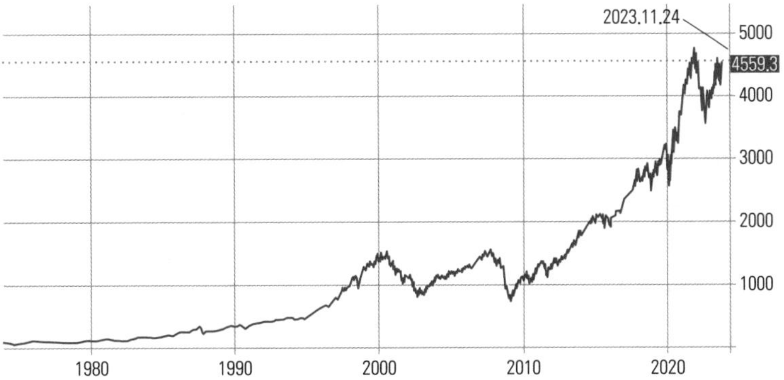

자료: Trading Economics

넘는 뉴욕증시에서 단 30개 종목 시세로 지수를 만든다는 한계가 있다. 다우지수만 봐서는 시장 전체 흐름을 잘 알 수 없다는 말이다.

다우지수에 비하면 나스닥지수나 S&P500이 상장종목 전체를 대상으로 만드는 지수인 만큼 시장 전체 흐름을 쉽게 보여준다. 그 대신 시가총액식 주가지수가 다 그렇듯 시가총액이 큰 대형주 시세의 영향을 크게 받는다. 주가지수가 대형주 시세를 따라 움직이면 중·소형주 투자자가 느끼는 증시 흐름과 종합주가지수 추이 사이에 괴리가 생기기 쉽다.

대형주와 소형주 투자, 뭐가 다른가?

주식은 흔히 대형주, 중형주, 소형주로 나눠 부른다.

분류 기준은 주로 발행사의 자본금 규모나 시가총액이다. 시장에서는 둘 다 쓰지만, 주요 선진국은 주로 시가총액을 기준으로 삼는다. 한국거래소도 2003년 이래 시가총액을 공식 기준으로 삼고, 유가증권시장과 코스닥에서 상장종목을 다음과 같이 구분하고 있다.

유가증권시장

- 대형주(KOSPI Large-Cap, Large Capital stock, 라지캡): 시가총액 규모 1위에서 100위까지 100개 종목
- 중형주(KOSPI Mid-Cap, 미드캡): 101위에서 300위까지 200종목
- 소형주(KOSPI Small-Cap, 스몰캡): 301위 이하

코스닥

- 대형주(코스닥 100): 시가총액 기준 상위 100위까지 100개 종목
- 중형주(코스닥 Mid 300): 상위 101위에서 400위까지 300개 종목
- 소형주(코스닥 Small): 나머지 종목

대형주는 자본금 규모가 크고 유통 주식 수도 많다. 주로 자금력 좋은 외국인과 기관이 사들인다. 그래서 대형주 값이 크게 오를 때는 외국인과 기관이 출동한 경우가 많다. 기관과 외국인은 비교적 주식을 대량 보유하고 장기 투자한다. 자연히 중·소형주에 비하면 주가 변동 폭도 작다.

반면 소형주는 자본금 규모가 작고 유통 주식 수도 많지 않기 때문에 비교적 적은 자금으로도 주가가 크게 움직인다. 그래서 투자 밑천이 적고 장기 투자를 지루해하는 개인투자자가 선호한다. 소형주 값이 오를 때면 기관과 외국인은 쉬고 주로 개인이 투자에 나서는 상황이 펼쳐질 때가 많다.

한국거래소는 매년 3월과 9월에 유가증권시장과 코스닥 상장종목을 대상으로 시총 규모별 주가지수를 발표한다. 이른바 시총 규모별 주가지수 정기 변경. 상장종목의 시가총액이 부단히 변하면서 중형주가 대형주로 되거나 소형주가 중형주로 되는 변화를 반영해, 시총 규모별 주가지수 편입(구성) 종목을 바꾸는 것이다(단, 상장 심사 기간에 상장된 신규 종목은 포함하지 않는다). 간단히 사이즈(size) 지수 변경이라고도 한다.

2023년에도 9월 15일 사이즈 지수 변경 후 유가증권시장에서 금양,

코스모신소재, LS, 한화오션, 한미반도체, 한전기술, 한진칼, 한화시스템 등 8개 종목이 중형주 지수 구성 종목에서 대형주 지수 종목으로 옮겨 갔다. KG케미칼, 삼부토건, DI동일, TCC스틸, 흥아해운, KG모빌리티, 빙그레, 영풍제지 등 17개 종목은 소형주 지수에서 중형주 지수로 옮겨 갔다.

보통 사이즈 지수가 변경될 때는 대형주에서 중형주로 내려가는 종목에 투자자의 단기 투자 관심이 높아진다. 대형주 지수 구성 종목일 때는 지수 내 비중이 하위권이었다가 종목이 중형주로 편입되면서 중소형주 지수 내 비중이 높아지는 것을 계기로 기관의 관심과 투자가 늘어나곤 하기 때문이다.

실제로 교보증권에 따르면, 2010년 이후 대형주에서 중형주로 넘어간 종목의 경우, 지수 변경 전 1개월간 주가 상승률이 코스피지수 상승률보다 평균 6.4% 높았다. 반면 중형주에서 대형주로 올라간 종목은 주가 상승률이 코스피지수 상승률보다 평균 3.4% 낮았다. 사이즈 지수 변경을 앞두고 대형주에서 중형주 편입이 예상되는 종목을 사서 정기 변경 당일 팔았다면, 괜찮은 투자수익을 낼 수 있었다는 얘기가 된다.

물론 이런 식의 투자가 늘 성공한다는 법은 없다. 하더라도, 정기 변경 뒤 주가 흐름은 전과 다르다는 관측도 있으니 매매 시점에 유의해야 한다. 일단 사이즈 변경일이 지난 뒤로는 대형주에서 중형주 지수로 넘어간 종목의 주가 흐름이 부진하고, 중형주에서 대형주로 혹은 소형주에서 중형주로 옮아간 종목의 주가 흐름이 오히려 더 좋더라는 것이다.

장기적으로는 중형주에서 대형주로 올라서는 종목이 펀더멘털, 곧 기업의 근본 체력 개선에 힘입어 수익성이 좋아질 가능성이 높고, 그만큼 투자 종목으로 유망하다고 볼 수 있다. 신한투자증권 분석으로, 2020년 이후 사이즈 지수 변경으로 유가증권시장 내 중형주에서 대형주로 편입된 종목의 첫 달 수익률은 코스피지수 대비 3.1%포인트 높았고, 3개월 성과는 6.9%포인트 높았다.

증권사 리서치를 활용한다면 단기로는 대형주에서 중형주로 넘어가는 종목에, 장기로는 중형주에서 대형주로 올라서는 종목에 투자하는 게 좋다고 말할 수 있다.

주가와 거래량, 반대 방향으로 움직일 때는 언제?

증시 안팎에서는 흔히 장세(場勢)가 어떻다고 얘기한다. 장세란 시황(市況), 곧 시장 상황이다. 투자를 잘 하려면 장세를 잘 알아야 한다. 장세를 알려면 주가 전반이 오르는지 내리는지, 거래는 활발한지 등 여러 가지 측면에서 장세를 알려주는 지표를 봐야 한다.

증권가에서는 증시 상황을 한눈에 보여주는 여러 가지 지표를 만들어 쓴다. 흔히 증권시황 지표(증시 지표), 주식거래 지표, 장세 지표라고 통칭하는 것이다. 대표적으로 코스피지수나 코스닥지수처럼 주가 전반의 방향성을 보여주는 종합주가지수를 들 수 있다. 종합주가지수 다음으로 중요한 것이 매매 수량을 근거로 장세를 알려주는 거래량 관련 지표다.

거래량 지표 중 대표 격은 거래량, 거래량 회전율, 거래 대금 회전율이다. 각기 어떤 의미와 특징이 있는지 짚어보자.

거래량(주식거래량) 매매가 체결된 수량이다. 거래량 추이를 보면 증시 전체나 개별 종목 거래가 얼마나 활발한지 쉽게 알 수 있다. 예를 들어 거래량이 늘면 시세가 오르고 거래량이 줄면 시세가 내릴 때가 많다. 거래량 추이만 봐도 시세가 어디로 향하는지, 언제쯤 매매하면 좋을지 판단하는 데 도움이 된다.

엄밀하게 검증된 것은 아니지만, 증시에서 거래량과 주가 사이에는 어떤 상관관계가 있는 것처럼 보일 때가 많다. 특히 자주 나타나는 유형이 다음 네 가지다.

① 거래량이 늘면 주가가 오르고, 거래량이 줄면 주가가 내린다.

② 주가가 천장에 가까워지면, 주가는 오르지만 거래량은 줄어드는 경향이 있다.

③ 주가가 바닥 국면에 들어서면, 주가는 내리지만 거래량은 늘어난다.

④ 주가가 오르면 거래량도 따라 오르고, 주가가 내리면 거래량도 줄어든다. 특히 장이 침체된 상태에서 시세가 오르면 거의 영락없이 거래량이 늘어난다.

다만 주가와 거래량이 반대 방향으로 움직일 때도 있다. 시장 전반에 걸쳐 주식을 저가에 팔아치우려는 움직임이 커지면, 주가가 내리면서 거래량이 급증할 수 있다.

거래량 회전율 일정 기간 동안 주식거래가 얼마나 활발했는지 보여

주가지수와 거래량 추이

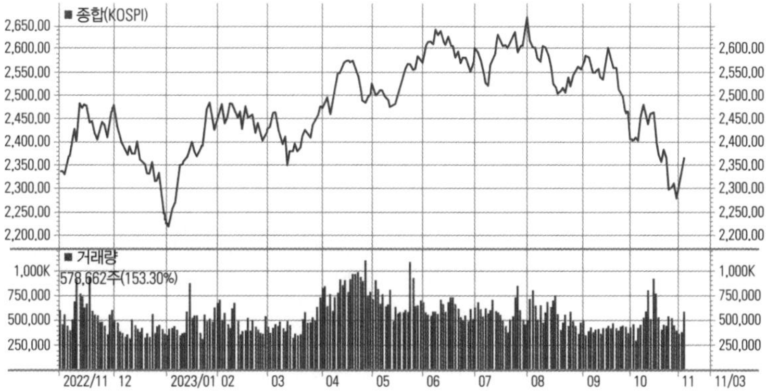

자료: 키움증권 HTS

주는 장세 지표다. 주식 회전율이라고도 한다. 일정 기간 동안 누적된 주식거래량을 같은 기간 증시에 유통된 평균 주식 수(또는 상장주식 수)로 나눠 백분율(%)로 표시한다. 거래량 회전율이 100%라면 회전율 집계 기간 동안 주식 1주가 1번 매매됐다는 뜻, 200%면 2번 매매됐다는 뜻이다.

$$\text{거래량 회전율(\%)} = \frac{\text{일정 기간 누적된 주식거래량}}{\text{일정 기간 유통된 평균 주식 수}} \times 100$$

거래량 회전율은 대체로 거래량에 정비례한다. 거래량 회전율이 높으면 유통 주식 수 또는 상장주식 수에 비해 거래량이 많았고, 그만큼 거래가 활발하고 손바뀜이 많았다(주주가 자주 바뀌었다)는 뜻이다. 회전율이 높을수록 '단타' 거래가 많아서 주가가 급등락할 가능성도 커진다.

보기 기사가 거래량 회전율 관련 뉴스를 전한 예다.

기사보기

[2차전지 광풍] "단타 치는 투자자들"…2차전지株 회전율 상위 '싹쓸이'

올해 '이차전지(2차전지) 광풍'을 일으킨 주역인 코스닥 상장사인 에코프로(086520)와 그 자회사인 에코프로비엠(247540)의 '손바뀜'이 자주 일어난 것으로 나타났다. … 21일 한국거래소에 따르면 올해 들어 전날까지 에코프로에 대한 상장주식 회전율은 440%로 집계됐다. 에코프로비엠은 200%였다.

뉴스1
2023.04.21

에코프로는 2차전지소재와 친환경소재 등을 제조·판매하는 코스닥 상장사, 에코프로비엠은 에코프로에서 2차전지소재 사업 부문을 떼어 갖고 나온 코스닥 상장사다. 두 회사의 주식을 놓고 손바뀜이 활발했다는 것인데, 이런 현상은 주가 급등락으로 이어졌다.

2023년 에코프로는 1월 초 10만 원대에서 움직이던 주가가 2월 중순 20만 원대, 3월 들어 30만 원대로 오르더니 급등하며 7월 100만 원대로 올라섰고 장중 153만 9000원에 52주 최고가를 기록했다. 그러나 9월 중순 들어서며 100만 원대가 무너지더니 연일 내리막길을 걸어, 11월 24일 종가는 69만 5000원으로 내려앉았다.

에코프로비엠도 2023년 1월 초 9만 원대에서 꾸준히 올라 7월 하순 58만 4000원까지 이른 뒤 계속 내리막길을 걸어, 11월 24일 종가는

24만 3000원으로 내려앉았다.

시가총액 대비 거래 대금 회전율 일정 기간 동안 누적된 거래 대금을 같은 기간 유통된 주식의 시가총액으로 나눠 구한다. 거래 대금은 거래량에 매매가 성립된 시세를 곱해 구하고, 시가총액은 유통 수량(또는 발행주식 수)에 시세 단가를 곱해 구한다.

$$\text{거래 대금 회전율(\%)} = \frac{\text{일정 기간 누적된 주식 거래 대금}}{\text{일정 기간 유통된 주식 시가총액}} \times 100$$

거래 대금 회전율 역시 주식거래가 활발할수록 높고, 대체로 거래량과 같은 방향으로 움직인다. 회전율이 높아지면 주식거래가 활발해질 조짐으로 풀이한다. 2023년 우리 증시에서는 2차전지 관련 주가가 급등했다 급락하면서 시총 대비 거래 대금 회전율도 함께 급등락하는 모습이 나타났다.

주가와 예탁금 회전율은 무슨 관계?

기사보기

MZ도 어르신도 테마주 단타 뛰어들어…
'코인 광풍' 때보다 과열

… 증시 테마주 투자가 날이 갈수록 성행하고 있다. 2차전지 등 일부 테마주가 급등하자 자신만 투자 기회를 놓치고 있다는 '포모(FOMO: fear of missing out) 증후군'이 확산하고

> 있어서다. … 단기과열을 진단하는 지표인 '예탁금 회전율'은 올해 초(1월 2일) 18.82%에서 지난 3일 51.24%로 상승했다. 고객이 맡겨둔 예탁금 중 실제 투자로 이어지는 자금이 늘고 있다는 의미다.
>
> 한국경제 2023.08.06

예탁금(고객예탁금)이란 투자자가 주식을 사는 데 쓰려고 증권거래 계좌에 맡겨두는 돈이다. 돈을 맡기는 쪽에서는 예탁금이라고 말하지만, 맡는 쪽에서는 예수금이라고도 부른다. 증권사는 예탁금을 보관하면서 이자를 조금 주고, 예탁금 범위에서 투자자에게 증권 투자 자금을 빌려주기도 한다.

예탁금 추이도 중요한 장세 지표다. 보통 주가 전반이 정체된 상황에서 거래량, 거래 대금, 고객예탁금이 많아지면 거래가 활발해지고 시세가 오를 가능성이 높다. 반대로 거래량, 거래 대금, 예탁금 규모가 다 같이 줄면 시세가 내리기 쉽다.

일정 기간 누적된 거래 대금을 같은 기간의 예탁금 액수로 나누면 예탁금 회전율을 구할 수 있다. 예탁금 회전율은 예탁금 대비 거래 대금의 비율이다. 주식거래에 쓸 수 있는 자금 중에서 실제 거래에 쓰인 금액이 얼마인지, 투자자가 증권사에 맡겨놓은 자금 중 얼마를 얼마나 자주 주식거래에 쓰는지 알려준다.

예탁금 회전율 추이를 보면 증시가 얼마나 활발하게 움직이는지 알 수 있다. 보통 예탁금 회전율이 높아지면 주식거래가 활발해질 조짐으로 풀이하고, 예탁금 회전율이 40%를 넘으면 투자 과열 초기 단계라고 본다. 50%를 넘으면 과열권에 들어섰다고 평가한다. 반면 예탁금 회전율이 10%대로 내리면 주가가 바닥권에 이르렀다고 본다. 대체로 예탁금 회전율이 낮아지면 투자 대기성 자금은 많은데 실제 투자에 나서는 이들은 적어서 거래가 침체하고 시황이 약세로 가는 조짐으로 볼 수 있다.

그렇다고 '예탁금 회전율이 낮아지면 주가가 내리고 예탁금 회전율이 높아지면 주가가 오른다'는 식으로 기계적 해석을 하면 안 된다. 가령 종합주가지수가 이미 많이 올랐는데 예탁금 회전율은 이전에 비해 매우 낮은 수준에 머물러 있다 하자. 이때는 향후 시세가 내린다고 볼 수도 있지만 다른 전망도 가능하다. 장차 투자자가 예탁금을 활용해 투자에 적극 나선다면 주가가 더 오를 수도 있기 때문이다.

한두 가지 장세 지표만으로 장세를 전망하면 일을 그르치기 쉽다. 되도록 많은 지표와 변수를 동원해 폭넓게 분석해야 한다.

주가지수 그래프에서는 무엇을 볼까?

증권사 매매 전용 프로그램(HTS, MTS 등)이 제공하는 증시 동향 정보에는 주가지수가 일정 시간과 기간에 어떻게 움직였는지 보여주는 그림이 있다. 그림을 조작하면 10초, 1분, 3분, 5분 단위로 짧은 흐름을 볼 수도 있고 일, 주, 월, 연 단위로 길게 살펴볼 수도 있다.

보기 그림은 코스피지수의 어느 날(2023년 11월 27일) 하루 시세 추이를 1분 단위로 이어 표시한 예다. 이날 코스피지수는 오전 장에 오름세였으나 11시 전에 정점을 찍고 낮 12시 반 무렵까지 계속 내리막길

코스피지수의 하루(2023.11.27, 분 단위)

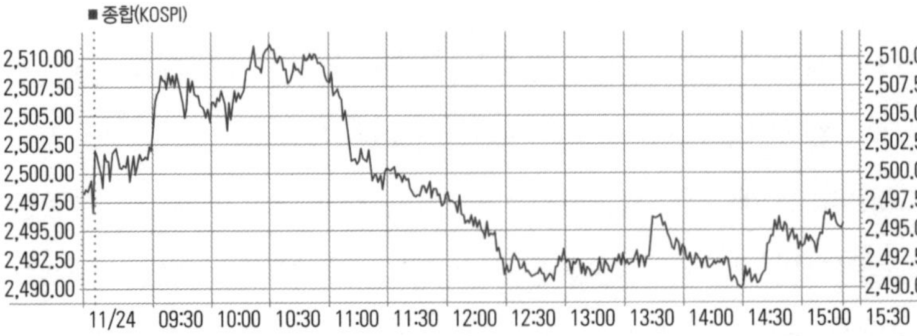

자료: 키움증권 HTS

을 걸었다. 이후 제자리걸음을 하다가 세 번쯤 반등했지만 시초가에 비해 낮은 종가로 장을 마감했다.

증시 전반의 에너지가 약할 때는 주가가 종일 제자리걸음을 하거나, 보기 예처럼 오전에는 오름세였다가 오후 들어 기세가 꺾이는 날이 많아진다. 반면 주가 전망이 밝아 증시 전반의 에너지가 강할 때는 주가지수 동향 그래프가 하루 종일 강한 상승세를 보인다. 오전에 낮던 시세가 오후 들어 오르는 날이 며칠간 계속되는 수도 있다. 그럴 때면 주가가 이전 흐름에서 한 단계 도약하는 종목이 나타나곤 한다.

증시는 투자자의 갖가지 기대와 우려가 어우러져 시세를 형성하기 때문에 늘 어떤 심리적 흐름이 있다. 증시의 심리 흐름은 주가지수 추이에 흔히 나타나게 마련이다. 그러므로 주가지수 변동 곡선을 주의 깊게 보면 시장 심리가 어떻게 움직이는지, 그에 따라 향후 주가가 어디로 움직일지 짐작해볼 수 있다. 이런 뜻에서 매매 주문을 내놓을 때는 반드시 주가지수 추이를 짚어보는 게 좋다.

자전거래에는 어떤 함정 있나?

증시에서 거래량, 거래 대금, 고객예탁금이 많아지면 주가가 오를 가능성이 높다. 특히 거래량이 늘 때는 주식을 사들이기에 좋은 타이밍으로 본다. 단, 늘 그런 것은 아니다. 거래량이 늘고 주가가 오르는 와중에 기관이나 외국인이 대량으로 매물(매도 물량)을 쏟아내면 주가가 급락할 수도 있다. 전형적인 경우가 기관이나 외국인이 자전거래(自轉去來, Cross Trading)를 할 때다.

주식 자전거래(자전매매)란 같은 종목을 같은 값에 같은 수량만큼 샀다가 당일로 되파는 거래 수법이다.

자전거래가 일어나면 거래량이 늘어난다. 가령 기관이나 외국인이 어느 날 ○○ 종목을 1만 주 샀다가 당일 같은 값에 그대로 되팔았다 하자. 이날 ○○ 종목 거래량은 2만 주로 부푼다. 이렇게 거래량이 늘어나면 개인은 주가 상승 조짐이라고 오해하고 주식을 사들이기 쉽고, 실제로 그래서 주가가 오르기도 한다.

하지만 자전거래로 장중 매수된 주식은 장 마감 직전에 고스란히 매물로 나와 주가를 급락시키기 일쑤다. 그럼 주가와 거래량이 오르는 것만 보고 매수에 가담했던 개인은 꼼짝없이 손실을 봐야 한다. 이런 문제가 있기 때문에 자전거래는 감독 당국에 신고해 허용된 경우만 일정한 제한을 조건으로 할 수 있고 나머지는 불법이다.

자전거래가 거래량을 늘리는 것은 확실하지만, 주가를 올릴지 내릴지는 그때그때 상황에 따라 다르다. 그러므로 장중 거래량이 갑자기 늘어나는 종목을 보면 대뜸 '주가가 오르겠다'고 넘겨짚을 것이 아니라 그럴 만한 이유가 있는지 알아봐야 한다. 마땅한 이유가 없다면 거래량 부풀리기를 꾀해 자전거래가 일어나는 것은 아닌지 의심해봐야 한다.

외국인 따라 매매하기, 함정은?

증시에서 외국인의 영향력이 크다면 외국인 투자 패턴을 따라 투자하는 것도 수익을 내는 한 가지 방법이다. 다만 외국인 실력만 믿고 무작정 따르다간 '핫머니(hot money)' 함정에 빠져 낭패 볼 수 있다.

핫머니란 해외에서 소수 부자들 돈을 모아서 각국 자본시장을 돌아다니는 단기 투기 자금이다. 주로 국제 무기상이나 다국적기업이 쥔 거액 유휴자금이나 판매 대금을 주무르는 글로벌 '큰손'이 자금주일 것으로 추정된다.

핫머니는 보통 조 달러 규모로 국경을 넘나들며 증권, 외환, 귀금속, 원자재뿐 아니라 도박성이 큰 금융상품에 초단기 '치고 빠지기(hit and run)' 식으로 투자해 매매 차익을 노린다. '핫(hot)'이라는 말 그대로 움직임이 빠른 투자 세력이다.

보통 때 핫머니는 이 나라 저 나라를 기웃거리다 수익이 나겠다 싶은 곳을 발견하면 일시에 밀려든다. 그랬다가 기대 수익을 올리거나 투자에 불리한 재료가 생긴 경우, 또는 딴 시장이 더 유리하다고 판단하는 경우 일거에 자금을 회수해 빠져나간다. 증시에서는 일시에 특정 종목을 싹쓸이하듯 사들여 주가를 끌어올리기 일쑤다. 그리고 일반 투자자가 매수에 가세하면, 투자 열기가 정점에 이르렀을 때 주식을 몽땅 팔아치우고 환전해서 빠져나간다. 그래서 핫머니가 들락거리는 증시에서는 주가가 단기 급등락해 피해 보는 투자자가 많다.

핫머니에 당하지 않으려면 어떻게 해야 할까?

평소 증시 동향을 유심히 살펴봐야 한다. 특히 어느 날 별다른 이유 없이 주가가 뛰고 시중 통화량이 늘어나는 등 증시가 이상한 양태를 보일 때면 핫머니 탓은 아닌지 경계해야 한다.

개인투자자 입장에서는 무턱대고 외국인을 따라 투자하는 추종 매매를 삼가는 것이 한 가지 예방책이다. 아무리 조심하더라도 개인은 핫머니가 들락거리는 것을 제때 알아보기 어렵기 때문이다.

공시는 어디서 챙겨 볼까?

증권을 발행해서 증시에 공개 유통하는 공개 기업은 관련 법에 따라 공시(公示, disclosure)를 해야 한다. 기업의 사업 내용이나 실적, 재무 상황과 소유관계 등 증권 투자자의 투자 판단에 영향을 미칠 만한 주요 사항을 투자자 등 이해관계자에게 공개하는 것이다.

한마디로 공시라고 하지만 종류가 여러 가지다. 기업이 자진해서 내놓는 자진공시가 있고, 금융감독원이나 한국거래소가 투자자 보호 차원에서 법규를 근거로 기업에 의무화한 의무공시가 있다. 자진공시는 말 그대로 자진해 내놓는 공시이므로 내용에 규제가 없다. 의무공시는 회사의 존립이나 경영 또는 주가에 큰 영향을 줄 만한 일이 생길 때 하게 되어 있다. 예를 들면 구조조정, 부도(不渡), 합병, 영업양도, 증자(자본금 확충), 주식배당, 자사주 매매, 사업 목적 변경, 최대 주주 변경, 기술 도입 계약 같은 사안이다.

공시 주기로 종류를 나눌 수도 있다. 증권 발행 때 회사 내용을 알리는 것은 발행공시, 사업 실적을 정기 보고하는 것은 정기공시, 증권 발행사가 수시로 내놓는 것은 수시공시, 나머지는 기타공시라 한다.

정기공시, 수시공시, 기타공시는 증권 유통에 관련된 공시이므로 유통시장 공시라고 묶어 부른다. 이와 달리 증권 발행 관련 정보(증권신고서, 투자설명서, 증권발행실적보고서 등)를 제공하는 공시는 발행시장 공시라고 통칭한다.

공시 관련 소문이나 언론 보도의 진위를 확인시켜주는 것은 조회공시라 한다. 기업이 자진해 내놓기도 하고, 시장 관리자나 금융 감독 기관 요청으로 내놓는 것도 있다.

공시는 경우에 따라 주가에 미치는 영향이 크기 때문에 빠짐없이 챙겨 보는 것이 좋다. 공시를 가장 손쉽게 접할 수 있는 채널은 증권사가 제공하는 매매 전용 프로그램(HTS, MTS, WTS), 증권거래 관련 인터넷 사이트나 신문 등이다. 증권사 영업점 객장에서도 공고나 시세 방송, 단말기 등을 통해 시간대나 종목별로 간단한 정보를 구해 볼 수 있다.

상장 기업 공시를 전부 다 챙겨 볼 수 있는 가장 확실한 방법은 DART나 KIND에서 찾아보는 것이다.

DART(Data Analysis, Retrieval and Transfer System)는 금융감독원(금감원)이 인터넷 홈페이지(http://dart.fss.or.kr)로 정보를 제공하는 전자공

국내 기업 공시 체계

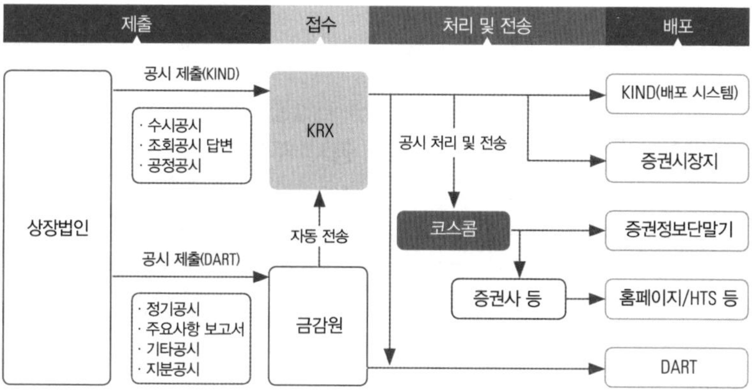

자료: KRX 홈페이지

시시스템이다. 공시 의무가 있는 기업은 이 시스템으로 금감원에 사업보고서나 경영 실적 등 공시 관련 서류를 신고하게 되어 있고, 금감원 역시 이 시스템에 해당 서류를 공개한다. 인터넷 포털 네이버에서도 같은 정보를 볼 수 있다. 네이버 증권 홈 〉 국내증시 〉 기업 전자공시 순으로 찾아보거나, 종목별 정보 페이지에서 '전자공시' 메뉴를 찾아보면 된다.

KIND(Korea Investor's Network for Disclosure System)는 한국거래소가 운영하는 상장 기업 공시 검색 채널이다. 인터넷 홈페이지(http://kind.krx.co.kr)로 정보를 제공한다.

상장 기업은 관련 법(자본시장과 금융투자업에 관한 법률)에 따라 금감원과 한국거래소에 공통으로 신고해야 할 사항이 있는데, 이를 금감원 전자공시시스템(DART)에 제출하면 자동으로 한국거래소에도 제출된다. 단, 일부 공시는 기업이 따로 한국거래소에 신고한다.

장 마감 후에는 왜 공시 챙겨야 하나?

기사보기

휴장일 노리는 악덕 기업들…
황금 연휴 '올빼미 공시' 주의보

국내 증시가 28일부터 내달 3일까지 추석 연휴 휴장에 들어간다. 연휴를 앞두고 투자자들 사이에서는 긴장감이 맴돌고 있다. 연휴마다 기승을 부리던 '올빼미 공시'가 이번 연휴에도 쏟아질 수 있다는 불안감에 투자자들이 좀처럼 긴장의 끈을 놓지 못하고 있는 것이다.

매일경제
2023.09.29

주식 투자 때 관심 둔 종목이 있으면 해당 종목 공시를 챙겨 보는 것이 상식이다. 그런데 막상 증시에 나오는 공시를 투자에 활용하기란 쉽지 않다. 증시 안팎의 정보 경쟁이 워낙 치열하기 때문이다. 공시가 나올 만한 사안이면 으레 실제 공시가 나오기 직전에 이런저런 경로로 증시에 소문이 퍼진다. 그렇다 보니 방금 나온 공시라도 정보 가치로 보면 이미 쓸모없는 경우가 허다하다. 증시 격언 중 '소문에 사고 공시(또는 뉴스)에 팔라'는 말이 있을 정도다.

더 큰 문제는 불성실한 공시가 많다는 점이다. 내용이 애매한 공시가 많다. 엉터리 공시도 심심찮게 나온다. 예를 들면 이런 식이다. A사는 관련 법상 의무공시를 해야 할 처지인데 공시 내용을 줄이거나 요점을 흐린다. 공시가 나가면 주가가 떨어질 것 같으니 투자자가 보고도 잘 이해할 수 없게 하기 위해서다. B사는 주식배당을 하겠다고 공시해놓고 실제로는 안 한다. 공시를 이행치 않는 경우다. C사는 아예 처음부터 허위 공시를 작정하고, 하지도 않을 사업을 하겠다고 공시한다. A, B, C 같은 기업이 내놓는 공시가 많다 보니 공시를 믿고 투자하다 낭패 보는 투자자가 흔하다.

특히 투자자를 골탕 먹이는 것은 호재성 공시를 내서 주가를 올려놓고 이내 악재성 공시를 내놓는 경우다. 과거 코스닥 상장 기업 T사의 예다. 어느 날 아침 외자 유치를 추진한다고 공시해 주가가 상한가를 쳤는데, 장 마감 뒤 저녁에 부도가 나서 외자 유치를 포기한다고 공시해 이튿날 주가가 폭락했다. 전날 주식을 산 투자자는 손써볼 새도 없이 손실을 봐야 했다.

T사의 예처럼 장 마감 뒤에 나오는 공시를 '올빼미 공시'라고 부른다. 올빼미가 어둠이 깔려야 움직이는 행태에 비유한 말이다.

다 그렇지는 않지만, 기업이 올빼미 공시를 내놓을 때는 흔히 특별한 이유가 있다. 의무공시를 해야 할 일이 생겼는데 사실 그대로 공시하면 주가에 악재로 작용하겠다 싶을 때, 되도록 투자자의 관심이 적은 때를 골라 공시하는 것이다. 투자자가 쉬면서 별 관심을 두지 않는 사이 어물쩍 넘어가겠다는 의도다. 이런 의도를 가진 올빼미 공시는 주로 평일 장 마감 뒤부터 밤 9시 사이, 토요일과 증시 휴장일 전후, 증시가 쉬는 연말이나 명절 휴일 직전에 나온다.

올빼미 공시라 해서 모두 주가를 떨어뜨리는 것은 아니다. 하지만 사례로 보면 계약 해지, 불성실 공시, 횡령 등 사고 발생을 알리는 공시나 자본 잠식(☞ '자본잠식 종목, 어떻게 알아보나?' 참조) 또는 특별손실 같은 악재성 공시가 호재성 공시보다 많다.

투자자 A가 오늘 장 마감 후 쉬는 사이 나온 악재성 공시를 놓치고 이튿날 증시를 방심한 채 맞았다고 해보자. 장이 열리자마자 주가가 악재를 반영해 폭락하면 꼼짝없이 손해 봐야 한다. 이런 위험이 있기 때문에 주식 투자 때는 장 마감 직후와 장 시작 직전에 공시를 체크하는 습관을 붙여야 한다. 특히 연말연시나 휴일 다음 날처럼 장이 새로 시작할 때는 그사이 자신이 투자하는 종목에 큰 변화가 없었는지 공시부터 확인해야 한다.

원칙을 따지자면, 증시 관리자나 금융 감독 당국이 불량 공시에 강력히 대처해야 옳다. 하지만 현실은 그렇지 못하다. 한국거래소나 금융감독원이 불성실 공시를 막기 위해 법규를 동원해 여러 가지 대응을 하지만 기본적으로 처벌이 가볍다.

예를 들면 거래소는 공시를 해놓고 이행하지 않는 기업을 불성실 공시 법인으로 지정해 발표하는데, 그래봤자 단 하루 동안 주식거래를 정지시킬 뿐이다. 그래서 증시 관리자나 감독 기관이 '법규를 어기면 제재한다'고 자주 으름장을 놓아도 부실 공시가 줄어들지 않는다. 장외주식 공시는 문제가 더 심각하다. 장외기업은 정규 시장 상장 기업과 달리 공시 의무도 없고, 금융감독원의 거래 감독도 받지 않는다. 때문에 인터넷 공시를 내고는 번복하는 일이 잦다.

이래저래 공시에는 문제가 있다. 그렇지만 공시가 다 엉터리는 아니니 안 볼 수도 없다. 대체 공시를 어떻게 활용해야 좋을까?

공시도 증시 주변을 떠도는 갖가지 루머와 마찬가지로 숱한 정보의 하나일 뿐이라고 생각해야 한다. 무시할 정보는 아니지만 가장 유력한 정보도 아니므로 다른 경로로 재확인해야 한다. 만약 공시 내용이 모호하면 해당 기업 주식 관리 부서나 담당자에게 직접 물어보는 것이 좋다. 신문이나 증권사 매매 전용 프로그램에 나오는 공시뿐 아니라 금감원이나 거래소 공시를 살펴 내용을 더 확인할 필요도 있다.

신용융자 잔고 높은 주식은 왜 피해야 하나?

기사보기

다시 늘어난 빚투, 반도체 쏠림 심화

코스닥 시장에서 이달 들어 늘어난 '빚투(빚 내서 투자)'의 절반이 반도체주에 몰린 것으로 나타났다. 2차전지주가 포함된 제조업이 상반기 내내 신용융자잔고를 키웠다면 반도체주로 주도권이 넘어간 분위기다. … 27일 헤럴드경제가 코스콤 체크를 통해 코스닥 업종별 신용융자잔고를 살펴본 결과, 이달 들어 반도체업에서 증가한 신용융자잔고는 1246억3000만원(23일 기준)으로 집계됐다. 이 기간 코스닥 시장 전체에서 늘어난 빚투(2251억원)의 절반 이상이 반도체주에서 발생한 것이다.

헤럴드경제
2023.11.27

주식 신용융자가 늘었다고 전한 기사다. 신용융자(신용융자거래)란 투자자가 증권사에서 현금을 빌려 주식을 매매하는 거래다(☞'신용거래는 어떻게 하나?' 참조).

주식 투자를 한다면 평소 신용거래를 안 하더라도 신용융자거래 추이를 유심히 봐둘 필요가 있다. 신용융자거래는 주가 전반의 등락과 같은 방향으로 증감하는 경향이 있어서 증시 추이를 가늠하고 투자 타이밍을 고르는 데 도움이 되기 때문이다.

신용융자거래 추이를 파악하려면 신용융자 잔고(신용융자 미수 잔고)가 어떻게 움직이는지를 보면 된다.

보통 주가가 오를 것으로 전망되면 투자자가 신용융자를 늘려 신용융자 잔고가 늘어난다. 따라서 단기로 보면 신용융자 잔고가 늘어나기 시작할 무렵이 주식을 사기에 적당한 시기다. 그러나 신용융자 잔고가 한동안 상승 행진을 했고 증시 전체나 종목별로 볼 때 신용융자 물량이 충분히 많아진 상태라면 주식을 팔아야 한다. 머지않아 주가가 떨어질 수 있기 때문이다. 특히 보기 기사가 전하듯 신용융자 잔고가 커졌다면 더 주의해야 한다.

신용융자 투자자는 증권사로부터 돈을 빌려 주식을 산 다음 미리 정해진 신용거래 기한(보통 30~90일) 안에 되팔아서 원리금을 갚아야 한다. 그래서 신용융자로 사들인 주식은 결제 만기일이 다가오면 일제히 매도 물량에 가세해 주가를 떨어뜨리기 쉽다. 융자 물량이 많을수록 더 그런데, 그 결과 담보율이 하락하기 쉽다.

담보율이란 융자액 대비 담보 주식 시가 평가액의 비율을 뜻한다. 증권사는 투자자가 신용융자거래로 사들인 주식을 계좌에 담보로 잡아놓고 담보유지비율을 정해둔다. 담보유지비율은 담보율의 최소한도로, 보통 융자액의 140% 정도다. 그러니까 담보 주식의 시가 평가액은 늘 융자액의 140% 이상을 유지해야 한다. 만약 담보율이 하락해 담보유지비율이 140% 밑으로 떨어지면(즉 담보 가치가 융자액의 140%에 못 미치게 되면) 투자자의 신용 계좌는 담보 가치가 융자액의 140%에 못 미치는 계좌, 곧 담보부족계좌가 된다.

담보부족계좌에는 증권사가 마진콜(margin call)을 건다. 부족한 담보를 며칠 내에 현금이나 증권으로 채워 넣으라고 요구하는 것이다. 만약 고객이 마진콜에 응하지 못하면, 증권사가 담보 주식을 저가에 팔아치우는 반대매매를 실행하고 신용거래를 청산한다. 증권사의 반대매매 물량이 나오면 주가는 더 떨어진다. 이런 식으로 매물 증가와 주가 하락이 맞물려가다 보면 담보 주식을 다 팔아도 융자금을 갚지 못하는 깡통계좌가 대거 발생할 수도 있다.

실제로 깡통계좌가 대거 발생하는 사태는 대개 주가가 폭락할 지경에야 일어나는 일이지만, 신용융자거래 증가가 이런 사태의 시발점이 될 수도 있다. 때문에 신용융자 잔고 흐름은 평소 신용거래를 하지 않더라도 투자자 스스로 유의해야 한다.

주가가 폭락까지는 아니고 단지 장세가 침체한 국면이라도 신용융자 잔고가 높으면 주가 상승이 지체된다. 그만큼 침체한 장세가 회복되는 시간도 더 걸린다. 그러므로 증시에 신용융자 잔고가 높은 종목이 많을 때는 새로운 투자를 늦추는 것이 안전한 투자법이다.

투자 종목을 고를 때도 마찬가지다. 설사 신용거래를 하지 않더라도 신용융자 잔고가 높아진 종목은 당분간 사지 않는 것이 좋다.

그럼 언제 사야 좋을까?

가장 안전한 매수 시기는 한 차례 반대매매 폭풍과 깡통계좌가 속출하는 사태가 증시를 휩쓸고 지난 직후다. 깡통계좌가 어지간히 정리되고 신용융자금이 회수되면서 증권사의 신용 잔고가 줄어들면, 증시에서도 주식 매도 기세가 수그러지고 주가가 다시 반등할 가능성이 생긴다. 증시에 다른 악재가 없다면 이때가 바로 살 때다.

예나 지금이나 증권사와 신용거래를 하다가 '깡통을 차는' 개인투자자가 많다. 증권사도 깡통계좌가 속출할 때는 빌려준 돈을 떼이므로 경영에 어려움을 겪는다. 하지만 신용거래가 존재하는 한 주가 폭락 때 '깡통'이 나타나는 것은 어쩔 수 없다. 2008년 9월 말 미국에서 글로벌 금융위기가 발생했을 때는 코스피지수가 2000포인트에서 1500선 아래로 급락하면서 깡통계좌와 담보부족계좌가 평소의 100배도 넘게 급증했다.

주가와 경기, 어떻게 움직이나?

주가와 경기 사이에는 어떤 관계가 있을까?

경기란 경제의 상태(business conditions)다. '경기가 좋다'면 경제 상태가 좋다는 뜻이다. 경기가 좋을 때는 투자, 생산, 고용, 소비, 판매가 모두 활발히 움직이고 투자액, 생산량, 고용량, 소비액, 판매액이 다 함께 늘어난다. 기업은 이익을 더 많이 낼 수 있고, 그런 기업이 발행한 주식에는 투자가 늘어난다. 잘나가는 기업이 발행한 주식을 사두면 기업 이익을 분배받을 수 있고, 주식 투자 수요가 늘면서 주가가 올라 시세 차익을 볼 수도 있기 때문이다. 그래서 경기가 좋을 때는 많은 기업이 이익을 늘리면서 증시 전반에 걸쳐 주가가 오른다.

반대로 경기가 나쁠 때는 주가가 침체한다. 경기가 나쁠 때는 투자,

경기와 주가의 관계

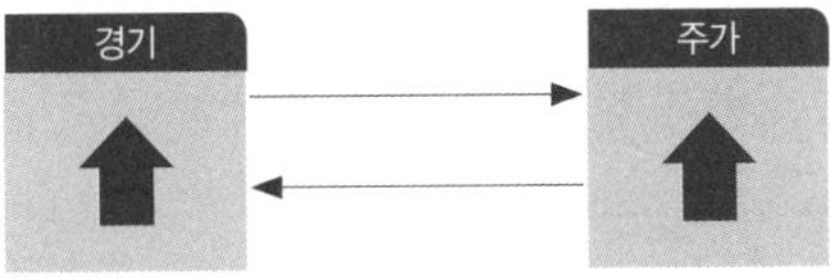

생산, 고용, 소비, 판매가 침체해 기업 이익이 줄고, 이익 분배 전망이 어두운 기업이 늘면서 주식 투자 수요가 줄기 때문이다. 이런 이치로 보통 때 경기와 주가는 같은 방향으로 움직이는 것이 정상이다. 경기가 좋아지면 주가도 오르고, 경기가 나빠지면 주가도 내린다. 모든 종목이 그렇지는 않지만 주식시장 전반은 그렇게 움직인다.

경기가 주가를 움직이는 것처럼 주가가 경기를 움직이기도 한다. 주가가 오르면 경기에 좋은 영향을 미치고, 주가가 내리면 경기에 좋지 않은 영향을 미친다.

증시 전반에 걸쳐 주가가 오르면 거래가 활발해지면서 시장 참가자 모두가 득 본다. 기업은 주식을 추가 발행해 자금을 더 마련할 수 있다. 증권사는 거래 중개 수수료 수입이 늘어난다. 투자자는 보유 주식 평가액이 커진다. 주식 투자로 돈 번 투자자는 소비를 늘리게 마련이다. 그 결과 판매가 늘고 투자, 생산, 고용이 꼬리를 물고 늘어나면서 경기가 확대될 수 있다.

만약 증시 전반에 걸쳐 주가가 침체하면 거래가 줄면서 시장 참가자 모두가 손실을 본다. 기업은 주식을 새로 발행해 자금을 마련할 길이 막힌다. 주식을 팔고 싶어도 주가가 너무 내려서 팔지 못하는 투자자는 늘어나는데 새로 주식을 사려는 수요는 줄어든다. 때문에 증권회사는 거래 수수료 수입이 줄어 경영이 어려워진다. 투자자는 보유 주식 평가액이 줄어드는 만큼 재산을 잃는 셈이므로 소비도 덜 하게 된다. 증시 침체로 소비가 침체하면 기업 판매가 줄고 투자, 생산, 고용도 둔해져 경기가 가라앉을 수 있다.

경제는 경제주체에 어떤 심리가 작용하는가에 따라 움직일 때가 많다. 주가는 특히 소비 심리에 직접 영향을 미쳐 경기를 움직이곤 하는 요인이다.

금리 움직일 때 주가는 어디로 가나?

주가와 금리 사이에는 어떤 관계가 있을까?

보통 때는 주가와 금리가 서로 반대 방향으로 움직인다. 시장을 흐르는 자금이 많고 금리가 낮을 때는 기업이 사업 자금을 빌려 쓰는 데 따른 이자 부담이 줄어든다. 그만큼 쉽사리 투자를 늘릴 마음을 먹게 되고, 그 결과 투자가 늘어나면 기업 이익이 커지면서 주가도 오르기 쉽다. 금리가 낮을 때 이런 전망이 서는 데 별다른 걸림돌이 없으면 주식은 수요가 늘어 시세가 오른다.

저금리 환경은 투자자가 재테크를 위해 주식을 더 사게 만들기도 한다. 금리가 낮을 때는 사람들이 다소 손실 위험을 안더라도 수익을 더 낼 만한 재테크 수단을 찾는데, 이런 수요가 주식 투자로 쏠리면 증시에 자금 공급이 늘어 주가가 오른다.

금리가 오르면 반대 상황이 펼쳐진다.

금리와 주가의 관계

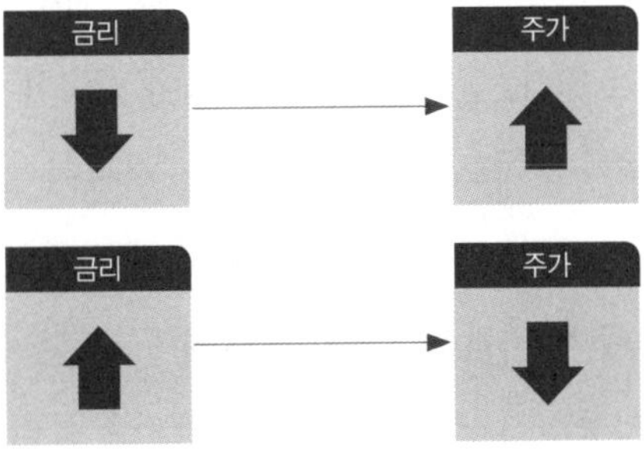

기업은 흔히 융자를 내서 사업을 벌이는데, 금리가 오르면 융자금 상환 부담이 늘어나므로 투자에 적극 나서기 어렵다. 그만큼 미래 수익이 줄어들거나 늘지 않을 가능성이 생긴다. 이런 이유로 투자자가 기업 수익 전망을 흐리게 보면 주식 수요가 줄어 주가가 떨어진다.

고금리 환경은 투자자가 재테크를 위해 주식에 투자하는 것도 꺼리게 만든다. 금리가 낮을 때는 예금이자가 적으니 손실 위험을 지고라도 주식에 투자하려는 수요가 늘어난다. 반면 금리가 오르면 증시에서 돈을 꺼내 예금하려는 수요가 커진다. 주식 투자처럼 원금 손실 위험을 지지 않고 이자수익을 벌 수 있기 때문이다. 주식에서 예금으로 자금을 옮기는 움직임이 많아지면 증시에서 자금 유출이 가속되어 주가가 떨어진다.

그렇다고 금리와 주가 사이에 늘 반비례 관계만 작동하는 것은 아니다. 증시와 경기 흐름에 따라서는 금리와 주가가 같이 떨어질 수도, 제각기 움직일 수도 있다.

당장 경기가 좋지 않고 곧 좋아질 전망도 희미하다 하자. 이때는 기업이 미래 수익 전망을 어둡게 보고 투자를 꺼린다. 미래 수익성이 기업 주가를 올리는 핵심 기반임을 생각하면 주가 전망도 밝을 수 없다. 이렇게 미래 수익 전망, 곧 주가 상승 기반이 허약할 때는 시중 자금이 넉넉하고 금리가 낮아도 증시로 유입되는 자금이 늘지 못한다.

경우에 따라서는 경기 전망이나 금리 하락과 상관없이 침체한 주가 자체가 또 다른 주가 하락을 부르는 악순환도 생길 수 있다. 증시에 실망한 자금이 부동산 등 다른 재테크 수단으로 몰려가 돌아오지 않을 때는 주가가 더 떨어진다.

금융장세 뒤에는 왜 하락장 오나?

경기가 나쁠 때는 흔히 정부가 금리를 낮추는 정책을 쓴다. 금리가 낮아지면 기업이 융자 이자 부담을 더는 만큼 투자와 생산을 늘릴 수 있으리라고 기대해서다. 이런 정책이 효과를 낼 때도 있지만 별 효과가 없을 때도 있다. 어느 때 그럴까?

기업이 투자·생산을 늘리지 않는 주된 이유가 자금 부담 말고 딴 데 있거나, 저금리조차 소용없을 정도로 경기 침체가 심할 때 그렇다. 설사 효과가 나더라도 투자·생산보다는 자금 시장에서 먼저 반응이 올 때가 많다.

경기가 침체하다 보면 투자·생산 위축으로 자금 수요가 줄어 상대적으로 자금이 남아돌곤 한다. 자금이 남는 상태라면 금리가 낮아진다 해도 투자·생산을 자극하는 효과가 나기 어렵다. 장기적으로는 저

금융장세와 실적장세의 차이

구분	금융장세	실적장세
경기 동향	-소비, 투자가 위축되어 침체 국면 -재정지출 증가 및 금융완화정책으로 경기 부양책 실시	-소비,투자 심리 회복으로 경기 뚜렷한 회복 국면 -성장률 상승
금리 동향	-기업 자금 수요 감소로 큰 폭 하락	-자금 수요 증가로 점차 상승
기업 실적	-기업 수익의 감소세 지속	-기업 수익 회복-흑자 전환 기업 증가
주가 동향	-단기간에 큰 폭 상승	-장기적으로 안정적 상승

금리가 투자·생산을 자극할 수도 있지만 어쨌든 당장은 어렵다. 이때 시중 자금은 실물경기를 살릴 수 있는 생산적 산업 부문이나 산업 자금으로 쓰일 수 있는 예금 부문을 떠나 증권과 부동산 등을 활용하는 단기 재테크로 몰린다. 그럼 실물경기와 기업 실적이 좋지 않은데도 주가가 뛴다.

보통 때 경기와 주가는 같은 방향으로 움직이는 것이 정상이다. 그런데 실물경기 흐름과 직접 관계없이, 또는 실물경기가 위축된 상황에서도 시중 자금 여유와 금리 하락을 배경으로 자금이 증시로 몰려 주가가 뛴다면? 이른바 '금융장세(金融場勢)'라는 장세가 전개되는 상황이다.

금융장세는 주가의 장기 상승 기반이 취약하다. 기업 실적이나 경기와 상관없이 자금이 몰려 주가를 띄우는 장세이므로, 이유가 뭐든 자금만 빠져나가면 주가는 언제든 폭락할 수 있다. 실제로 금융장세 뒤 주가가 내리기 시작하면 시장 심리 흐름이 하락세를 가속시킬 때가 많다. 그래서 증시가 금융장세에 들어가면 주가 오름세가 급할수록 주가가 추락할 날도 멀지 않다고 보는 것이 증시 상식이다.

금융장세 때는 투자자도 주가가 단기 급등락할 것을 예측해 더욱 '치고 빠지기' 식 투자에 열중한다. 그 결과 주가 등락 폭은 더 커지고, 주가가 오를 때 추격 매수한 투자자는 손해 보기 십상이다. 그러니 금융장세가 전개되면 주가가 아무리 기세 좋게 올라도 추격 매수를 삼가야 한다.

금융장세와 달리 실물경기와 기업 실적이 좋아서 주가 전반이 오르는 장세는 '업적장세' 또는 '실적장세'라 한다. 실적장세는 호경기를 기반으로 하기 때문에 금융장세 때와 달리 주가가 장기간 안정된 상승세를 보인다. 이때는 우량 기업 주식을 전보다 다소 비싸게 사도 된다. 이후 시세가 더 올라 득 볼 가능성이 크기 때문이다.

증시 사이클, 어떻게 움직이나?

보통 때 경기와 주가는 같은 방향으로 움직인다. 그런데 경기 상승 여부가 불투명한 가운데 주가 전반이 오른다 하자. 이때 증시에서는 시황을 업적장세로 볼지 금융장세로 볼지를 놓고 논의가 분분해진다. 만약 실물경기와 직접 관계없이 자금이 증시로 몰려 주가 전반이 올랐다면 머잖아 주가가 떨어질 가능성이 높다. 그러나 경기 상승 추이를 주가가 앞서가는 실적장세라면 주식을 더 사도 된다. 장세를 어떻게 보느냐에 따라 투자 방향이 달라지는 셈이다.

장세를 판단할 때는 증시에도 경기처럼 사이클(cycle)이 있다는 사실을 유념하면 도움이 된다. 증시 사이클은 실적장세 → 역금융장세 →

증시 사이클과 기업 실적, 금리, 주가의 방향

장세 유형	금리	기업 실적	주가
금융장세	↓	↘	↑
실적장세	↗	↑	↑
역금융장세	↑	↗	↘
역실적장세	↘	↓	↓

역실적장세 → 금융장세 → 실적장세…로 이어진다. 현실에서는 복잡한 여러 변수가 작용하므로 늘 그대로 들어맞지는 않지만 길게 보면 꽤 규칙성이 있다. 장세마다 어떤 특징이 있고, 장세 전환이 어떻게 이뤄지는지 실적장세부터 차례로 짚어보자.

실적장세는 보통 금리가 낮고 경기가 확대되면서 전개된다.

경기가 확대되면 수요가 공급을 웃돌 정도로 늘어나며 물가가 오른다. 수요 증가와 가격 오름세에 자극받은 기업은 이익을 더 늘릴 기회라고 판단해 생산을 늘린다. 그러다 보면 공급이 과잉되고 결국 판매가 부진해져 경기가 하강한다.

한동안 경기가 상승하면서 물가가 오른 뒤 나타나는 경기 하강은 내림세가 가팔라서 경제에 충격을 주기 쉽다. 호경기를 마다할 수는 없지만, 호경기 뒤 경기 급락이 경제에 충격을 주는 것은 정부 당국이 가장 기피하는 시나리오다. 그래서 경기 상승세가 물가를 자극한다 싶을 때는 정부가 금융을 긴축해서 경기 확대가 너무 빨리 진행되지 않게 김 빼기(steam-out) 정책을 쓴다. 이른바 선제적(先制的, proactive)

금융정책이다.

정부가 금융을 긴축하면 시중(市中, 곧 시장)에서 자금 공급이 줄기 때문에 금리가 오른다. 그럼 시중 여유 자금이 상대적으로 위험한 증시를 떠나 안전한 고금리 예금으로 옮겨 가고, 증시에서는 거래가 줄면서 주가가 내린다.

실적장세가 한창일 때는 계속 주가가 뛰므로 금리가 올라도 증시에서 자금 이탈이 크게 일어나지 않는다. 하지만 시간이 흐를수록 주가 차별화가 진행된다. 실적이 좋은 종목은 금리가 올라도 주가가 오르지만, 실적이 좋지 않은 종목은 금리 상승 압력에 눌려 시세가 내린다. 주가가 내리는 기업이 늘고 금리 상승세가 지속되다 보면 결국 증시 전반에 걸쳐 거래가 줄고 주가가 내리는 때가 온다. 바로 금리 상승이 주가 하락을 이끄는 역금융장세다.

역금융장세 초기에는 경기가 한창 좋다 싶은데 주가가 내리기 때문에 사람들이 의아해하곤 한다. 하지만 좀 더 시간이 흐르면 역금융장세가 본격화해 경기가 나빠진다. 사업 부진과 금리 상승 부담을 못 이겨 쓰러지는 기업이 늘어나고 주가 하락과 투매가 일어나기 쉽다. 경기 침체와 역금융장세가 한동안 진행되고 나면 기업 자금 수요가 줄어 금리가 도로 낮아진다. 이 국면은 금리와 주가가 다 같이 내리는 역실적장세다.

역실적장세가 한동안 진행되면 경기 침체로 투자할 곳은 없는데 금리는 낮아서 갈 곳 잃은 여유 자금이 재테크 방도를 찾아 나선다. 이런 자금이 부동산이나 다른 곳으로 흐르지 않는다면 증시로 흘러들어 불황이라도 주가가 오를 수 있다. 곧 금융장세다.

금융장세 때는 경기와 상관없이 돈의 힘만으로 주가가 오른다. 그래서 주가가 웬만큼 오르다가도 반드시 도로 주저앉는다. 다만 역실적장세가 웬만큼 진행된 다음에 나타나는 금융장세는 실적장세를 예비할 때가 많다. 실제로 금융장세로 나타나는 주가 상승이 경기 호전을 앞당기는 계기가 되기도 한다. 그러므로 길게 보면 금리와 주가가 함께 저조한 역실적장세가 우량주를 싸게 살 수 있는 기회다. '밀짚모자는 겨울에 사라'는 증시 격언을 따를 때가 바로 이때다.

환율 뛰면 주가는 어디로 가나?

환율(換率, foreign exchange rate)이란 국가 간 통화의 교환 비율, 곧 각국이 발행한 통화를 서로 바꿀 때 적용하는 비율이다. 환율은 수시로 오르내리고 그때마다 통화별 교환 가치도 변한다.

달러 대비 원화 환율이 오르면 한국 증시는 어떻게 움직일까? 대개 단기에는 주가가 내리고 장기에는 오른다.

달러 대비 원화 환율이 달러당 1000원에서 1100원으로 올랐다 하자. 1달러를 손에 쥐려면 전에는 1000원만 주면 됐으나 이제 1100원을 내줘야 한다. 달러 1단위에 비해 원화 가치가 100원만큼 내린 셈이다. 이런 식으로 (달러 대비) 원화 환율이 오르면 원화 가치는 반대로 낮아진다.

원화 가치가 낮아지면 한국 증시에 투자하는 외국인은 환차손, 곧 환율 변동으로 인한 손해를 본다. 환율이 달러당 1000원일 때 1달러

환율 상승에 따른 주가 변화

를 원화로 바꿔 한국 주식을 산 외국인이 있다 하자. 이 외국인이 한국 주식을 팔 때까지 주가에 변함이 없다면 주식을 팔아서 손에 쥘 수 있는 돈은 그대로 1000원이다. 그런데 그사이 환율이 달러당 1000원에서 1100원으로 뛰면 주식을 판 돈 1000원으로 1달러를 회수할 수 없다.

한국 증시에 투자하는 외국인은 궁극적으로는 외화로 재산을 불리려 한다. 그러자면 외화를 원화로 바꿔 한국 증시에 투자한 다음 주식을 팔아 손에 쥔 원화로 외화를 살 때 이익이 나야 한다. 그런데 (달러 대비) 원화 환율이 오르면 원화 표시 주가에 아무 변화가 없더라도 환전 과정에서 손실을 보게 된다. 주식 투자로 이익을 내고도 환율 때문에 손해 볼 수 있다. 그래서 외국인은 원화 환율이 오를 조짐이 있으면 이내 '팔자'로 돌아선다. 특히 증시에 외국인 투자자 비중이 클 때는 원화 환율이 오를 때 외국인이 팔자 공세를 펴면서 단기 주가 하락세를 이끌기 십상이다. 만약 원화 환율이 단기 급등하면 외국인의 주식 매도 공세가 더 심해지고, 그럴수록 주가 낙폭도 커진다.

우리나라가 외환위기를 맞았던 1997년 후반에서 1998년 초, 원화 환율이 단 며칠 새 달러당 900원대에서 1500원대로 폭등했다. 그러자 외국인이 거센 '팔자' 공세를 펴서 코스피지수가 금세 반토막이 났고, 그 뒤에 환율 폭등세가 더 심해졌다. 외국인이 일제히 주식을 팔아 얻은 원화를 달러로 바꿔 들고 나갔기 때문이다. 환율 폭등이 주가 폭락을 부르고, 주가 폭락이 환율 폭등을 부르는 악순환이 벌어진 경우다.

환율 폭등과 주가 폭락이 맞물려 확대 재생산되는 악순환 현상은 외환위기 후 10년 지나 또다시 발생했다. 2008년 미국에서 부동산 투자 거품이 꺼졌을 때다. 거액 손실을 입은 금융기관과 빚더미에 깔려 쓰러지는 대형 금융사가 속출하면서 금융이 마비되는 사태, 곧 금융위기가 촉발됐다. 기관투자가는 대거 유동성 위기(현금이 부족해서 약속된 상거래를 이행하지 못하는 상태)에 몰렸고, 현금 마련을 위해 해외 증시에서 주식을 팔아치웠다. 그 바람에 글로벌 증시가 폭락했다. 우리 증시도 같은 일을 겪었다. 외국인이 주식을 대거 팔아치우고 매도 대금을 달러로 바꿔 들고 나간 탓에 주가는 폭락하고 원화 환율은 폭등했다.

그렇다고 원화 환율 상승이 한국 증시에 늘 불리한 것만은 아니다. 단기에는 외국인 매도를 유발해 주가를 끌어내리지만, 장기적으로는 내국 기업 수출을 유리하게 만들어 주가를 밀어 올리는 효과를 낸다.

가령 국내 수출업체가 외국에 상품 1000달러어치를 수출하기로 했다 하자. 계약 당시 환율은 달러당 900원. 계약대로 상품을 건네주고 대금을 받았는데, 그사이 환율이 달러당 1000원으로 올랐다 하자. 계약 당시 환율로 환전하면 수출 대금 1000달러는 90만 원(=1000달러×900원)이다. 그런데 환율이 변해 1000달러는 이제 100만 원(=1000달러×1000원)이다. 수출업체는 원화 환율 상승으로 득 본다.

원화 환율이 오르면 수출기업은 전과 같은 비용으로 수출해도 이익이 커진다. 경우에 따라서는 제품값을 낮춰 팔아도 종전과 같은 수준의 이익을 얻을 수 있다. 그만큼 수출에 유리해져 수출이 늘어나기 쉽다. 수출기업 중심으로 기업 실적과 경기가 좋아지면 주가도 오른다.

환율 내리면 주가는 어디로 가나?

달러 대비 원화 환율이 내리면 주가는 보통 단기에는 상승, 장기에는 하락한다. (달러 대비 원화) 환율이 오를 때와 정반대다.

환율이 달러당 1000원 할 때 외국인이 1달러를 환전해 한국 증시에서 주식을 샀다 하자. 주식을 도로 팔 때까지 주가가 움직이지 않았더라도 환율이 달러당 900원으로 내리면 득 볼 수 있다. 주식을 팔아 손에 쥐는 1000원을 달러로 바꾸면 1달러가 넘는 돈이 생기기 때문이다. 이처럼 원화 환율이 내리면 외국인은 이익을 본다. 때문에 원화 환율이 내리면 단기적으로 외국인이 주식 투자를 늘리면서 외국인 매수세가 주가 상승을 이끈다.

증시에 외국인 투자가 늘면 해외에서 국내로 들어오는 자금이 국내 자금 사정을 넉넉하게 해 금리 하락 압력으로 작용한다. 금리가 내리면 재테크를 원하는 시중 여유 자금이 증시로 몰릴 가능성이 생긴다. 기업은 금리가 낮아진 만큼 자금을 구하기 쉬워지므로 쉽사리 설비투자를 늘릴 수 있다. 이 모두가 주가를 밀어 올리는 쪽으로 작용한다.

그러나 장기적으로는 원화 환율 하락이 한국 주가를 떨어뜨린다. 환율이 하락하면 한국 수출기업은 채산성이 낮아지기 때문이다. 다른

환율 하락에 따른 주가 변화

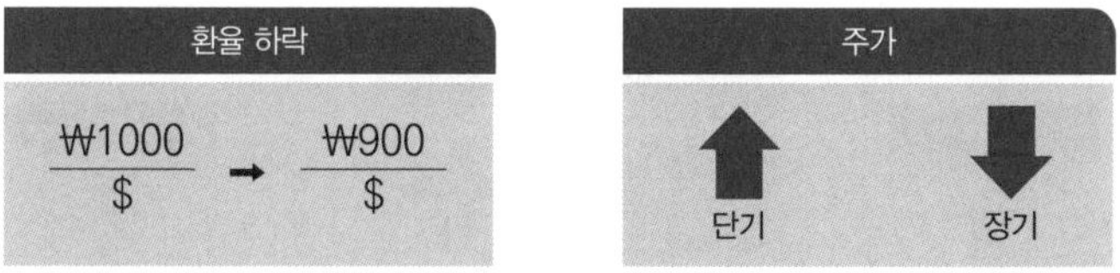

조건이 전과 같을 때 원화 환율이 내리면, 한국 수출기업은 제품 가격 경쟁력이 떨어져 교역에서 불리해진다. 그 결과 수출 실적이 나빠지기 쉽다. 원화 환율이 내리면 장기적으로 수출 실적 악화가 예상되므로 단기에도 주가가 떨어질 수 있다.

미국 금리가 어떻게 한국 주가 움직이나?

미국에서 금리가 오르면 대개 한국을 포함한 세계 각국 증시에서 주가가 하락한다. 왜 그럴까? 여러 가지 이유가 있다.

첫째, 미국에서 금리가 오르면 글로벌 투자자가 다른 나라보다 미국 금융시장에 투자를 늘리기 때문에 각국 주가가 하락한다.

글로벌 투자자는 평소 각국 금융기관, 기업, 정부에 돈을 빌려주거나 증시와 부동산 등 각종 자산에 투자한다. 그런 상황에서 미국 금리가 오르면 상대적으로 미국 시장과 미 달러 자산에 투자하는 쪽이 다른 나라나 지역에 투자하는 것보다 큰 이익을 얻는다고 판단하고 투자처를 미국으로 옮길 마음을 먹게 된다. 이런 경위로 각국 금융시장

미국 금리가 오르면 국내 주가가 내리는 경로

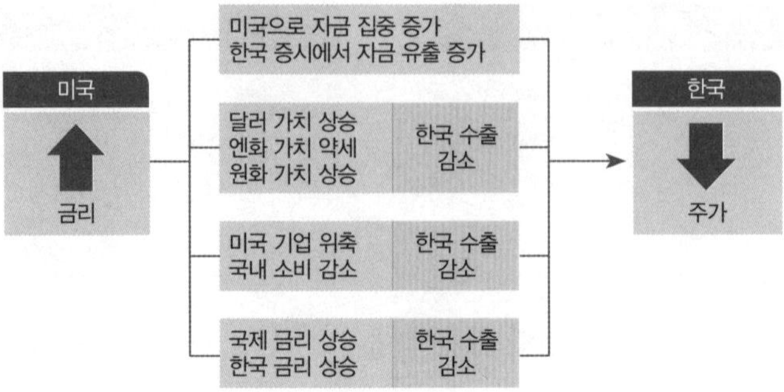

미국 금리가 내리면 국내 주가가 오르는 경로

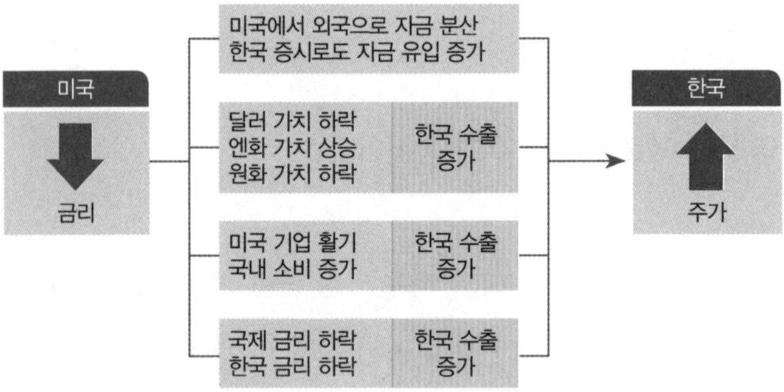

과 증시에 투자됐던 해외 자금이 미국 시장을 향해 빠져나가면 나머지 각국에서는 주가가 떨어진다.

둘째, 미국에서 금리가 오르면 달러 가치도 오르기 때문에 각국 주가가 하락한다.

달러는 기축통화라는 점에서 다른 통화와 다르다. 달러 시세가 오르면 나머지 통화 시세는 상대적으로 낮아진다. 글로벌 투자자 입장에서는 달러 대비 통화 가치가 낮아지는 통화, 또는 해당 통화를 발행하고 주로 쓰는 나라에 투자하면 환차손을 입기 쉽다. 자연히 투자를 줄이게 되고, 그 결과 각국 증시에서 주가가 내리기 쉽다.

우리나라를 예로 들어보자. 미국 금리가 오르면 달러 시세가 비싸지는 대신 달러 대비 원화 시세는 상대적으로 낮아진다. 한국 주식에 투자하는 외국인은 이익을 내더라도 환차손을 볼 수 있기 때문에 증시 투자를 줄인다. 그 결과 한국 증시에서는 단기적으로 주가가 하락한다.

달러 가치가 오르면 원화와 엔화의 가치가 함께 내리는 것도 한국 증시에 영향을 미친다. 한·일 기업은 수출시장에서 라이벌 관계다. 만약 달러 가치를 기준으로 엔화 가치가 원화 가치보다 더 큰 폭으로 내리면 어떻게 될까? 한국 기업은 수출 경쟁력이 상대적으로 약해져 이익 전망이 나빠진다. 그 결과 한국 주식은 시세가 하락하기 쉽다.

만약 달러 대비 원화 시세가 엔 시세보다 더 큰 폭으로 내린다면 반대 상황이 나타난다. 한국 기업의 수출 경쟁력이 상대적으로 강해지므로 한국 주식은 시세가 오르기 쉽다.

셋째, 미국에서 금리가 오르면 미국 내수가 위축되어 각국의 대미 수출을 위축시키기 때문에 각국 주가가 하락한다.

미국에서 금리가 오르면 미국 기업은 사업 자금 조달 부담이 커져 투자가 위축된다. 그 결과 기업 활동이 저조해지면 고용과 소비가 침체해 국내시장 수요, 곧 내수(內需)가 위축된다. 미국 내수가 위축되면 각국의 대미 수출도 위축된다. 특히 중국이나 우리나라처럼 국제 교역에서 대미 수출 비중이 큰 나라를 위주로 주가가 내리기 쉽다.

넷째, 미국에서 금리가 오르면 글로벌 자금 시장에서도 자금 조달 금리가 오르기 때문에 각국 주가가 하락한다.

국제 자금 조달 금리가 오르면 각국에서 잇달아 금리가 오르기 쉽다. 금리가 오르는 나라에서는 주식 투자에 비해 예금상품의 수익성이 부각된다. 그만큼 투자자가 증시에서 자금을 꺼내 예금으로 돌리는 움직임이 커지기 쉽다. 그 결과 각국 증시에서 주가가 침체할 수 있다.

지금까지는 미국에서 금리가 오를 때 나머지 각국 증시에서 주가가 내리는 이유를 설명했다. 만약 미국에서 금리가 내리면 상황은 정반대로 전개된다.

미 금리가 내리면 글로벌 투자가 나머지 각국으로 분산되고, 미국 내수가 커져서 대미 수출 수요도 커지기 쉽다. 그 결과 각국에서 주가가 오르면서 글로벌 주가 상승 현상이 나타날 수 있다.

엔 저 때 주가는 어떻게 움직이나?

일본 엔화 환율도 우리 증시에 밀접하게 영향을 미치는 변수다.

엔 환율이 미화 1달러당 106엔에서 110엔으로 올랐다 하자. 달러와 바꾸는 데 필요한 엔 금액이 늘어난 만큼 엔 가치가 떨어진 셈이다. 기축통화인 달러에 비해 엔이 약세인 상황을 '엔 저(低)'라 한다.

엔 저 때는 원화도 엔화에 비해 시세가 오르기 쉽다. 그럼 한국산 수출품은 일제 수출품에 비해 값이 비싸진다. 가뜩이나 일본은 자동

엔 저가 우리 주가에 미치는 일반적 영향

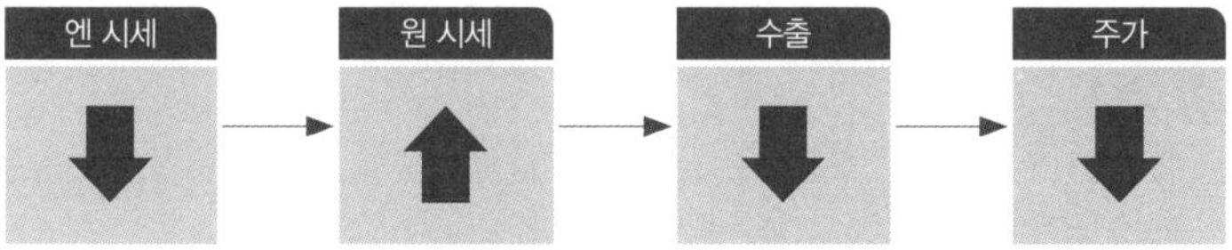

차, 조선, 철강, 전기·전자 등 글로벌 시장 주요 부문에서 우리나라와 수출 경쟁을 벌이는 라이벌인데 엔 저까지 겹치면 한국 수출은 실적이 나빠지기 쉽다. 엔 저가 단기에 그치면 큰 문제 없지만, 장기화하거나 그럴 전망만 생겨도 한국 증시는 하락세를 걷는다.

엔 저 때는 원화뿐 아니라 동남아 각국 통화도 엔화에 비해 대외 가치가 오른다. 자연히 동남아 각국도 우리나라와 같은 처지가 된다. 다만 엔 저가 우리나라나 동남아 경제에 늘 악재만 되는 것은 아니다. 같은 엔 저라도 산업별·기업별 파급효과가 다르다.

상품 생산이나 수출을 위해 평소 일본 기업에서 원자재나 부품 등을 많이 수입하는 기업에게는 엔 저가 호재다. 수입 대금을 엔화로 치러야 하는데, 엔 시세가 낮아진 만큼 엔화를 바꾸는 데 필요한 자국 통화 부담이 줄어들기 때문이다. 그만큼 제품 제조원가가 줄어 실적 향상을 기대할 수 있고, 주가에도 호재로 작용한다.

국내외 금융기관이나 일본 기업으로부터 엔화 빚을 많이 낸 기업에게도 호재다. 빚 부담이 줄어 비용이 절감되는 만큼 실적 향상을 기대할 수 있으니 주가에 호재가 된다.

너무 급격한 엔 저로 달러 폭등이 심하게 진행될 경우도 우리 주가에는 호재가 될 수 있다. 달러 시세가 폭등하면서 원 시세가 폭락하면 엔 저가 원 시세를 밀어 올리는 효과를 압도할 수 있기 때문이다. 이때는 엔 저가 진행되는 와중에도 한국 수출 실적이 좋아지고 주가가 뛸 수 있다.

엔 고 때 주가는 어떻게 움직이나?

엔 시세가 달러 시세에 비해 높아지는 상황을 '엔 고(高)'라 한다. 엔 고 때면 일본은 수출품 가격이 비싸져서 수출에 불리해지는 반면, 우리나라는 상대적으로 수출이 유리해져 주가가 오르는 것이 보통이다. 다만 엔 고가 우리 경제나 주가에 늘 호재만 되는 것은 아니고 산업별·기업별 파장이 다르다.

한국 기업일지라도 평소 생산·수출을 위해 일본 기업에서 원자재·부품 등을 많이 수입한다면 엔 고가 악재다. 수입 대금으로 전보다 많은 원화를 치러야 하고, 그만큼 제품 제조원가가 늘어 실적이 나빠지기 쉽다. 주가에는 악재다.

너무 급격한 엔 고로 달러 하락이 급하게 진행되는 것도 우리 주가에는 악재가 될 수 있다. 달러 시세 폭락이 원 시세 폭등을 불러 엔 고로 원 시세가 내리는 효과를 압도하면 엔 고 때조차 한국 기업은 수출 여건이 나빠질 수 있기 때문이다.

미 달러가 비록 기축통화라고는 하나 미국 경제가 나빠지다 보면 달러 시세가 폭락하는 사태가 생길 수도 있다. 그럴 경우 외환보유고 등으로 달러 자산을 많이 보유한 나라는 치명적 손실을 입을 수 있다.

엔 고가 우리 주가에 미치는 일반적 영향

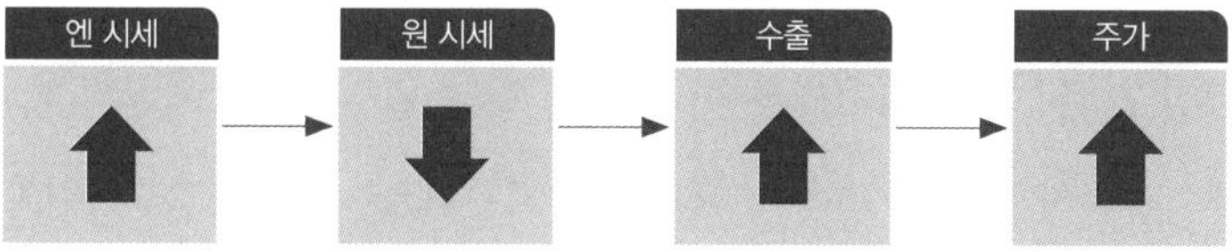

미국을 제외한 각국에서는 통화 시세가 일제히 폭등해 수출에 타격을 입을 것이다.

달러 폭락은 세계 경제에 먹구름을 불러올 수 있다. 그래서 세계 각 나라는 평소 달러 폭락 사태가 생기지 않도록 미국을 중심으로 협조한다.

가령 엔 고가 너무 심해져 달러 폭락이 우려된다 하자. 그럼 미·일 정부가 양해한 가운데 일본 중앙은행이 일본 외환시장과 역외시장(域外市長, offshore market, 자국의 규제를 받지 않는 글로벌 외환시장)에서 엔화를 팔고 달러를 사들인다. 엔 고로 달러가 폭락하는 사태를 막기 위해 외환시장에 개입하는 것이다.

달러 시세의 갑작스러운 하락을 막기 위해 미·일 양국은 서로 협조할 때가 많다. 예를 들면 미국 금리를 높이고 일본 금리 수준은 미 금리보다 낮게 유지하는 금융정책을 쓰는 식이다. 미·일 간 금리 차를 벌리면 글로벌 투자 자금이 미국으로 이동하면서 글로벌 달러 수요가 커져 달러 가치를 끌어올릴 수 있기 때문이다.

호황 때 물가 오름세, 왜 주가 하락 예고하나?

물가란 상품 가격 여러 개를 한데 묶어 평균 낸 값이다. 에어컨 한 대 얼마, 자동차 한 대 얼마… 식으로 부르는 값은 가격이고, 소비자가 주로 쓰는 상품 여러 가지의 가격을 묶어 평균 낸 것은 물가(소비자물가)다. 물가도 주가를 움직이는 주요 변수 중 하나다. 구체적으로 어떤 영향을 미칠까?

영향을 미치는 방식이 단순하거나 일정하지 않다. 물가가 오르면 주가가 내리고 물가가 내리면 주가가 오르는 식이 아니라는 뜻이다. 물가가 주가에 영향을 미치는 현상은 경기를 배경으로 나타날 때가 많다. 예를 들어 호경기에 나타나는 물가 오름세는 주가 하락을 예고하는 조짐일 수 있다.

왜 그럴까?

물가 상승세가 경기 순환을 이끄는 것과 관계가 있다.

경기가 활황이고 경제성장률이 높을 때는 기업 수익이 높아져서 주가가 오른다. 그런데 경기는 순환하는 법이다. 경기 상승 초기에는 수요와 공급이 함께 커지지만, 나중에는 공급이 따라가지 못할 정도로 수요가 팽창하면서 물가가 뛴다. 물가가 어느 정도 뛰면 소비가 늘더라도 예전처럼 빠르게 늘지 못해 소비 증가율이 떨어진다.

소비 증가율이 둔해져도 생산은 한동안 계속 확대된다. 개별 생산자 입장에서는 물가가 뛰면서 상품 가격이 올라 판매 이익이 계속 커지므로 욕심껏 생산을 더 늘리게 마련이다. 결국 시장 전반에 걸쳐 공급 과잉이 빚어진다. 수요 팽창이 끝내 공급 과잉을 불렀다는 사실이 시장에 드러날 즈음이면 수요가 한층 부진해진다. 수요 부진이 심해지면 경기는 내리막길로 접어들고, 경기 하강이 본격화하면 주가도 내리기 쉽다. 이런 경위로 호황 때 물가 상승세가 주가 하락을 이끈다.

일단 하락세로 접어든 경기는 이내 되살아나지 않는다. 기업은 생산 규모를 줄일 수밖에 없다. 호경기 때 생산 규모를 크게 늘렸거나 공급 과잉이 심했던 부문일수록 생산 규모나 공급 설비를 대폭 축소 조정해야 한다. 이때 경기 전환은 완만하게 이루어지기보다 경제에 갑작스러운 충격을 주는 양상으로 전개되기 십상이다. 많은 기업이 일시에 연쇄 부도를 내거나 실업자가 단기에 양산되어 성장률이 뚝 떨어지곤 한다. 이른바 경기가 경착륙(硬着陸, hard landing)하는 현상이다.

호경기 때 수요·공급이 어느 정도 균형을 이루며 확대되는 것은 걱정거리가 아니다. 그러나 상품 수급에 불균형이 커지면서 경기가 확대되는 것은 경기가 과열하는(overheat) 현상이다. 과열된 경기는 으레 경착륙한다. 그래서 호경기에 물가 오름세가 나타나면 정부 금융 당국이 바짝 긴장해 주시하다가, 경기 과열 조짐이 역력하다 싶을 때 선제적으로 연착륙(軟着陸, soft landing) 정책을 편다.

연착륙이란 상승하던 경기가 과열되지 않고 완만하게 내려앉는 것으로, 경착륙의 반대말이다. 연착륙을 도모하는 정부 정책의 전형은, 시중 금리가 오르고 통화량이 줄어들 수 있게 유도해서 일부러 경기를 위축시키는 금융정책이다. 경기 상승 와중에 김을 빼서(steam-out) 경기가 완만한 속도로 내려앉게 유도함으로써 경착륙을 예방하려는 정책이다.

금융 당국이 연착륙 정책을 펴서 시중 금리가 오르고 통화량이 줄면 소비와 투자가 위축되므로 주가가 내리기 쉽다.

되짚어보자. '경기 확대 → 경기 과열 → 정부가 경기 연착륙 유도 → 주가 하락'으로 이어지는 경기 전환 과정에서 시작은 물가 오름세다. 그래서 호경기에 나타나는 물가 오름세는 머지않아 다가올 경기 하강과 주가 하락의 예고편이 된다. 주가는 대개 경기 전환을 앞서 반영하므로 정부에서 선제적 경기 대응 조치를 내놓기 전부터 하락세로 돌아서기 쉽다.

원자잿값 뛸 때는 어떤 종목 오르나?

주식 투자자가 평소 챙겨 봐야 할 것 중 하나는 원자재 시세 정보를 전하는 뉴스다. 원자재란 기업이 상품이나 에너지를 생산하는 데 필수 원천이 되는 상품이다. 금, 은, 소맥(밀가루), 대두(콩), 목재, 천연고무, 면화, 설탕, 원유 같은 것이 대표적이다. 주로 해외시장에서 시세가 정해지므로 해외 상품이나 해외 원자재라고도 하고, 1차상품이라고도 부른다.

원자재 시세는 제조업자, 상인, 도매 유통업자의 비즈니스나 기업의 상품, 실적, 주가에 큰 영향을 미친다. 주식 투자자에게는 기업 실적 예측이나 주가 동향 조사 또는 투자 시기 결정에 유용한 판단 재료가 된다.

국가 경제에도 중요하다. 특히 우리나라처럼 생산 활동에서 해외 원자재 수입 의존도가 높은 나라에는 원자재 가격 동향이 경제나 투

해외 원자재 시세가 오를 때 주가가 떨어지는 이치

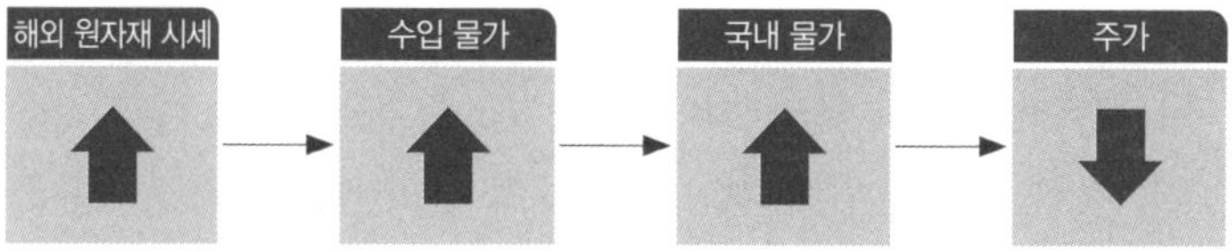

자 면에서 매우 중요한 정보다.

해외 원자잿값이 오르면 주가는 어떻게 움직일까?

종목별로 영향이 다르다. 내리는 것도 있고 오르는 것도 있다.

원자잿값이 뛰면 제조업체는 생산비가 더 든다. 업체가 늘어나는 생산비 부담을 판매가에 전가하면 제품값이 오른다. 한두 개 제품만 오르는 것이 아니고 유통 단계를 거치면서 여러 제품의 값이 잇달아 뛰므로 물가가 오른다. 물가 오름세는 소비를 위축시켜 기업 실적을 부진하게 만들기 때문에 주가에 악재다.

원자재가 중에서도 원유 가격 인상이 경제와 주가에 미치는 영향이 크다. 원윳값이 오르면 운수업(자동차·항공 등)처럼 원가에서 에너지 비중이 높은 산업은 직접 타격을 입으므로 주가가 꺾이기 십상이다.

반면 정유업체나 철강업체처럼 원자재를 직접 생산해 쓰거나 판매하는 기업은 유가가 오를 때 거꾸로 주가가 오르곤 한다. 판매 제품 가격을 올려 전보다 이익을 더 많이 낼 수 있기 때문이다. 콩 시세가 뛰면 콩 가공·생산·판매 업체 주가가 뛰고, 비철금속 시세가 오르면 비철금속 제조·판매 업체 주가가 오르는 이치와 같다.

정치와 선거는 주가를 어떻게 움직이나?

주가에 영향을 미치는 요소는 기업 실적이나 성장 전망, 환율이나 금리 같은 경제 변수만이 아니다. 투자자의 심리 상태나 정치 정세 등 일일이 나열할 수 없을 만큼 많은 경제 외 요인도 주가에 영향을 미친다. 그중에서도 정세와 주가는 따로 놓고 볼 수 없다. 주가에 결정적 영향력을 갖는 경제정책도 흔히 정치 세력의 이해관계를 반영해 정해지기 때문이다.

선거도 주가에 큰 영향을 미친다. 다만 선거 자체로 주가가 움직이는 것은 아니고, 그때그때 상황에 따라 주가에 미치는 영향이 달라진다. 이를테면 선거를 앞두고는 집권당과 정부가 민심을 잃지 않으려고 정책 배려를 해서 증시가 침체하지 않게 예방하곤 한다. 경기가 나쁘면 단기 부양책을 써서 주가 상승 무드를 만들기도 한다.

선거철이면 주가가 올라 선거 특수(特需)를 누리는 종목도 있다.

선거철에는 흔히 입후보자 벽보 등 포스터와 홍보 인쇄물 수요가 늘어난다. 자연히 제지·인쇄업 종목에 '장차 기업 실적이 좋아져 주가가 오르리라'는 기대가 커지면서 주식 매수자가 늘어나곤 한다. 선취매(先取買), 곧 시세가 오르리라고 보는 주식을 남보다 앞질러 사들이는 매매 행태가 많아질 수 있는 것이다. 투자자가 경쟁적으로 선취매하는 종목이라면 시세가 오르기 십상이다.

서킷브레이커는 언제 발동하나?

주가가 폭락하거나 폭등하면 투자자가 받는 심리적 충격이 크다. 주가 하락에 실망한 나머지 보유 주식을 마구 팔아치우는 투매(投賣)에 가담하거나, 주가 상승세에 흥분해서 마구 사들이는 행태가 생긴다. 많은 투자자가 흥분해 매매하는 행태를 보이면 주식시장이 요동쳐 국민경제에도 좋지 않은 영향을 미친다. 그래서 주가 폭락세가 지나치다 싶을 때면 증시 관리자가 전원 차단기를 내리듯 주식 매매를 일시 중지시키는 거래 중단 제도를 발동한다. 곧 서킷브레이커(circuit breakers, CB)다.

서킷브레이커는 코스피지수나 코스닥지수가 직전 거래일 종가보다 8%, 15%, 20% 이상 떨어진 상태가 1분간 지속되면 발동한다. 주가가 정해진 비율만큼 하락하면 먼저 발동을 예고할 수 있고, 예고 후에도 주가 하락 상태가 1분간 지속되면 실제로 발동해서 장내 종목 전체의 거래를 20분간 중단시킨다.

발동 요건은 단계별로 세분되어 있다.

우선 주가지수가 전일 종가보다 8% 이상 떨어진 상태가 1분간 지속되면 1단계 서킷브레이커가 발동된다. 1단계 발동 뒤에도 주가지수가 전일 종가 대비 15% 이상 내리고, 동시에 1단계 발동 당시 주가지수보다 1% 이상 더 떨어진 상태가 1분간 지속되면 2단계를 발동한다. 2단계 발동 뒤에도 주가지수가 전일 종가 대비 20% 이상 내리고, 동시에 2단계 발동 당시 주가지수보다 1% 이상 더 떨어진 상태가 1분간 이어지면 3단계를 발동한다.

서킷브레이커 발동으로 거래가 중단된 동안에는 새로 호가를 내놓을 수 없지만, 거래 중단 전에 접수된 호가를 취소하는 주문은 내놓을 수 있다.

1단계와 2단계 서킷브레이커가 발동된 경우, 거래 정지 시간 20분이 지나면 10분간 동시호가를 받고 단일가로 매매를 체결한 뒤 장을 재개한다. 그러나 3단계가 발동된 뒤에는 거래를 재개하지 않고 그대로 장이 파한다.

단계별 서킷브레이커는 시장 개장 5분 뒤부터 오후 장 마감 시각 40분 전까지 하루 한 번만 발동할 수 있다. 장 종료 40분 전 이후에는 1단계와 2단계 발동 요인이 생겨도 발동하지 않는다. 다만 3단계는 장 종료 40분 전 이후에도 발동할 수 있다.

우리 증시에서는 증권거래소(지금의 한국거래소)가 1998년 12월 제도를 도입했고, 2000년 4월 17일 처음으로 서킷브레이커를 발동했다. 코스닥에서는 2006년 1월 23일과 2007년 8월 16일에 발동했다. 2008년에는 증시가 글로벌 경제에 닥친 위기를 배경으로 심하게 요동치면서 10월 23일과 24일, 29일에 발동했다. 2020년 3월 13일과 19일에는 코로나 경제위기를 배경으로 유가증권시장과 코스닥에서 모두 서킷브레이커를 발동했다.

서킷브레이커 제도를 만들어낸 곳은 뉴욕증권거래소(NYSE)다. 1987년 10월 19일(월요일) 다우지수가 하루 만에 22%나 폭락하는 '블랙먼데이(black Monday)'가 발생하자 심한 주가 폭락 사태를 막자는 뜻에서 만들었고, 각국이 잇달아 도입했다.

내부자거래는 뭐가 문제인가?

기사보기

'미공개 정보이용' 이동채 전 에코프로 회장 징역 2년 확정…대법, 상고 기각

자신이 대표이사로 재직 중인 회사 계열사의 미공개 중요 정보를 이용해 11억원의 부당 이익을 취한 혐의로 재판에 넘겨진 이동채 전 에코프로그룹 회장의 형이 원심대로 확정됐다.

아이뉴스24
2023.08.18

에코프로의 계열사 에코프로비엠은 2차전지소재 제조·판매 분야 코스닥 상장사다. 2020년 1월 에코프로비엠은 2차전지 핵심 소재인 양극재를 SK이노베이션에 납품하기로 중장기 계약을 맺고, 2월 3일 계약 사실을 공시했다. 공시 전날 5만 원대였던 에코프로비엠 주가는 공시 열흘 뒤 9만 원대로 뛰었다. 그런데 에코프로 회장이 내부 정보를 이용해 주식거래를 했다는 사실이 나중에 드러났다. 에코프로비엠의 공급계약 정보가 금융감독원 전자공시시스템에 올라 공시되기 전에 남의 이름을 빌린 계좌(차명계좌)로 에코프로비엠 주식을 사뒀다가 공시 후 되팔아 11억여 원의 시세 차익을 거뒀다는 것이다.

이 사건은 자사의 주가를 올릴 수 있는 주요 정보를 아는 임직원이, 정보가 증시에 공개되기 전에 자사 주식을 단기 매매해서 이득을 본 사례다.

우리나라 자본시장법(자본시장과 금융투자업에 관한 법률)에서는 유가증권시장과 코스닥시장 상장 기업의 주요 주주를 내부자(insiders)로 규정하고 있다. 자사 주가에 영향을 미칠 만한 정보를 시장에 공개하기 전에 입수할 수 있는 사람이라는 뜻이다. 기업의 미공개 중요 정보를 알 수 있는 재무·회계·연구개발 관련 부서 직원 역시 내부자다. 이들 상장회사 내부자가 일반에 공개하지 않은 정보를 이용해서 주식을 단기 매매해 득 보거나 손실을 피하는 것은 위법이다.

내부자라면 무조건 6개월 안에 주식을 매매해 차익이 발생할 경우 부당(불법) 내부자거래(insider trading)로 간주한다. 실제로 미공개 정보를 이용했든 안 했든 상관없다. 상장회사 내부자가 자사주를 6개월 안에 매매해 이익을 얻었을 때는 회사가 매매 차익 반환을 요구할 수 있다. 매매 과정에서 손실을 입었다 해도 손실분은 '0'으로 계산하고 이익 본 것만 합산해 반환 대상 액수를 산정한다. 주식 매매가 이뤄지고 6개월 안에 퇴직해도 반환 대상에 포함되고, A증권사 계좌로 주식을 산 뒤 B증권사 계좌에서 팔아 얻은 이익도 반환해야 한다.

우선 자진 반환을 받고, 자진해 내놓지 않으면 금융감독원이 감독원 내 증권선물거래위원회의 의결을 거쳐 해당 회사에 차익을 반환받으라고 요구한다. 그래도 당사자가 두 달 안에 차익을 내놓지 않으면 회사가 재판을 청구해야 한다.

2006년에 있었던 재판 실례다. 개인치고 거액을 투자하기 때문에 '슈퍼 개미'로 불린 개인투자자 K씨는 서울식품공업 주식 34만 주를 사들여 주요 주주가 됐는데, 이후 6개월이 채 못 돼 주식을 되팔아서 차익 37억 원을 벌었다. 그러자 회사가 부당 내부자거래로 올린 이익을 내놓으라며 소송을 냈다. 법원은 K씨가 내부자인 주요 주주 지위에서 부당하게 주식을 매매했다고 보고 주식 차익을 돌려주라고 판시했다.

부당 내부자거래 단속 범위에는 회사 주식의 모집(새로 발행하는 주식을 팔아 자본금을 모으는 일)과 매출(이미 발행된 주식을 파는 일)을 주선하거나 인수한 금융회사(주로 증권사)의 주요 주주와 임직원도 포함된다. 직무나 지위상 기업 내부 정보에 접근할 수 있는 공무원, 증권거래 감독기관 임직원, 기자, 공인회계사, 주거래은행 임직원은 준내부자로 분류해 단속 대상으로 삼는다.

부당 내부자거래를 단속하는 이유는 공정한 증시 운영이 증시뿐 아니라 기업, 투자자, 경제 모두에 필요하기 때문이다. 자본주의 시장경제가 제대로 움직이려면 상품 거래가 시장 규칙을 따라 이뤄져야 하고, 주식거래도 마찬가지다. 만약 거래가 불공정하면 그 틈에 득 보는 이와 피해 보는 이가 생기고, 공정한 게임을 기대했던 투자자는 증시를 떠나고 말 것이다. 그럼 증시는 문을 닫고 기업은 주식을 발행해 자금을 마련할 길을 잃는다. 궁극적으로는 국민경제가 피해를 보므로 예방을 위해 내부자거래 단속이 필요하다.

우리 증시에서는 금융감독원과 한국거래소 등이 자본시장법 등 관련 법에 따라 거래를 조사·감독하고, 심한 불공정 행위는 검찰에 고발하기도 한다. 그러나 불법 내부자거래는 좀처럼 수그러들지 않고 성행하고 있다. 특히 기업 대주주가 부당 내부자거래로 득 보는 사례가 잦다. 부도 위기에 몰린 기업 총수가 남이 알기 전에 차명계좌로 보유 주식을 팔아치운 사례도 있다. 신문기자와 증권회사 사장이 부당 내부자거래를 하다 적발되기도 하고, 증권사 지점이 리서치 정보나 고객의 주문 내역을 흘려 부당 내부자거래에 써먹게 한 일도 있다.

우리 증시에서 부당 내부자거래가 성행하는 이유가 뭘까?

잘 적발되지 않고, 적발되더라도 책임 추궁이 가벼운 탓이 크다. 간혹 금감원이 검찰에 고발해 사법 처리를 하는 경우도 있지만, 그래봤자 실형 선고는 드물고 집행유예나 가벼운 벌금 부과가 많다. 그나마 벌금액도 대개는 부당 이득금보다 훨씬 적다.

미국에서는 불공정거래를 적발하면 부당 이익의 몇 배, 몇십 배로 벌금을 물리고 중형으로 형사처벌 한다. 증권 관련 기업 근무자라면 공·사 증권업계 재취업을 제한해서 두 번 다시 증시에 발을 못 붙이게 한다.

작전, 어떻게 알아보나?

회사원 A씨는 유명 증권사 직원이라는 사람이 운영하는 인터넷 카페에 유료 회원으로 가입하고 운영자가 추천한 B종목을 사들였다. 과연 B종목 주가는 급등하기 시작했지만, A씨가 매수한 다음 날 대량 매물이 나오면서 순식간에 10% 넘게 급락했다. 다급한 마음에 다시 찾은 카페는 이미 문을 닫은 뒤였다. A씨는 500만 원의 손해를 감수하고 주식을 처분해야 했다. 금융감독원이 조사한 주가조작 사례다.

증시에서는 흔히 주가조작이 벌어진다. 특정 세력이 주가를 조작해 득 볼 목적으로 자금을 동원해 주식 시세를 올렸다 내렸다 하는 불법 행위다. 시세조작 또는 작전이라고도 한다. 법률 등에서 쓰는 공식 용

주가조작 수법

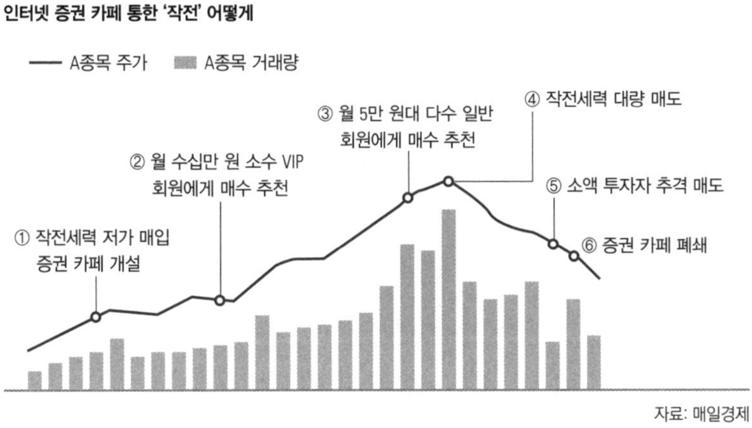

어는 시세조종이다.

작전은 불법 내부자거래와 함께 증시에서 일어나는 불공정 거래의 대표 격이다. 작전 대상 주식을 작전주, 작전을 일으키는 이들을 작전 세력이라고 부른다.

작전 수법의 전형은 증시에 헛소문을 내면서 특정 종목을 대거 매수해 주가를 올림으로써 투자자를 현혹하는 것이다. 막상 일반 투자자가 매수에 가세해 주가가 더 오르면 일거에 보유 주식을 팔아 시세 차익을 챙긴다. 그럼 주가는 폭락하고, 추격 매수한 투자자는 꼼짝없이 손실을 봐야 한다.

우리나라에서 시세조종을 하면 관련 법(자본시장과 금융투자업에 관한 법률)에 따라 1년 이상의 유기징역, 또는 시세조종으로 얻은 이익이나 회피한 손실액의 3배 이상 5배 이하에 상당하는 벌금에 처한다. 다만 시세조종으로 얻은 이익이나 회피한 손실액이 없거나 산정하기 어려울 때, 또는 이익이나 회피한 손실액의 5배에 해당하는 금액이 5억 원 이하일 때는 최대 5억 원의 벌금을 내야 한다.

법이 벌칙을 두고 있지만 우리 증시에서 작전은 부당 내부자거래와 함께 늘 어디선가 진행 중이라고 봐도 될 정도로 성행한다.

작전에 가담하는 사람이나 수법도 다양하다. 증권 방송과 인터넷 증권 사이트 등에서 증권 전문가를 자처하며 유망 종목을 추천하는 자칭 '고수'가 인터넷 카페나 리딩방을 개설해 회원을 모은 뒤 작전을 벌이는 것은 흔한 예다. 유명 연예인이나 재벌가가 투자했다는 소문을 흘려 주가를 띄우는 일도 심심찮게 되풀이된다.

아마 드러나지 않는 사례가 훨씬 많겠지만, 드러나는 것만 해도 많다. 꽤 조직적인 사례로, 6개 증권사 임직원, 증권 방송과 인터넷에서 알려진 '고수', 기업 대주주, 사채업자, 개인투자자 등이 코스닥 기업 델타정보통신을 놓고 벌인 작전이 있다. 당시 작전세력은 사채업자 돈을 끌어다 '델타' 주식을 사 모으는 한편 거짓 호재 정보를 증시에 퍼뜨려 두 달 만에 시세 차익 70억 원을 챙겼다. 당국 감시를 피하려고 거래 계좌를 18개 증권사 69개 점포에 걸쳐 114개로 분산해 열고 주문을 내는 수법을 썼다.

엄연히 불법이고 단속도 하는데 증권사 직원까지 연루된 주가조작이 성행하는 이유는 무엇보다 처벌이 가볍기 때문이다. 미국에서 시세조종에 가담했다 적발된 증권사 임직원은 부당 이득을 토해내고 무거운 감옥살이를 할 뿐만 아니라, 다시는 증시에 발을 못 붙이기 일쑤다. 우리나라는 시세조종으로 기소된 자에게 법원에서 보통 징역형보다 벌금형을 매긴다. 징역형조차 대개 집행유예 처분을 한다. 때문에 증시에는 시세조종이 '걸려도 남는 장사'라는 인식이 퍼져 있다.

결국 국내 증시 투자자는 어쩔 수 없이 작전이 횡행하는 지뢰밭을 헤쳐 나가야 한다. 문제는 어느 종목에 작전세력이 끼어들어 시세조종을 하는지 분간해내기가 쉽지 않다는 점이다. 그래도 평소 몇 가지 지표를 주의 깊게 살펴보면 실전에서 도움이 될 것이다.

가장 먼저 살펴볼 것은 거래량 추이다. 갑자기 이렇다 할 이유 없이 거래량이 많아지는 종목이 있으면 그럴 만한 이유를 찾아봐야 한다. 이유가 분명하지 않으면 의심해볼 필요가 있다.

거래량이 이상하게 움직이는 종목 중에서도 발행주식 수가 적은 소형주는 특히 경계해야 한다. 발행주식 수가 적을수록 작전세력이 물량을 대거 사들여 시세조종을 시도하기 쉽기 때문이다.

발행주식 수가 많더라도 지분 분산율이 낮은 종목은 경계해야 한다. 지분이 몇몇 대주주에게 몰려 있는 종목은 실제 매매 규모가 얼마 안 되면서 시세조종 대상으로 활용될 가능성이 높다.

호가 상황표에서 매수호가 잔량이 많은 것만 보고 매수호가를 내는 것도 삼가야 한다. 호가 상황표가 공개하는 우선호가는 5단계, 10단계 등 일부일 뿐이다. 우선호가 상황은 일부 정보만 드러내므로 전체 매매 주문 상황과 다를 수 있다.

특별한 재료 없이 장중 시세가 상한가를 쳤다가 도로 급락하는 종목, 들으면 솔깃해지는 소문이 붙는 종목도 경계해야 한다.

특히 '작전이 걸린 종목인데 얼마까지 올린다더라'는 소문이 들린다면 작전세력이 일부러 소문을 흘렸을 가능성이 높다. 정말 그렇다면 작전세력은 소문으로 흘린 목표가보다 싼값에 손 털고 빠져나갈 가능성이 크다.

세계 최초로 무슨 신기술을 개발했느니 하는 소문을 퍼뜨려 주가를 올리는 것도 작전일 가능성이 있다. 신기술 개발이 설사 사실일지라도 기술 상용화에는 몇 년씩 걸리는 수가 많다. 이런 경우 주가는 소문을 따라 급등했다가 이내 급락하곤 한다.

4

어느 종목에 어떻게 투자할까

기본적 분석과 기술적 분석

기본적 분석 지표 활용법: EPS, PER 등

가치주와 성장주

기술적 분석 지표 활용법: 봉 차트, 추세선, 이평선 등

투자위험 종목 알아보는 법

증권사 투자 의견 활용법

데이트레이딩

자사주 매매 / 관리종목 매매 / 정리매매

기본적 분석이나 기술적 분석이나 다 유용한 분석 도구다.
기본적 분석은 주로 기업 가치 분석을 통해
유망 주식을 골라내는 데,
기술적 분석은 주가 추이 분석을 통해
매매 시점을 포착하는 데 더 적당하다.

종목과 타이밍, 어떻게 고르나?

-기본적 분석과 기술적 분석

주식 투자는 언제 어떤 종목을 매매하느냐에 성패가 달렸다. 투자 종목과 타이밍을 고르기 위해 전문가가 쓰는 기법은 크게 두 가지. 기본적 분석(fundamental analysis)과 기술적 분석(technical analysis)이다. 기본적 분석과 기술적 분석은 이론적 입장이 다르다.

첫째, 기본적 분석은 주식 시세가 수시로 변하기는 하지만 궁극적으로는 주식 발행사의 가치(내재 가치, 본질 가치, 기본 가치, 근본 가치)에 맞는 수준이 있다고 전제한다. 발행사의 가치에 맞는 주가 수준을 적정 주가라고 부른다면, 어느 시점의 주가가 적정 주가인지 아닌지 어떻게 아나? 발행사의 가치, 곧 기업 가치를 제대로 평가하면 된다. 기업 가치는 무엇으로 평가하나? 기본적 분석으로 한다. 기업 상태나 성장 전망, 경제 환경 등 기업 안팎에서 기업 가치에 영향을 끼칠 만한 요인을 분석해보면 기업 가치가 얼마나 되는지 추정하고 평가할 수 있다.

기본적 분석 대상은 기업 외부 요인과 내부 요인으로 나눌 수 있다. 외부 요인으로는 주로 경기 흐름과 주가 추이의 관계, 금리 동향, 기업 설비투자액 추이, 환율 동향, 소비 추세 등 경제의 거시 환경과 미시 흐름을 본다. 내부 요인으로는 주로 기업의 현재 상태와 미래 성장 가능성을 본다. 이렇게 기업 안팎의 요인을 분석한 결과를 종합하고 평가함으로써 기업 가치를 알 수 있고, 그러고 나면 해당 기업 가치에 걸맞은 주식 시세인 적정 주가를 산출해낼 수 있다.

적정 주가를 파악했다면 시세가 고평가된 종목과 저평가된 종목을 분간해낼 수 있다. 어떤 종목을 사야 할지 팔아야 할지, 곧 종목별로 매매 방향을 어떻게 잡아야 좋을지도 판단할 수 있다. 시세가 적정 주가보다 낮은 종목은 저평가된 것이고, 언젠가는 시세가 올라 적정가에 이를 테니 사들여야 한다. 반대로 시세가 적정 주가보다 높은 종목은 고평가된 것이고, 언젠가는 시세가 떨어져 적정가로 접근할 테니 팔아야 한다.

요컨대 기본적 분석은 기업의 내재 가치를 평가하고 적정 주가를 산출하는 데 목적을 두고 기업 가치에 영향을 미치는 요인을 분석하는 주가 분석 기법이다. 실증적 데이터를 활용해 합리적으로 추론한 기본적 분석 결과는 투자자가 언제 어떤 종목을 매매하면 좋을지 판단을 내리는 데 매우 유용한 지침이 될 수 있다.

둘째, 기술적 분석은 기본적 분석과 반대로 주식의 적정가와 시장가 사이에 괴리가 생기지 않는다는 것을 이론 전제로 한다. 주가는 항상 기업의 가치나 실적을 포함해서 주가에 영향을 미칠 수 있는 모든 요인을 빠짐없이 반영한다고 본다. 그럼 현실에서 주가를 움직이고 그때그때 주가를 결정하는 것은 무엇인가? 투자자 심리다. 투자자가 제각기 다른 판단으로 방향과 시점을 골라 매매하면서 수요와 공급을 움직여 주가를 변동시킨다고 본다.

시장에 늘 투자자 심리가 반영돼 있다 보니 주식 수급과 주가에는 일정한 추세나 유형(패턴)이 형성되게 마련이다. 한번 나타난 패턴이 나중에도 거듭 나타날 수 있다. 그렇다면 이전에 나타난 주가 추이를 면밀히 추적해 통계와 차트(chart, 데이터를 그래픽, 곧 그림·도형·사진 등 시각적 형상으로 표현한 것)로 표현하고 분석한다면 투자에 필요한 정보를 많이 얻어낼 수 있을 것이다. 이전 주가 추이와 패턴에 비추어 투자자가 어떤 생각으로 매매에 참가해서 수급이 어떻게 형성될지, 주가가 어떤 방향으로 갈지 짐작할 수 있을 것이다. 그래서 기술적 분석은 과거 투자자 심리가 반영된 주가 추이와 패턴을 분석하는 데 주력한다. 주가 추이와 패턴 분석을 통해 미래 주가 흐름을 예측하고 적당한 매매 시점을 짚어내는 것을 목적으로 삼는다.

이론적 입장은 다르지만, 기본적 분석이나 기술적 분석이나 다 유용한 분석 도구다. 굳이 가리자면 기본적 분석은 주로 기업 가치 분석을 통해 유망 주식을 골라내는 데, 기술적 분석은 주가 추이 분석을 통해 매매 시점을 포착하는 데 더 적당하다. 둘 다 장점을 살려 적절히 구사한다면 투자 종목과 매매 타이밍을 고르는 데 도움이 된다. 하지만 투자자 중에는 기본적 분석은 차치하고 기술적 분석에만 치중하는 이들이 있다. 증권TV나 인터넷 증권 카페, 주식 리딩방 같은 데서 차트 분석에 몰두하는 투자자가 그런 예다. 차트 분석이 곧 기술적 분석은 아니지만, 기술적 분석에서는 차트 분석이 주가 된다. 결국 기술적 분석에 치중하는 셈인데, 그리 바람직하지 않다. 주가 움직임은 기본적 분석이나 기술적 분석 중 어느 하나만 갖고 완벽하게 파악할 수 있을 만큼 단순하지 않기 때문이다.

기술적 분석은 과거 주가 추이를 분석한 자료로 미래 주가를 예측하는 기법이다. 과거가 A였다 해서 미래도 A로 된다는 법은 없다. 주가가 예상과 다르게 전개될 가능성, 뻔히 예상되던 주가 흐름이 돌발 변수 때문에 엉뚱한 쪽으로 흐를 가능성은 얼마든지 있다. 그런데도 복잡한 차트 분석에 무슨 투자 비법이라도 있는 양 주장한다면 사실을 오해하거나 혹세무민(惑世誣民)하는 것이다.

기본적 분석과 기술적 분석은 각자 즐겨 쓰는 분석 지표가 따로 있는데, 어느 것이나 투자자가 쉽게 접할 수 있다. 미디어가 수시로 관련 정보를 내놓고, 증권사 매매 전용 프로그램(HTS, MTS 등)도 분석 지표와 정보를 충분히 제공하기 때문이다. 몇 가지만 활용해도 투자자로서 증시 흐름 파악과 실전 투자에 유용한 통찰력을 얻을 수 있을 것이다. 이제 기본적 분석과 기술적 분석에서 쓰는 대표 분석 지표를 하나씩 알아보자.

왜 EPS 높은 종목을 사나?

(기본적 분석 지표 1. EPS)

기사보기

신사업 비용 증가·자회사 부진 '골프존' 목표주가 하향–NH투자

NH투자증권이 10일 골프존 올해 EPS(주당순이익) 예상치를 기존 대비 18% 하향 조정하면서 목표주가를 낮췄다. 투자 의견 '매수', 목표주가는 13만원으로 하향했다. 골프존 현재 주가는 9만6000원(9일 종가 기준)이다. … "내년부터 이익률 반등이 기대되고 밸류에이션 매력이 있기 때문에 투자 의견 매수는 유지한다"고 밝혔다.

머니투데이
2023.08.10

주당순이익 연간 예상치가 낮아진 것을 근거로 목표 주가를 내려 잡은, 증권사 투자 의견을 전한 기사다.

주당순이익(주당순익)은 말 그대로 1주당 순이익을 뜻하는 기본적 분석 지표다. 흔히 EPS(Earnings Per Share)라고도 부른다. 순이익(순익)은 기업이 일정 기간 경영 활동을 벌여 올린 수입에서 비용, 그리고 세금까지 빼고 남은 이익이다. 주당순이익은 순이익을 회사가 발행한 주식 총수로 나눴을 때 1주당 순이익이 얼마나 나는지를 나타낸다. 흔히 '○○ 종목은 EPS가 2000원'이라는 식으로 말한다.

$$\text{EPS(원)} = \text{주당순이익} = \frac{\text{순이익}}{\text{총 발행주식 수}}$$

산출식에서 보듯 EPS는 순이익 규모가 클수록, 발행주식 수가 적을수록 값이 커진다. EPS값이 크면 그만큼 주당순이익을 크게 내고, 그런 뜻에서 수익 창출력이 좋은 회사이며, 그만큼 기업 가치가 높다고 볼 수 있다. 자연히 주가 상승 가능성도 크다. 그렇다면 EPS값은 클수록 좋다.

다만 EPS는 순이익 규모와 발행주식 수가 서로 반비례하는 관계에서 산출되는 지표이므로 순이익을 크게 내더라도 발행주식 수가 많으면 커지지 않는다. EPS값이 커지지 않으면 주주에게 돌아가는 배당도 커질 수 없고 주가도 탄력을 받지 못한다.

EPS는 투자 종목 고르기에 유용한 지표다. EPS값을 보면 회사마다 주식 1주가 일정 기간 벌어들이는 이익금이 얼마나 되는지, 회사가 수익을 만들어내는 능력이 어느 정도인지 판별해낼 수 있기 때문이다. 관심 가는 종목 여러 개를 놓고 무엇을 살지 망설여질 때는 종목별 EPS값을 비교해보고, 다른 조건이 같다면 EPS값(실적치 또는 예상치)이 높은 종목을 고르는 것이 좋다.

만약 EPS값이 비슷해서 고르기 어렵다면 여러 분기, 여러 해에 걸쳐 EPS 실적치가 꾸준히 오르는 종목이 좋다. 최근에 순이익을 크게 냈지만 EPS 실적치가 들쭉날쭉하거나 경기에 따라 부침(浮沈)이 큰 종목보다, 장기간 꾸준히 수치가 늘어나고 부침이 크지 않은 종목이 좋다. EPS 실적치가 꾸준히 오르거나 장기에 걸쳐 높은 수준을 유지한다면 경영 환경이 어떻게 변하든 수익을 낼 만큼 경쟁력을 갖춘 기업이라고 평가할 만하고, 그렇다면 주가도 견조할 것이기 때문이다.

실전에서 EPS를 쓸 때는 1년 후, 2년 후, 3년 후 예상치 EPS를 보고 EPS가 커지는지도 확인하면 좋다. 과거 실적을 토대로 산출한 EPS값은 현재 주가에 이미 웬만큼 반영되어 있다고 봐야 하고, 지금까지는 EPS가 성장했지만 향후에 성장세가 꺾일 수도 있기 때문이다. 예상치 EPS는 예상치 순이익을 발행주식 수로 나눠 구한다. 증권사 매매 전용 프로그램 HTS나 MTS 등에서 투자 정보나 기업 분석 메뉴를 골라 조회해보면 EPS값과 예상치 EPS 추이를 쉽사리 알 수 있다.

왜 PER 낮은 종목을 사나?
(기본적 분석 지표 2. PER)

기사보기

상상인증권 "종근당. 주가 저평가 상태… 목표가 25% 상향"

상상인증권(001290)은 29일 종근당(185750)의 목표가를 기존 12만원에서 15만원으로 25% 상향 조정하고 '매수' 의견을 유지했다. 비교 제약사 대비 종근당 주가는 저평가 상태라는 판단에서다. … "… 보수적인 시나리오를 가정해도 2024년 추정이익 기준 주가수익비율(PER)은 15배 이하"라며 "비교 제약사(한미약품 26배, 유한양행 33배 등) 대비 종근당 주가는 크게 저평가된 상태"라고 말했다.

뉴스1
2023.11.29

증권사에서 제약사 종근당 주식에 매수 의견을 냈다고 전한 기사다. 매수 의견의 근거는, 종근당이 같은 업종 경쟁사에 비해 2024년 예상(추정, 선행) PER이 많이 낮아 저평가됐다는 것이다.

PER(Price Earnings Ratio)이란 주가가 일정 기간 회사가 올린 주당순이익(EPS)의 몇 배나 되는지를 나타내는 기본적 분석 지표다. 주가를 주당순이익으로 나눠 비율을 구한다. 주가수익배율, 주가수익비율, 주가이익배율, 주가이익비율, 주가이익률, 주가수익률이라고도 부른다.

종목별 PER은 다음과 같이 구한다.

$$\text{PER(배)} = \text{1주당 가격} \div \text{주당순이익(EPS)} = \text{1주당 가격} \div \frac{\text{순이익}}{\text{총 발행주식 수}}$$

주당순이익(EPS)은 기업 실적이 좋아져서 순이익이 커지면 함께 커지고, 커질수록 기업의 수익력이 좋아졌음을 뜻하는 지표다. PER은 주가를 주당순이익으로 나눠 구하므로, 주당순이익이 클수록 작아지고 주당순이익에 비해 주가가 높을수록 커진다.

가령 잘나가회사 주식의 현재 시세가 주당 4만 원, 작년 주당순이익은 2500원이라 하자. 그럼 PER은 (주당 시세÷EPS=4만 원÷2500원=) 16배다.

PER이 16배라는 것은 주가가 주당순이익의 16배라는 얘기다. 잘나가회사의 주당 수익력(수익 창출력)이 1이라면 주가가 수익력보다 16배 비싼 수준이라는 뜻이다. 이렇게 PER은 현재 주가가 주당순이익보다 몇 배나 비싼지, 주가가 수익력의 몇 배나 되는지 알려준다.

PER이 높으면 수익력에 비해 주가가 고평가된 상태라는 뜻이고,

PER이 낮으면 수익력에 비해 주가가 저평가된 상태라는 뜻이다. PER이 낮은 종목은 시장에서 값어치가 저평가된 종목이므로 증시에서 흔히 쓰는 말로 밸류에이션(valuation, 가치 평가)이 낮은 종목으로 통한다. PER이 높은 종목은 시장에서 값어치가 고평가된 종목이므로 밸류에이션이 높은 종목이라고 부른다. 이런 식으로 PER은 기업 수익과 주가의 관계를 쉽고 빠르게 파악하는 데 유용한 분석 도구다.

한 가지 유의할 점은, PER이 수익과 주가를 서로 비교해 산출하는 상대적 개념이라는 사실이다. 어떤 종목을 PER값만 보고 주가가 고평가 또는 저평가됐다고 판단하면 안 되고, 시장 전체 PER이나 업종별 PER과 비교해봐야 한다. 예를 들어 시장 전체 PER이 10배일 때 (종목별) PER이 5배인 종목이 있다면, 시장에서 저평가됐다고 말할 수 있다. 보기 기사에서 전하듯 종근당 주가가 저평가됐다는 얘기도 같은 업종 경쟁사들과 비교해서 PER이 낮다는 데이터를 근거로 한 것이다.

PER값에는 업종별로 편차가 있다는 점도 알아둘 필요가 있다. 보통 성장 속도는 느려도 안정적으로 이익을 내는 기업은 PER이 낮고, 성장 속도는 높지만 수익성에 부침이 큰 기업은 PER이 높다.

보기 기사에서 전하는 종근당의 PER은 과거 실적이 아니라 향후 12개월 선행 실적, 곧 예상(추정) 실적을 토대로 산출한 수치라는 점도 유의하자. 종근당의 PER이 15배 이하라는 것은, 종근당의 현재 주가를 앞으로 12개월 동안 올릴 주당순이익 예상치(forward EPS)에 대비해서 계산한 '장차 예상되는 PER값'이다. HTS, MTS 등에서는 흔히 '12M PER'이라고 표시한다. 이렇게 PER값은 과거 실적뿐 아니라 예상(추정) 실적을 근거로 산출해볼 수도 있다.

실적치 PER뿐 아니라 예상치 PER까지 구하는 이유는 뭘까?

주가와 기업 실적(순이익)이 변하면 PER값이 달라지기 때문이다. PER을 구하는 공식 [PER=$\frac{\text{주당 가격}}{\text{주당순이익}}$]을 놓고 보자. 주가가 오르거나 순이익이 줄어들면 PER값이 커진다. 지금은 PER이 낮아도 장차 시세가 고평가되거나 순이익이 줄어들면 PER이 높아질 수 있다. 실적치 PER이 낮은 종목도 장차 주가가 오르거나 순익이 줄어들 전망이 생기면 미래 실적 추정치에 따른 PER이 높아질 수 있다는 뜻이다. 곧 실적치 PER이 낮아도 예상치 PER은 높을 수 있다는 뜻이기도 하다.

따라서 PER을 고려해 투자 종목을 고를 때는 실적치 PER뿐 아니라 예상치 PER까지 함께 보는 게 좋다. 예상치 PER을 구해보면 과거 실적만 보고 종목을 골랐다가 실패할 가능성을 줄일 수 있다.

예상치 PER은 어떻게 구할까? 예상(추정) 실적을 토대로 다음과 같이 구한다. 실적치 PER 산출식과 비교해보자.

예상(추정) 실적치로 구하는 PER

예상 PER(배) = 1주당 현재 주가 ÷ 예상치 주당순이익(EPS)

$$= \text{1주당 가격} \div \frac{\text{올해 예상 순이익}}{\text{올해 예상 총 발행주식 수}}$$

과거 실적치로 구하는 PER

PER(배) = 1주당 현재 주가 ÷ 실적치 주당순이익(EPS)

$$= \text{1주당 가격} \div \frac{\text{작년 순이익}}{\text{작년 총 발행주식 수}}$$

PER을 활용하면 같은 업종에 속하는 종목들의 수익성을 비교해 투자에 유리한 종목을 고르는 데 도움이 된다. 같은 업종에서 다른 조건이 같다면 PER이 높을수록 주가가 비싸고(고평가되고) PER이 낮을수록 싼(저평가된) 종목이다. 기본적 분석 이론상 저평가된 주식은 언젠가 제대로 평가받을 때가 오게 마련이므로, 다른 조건이 같다면 PER이 낮은 종목을 사야 한다.

종목별로 볼 때는 PER값이 오르락내리락하면서 주가에 부침이 생기지만, 한 해 동안 증시 전반을 놓고 보면 대체로 '저PER주' 시세가 비교적 많이 오른다. 따라서 다른 조건이 같다면 저PER주를 사는 게 좋다. 장기 투자 관점에서는 특히 그렇다.

한 가지 더 유념할 점은, PER이 낮다는 사실 하나만 갖고 저평가된 주식이라고 단정하면 안 된다는 점이다. PER을 구하는 공식 [$PER = \frac{주당\ 가격}{주당순이익}$]을 보면 알 수 있듯, 순이익이 늘지 못하고 주가가 떨어지면 PER값도 떨어진다. 기업 가치나 성장 전망이 괜찮은데도 시장에서 제값을 받지 못하는 게 아니라, 실제 성장 전망이 흐려서 주가가 내려도 저PER주가 될 수 있다. 결국 PER값을 보고 종목을 고를 때는 저PER주 찾기에 그치지 말고 왜 PER이 낮은지 이유를 찾아봐야 한다. 만약 성장 전망이 나빠서 주가가 낮고 저PER주가 됐다면 투자 대상에서 빼야 할 것이다.

PER은 금융 정세와 관련해서도 주가에 영향을 미친다.

금융 당국이 금융을 완화할 때는 시중에 자금이 풍부해지고 금리가 낮아진다. 기업 입장에서는 사업 자금 조달이 쉬워지므로 투자가 늘어날 수 있다. 투자가 늘면 기업 수익성이 나아지고 주가가 오를 가능성이 커진다. 증시에서 이런 전망이 설 때는 시장에서 저평가된 주식, 곧 저PER주 위주로 주식 수요가 늘면서 주가가 오를 가능성이 높다.

반대로 시중에 자금이 부족하거나 금리가 높아서 금융 사정이 핍박할 때는 같은 이치로 정반대 상황이 전개되기 쉽다. 기업이 자금을 구하기 어려워지고 투자가 침체하면서 기업 수익성이 나빠져 주가가 내리기 쉽다. 미래 기업 전망을 비관하는 투자자가 늘고 증시에서 자금이 빠져나가기도 쉽다. 이때는 시장에서 고평가된 주식, 곧 고PER주 위주로 주가가 떨어질 가능성이 높다.

가치주와 성장주, 어떻게 다른가?

기사보기

기세 꺾인 로봇주…"지금은 가치주에 집중할 때"

하반기 주도주로 활약이 기대됐던 로봇주의 기세가 '고금리' 벽에 부딪쳐 꺾였다. 전문가들은 국내 증시의 불확실성이 커지는 만큼 성장주보다는 가치주에 집중해야 한다고 당부했다. … 로봇주는 금리가 오르면 투자나 연구개발에 자금이 많이 필요하기 때문에 자금조달 비용이 높아져 수익내기가 어려워진다. … 로봇주뿐만 아니라 올해 증시를 주도했던 2차전지 등 성장주 대부분이 비슷한 상황이다. 이 때문에 당분간 금리 민감도가 낮은 가치주가 주목받을 것이란 분석이 나온다.

서울파이낸스
2023.10.20

2023년 9월 가파르게 오르던 레인보우로보틱스 등 로봇 산업 주요 종목의 주가가 10월 들어 큰 폭으로 하락했다. 그러자 전문가들이 앞으로는 로봇주 같은 성장주 대신 가치주 투자를 권한다고 전한 기사다. 가치주니 성장주니 하는 것은 뭘까?

가치주란 발행사의 수익 크기, 영업 실적, 자산 가치가 우량하지만 시세는 저평가된 종목이다. 보통 기업 규모나 역사, 시장점유율 면에서 업종을 대표하는 저평가 우량주다. 수익력이 높아서 주당순이익(EPS)은 높지만 시세가 낮으므로 주가수익비율(PER)은 낮다. 비록 당장 시세는 높지 않아도 수익·시세 변동 폭이 작고, 언제든 시세가 제대로 평가받기만 하면 큰 수익을 올릴 잠재력이 있어서 보수적 투자자가 선호한다.

가치주가 과거 실적으로 평가받는다면, 성장주는 미래 잠재력을 평가받는 종목이다. 당장은 수익성이나 실적이 대단치 않지만 장차 수익성이 빠르게 성장해 시세가 뛸 잠재력이 크다. 수익력이 높지 않으니 주당순이익(EPS)은 낮지만 수익력에 비하면 시세가 높은 편이라서 주가수익비율(PER)은 높다.

성장주에 투자하면 일이 잘 풀릴 경우 주가가 빠르게 오르는 재미를 맛볼 수 있다. 그 대신 증시 안팎 변수에 따른 주가 부침(浮沈)이 가치주에 비해 크기 때문에 손실을 입을 가능성도 가치주보다 크다. 시장이 성장 잠재력을 잘못 평가한 사실이 드러날 때도 낭패 볼 수 있다.

가치주와 성장주는 서로 특성이 다르니 일률적으로 평가해 어느 것이 좋다고 말할 수 없다. 우리 증시는 유가증권시장에 가치주가 많고 코스닥에 성장주가 많은 편이다. 다만 성장주로 분류하는 종목 중에는 상대적으로 검증 안 된 종목이 많으므로 성장주 투자, 특히 코스닥 성장주 투자 때는 종목을 잘 골라야 한다.

오래된 일이지만 기록적인 성장주 투자 '폭망' 사태가 코스닥에서 있었다. 1998년 외환위기를 겪은 직후인 1999년, 정부가 IT 관련 벤처기업과 코스닥시장을 적극 육성하면서 중소형 성장주가 코스닥에 대거 상장했다. 우량·불량 가릴 것 없이 아무 종목이나 마구 상장하다시피 했고, 투자자는 성장주라면 덮어놓고 투자했다. 주가에 큰 거품이 끼었고 이듬해 거품이 빠지면서 투자자 대부분이 큰 손실을 입었다. 그 뒤 코스닥 성장주 투자는 오랫동안 크게 위축됐다.

영업 실적 좋은 종목, 뭘로 알아보나?

(기본적 분석 지표 3. 영업이익)

기사보기

"NAVER, 내년 영업이익 성장과 마진율 개선 기대"

키움증권은 29일 NAVER에 대해 내년부터 영업이익 성장과 마진율 개선이 기대된다며 투자 의견 '매수'와 목표주가 34만원을 유지했다.

매일경제
2023.11.29

네이버의 영업 실적 전망이 밝아 주가가 오를 테니 매수하라고 추천한, 증권사 의견을 전한 기사다.

영업이란 기업이 돈벌이를 위해 하는 활동이다. 기업이 영업을 해서 이익을 많이 내면 주가가 오르고, 영업 실적이 부진해서 이익이 줄면 주가가 내리는 게 정상이다. 따라서 투자 종목을 제대로 고르려면 기업이 이익을 내는지 손실을 보는지 알아볼 수 있어야 한다. 뭘로 알아보나?

재무제표를 보면 된다.

재무란 간단히 말해 '돈을 마련하고 쓰는 일'이다. 재무제표는 기업이 일정 기간마다 자사 영업 실적을 자금 면에서 정리해 만드는 계산표다. 상장 기업은 일정 기간마다 재무제표를 만들어 공개하게 돼 있어 공시 자료나 회사 홈페이지 등에서 쉽게 구해볼 수 있다. 증권사 매매 전용 프로그램 HTS와 MTS에서도 요약 내용을 볼 수 있다.

재무제표에는 크게 세 가지가 있다. 포괄손익계산서, 재무상태표, 현금흐름표다.

포괄손익계산서란 기업이 일정 기간 영업한 결과 이익이나 손실이 얼마나 났는지를 계산해 정리한 표다. 재무상태표는 기업이 영업을 시작할 때 보유했던 자금은 얼마인데 일정 기간 영업한 뒤 얼마나 남았는지를 계산해 정리한 표다. 현금흐름표는 기업이 일정 기간 영업하는 동안 현금이 얼마나 들어오고 나갔는지를 계산해 정리한 표다.

세 가지 재무제표 중 영업 실적을 가장 잘 드러내는 계산표는 포괄손익계산서다. 포괄손익계산서는 대략 다음과 같이 구성되어 있다.

포괄손익계산서

	매출액	①
−	매출원가	②
매출총이익		③
−	판매비와 관리비	
영업이익		④
+	금융수익(금융 부문 부업으로 얻은 수익)	
−	금융원가(금융수익을 얻느라 들인 비용)	
+	기타수익(기타 부업이나 특별한 일로 얻은 수익)	
−	기타비용(기타 부업이나 특별한 일로 쓴 비용)	
세전 계속사업이익		⑤
−	법인세 비용	
당기순이익		⑥

① 매출액(매출, sales): 기업이 제품과 서비스를 팔아 얻는 금액.

② 매출원가(cost of sales): 매출액을 얻기 위해 드는 비용. 원자재를 사고, 임금을 주고, 사무실이나 공장을 운영하는 비용을 포함한다.

③ 매출총이익: 매출액에서 매출원가를 빼고 남는 이익. 매출이익이라고도 부른다.

④ 영업이익(operating profit): 매출총이익에서 판매비와 관리비(일반관리비)를 빼고 남는 이익. 기업이 본업으로 벌어들인 이익이다.

	매출액
−	매출원가·판매비·일반관리비
=	영업이익

매출액에서 매출원가·판매비·(일반)관리비를 합한 비용을 빼고 남는 금액이므로, 혹 비용이 매출액보다 더 들었으면 손실이 난다. 손실 금액은 장부에 마이너스(−, △) 기호로 표시하고 영업손실이라고 부른다. 영업이익과 영업손실을 묶어 영업손익이라고 한다.

⑤ 세전 계속사업이익: 기업도 예금이나 주식 투자 같은 부업을 한다. 금융 부문 부업으로 얻은 수입을 금융수익, 기타 부업이나 특별한 일로 얻은 수익은 기타수익이라 한다. 금융수익과 기타수익을 합쳐 영업외수익(non-operating profit)이라 한다. 한편 수익을 얻으려면 비용을 들여야 한다. 금융수익을 얻느라 들인 비용은 금융원가, 기타 부업이나 특별한 일로 쓴 비용은 기타비용이라 한다. 금융원가와 기타비용을 합한 비용은 영업외비용(non-operating expenses)이라 한다. 영업외수익에서 영업외비용을 빼고 남는 금액(곧 금융수익과 기타수익은 더하고, 금융원가와 기타비용은 빼서 남는 금액)은 영업외이익이라 부른다.

영업이익에 영업외이익을 더하면 '세전 계속사업이익'이 된다. 영업활동(본업)과 영업 외 활동에서 얻은 이익을 합계한 것이다. '세전 계속'이라는 말이 붙은 것은 사업을 계속해서 얻은 이익이지만 아직 세금을 내기 전 금액이라는 뜻이다.

세전 계속사업이익은 경상이익(經常利益, ordinary profit, normal profit)이라고도 부른다. 여기서 '경상'이란 보통 때를 뜻한다. 경상이익은 보통 때 올리는 이익이다. 기업이 평소 돈을 얼마나 잘 버는지, 곧 수익성이 얼마나 좋은지 보여주는 주요 지표다.

	매출액
−	매출원가 · 판매비 · 관리비
=	영업이익
+	영업외이익(=금융수익−금융원가+기타수익−기타비용=영업외수익−영업외비용)
=	세전 계속사업이익(경상이익)

⑥ 당기순이익: 세전 계속사업이익에서 세금(법인세 비용)을 빼고 나면 당기순이익이 된다. 이번 결산기(장부 계산 기간)에 얻은 순이익이라는 뜻이다. 손실이 나면 순손실로 기록한다.

포괄손익계산서는 매출총이익, 영업이익, 세전 계속사업이익, 당기순이익 등 네 가지 이익을 계산해 내놓는다. 다른 조건이 같다면 네 가지 이익 모두가 비교적 크고 또 점점 커지는 기업이 좋은 실적을 내는 우량 기업이다. 그러니까 포괄손익계산서를 보고 우량 종목을 고르려 할 때는 매출총이익, 영업이익, 세전 계속사업이익, 당기순이익의 크기와 추이를 봐야 한다.

네 가지 이익 중 영업 실적 평가 때 가장 중시할 이익은 영업이익이다. 영업이익은 기업이 부업이 아니라 본업으로 버는 이익이기 때문이다. 다른 조건이 같다면 영업이익이 많이 나거나 영업이익 크기가 꾸준히 성장하는 종목을 사야 한다.

영업이익 다음으로 주목할 이익은 경상이익(세전 계속사업이익)이다.

경상이익이 크면 일단 돈을 잘 버는 기업이라고 볼 만하다.

한 가지 유의할 것은 경상이익에 영업외이익도 포함된다는 점이다. 영업외이익은 영업외수익을 더하고 영업외비용은 제했을 때 남는 이익이다. 영업외수익은 금융이나 기타 부문에서 부업이나 특별한 일로 번 돈, 영업외비용은 금융이나 기타 부문에서 부업이나 특별한 일로 쓴 돈이다. 그러니까 본업으로 돈을 못 벌어도 영업외이익이 많으면 경상이익을 키울 수 있다. 경상이익이 커도 본업이 강하지 않은 경우가 있을 수 있는 셈이다.

예를 들어보자. A사와 B사가 똑같이 경상이익을 키웠다. A사는 제조 과정을 합리화해 매출원가를 줄임으로써 경상이익을 키웠다. B사는 본업에서 적자를 봤지만 자회사 지분을 팔아 얻은 이익(유가증권 처분 이익)을 합산해 경상이익을 키웠다. 이때 A사는 돈벌이 실력이 실제로 나아졌다고 볼 만하지만, B사는 실질적으로 수익력이 높아진 게 아니다.

보통 때 기업이 올리는 이익이 경상이익이라면, 특별한 경우에 올리는 이익은 뭐라 할까? 말 그대로 특별이익이라 한다. 기업에는 이따금 특별이익이 생긴다. 오래 보유하고 있던 회사 소유 부동산이나 주식을 팔 경우 갑자기 큰돈이 들어온다. 그런가 하면 공장에 불이 나서 뜻하지 않게 손실이 날 때도 있다. 보통 때라면 생기지 않는 특별한 이익과 손실이다. 이들 특별한 이익과 손실은 각자 기타수익과 기타비용에 편입되어 영업외손익(영업외이익과 영업외손실을 합친 개념)에 반영된다.

영업이익에 영업외손익을 합산하고 남는 금액이 세전 계속사업이익

(경상이익)이 된다. 세전 계속사업이익에서 법인세를 내고 나면 비로소 회사가 궁극적으로 목표하는 이익, 곧 순이익(net profit)이 된다.

회사가 순이익을 얻는 과정

	매출액
-	매출원가·판매비·일반관리비
=	영업이익
+	금융수익(금융 부문 부업으로 얻은 수익)
-	금융원가(금융수익을 얻느라 들인 비용)
+	기타수익(기타 부업이나 특별한 일로 얻은 수익)
-	기타비용(기타 부업이나 특별한 일로 쓴 비용)
=	세전 계속사업이익(경상이익)
-	법인세(법인세 비용)
=	순이익(당기순이익)

주식회사는 정기적으로 사업을 결산하고 실적을 확인해 공고한다. 따라서 순이익은 결산기마다 산출된다. 결산기마다 산출되는 순이익을 해당 결산기 순이익이라는 뜻으로 당기순이익(當期純利益)이라 한다.

당기순이익은 흔히 이사회와 주주총회 결정에 따라 일부 또는 전부를 사내유보(사내유보금) 명목으로 회사에 남겨둔다(사내유보금은 결산기 이후 사업을 계속해 나가는 데 필요한 비용으로 쓰려고 보유하는 돈이다). 이사회와 주주총회 결정에 따라서는 당기순이익 일부 또는 전부를 주주에게 이익배당으로 나눠줄 수도 있다.

고수익 종목, 무엇으로 알아보나?

(기본적 분석 지표 4. 매출총이익률, 영업이익률, 순이익률)

증시에서 어떤 종목이 고수익을 내는지 알아보는 데 쓰는 분석 지표는 여러 가지가 있다. 그중에서 포괄손익계산서를 근거로 만들어 쓰는 수익성 지표로는 매출총이익률, 영업이익률, 순이익률이 유용하다. 하나씩 살펴보자.

첫째, 매출총이익률은 매출액에 비해 매출총이익이 얼마나 되는지를 보여주는 비율 지표다.

$$\text{매출총이익률(\%)} = \frac{\text{매출총이익}}{\text{매출액}} \times 100 = \frac{\text{매출액} - \text{매출원가}}{\text{매출액}} \times 100$$

매출액과 매출원가, 매출총이익이 얼마인지는 포괄손익계산서에 나와 있다. 매출액은 매출(sales), 곧 기업이 제품과 서비스를 팔아 얻는 수입액이다. 매출액을 얻으려면 원자재를 사고, 사원에게 임금을 주고, 사무실이나 공장을 유지·관리하는 등 영업 활동을 해야 한다. 영업에 드는 갖가지 비용은 기업 회계장부에서 매출원가(cost of sales), 판매비, 일반관리비로 분류된다. 매출총이익(매출이익)은 매출액에서 매출원가를 빼고 남는 금액이다.

포괄손익계산서

	매출액
−	매출원가
매출총이익	
−	판매비와 관리비
영업이익	

매출총이익률은 수치가 높을수록 기업 수익성이 좋다는 뜻이다. 대개 업종별로는 다르지만 같은 업종이면 수치가 비슷하다. 업종 평균치보다 높으면 수익성 측면에서 비교적 경영이 잘되고 있다고 보고, 업종 평균치보다 낮으면 그렇지 않다고 본다.

둘째, 영업이익률은 매출액 대비 영업이익률 또는 매출액영업이익률이라고 부른다. 매출액에서 영업이익이 차지하는 크기를 나타내는 비율 지표다. 포괄손익계산서에서 영업이익은 매출액에서 매출원가, 그리고 판매비와 관리비를 빼고 남는 금액이다.

$$\text{영업이익률(\%)} = \frac{\text{영업이익}}{\text{매출액}} \times 100$$

영업이익은 기업이 본업에서 버는 이익이기 때문에 기업의 경쟁력 수준을 드러내는 핵심 역할을 한다. 다른 조건이 같다면 영업이익이 많이 나고 꾸준히 성장하는 종목, 영업이익률이 높아지는 종목을 사야 한다.

셋째, 순이익률은 매출액 대비 순이익률 또는 매출액순이익률이라고도 부른다. 매출액에서 당기순이익이 차지하는 크기를 비율로 나타내는 비율 지표다. 역시 수치가 높을수록 수익성이 좋다. 다른 조건이 같다면 순이익률이 높거나 꾸준히 높아지는 종목을 사야 한다.

$$\text{순이익률}(\%) = \frac{\text{순이익}}{\text{매출액}} \times 100$$

고수익 종목, 무엇으로 알아보나?

(기본적 분석 지표 5. ROA와 ROE)

기사보기

고금리 여파에 대형 캐피탈사 5곳 수익성 지표 '뚝'

주요 캐피탈사의 수익성이 일제히 악화한 것으로 나타났다. 지난해 하반기 들어 가파르게 상승한 기준금리와 냉각된 부동산 경기가 캐피탈사의 수익성에도 영향을 미친 것으로 확인된다. 13일 금융감독원 금융통계정보시스템에 따르면 올 2분기 기준 주요 캐피탈사 5곳(현대 · KB · 신한 · 하나 · 우리금융캐피탈)의 평균 총자산순이익률(ROA)는 1.14%에 달하는 것으로 나타났다. 이는 전년 동기(1.90%) 대비 0.76%포인트 하락한 수준이다. 같은 기간 자기자본순이익률(ROE) 역시 5.74%포인트 줄어든 8.54%를 기록했다.

CEO스코어데일리
2023.10.13

캐피탈회사(리스나 할부금융, 신용대출 등의 영업을 하는 금융회사)의 수익성

이 하락했다고 전한 기사다. 수익성이란 사업에 들인 밑천에 비해 이익이 나는 정도를 말한다. 기본적 분석으로 기업 가치(내재 가치)를 파악하려 할 때는 수익성·성장성·활동성·안정성 등의 측면에서 기업 재무 상태를 분석하는데, 그중 수익성 분석에 많이 쓰는 지표가 보기 기사에 나오는 ROA와 ROE 값이다.

ROA(Return On Asset)는 일정 기간 기업이 올린 순이익을 총자산으로 나눠 구하는 비율 지표다. 단위는 %. 총자산순이익률, 총자산수익률 또는 총자산이익률이라고 부른다.

$$\text{총자산이익률(ROA, \%)} = \frac{\text{순이익}}{\text{총자산}} \times 100$$

ROA는 기업이 총자산을 사업에 동원해 얼마나 순이익을 냈는지 보여준다. 총자산 규모에 비해 순이익을 많이 낼수록 수치가 높게 나온다. ROA를 구해보면 여러 기업의 수익성을 업종이나 규모에 관계없이 비교해볼 수 있다. 보통 다른 기업·업종에 비해 ROA 수치가 높을수록 수익성이 좋고 기업 가치도 오른다. 다른 조건이 같다면 ROA가 높은 종목을 사는 게 유리하다.

ROE(Return On Equity)는 자기자본이익률, 자기자본수익률 또는 자기자본순이익률이라고 부른다. ROA는 자기자본과 부채를 합한 총자산을 동원해 얼마나 순이익을 내는지 재지만, ROE는 총자산 중 자기자본만 써서 얼마나 순이익을 내는지를 재는 수익성 지표다. 일정 기간 기업이 올린 순이익을 자기자본으로 나눠 비율을 구한다. 단위는 역시 %.

$$\text{자기자본이익률(ROE, \%)} = \frac{\text{순이익}}{\text{자기자본}} \times 100$$

보통 기업은 총자산을 자기 돈(자기자본, 자본)과 남의 돈(타인자본, 부채)으로 마련한다. ROE는 빚을 빼고 자기 밑천만을 기준으로 수익성을 재므로 투자 결과 수익이 얼마나 나는지를 더 확실하게 알려준다. 회사에 밑천(자본)을 댄 투자자(주주) 관점에서는 투자자가 모아준 돈으로 돈을 얼마나 잘 버는지 알려주는 ROE가 ROA보다 더 중요한 지표다.

주주 관점에서 ROE는 얼마나 돼야 수지가 맞을까? 단순히 생각해도 최소한 은행 예금금리보다는 높아야 할 것이다.

ROE를 보면 기업 수익성을 업종이나 규모에 관계없이 비교해볼 수 있다. 다른 조건이 같다면 ROE가 높은 종목, 시간이 흐르면서 ROE가 높아지는 종목을 사야 한다.

빚 많아 위험한 종목, 무엇으로 알아보나?

(기본적 분석 지표 6. 이자보상배율)

기업이 영업 활동을 하다 보면 이자를 치를 때도 있고 벌 때도 있다. 돈을 빌리거나 회사채를 발행해 사업 자금을 얻어 썼다면 이자를 치러야 한다. 돈을 빌려줬다면 이자를 받아 수익에 보탤 수 있다. 기업이 영업 과정에서 치르는 이자는 이자비용, 벌어들이는 이자는 이자수익이라 한다. 이자비용에서 이자수익을 뺀 것은 금융 비용이라 한다.

금융 비용은 사업이 잘 안 되는 기업에게 부담이 된다. 사업이 안 되면 영업이익이나 영업외수익이 줄어 이자비용 치르기가 어려워지지만, 사업을 계속하려면 이자비용 치르기를 거를 수 없기 때문이다. 이자를 제때 치르지 못하면 금융기관이 기업의 재무 건전성을 의심하고, 최악의 경우 원금 회수에 나서므로 기업 존립까지 위태로워질 수 있다. 그쯤 되기 전에 주가가 폭락하는 사태부터 발생하게 마련이다.

기업이 이자를 잘 갚는지는 뭘 보고 알까?

금융가에서는 흔히 이자보상배율(interest coverage ratio)로 재무 상환 능력이나 재무 안정성을 판단한다. 이자보상배율은 기업이 사업해서 번 돈으로 이자를 잘 갚는지를 재는 지표다. 영업이익을 이자비용으로 나눠 영업이익이 이자비용에 비해 몇 배나 큰지 본다.

$$\text{이자보상배율(배)} = \frac{\text{영업이익}}{\text{이자비용}}$$

이자보상배율 대신 이자보상비율이라고 부를 때도 있다. 이자보상배율은 배율, 곧 1배, 2배, 3배… 식으로 나타내고, 이자보상비율은 이자보상배율에 100을 곱해 비율(%)로 나타낸다.

이자보상배율은 높을수록 기업에 여유 자금이 많다고 볼 수 있다. 1배를 웃돈다면 이자비용을 제하고도 영업이익을 낸다는 뜻이다. 경영환경이 다소 어려워지더라도 웬만큼 버텨낼 만한 체력을 갖춘 기업이라고 볼 수 있다. 배율이 1배라면? 영업해서 번 돈으로 이자를 치르고 나면 남는 돈이 없다는 뜻이다. 적어도 1.5배 이상은 돼야 재무 안정성이 양호하다고 평가할 수 있다.

만약 이자보상배율이 1배를 밑돈다면 영업이익이 이자비용보다 적어서 영업이익으로 이자비용조차 갚지 못할 만큼 재무 상태가 취약한 경우다. 부실기업(재무 안정성과 경영 상태가 좋지 않은 기업) 징후가 있고 부도 가능성도 있다고 평가해, 흔히 '일시적 한계기업'이라고 부른다.

만약 이자보상배율이 여러 해에 걸쳐 1배 미만이거나 보기 기사에서 보듯 마이너스(–)라면 재무 상태가 더 심각한 경우다.

기사보기

"상장사 18%, 이자 못 갚는 한계기업"

국내 게임 기업 A사는 최근 몇 년 동안 실적이 악화되며 영업이익을 이자비용으로 나눈 이자보상배율이 꾸준히 하락했다. 이 회사의 이자보상배율은 2019년 23.1, 2020년 11.8, 2021년 3.6으로 떨어지더니 적자를 본 지난해에는 마이너스 이자보상배율을 기록했다.

동아일보
2023.05.23

이자보상배율이 마이너스(–)라면 영업을 했으나 적자를 내서 이익(영업이익)은커녕 손실(영업손실, 영업 적자)을 낸 것이다. 돈을 벌지 못했으니 융자 원금은커녕 이자조차 갚을 수 없다. 이런 식으로 영업 적자를 여러 해에 걸쳐 연속으로 내는 기업은 부도 위험이 부쩍 커진다. 실제로 한국은행은 이자보상배율이 3년 연속 1배 미만인 기업을 '한계기업'으로 분류하고 있다.

한계기업은 벌이도 잘 못하는 데다 은행 등에서 외면당해 자금 조달까지 어려워지기 십상이다. 불경기가 닥치면 못 견디고 가장 먼저 쓰러지기 쉽다. 그래서 흔히 살아 있어도 산 게 아닌 기업이라는 뜻으로 '좀비 기업'이라고 부르곤 한다.

이자보상배율은 간단해 보이지만 현실에서 매우 중요한 의미가 있는 지표다. 경기가 나빠져서 많은 기업이 자금난을 겪을 때면 채권(을 보유한) 금융기관이 이자보상배율 등을 지표로 삼아 살생부(殺生簿)를 만들고, 살릴 기업과 퇴출시킬 기업을 가르는 기업 구조 조정을 진행하기 때문이다. 그러므로 다른 조건이 같다면 이자보상배율이 1배를 밑도는 종목은 사지 않는 게 좋다. 같은 값이면 배율이 높은 종목을 사야 한다.

지불 능력, 어떻게 재나?

(기본적 분석 지표 7. 유동비율과 부채비율)

기업은 평소 현금성 자산을 충분히 보유해야 한다. 갑자기 빚을 갚아야 하는 상황이 닥쳤을 때 대응해야 하기 때문이다. 빚을 제때 갚지 못하면 부도가 나고 주가가 폭락한다. 투자자로서는 최악의 사태다. 이런 일을 당하지 않으려면 투자 종목을 고를 때 해당 기업이 언제든 단기에 현금을 동원할 수 있는 능력, 곧 지불 능력이 있는지 봐야 한다. 기업이 지불 능력이 충분한지 어떻게 아나?

재무상태표를 봐야 한다.

재무상태표는 앞서 설명한 3대 재무제표(포괄손익계산서, 재무상태표, 현금흐름표) 중 하나다. 특정 시점에 기업이 보유한 자금을 자산, 부채,

SK하이닉스 재무상태표

(단위: 억 원, 연간)

IFRS(연결)	2020/12	2021/12	2022/12	2023/09
자산	**711,739**	**963,465**	**1,038,715**	**1,020,495**
유동자산 ⊞	165,710	269,071	287,333	303,940
비유동자산 ⊞	546,029	694,395	751,382	716,555
부채	**192,648**	**341,555**	**405,810**	**468,179**
유동부채 ⊞	90,724	147,354	198,437	202,501
비유동부채 ⊞	101,924	194,201	207,373	265,678
자본	**519,091**	**621,911**	**632,905**	**552,316**

자료: 키움증권 HTS 영웅문 / 기업 분석

자본으로 나눠 늘어놓고 영업 초기에 보유했던 자금이 일정 기간 영업 후 얼마나 남았는지를 계산한 표다.

보기 SK하이닉스 재무상태표처럼 자산, 부채, 자본을 위아래로 늘어놓을 수도 있고 좌우로 늘어놓기도 한다. 위아래로 늘어놓을 때는 위쪽에 자산을, 아래쪽에 부채와 자본을 표시한다. 좌우로 늘어놓을 때는 왼쪽에 자산을, 오른쪽에 부채와 자본을 표시한다.

자산이란 기업이 보유한 총재산을 뜻하는 용어다. 크게 유동자산과 비유동자산으로 나눈다. 유동자산은 결산일(재무제표 작성일) 기준으로 1년 안에 현금화할 수 있는 자산이다. 현금, 예금, 주식이나 1년 안에 받기로 한 외상매출금이 해당한다. 비유동자산은 1년 안에 현금화할 수 없다고 보는 자산이다. 건물, 땅, 기계설비, 그리고 장기 투자 목적으로 예치한 금융상품이 해당한다.

부채도 크게 유동부채와 비유동부채로 나눈다. 유동부채는 결산일(재무제표 작성일) 기준으로 1년 안에 갚아야 하는 부채, 비유동부채는 상환 만기가 1년 넘는 부채다.

유동부채와 유동자산 크기를 견줘보면 기업이 단기에 현금을 동원하는 능력이나 부도 위험성을 평가해볼 수 있다. 유동부채보다 유동자산이 많으면 만기가 1년 안에 돌아오는 단기 부채를 갚는 데 문제없을 것이다. 반대로 유동부채보다 유동자산이 적으면 단기 부채를 갚지 못해 부도를 낼 위험이 있다고 봐야 한다. 이런 식으로 부도를 낼 위험이 얼마나 큰지를 재는 지표가 유동비율이다. 유동비율은 다음 산식이 보여주듯 유동자산 금액을 유동부채 금액으로 나눠 구한다.

$$\text{유동비율(\%)} = \frac{\text{유동자산}}{\text{유동부채}} \times 100$$

유동비율은 기업이 단기에 현금을 동원해 빚을 갚는 능력, 곧 단기 지불 능력 지표로 쓴다. 비율이 낮으면 단기 지불 능력이 낮고, 비율이 높으면 단기 지불 능력이 안정되어 있다고 본다. 적어도 100% 이상은 돼야 하고, 보통 200% 이상 돼야 적정하다고 평가한다. 그렇다고 어느 경우든 마냥 수치가 높다고 좋은 것은 아니다. 적정 지불 능력을 넘어 쓸데없이 많은 유동자산을 보유하면 자산 활용도가 낮아져 수익성이 떨어질 수 있기 때문이다.

보기 SK하이닉스 재무상태표에서 유동자산은 2023년 9월 현재 30조 3940억 원, 유동부채는 20조 2501억 원이다. 유동자산을 유동부채로 나눠 유동비율을 구해보면 150%다.

SK하이닉스의 유동비율은 연말 기준으로 2019년 181.6%, 2020년 182.7%, 2021년 182.6%, 2022년 144.8%(출처: 키움증권 HTS 영웅문 /

기업 분석 / 재무비율). 근년 들어 낮아졌다. 단기 지불 능력이 낮아졌으니 유동자산을 좀 더 늘리고 유동부채는 줄이는 쪽으로 개선할 여지가 있는 상태다.

유동비율처럼, 기업 재무 상태를 가늠해보기 위해 재무제표 수치를 고르고 조합해서 만드는 비율 지표를 재무비율이라고 한다. 재무비율은 기업 재무가 잘 이뤄지고 있는지 다양한 각도에서 가늠해볼 수 있게 해주는 분석 지표다. 주로 재무가 안정되어 있는지(안정성), 매출이나 이익이 성장하고 있는지(성장성), 투자 대비 수익은 잘 나고 있는지(수익성), 자산을 묵혀두지 않고 잘 활용하고 있는지(활동성)를 보여준다. 유동비율은 단기 부채 지불 능력을 보여주므로 재무비율 중에서도 안정성을 보는 비율, 곧 안정성 비율에 속한다.

안정성 비율로는 부채비율도 흔히 쓴다. 부채비율은 자본 가운데 부채가 몇 %나 되는지를 나타내는 분석 지표다. 재무상태표에 나와 있는 부채 총계(총부채)를 자본 총계(총자본=자기자본)로 나누면 구할 수 있다.

$$\text{부채비율(\%)} = \frac{\text{부채}}{\text{자본}} \times 100 = \frac{\text{총부채}}{\text{총자본}} \times 100 = \frac{\text{부채}}{\text{자기자본}} \times 100$$

부채비율을 보면 회사의 자본구조(capital structure, 자본을 구성하는 요소가 어울린 짜임새)에서 부채 의존도가 얼마나 되는지 가늠해볼 수 있다. 자본구조는 안전한지, 자금을 마련하는 방법에 균형이 잡혀 있는지도 평가할 수 있다. 만약 자본이나 총자산에 비해 빚이 너무 많으면 재무구조와 자본구조가 불안해지고, 평소 괜찮더라도 불황이 닥쳤을 때 상대적으로 부도 위험이 커진다.

보통은 다른 기업이나 업종에 비해 수치가 낮을수록 재무 안정성이 좋다고 본다. 업종에 따라 다르지만 대개 200% 이하면 좋다. 200%를 넘어서면 자산을 마련하는 데 자본보다 부채를 더 많이 쓴다는 뜻이므로 자본구조의 안정성이 낮아진다. 은행은 기업과 돈거래를 하면서 부채비율을 특히 중시하는데, 바로 이 같은 자본구조 안정성을 확인하기 위해서다.

성장성 높은 종목, 무엇으로 알아보나?

(기본적 분석 지표 8. 총자산, 매출액, 판매비와 관리비, 자기자본, 영업이익, EPS 증가율)

기업의 성장성(재무 성장성)은 기업 가치에 밀접히 영향을 미친다. 자산이나 매출 규모, 이익이 팍팍 늘어나서 성장성이 좋은 기업은 기업 가치가 높아지고 주가가 오른다. 반대로 성장세가 부진한 기업은 기업 가치가 낮아지고 주가도 내리는 게 정상이다. 따라서 주가가 오를 종목을 고르려면 발행사의 성장성도 봐야 한다.

성장성을 가늠해보는 데 쓸 만한 분석 지표로는 총자산증가율, 매출액증가율, 판매비와 관리비 증가율, 자기자본증가율, 영업이익증가율, EPS(주당순이익)증가율 같은 비율 지표가 있다. 하나씩 살펴보자.

총자산증가율은 일정 기간 자산(총자산)이 얼마나 늘었는지를 나타내는 지표다. 예를 들어 올해와 작년 사이 총자산증가율을 구한다면 다음 식으로 계산한다.

$$총자산증가율(\%) = \frac{올해\ 총자산 - 작년\ 총자산}{작년\ 총자산} \times 100$$

총자산증가율은 높을수록, 특히 다른 기업이나 업종과 비교했을 때 높을수록 자산이 빠른 속도로 늘어나고 성장성이 좋다고 판단한다.

이하에 설명하는 성장성 비율은 모두 다른 기업·업종과 비교해 수치가 높게 나올수록 성장성이 좋다는 뜻이다. 보기 총자산증가율 산출식에서는 편의상 '올해'와 '작년'의 금액을 예로 들었지만, 기업 결산기를 기준으로 삼는다면 '올해' 대신 '기말(결산기 말)'을, '작년' 대신 '기초(결산기 초)'를 대입해야 한다. 예를 들어 기업 결산기를 기준으로 삼을 때 총자산증가율은 다음 식으로 구한다.

$$총자산증가율(\%) = \frac{기말\ 총자산 - 기초\ 총자산}{기초\ 총자산} \times 100$$

$$= \left(\frac{기말\ 총자산}{기초\ 총자산} - \frac{기초\ 총자산}{기초\ 총자산}\right) \times 100 = \left(\frac{기말\ 총자산}{기초\ 총자산} - 1\right) \times 100$$

$$= \left(\frac{이번\ 결산기\ 총자산}{직전\ 결산기\ 총자산} - 1\right) \times 100$$

매출액증가율은 일정 기간 매출액이 얼마나 늘었는지를 나타낸다. 올해와 작년 사이 매출액증가율은 다음 식으로 계산한다. 비율이 높을수록 매출액이 빠른 속도로 늘어난다는 뜻이다.

$$\text{매출액증가율(\%)} = \frac{\text{올해 매출액} - \text{작년 매출액}}{\text{작년 매출액}} \times 100$$

결산기를 기준으로 삼을 때는 다음 식으로 구한다.

$$\text{매출액증가율(\%)} = \left(\frac{\text{이번 결산기 매출액}}{\text{직전 결산기 매출액}} - 1\right) \times 100$$

판매비와 관리비 증가율은 일정 기간 판매비와 관리비가 얼마나 늘었는지를 나타낸다. 올해와 작년 사이 판매비와 관리비 증가율은 다음 식으로 계산한다.

$$\text{판매비와 관리비 증가율(\%)} = \frac{\text{올해 판매비와 관리비} - \text{작년 판매비와 관리비}}{\text{작년 판매비와 관리비}} \times 100$$

자기자본증가율은 일정 기간 자기자본이 얼마나 커졌는지를 나타낸다. 올해와 작년 사이 자기자본증가율은 다음 식으로 계산한다.

$$\text{자기자본증가율(\%)} = \frac{\text{올해 자본 총계} - \text{작년 자본 총계}}{\text{작년 자본 총계}} \times 100$$

영업이익증가율과 EPS(주당순이익)증가율은 영업이익과 EPS가 일정 기간 얼마나 커졌는지 보여준다. 올해와 작년 사이 영업이익증가율과 EPS증가율은 각기 다음 식으로 계산한다. 다른 기업·업종과 비교해서 수치가 높을수록 성장성이 좋다고 본다.

$$\text{영업이익증가율(\%)} = \frac{\text{올해 영업이익} - \text{작년 영업이익}}{\text{작년 영업이익}} \times 100$$

$$\text{EPS(주당순이익)증가율(\%)} = \frac{\text{올해 EPS} - \text{작년 EPS}}{\text{작년 EPS}} \times 100$$

활동성 높은 종목, 어떻게 찾나?

(기본적 분석 지표 9. 총자산회전율)

종목 선정을 위해 기본적 분석을 할 때는 기업이 자산을 영업에 활발히 활용하고 있는지도 봐야 한다. 다른 조건이 같다면 자산을 영업에 활발히 활용하는 회사가 이익을 많이 내고 기업 가치와 주가가 오를 가능성이 크기 때문이다.

영업에 자산을 활발히 활용하는지는 무엇으로 알아볼까?

활동성 비율을 구해보면 된다. 활동성 비율은 기업이 일정 기간 자산을 영업 활동에 얼마나 활발하게 썼는지를 측정·평가하는 지표다. 주로 총자산회전율을 쓴다.

총자산회전율은 기업이 일정 기간 매출을 얻기 위해 총자산을 영업에 몇 번이나 굴렸는지를 나타내는 분석 지표다. 일정 기간 기업이 올린 매출액을 총자산 평균치로 나눠 비율(또는 배율)을 구한다. 다른 기업·업종에 비해 수치가 높게 나올수록 활동성이 높은 기업이라고 평가한다.

$$총자산회전율(\%) = \frac{일정\ 기간의\ 매출액}{일정\ 기간의\ 평균\ 총자산} \times 100$$

$$총자산회전율(배) = \frac{일정\ 기간의\ 매출액}{일정\ 기간의\ 평균\ 총자산}$$

가령 총자산회전율이 1배(100%)를 넘어 높은 수치를 보인다면 기업이 매출을 얻기 위해 기업 자산을 여러 번 굴렸다는 뜻이다. 그만큼 자산을 영업에 효율적으로 운용했다고 평가할 수 있다. 반대로 회전율이 1배를 밑돌면 매출을 만들어내는 데 기업 자산을 다 쓰지 않았다는 뜻이므로 자산 운용 효율이 낮았다고 평가한다.

주가가 싼지 비싼지 어떻게 아나?

(기본적 분석 지표 10. PBR과 PSR)

기본적 분석 지표 중에서 EPS(주당순이익)나 PER(주가수익배율)은 주가를 기업의 이익이나 수익력과 관계 지어 평가한다. 이와 달리 주가를 기업의 자산 가치나 매출액과 관련시켜 평가하는 지표도 있다. 기업 자산 가치에 비해 주가가 싼지 비싼지 평가하는 PBR과, 매출 규모에 비해 주가가 비싼지 여부를 평가하는 PSR이다.

PBR(Price to Book-value Ratio)은 주가순자산비율 또는 주가순자산배율이라고 부른다. 주가가 1주당 기업 순자산에 비해 몇 배나 되는지를 나타내는 지표다. 1주당 시세를 1주당 순자산으로 나눠 얻는다. 1주당 순자산은 총자산에서 부채를 빼고 남는 순자산을 발행주식 수로 나눠 구하며, BPS(Book-value Per Share)라 한다.

$$주당순자산(BPS) = \frac{순자산}{발행주식\ 수}$$

$$주가순자산배율(PBR, 배) = \frac{주당\ 시세}{주당순자산}$$

PBR이 1이면 단위 주가가 1주당 자산 가치, 곧 주당순자산과 같다는 뜻이다.

PBR이 1보다 크면 단위 주가가 자산 가치보다 비싸고(고평가됐고), PBR이 1보다 작으면 주가가 자산 가치보다 싸다(저평가됐다)고 본다.

순자산(book-value)은 기업 회계장부에서 자본(자기자본)에 해당하는 가치다. 곧 흔히 말하는 기업의 자산 가치나 순자산 가치다. 회사가 청산되면 주주가 회수할 수 있는 자산이어서 청산 가치라고도 한다. 실제 회사를 청산하는 게 아니라 장부를 놓고 따지는 가치이므로 장부 가치(장부가)라고도 부른다. 주당순자산은 결국 주당 청산 가치 또는 장부 가치인 셈이다. 그래서 '주당장부가치(Book-value Per Share)'라는 뜻으로 BPS라고 부른다. 주가순자산비율을 뜻하는 용어 PBR(Price Book-value Ratio)에도 '시세와 장부 가치를 대비한 비율'이라는 뜻이 있다.

PBR은 순자산 가치에 비해 주가가 싼지 비싼지 평가하는 척도로 쓸 수 있는 지표다. 장부가 대비 주가(시세) 수준이 어느 정도인지, 시장가로는 BPS(주당순자산)가 얼마나 인정받는지를 보여준다.

BPS(1주당 순자산 가치=1주당 장부 가치=1주당 청산 가치) 대비 주식 시세가 높으면 PBR 수치가 1(배)보다 커진다. 시장이 기업 순자산 가치(청산 가치)를 높게 평가한다는 뜻이다. PBR이 1이면 주가가 기업 순자산 가치와 같다는 뜻이다. 1보다 작으면 시장이 기업 순자산 가치를 낮게 평가해서 주식 시세가 저평가됐고, 주가가 청산 가치에도 못 미칠 정도로 싸다는 뜻이다.

PBR이 1보다 작은 기업은, 사들여 청산해도 돈이 남는다는 계산이 가능해서 흔히 인수·합병(M&A) 투자자들이 먹잇감으로 노린다. 일반 투자 목적이라도 다른 조건이 같다면 PBR이 낮은 주식은 매력 있다. PBR이 낮은 종목은 기업 가치가 시장에서 저평가된 만큼 PBR이 높은 종목에 비해 시세 상승 가능성이 높기 때문이다.

요컨대 PBR은 주가를 주식 발행사의 순자산 가치와 비교해 시세가 싼 종목과 비싼 종목을 가려내는 데 유용한 지표다. 다만 코스닥시장에서는 PBR의 유용성이 떨어진다.

코스닥 상장 기업은 대개 밑천(자본)이 적어서 순자산 가치는 작은데 시장이 성장 잠재력에 거는 기대는 높다. 그렇다 보니 주가가 상대적으로 높게 형성되어 어지간하면 PBR이 1을 넘는다. PBR로 싼 종목을 가려내기 어렵다. 갓 창업해서 이익을 내지 못한 기업, 자본은 적고 빚은 많아서 순자산이 마이너스(-) 상태인 기업도 다수인 탓에 PBR을 계산할 수 없는 경우가 많다.

PBR뿐 아니다. 코스닥에는 PER(주가수익비율)이나 EPS(주당순이익) 같은 수익성 지표로 평가하기에 적당한 종목도 적다. PER이나 EPS는 순이익 등 수익 실적으로 종목을 평가하는데, 매출은 작고 비용은 많이 써서 이익이 잘 안 나는 사업 초기 벤처기업이 많기 때문이다. 갓 창업해서 이익을 내지 못한 기업, 오래됐더라도 투자를 많이 해서 적자를 본 기업은 PER도 마이너스(-)로 나오기 일쑤다. 벤처기업 투자는 주로 당장의 수익성보다 미래 가치에 중점을 둔다는 점도 PER이나 EPS, PBR의 활용도를 떨어뜨린다. 그래서 코스닥에서는 PSR(Price to Sales Ratio)을 자주 쓴다.

PSR은 1주당 주가를 1주당 매출액으로 나눠 배율을 구하는 분석 지표다. 주가매출액비율(Price to Sales Ratio), 주가매출액배율, 매출액 대비주가비율이라고 부른다.

$$\text{주가매출액배율(PSR, 배)} = \frac{\text{1주당 시세}}{\text{1주당 매출액}}$$

PSR은 이익보다 매출액을 중시하는 수익성 지표다. 순자산이나 순이익이 작거나 마이너스(-) 값이어서 PER이나 EPS, PBR 같은 지표로 종목을 고르기 어려울 때 활용하면 좋다.

여러 종목을 놓고 PSR을 비교해보면 어떤 종목이 매출 규모에 비해 주가가 싼지 비싼지 가려낼 수 있다. PSR이 1보다 높으면 매출액에 비해 주가가 높고, 주가가 매출 능력에 비해 고평가됐다는 뜻이다. 반대로 PSR이 1보다 낮으면 매출액에 비해 주가가 낮고, 주가가 매출 능력에 비해 저평가됐다는 뜻이다. 주가가 저평가된 만큼 시세 상승 잠재력은 크다. 사업 분야나 성장 전망이 비슷한 기업을 한데 놓고 투자 종목을 고른다면 PSR이 낮은 종목이 좋다.

봉 차트로 주가 흐름 잡는 방법은?

(기술적 분석 지표 1. 봉 차트)

봉 차트(棒 chart)란 보기 그림처럼 주가 추이를 봉(막대) 모양으로 표시한 주가 동향 그래프다. 봉이라기보다 양초처럼 생겼다고 해서 캔들 차트(candle chart, candlestick chart)라고 부르기도 한다. 일본식과 미국식이 있는데, 서로 색깔이나 모양이 조금씩 다르다. 우리나라에서는 HTS 등에서 주로 일본식 봉 차트를 쓴다.

봉 차트든 캔들 차트든 얼른 봐서는 뭐가 뭔지 알 수 없지만, 어느 것이나 일정한 원칙에 따라 그린다. 원칙을 알고 보면 장세나 주가 흐름을 한눈에 짚어보는 데 유용하다. 미래 주가 추이 예측이나 종목 선정, 매매 타이밍 고르기에도 활용할 수 있다. 전문가가 차트를 활용해 기술적 분석을 할 때 가장 많이 쓰는 차트이기도 하다.

보통 봉 차트는 한 장의 그림이나 화면에 봉 여러 개를 잇달아 그려 만든다. 하루 동안의 주가 흐름을 봉으로 그린 차트는 일봉 차트, 일주일 동안의 주가 흐름을 그린 차트는 주봉 차트, 한 달 동안의 주가 흐름을 그린 차트는 월봉 차트라고 부른다. 보기 봉 차트는 2018년 8월부터 2023년 11월까지 유가증권시장 상장 기업 대한항공의 주가 추이를 월간 단위로 그린 월봉 차트다. 주봉 차트와 월봉 차트는 보통 중장기 주가 추세 파악에, 일봉 차트는 단기 주가 분석에 주로 쓴다. 전문가나 투자자가 비교적 많이 쓰는 것은 주봉 차트나 월봉 차트보다 일봉 차트다.

일봉 차트에서 일봉은 거래일 하루 동안 형성되는 네 가지 주가, 곧

봉 차트 예

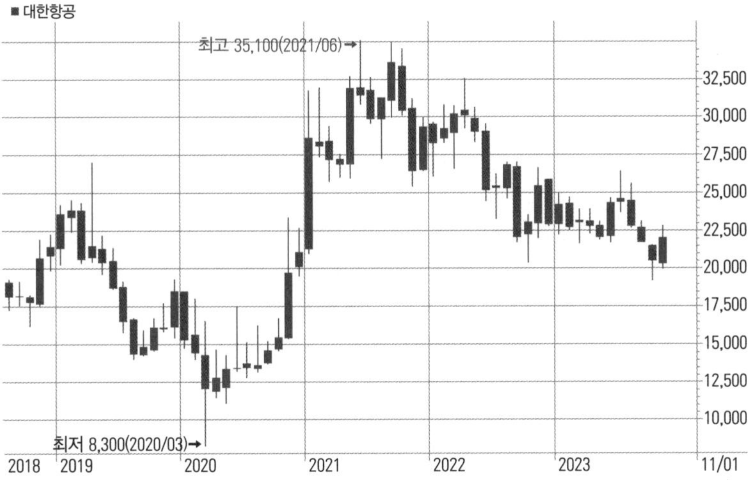

자료: 키움증권 HTS

시가(시초가)·종가·고가·저가를 봉 한 개에 함께 표시한다. 같은 일봉이라도 모양이 조금씩 다르다. 가장 기본이 되는 것은 보기(갑·을 두 회사) 봉 차트와 같은 모양이다. 시가와 종가로 봉 몸통을 만들고, 몸통 위와 아래로 실선을 그어 머리와 꼬리를 단다.

차트를 만들 때 종가가 시가보다 올랐으면 봉 몸통을 빨간색이나 흰색으로 표시한다. 흰색 몸통에 빨간색 테두리를 두르기도 한다. 보기 그림에서 왼쪽 일봉은 갑의 주가 추이인데, 종가(1만 1000원)가 시가(1만 원)보다 높기 때문에 봉 몸통을 희게 표시했다.

만약 종가가 시가보다 낮다면 봉 몸통을 파란색 또는 검정색으로 표시하거나 흰색 몸통을 파란색 테두리로 두른다. 보기 그림에서 오른쪽 일봉은 을의 주가 추이인데, 종가(1만 500원)가 시가(1만 1000원)보

갑·을 두 회사의 하루 주가 추이를 표시한 봉 차트

	시가	고가	저가	종가
갑	10,000	12,000	9,500	11,000
을	11,000	12,000	10,000	10,500

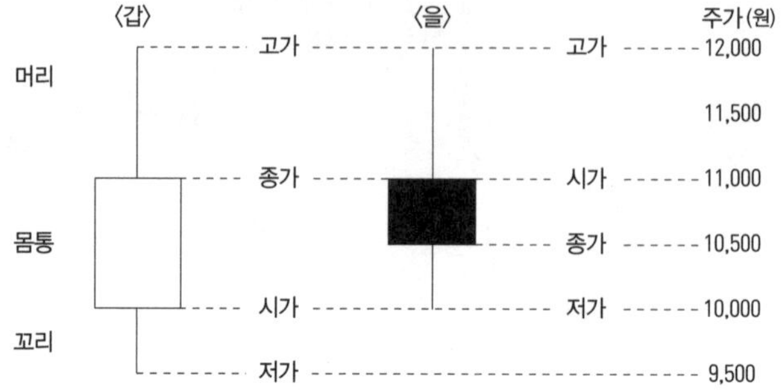

다 낮기 때문에 봉 몸통이 검다.

갑의 경우처럼 종가가 시가보다 높은 봉(일봉·주봉·월봉)을 양봉, 을의 경우처럼 종가가 시가보다 낮은 봉(일봉·주봉·월봉)은 음봉이라고 부른다.

양봉은 몸통 길이가 길수록 종가가 시가보다 높다. 그만큼 매수 세력이 커서 상승 잠재력이 큰 주가 추세다. 일봉의 경우, 양봉은 아침에 장을 시작하면서 형성된 거래가보다 장 마감 무렵 시세가 높을 때 나타난다. 양봉이 나타난다면 하루 동안 매수세가 매도세보다 강했다는 뜻이다.

반대로 음봉은 몸통 길이가 길수록 종가가 시가보다 낮다. 그만큼 매도 세력이 커서 하락 가능성이 큰 주가 추세다. 일봉의 경우, 음봉은 아침 장 시작 무렵 거래가에 비해 장 마감 무렵 시세가 떨어졌을 때 나타난다. 음봉이 나타나면 하루 동안 매도세가 매수세보다 강했다는 뜻이다. 매도세가 강할수록, 종가가 시가보다 낮을수록 봉 몸통 길이도 길어진다. 몸통이 긴 음봉이 나타나는 종목은 매도 세력이 많아서 시세 하락 가능성이 크다고 본다.

봉 몸통 위아래로 실선 긋기에도 규칙이 있다. 위로 그은 실선 끝에는 고가를, 아래로 그은 실선 끝에는 저가를 표시한다. 이처럼 봉 차트에서 고가와 저가를 나타내는 실선을 흔히 '수염'이라고 부른다. 위쪽 수염이 길면 증시에서 고가에 주식을 팔고자 하는 세력이 그만큼 많다는 뜻이다. 아래쪽 수염이 길면 저가에 주식을 사려는 세력이 그만큼 많은 상태다. 보기 을의 봉에서는 고가와 시가 사이에 1000원 차이가 나는 데 비해 종가와 저가 사이에는 500원 차이가 난다. 이런 경우 위쪽 수염을 아래쪽 수염보다 2배 길게 그린다.

일봉의 경우, 양봉에 달린 머리 쪽 수염은 당일 주가가 고가에 이르기는 했으나 곧 매도세가 나타나서 떨어졌다는 뜻이다. 머리 쪽 수염이 길면 길수록 장중에 주식을 팔려는 세력이 강하다는 것을 나타낸다. 양봉에 달린 꼬리 쪽 수염은 주가가 당일 저가에 이르기는 했으나 곧 매수세가 나타나서 주가가 반등했다는 걸 나타낸다. 꼬리 쪽 수염이 길면 길수록 장중 주식을 사려는 세력이 많다는 뜻이다.

음봉에 달린 머리 쪽 수염도 당일 주가가 고가에 이르기는 했으나 곧 매도세가 나타나 떨어졌음을 나타낸다. 머리 쪽 수염이 길면 길수록 장중에 주식을 팔려는 세력이 강하다는 뜻이다. 음봉에 달린 꼬리 쪽 수염도 마찬가지. 주가가 당일 저가에 이르기는 했으나 곧 매수세가 나와서 반등했다는 것을 나타낸다. 꼬리 쪽 수염이 길면 길수록 장중 주식을 사려는 세력이 많다는 뜻이다.

주봉 차트나 월봉 차트도 일봉 차트와 같은 원리로 만든다. 주봉 차트에서 시초가는 보통 한 주의 증시가 시작되는 월요일의 시초가를 표시한다. 반면 종가는 한 주의 증시가 마감되는 금요일의 종가를 표시한다.

일봉 차트든 주봉 차트든 하루 또는 한 주일분만 갖고 주가 추이를 정확히 파악하기는 어렵다. 그러나 여러 날이나 여러 주에 걸쳐 연속된 봉 차트를 보면 장차 주가가 어떻게 움직일지 예측하는 데 필요한 실마리를 잡을 수 있다.

가령 여러 날에 걸쳐 주가가 약세인데 음봉이 나타나면 주가가 더 떨어질 조짐으로 풀이한다. 반대로 여러 날에 걸쳐 주가가 약세였으나 양봉이 잇달아 나타나면 주가가 곧 단기 반등할 조짐으로 본다.

한동안 주가가 약세인데 몸통이 붉거나 흰 양봉 세 개가 잇달아 나타나면 '적삼병(赤三兵, three white soldiers)이 나타났다'고 말한다. 보통 장기간 하락세나 약세로 기간 조정을 거친 주가가 강하게 상승 반전할 때 나타나는 양봉이다. 주가가 약세인데 적삼병이 나타나면 주가가 곧 상승세로 바뀔 조짐이 있다고 풀이한다. 주가가 바닥권인데 적삼병이 나타나고 주가 상승 호재가 확인되거나 거래량이 늘면서 매수세가 강해진다면 매수할 때다.

적삼병이 나타난 직후 주가가 하루 떨어져서 음봉이 나타나면 '적삼병 뒤에 흑일병이 나타났다'고 말하며 매수 기회로 삼는다(흑일병이란 몸통이 검거나 파란 음봉 하나를 말한다).

적삼병 후 흑일병

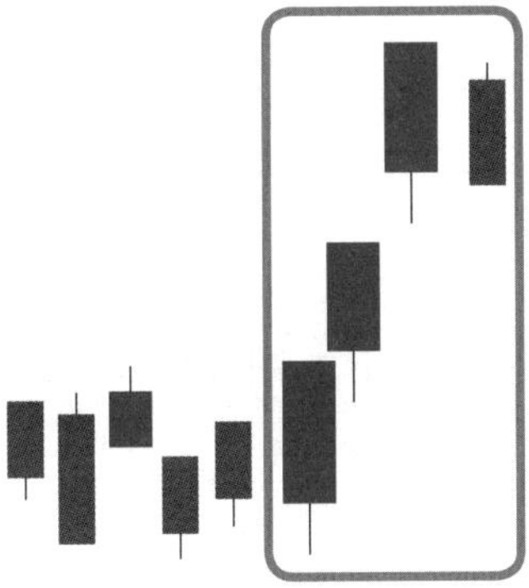

흑삼병 후 적일병

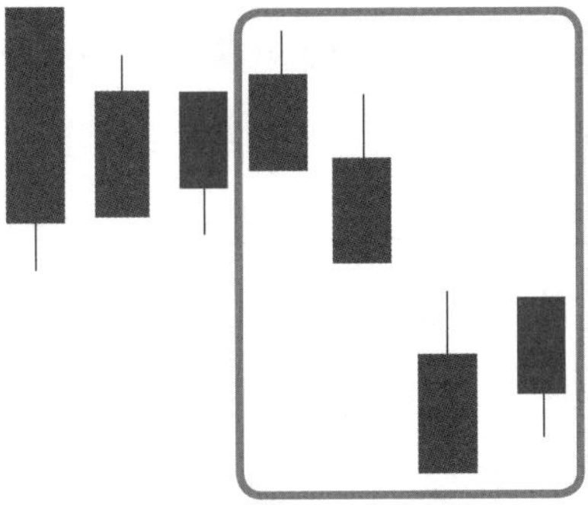

적삼병과는 반대로 주가가 상승세를 보이던 중 3일 연속 떨어져서 음봉 세 개가 나타날 때도 있다. 몸통이 검거나 푸른 음봉 세 개가 잇달아 나타난다 해서 '흑삼병(黑三兵, three black soldiers)'이라고 부르는 장세다. 흑삼병은 주가가 어느 정도 오른 상태에서 대량 거래가 일어나면서 나타날 때가 많고, 흑삼병이 나타나면 주가 하락 장세가 임박했다(하락세로 바뀔 조짐이 있다)고 풀이한다. 특히 주가가 천장에 이른 상황에서 흑삼병이 나타나면 주식을 팔 때다. 만약 주가가 최근 침체한 상태에서 흑삼병이 나타나면 주가가 앞으로도 계속 떨어질 조짐이라고 본다.

흑삼병이 나타난 직후 주가가 하루 올라 양봉이 나타날 때는 '흑삼병 후에 적일병이 나타났다'고 해서 매도 기회로 삼는다(적일병은 몸통이 붉거나 흰 양봉 하나를 말한다).

장대음봉 나타나면 장세 어디로?

봉 차트는 주가 움직임과 장세에 따라 봉 모양을 여러 가지로 다르게 표현한다. 크게 나눠 종가가 시가보다 오르거나 내린 경우, 시가와 같은 경우 등 세 가지가 있다. 세 경우마다 각기 네 가지 유형이 있어서 모두 열두 가지 형태의 봉 차트를 볼 수 있다. 보기 그림에 어떤 봉이 어떤 장세를 나타내는지 정리해놓았다. 하나씩 살펴보자.

양봉(종가가 시가보다 오른 봉)

샛별형 종가가 시가보다 높고, 고가는 종가보다 높고, 저가는 시가보다 낮은 양봉. 매수세와 매도세가 팽팽하게 맞서지만 비교적 매수세가 강한 장세다. 이런 양봉이 나타나기 전 주가가 약세였다면 시세가 강세로 바뀔 가능성이 있다. 특히 하락장에서 음봉이 나타난 뒤 음

봉 차트의 형태와 의미

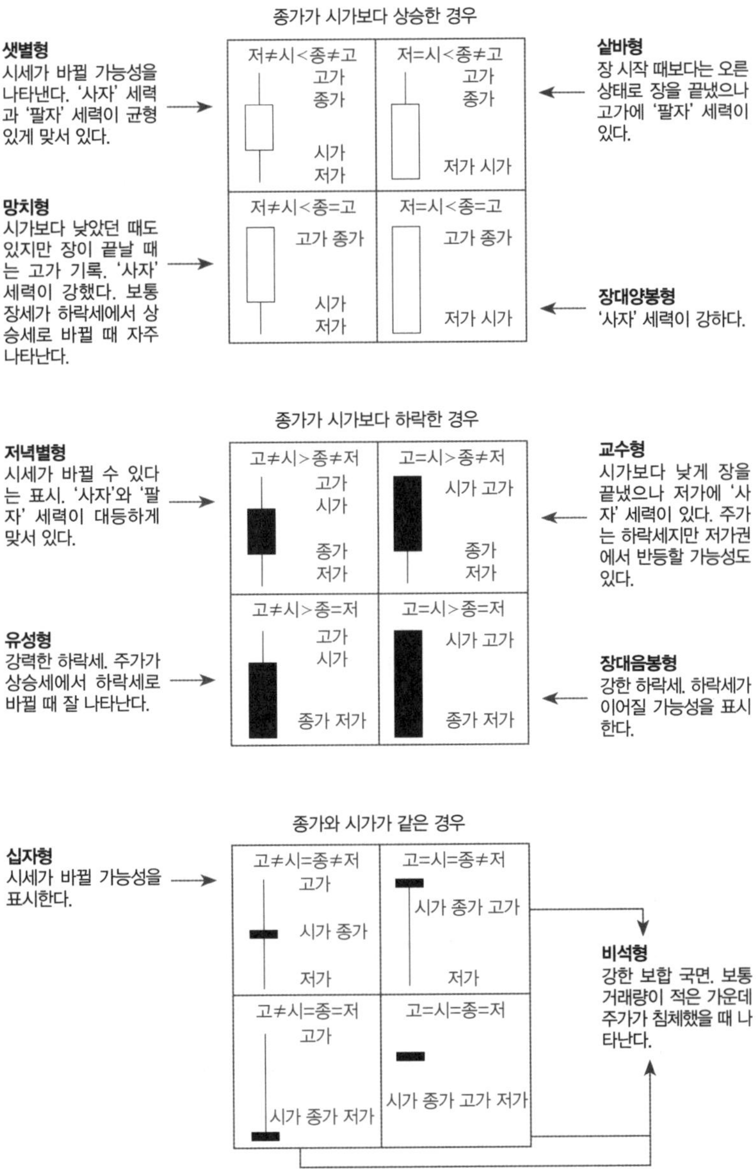
종가가 시가보다 상승한 경우
샛별형
시세가 바뀔 가능성을 나타낸다. '사자' 세력과 '팔자' 세력이 균형 있게 맞서 있다.
저≠시<종≠고
고가
종가
시가
저가
저=시<종≠고
고가
종가
저가 시가
살바형
장 시작 때보다는 오른 상태로 장을 끝냈으나 고가에 '팔자' 세력이 있다.
망치형
시가보다 낮았던 때도 있지만 장이 끝날 때는 고가 기록. '사자' 세력이 강했다. 보통 장세가 하락세에서 상승세로 바뀔 때 자주 나타난다.
저≠시<종=고
고가 종가
시가
저가
저=시<종=고
고가 종가
저가 시가
장대양봉형
'사자' 세력이 강하다.
종가가 시가보다 하락한 경우
저녁별형
시세가 바뀔 수 있다는 표시. '사자'와 '팔자' 세력이 대등하게 맞서 있다.
고≠시>종≠저
고가
시가
종가
저가
고=시>종≠저
시가 고가
종가
저가
교수형
시가보다 낮게 장을 끝냈으나 저가에 '사자' 세력이 있다. 주가는 하락세지만 저가권에서 반등할 가능성도 있다.
유성형
강력한 하락세. 주가가 상승세에서 하락세로 바뀔 때 잘 나타난다.
고≠시>종=저
고가
시가
종가 저가
고=시>종=저
시가 고가
종가 저가
장대음봉형
강한 하락세. 하락세가 이어질 가능성을 표시한다.
종가와 시가가 같은 경우
십자형
시세가 바뀔 가능성을 표시한다.
고≠시=종≠저
고가
시가 종가
저가
고=시=종≠저
시가 종가 고가
저가
비석형
강한 보합 국면. 보통 거래량이 적은 가운데 주가가 침체했을 때 나타난다.
고≠시=종=저
고가
시가 종가 저가
고=시=종=저
시가 종가 고가 저가

봉보다 몸통이 큰 양봉(곧 종가가 시가보다 많이 높은 양봉)이 나타나면 주가가 상승세로 돌아설 가능성이 크다. 주가가 하락세를 이어가면서 음봉이 자주 나타나다 하락세가 멎고 몸통이 큰 양봉이 나타날 때도 마찬가지다.

샅바형 시가가 저가로 되고, 종가는 시가보다 높고, 고가도 종가보다 높은 양봉. 이 유형처럼 양봉 머리 쪽에 달리는 수염은 주가가 오를 때 매수자들이 추격 매수하면서 나타난다. 수염이 길수록 추격 매수세가 큰 장세다. 주가가 오름세를 이어갈 가능성이 높지만 고가에 주식을 팔려는 세력이 대기하고 있어서 도로 떨어질 수도 있다. 특히 상승장에서 샅바형 양봉이 나타나면 매수보다 매도로 대응하는 편이 낫다.

망치형 시가는 저가보다 높지만, 종가는 고가를 기록한 양봉. 장중 주가가 떨어지면서 매도세가 강해져 시가보다 낮은 수준에서 바닥을 친 뒤 강한 매수세가 들어와 고가로 장을 마친 경우다. 이런 양봉이 나타나면 시장에 매수세가 강하다는 뜻이다. 하락장에서 나타나면 이후 주가가 상승 반전할 가능성이 크다. 이 유형처럼 꼬리 쪽으로 수염이 길게 달리는 양봉은 주가가 떨어질 때 추가 하락을 우려한 투자자들이 투매(投賣, dumping)하는 바람에 생긴다. 주가 하락세가 일시 강하지만 결국 상승세로 바뀔 테니 평소 관심 둔 종목이면 매수 기회로 활용할 만하다.

장대양봉형 시초가가 저가로 되고, 종가가 고가로 끝난 양봉. 이런 양봉이 나타나면 증시에 매수 세력이 강하다는 뜻이다. 주가가 내림세나 제자리걸음을 하는 장세에서 장대양봉이 나타날 때는 양봉 몸통이 길수록 주가가 상승세로 반전할 가능성이 높다. 평소 사려고 눈여겨본 종목이라면 양봉 출현 직후 주가가 횡보할 때 사들이는 게 정석이다.

하지만 주가 상승세가 진행되는 와중에 장대양봉이 나타나면 주의해야 한다. 주가 상승세를 보고 추가 매수세가 붙으면서 주가에 단기 거품이 낄 수 있기 때문이다. 이때는 평소 점찍어둔 종목이라도 일단 관망하면서 주가가 조정되는 시점을 기다리는 게 좋다.

주가 상승 장세에서 장대양봉과 함께 가격 갭(gap)이 생길 때도 주의해야 한다. 가격 갭이란 마지막으로 나타난 봉의 저점이 직전 봉의 고점보다 높을 때 발생하는 간격을 말한다. (주가) 상승장에서 나타나는 가격 갭은 상승 갭, 하락장에서 나타나는 가격 갭은 하락 갭이라고 한다. 상승 갭은 호재가 나왔거나 투자자가 대거 매수에 가담했을 때 나타난다.

장대양봉과 함께 상승 갭이 출현하면 이후 주가는 추가 상승 가능성이 크기 때문에 단기 투자 관점에서는 더 사도 된다. 다만 갭 발생 후 주가가 더 오르지 못하면 매도하는 게 정석이다. 하락 갭은 악재가 생겼거나 투자자가 대거 매도에 나섰을 때 나타난다. 하락 갭이 나타나면 주가가 더 떨어질 수 있으므로 단기 투자 관점에서는 매도하는 게 좋다. 다만 갭 발생 후 주가가 더 떨어지지 않으면 반대로 매수가 정석이다.

음봉(종가가 시가보다 내린 봉)

저녁별형 종가가 시가보다 낮고, 저가는 종가보다 낮고, 고가는 시가보다 높은 음봉. 매수세와 매도세가 팽팽하게 맞서 있으나 종가가 시가보다 낮으므로 매도세가 강하다. 이전 시세가 강했다면 시세가 하락세로 바뀔 가능성이 있다.

교수형 종가가 시가보다 낮고, 시가가 곧 고가이고, 저가는 종가보다 낮은 음봉. 장 개시 후 주가가 내리다 바닥권에서 매수세가 들어와 반등하긴 했으나 결국 시가보다 낮은 수준에서 장을 마쳤을 때 나타난다. 이후 주가는 반등하더라도 더 오르지 못하고 떨어진 다음 바닥에서 매수세가 들어와 반등할 가능성이 있다. 주가가 강력한 상승세로 돌아선다는 신호는 아니지만 평소 사려던 주식이라면 주가가 저가권에 들어왔을 때를 매수 기회로 활용할 수도 있다. 이 유형처럼 꼬리 쪽으로 수염이 길게 달리는 음봉은 하락장에서 투자자들이 추가 하락을 우려해 투매하는 바람에 생긴다.

유성형 종가가 시가보다 낮고, 시가보다 고가가 높고, 종가가 곧 저가인 음봉. 장 시작 후 주가가 오르다 떨어져 저가 수준에서 장을 마칠 때 나타난다. 주가가 상승세에서 하락세로 바뀔 가능성이 높을 때 잘 나타나므로 보유 주식 중 평소 팔려 했던 것은 이런 음봉이 나타날 때 고가권에서 파는 게 좋다. 평소 사려 했다면 다음 기회를 노리는 게 좋다.

장대음봉형 시초가가 고가로 되고, 종가가 저가로 끝난 음봉. 이런 음봉이 나타나면 매도세가 강한 장세다. 여러 날 주가가 하락하는 장세에서는 추가 하락을 우려해 손해를 무릅쓰고 매도하는 투매가 나오면서 장대음봉이 나타나곤 한다. 이후 주가는 낙폭이 꽤 클 수 있다. 단기 투자 종목이면 분할 매도 후 장세를 봐가며 매매 방향을 결정하는 게 좋다.

한편 상승 장세에서도 악재가 불거지거나 차익 실현을 위해 매도세가 크게 나오면 주가가 급락하면서 장대음봉이 나타날 때가 있다. 이후 주가는 더 떨어질 수 있다. 단기 투자 종목이면 분할 매도 후 장세를 봐가면서 매매 방향을 결정하는 게 좋다.

보기 기사도 주가가 오르던 중 장대음봉이 나타난 종목 뉴스를 전한 예다. 장대음봉이 나타나자 매도 장세가 강해졌다고 판단한 투자자들이 불안해한다는 것인데, 장대음봉이 나타난 주식은 한동안 하락세가 이어질 가능성이 크기 때문이다.

기사보기

대성엘텍 주가 숨고르기 맞나…
장대음봉에 투자자들 '좌불안석'

대성엘텍 주가가 장대음봉을 나타냈다. 7일 한국거래소에 따르면 전 거래일 주가는 13.46% 내려 887원에 거래되고 있다. 주가는 하락추세에서 벗어난 후 상승랠리 중 숨고르기에 들어간 모습이다. 대성엘텍은 카오디오, 앰프 등 자동차용 멀티미디어 제품을 주력으로 생산하고 있다.

핀포인트뉴스
2022.07.07

시가와 종가가 같은 경우

십자형 시가와 종가가 같고, 고가는 시가나 종가보다 높고, 저가는 시가나 종가보다 낮은 봉 차트. 매도세와 매수세가 팽팽하게 맞선 가운데 추세가 바뀔 가능성이 있을 때 나타난다. 주가가 바닥권일 때 나타나면 시세가 오름세로, 주가가 상승세일 때 나타나면 시세가 내림세로 바뀔 가능성이 있다.

비석형 A 비석형 세 가지 그림 중 오른쪽 위, T자 모양(또는 잠자리 모양)으로 생긴 봉차트. 시가·종가·고가는 같고 저가만 시가·종가·고가보다 낮은 경우다. 장 시작 후 주가가 내렸다가 장 후반에는 도로 올라 결국 시가 수준에서 장을 마칠 때 나타난다. 대개 거래량이 적고 주가가 침체한 상태에서 매수세와 매도세가 맞서 시세가 팽팽할 때(보합세일 때) 나타난다. 주가가 바닥권일 때 나타나면 시세가 상승세로 돌아설 가능성이 있다.

비석형 B 비석형 세 가지 그림 중 왼쪽 아래, T자를 거꾸로 놓은 듯한 봉 차트. 시가·종가·저가는 같고, 고가만 시가(종가)보다 높은 경우다. 장 시작 후 주가가 조금 오르다 도로 떨어져 시초가 수준에서 장을 마칠 때 나타난다. 역시 거래량이 적고 주가가 침체한 상태에서 매수세와 매도세가 맞서 시세가 팽팽할 때 주로 나타난다. 주가가 오르는 추세에서 나타나면 고점일 가능성이 있다.

비석형 C 비석형 세 가지 그림 중 오른쪽 아래, 짧은 수평선 모양 봉 차트. 주가가 장 개장 때부터 끝날 때까지 움직이지 않아서 시가·종가·저가·고가가 다 같은 경우다. 역시 거래량이 적고 주가가 침체한 상태에서 매수세와 매도세가 맞서 시세가 완전히 팽팽할 때 나타난다.

봉 차트를 활용하면 장세를 판단하고 주가 방향을 예측해 매매 전략을 정하는 데 도움이 된다. 다만 기술적 분석 지표가 다 그렇듯 봉 차트도 완벽한 도구는 아니다. 예를 들어 양봉이나 장대양봉이 나올 때면 흔히 상승 장세가 전개되지만 그렇지 않을 때도 있다. 그런데도 양봉이 나온 것만 보고 매수에 나섰다가는 낭패 볼 수 있다. 봉 차트를 포함해서 어떤 차트든 현실에 기계적으로 적용하기보다는 다른 여러 변수와 함께 종합해서 투자 판단을 내리는 데 필요한 재료 중 하나로 활용해야 한다.

미래 주가 방향은 어떻게 예측하나?
(기술적 분석 지표 2. 추세선)

증시에서는 매도 세력과 매수 세력이 균형을 이룰 때 주가를 한 방향으로 움직여 일정 추세를 만드는 경향이 있다. 일단 어떤 추세가 형성되고 나면 이후 주가도 한동안 기존 추세를 벗어나지 않는다. 그렇다면 과거 주가 추이를 선으로 이어 미래까지 이어지는 추세선을 그려

추세선 유형

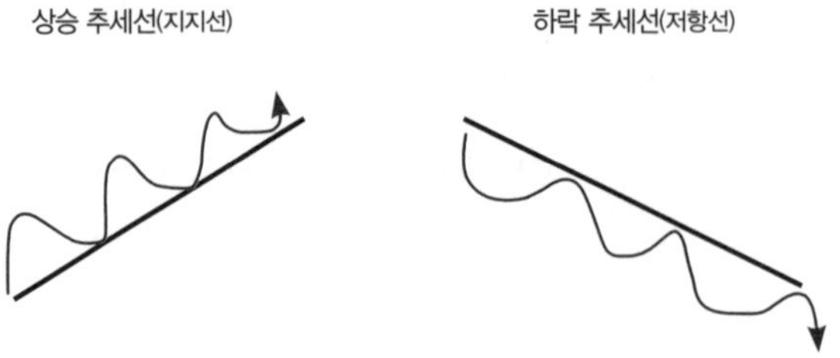

보면 어떨까? 향후 주가 방향을 짐작해볼 수 있을 것이다. 이렇게 주가 추세선을 그려서 주가 흐름과 매매 타이밍 파악에 활용하는 차트 분석을 추세선 분석이라 한다. (증권사 HTS에서는 추세선을 자동으로 그려주는 자동 추세선 분석도 제공한다.)

주가 추세선을 그리는 방법은 여러 가지가 있다. 흔히 쓰는 한 방법은 일정 기간 주가 흐름에서 만들어진 저점 몇 개를 이어 직선을 그리고, 고점 몇 개를 이어 직선을 그리는 것이다. 저점을 이은 직선은 지지선, 고점을 이은 직선은 저항선이라 한다.

저점을 이은 지지선에는 으레 대기 매수세가 있다. 때문에 주가가 떨어지더라도 지지선에 다다르면 더 이상 주가가 떨어지지 않고 상승 반전하는 일이 잦다. 이 같은 지지선의 속성을 알고 실전에 임한다면, 주가가 하락해서 거의 지지선에 다다랐을 때 추가 하락을 우려해 매도하는 실수를 피할 수 있을 것이다.

저항선에는 대기 매도세가 있어서 주가가 오르다가도 저항선에 이르면 더 이상 오르지 못하고 하락세로 반전할 때가 많다. 이 같은 저항선의 속성을 알고 실전에 임한다면, 주가가 상승해서 거의 저항선에 다다랐을 때 추가 상승을 기대해 매수하는 실수를 피할 수 있을 것이다.

전형적인 추세선 분석은 상승 추세선과 하락 추세선을 활용한다.

상승 추세선은 증시에 매수세가 매도세보다 많아서 주가가 한동안 우상향으로 움직이면서 우상향 형태가 된 추세선이다. 상승 추세선은 주가가 추세선 밑으로 떨어지지 않게 막는 지지선 역할을 한다. 따라서 주가가 지지선에 이르면 주식을 사는 게 정석이다(그렇다고 주가가 지지선을 벗어나 떨어지는 일이 절대로 없다는 것은 아니다). 그런데 만약 주가가 상승 추세선(지지선)을 하향 돌파하면 매도 세력이 매수 세력보다 강해지거나 새로운 악재가 나타났다는 뜻이다. 주가가 상승 추세를 마치고 하락 국면으로 들어가므로 매도하라는 신호로 본다. 확신이 안 들면 보유 주식 중 일부만 팔고 주가 향배를 봐가며 대응하는 게 좋다.

만약 증시에 매도세가 매수세보다 많아서 주가가 한동안 우하향으로 움직이면 추세선도 우하향하는 형태로 된다. 이렇게 우하향하는 추세선은 하락 추세선이라고 부른다. 하락 추세선은 주가가 추세선 위로 오르지 못하게 막는 저항선 역할을 한다. 따라서 주가가 하락 추세선에 이르면 주식을 파는 게 정석이다(역시 그렇다고 주가가 저항선을 벗어나 오르는 일이 없다는 얘기는 아니다). 그런데 만약 주가가 하락 추세선(저항선)을 상향 돌파하면 매수 세력이 매도 세력보다 강해지거나 새로운 호재가 나타났다는 뜻이다. 주가가 하락세를 마치고 상승 국면으로 들어가므로 매수 신호로 해석한다. 매도는 피하는 게 좋다.

추세선은 일단 지지선 또는 저항선이 됐다 하더라도 역할이 그대로

저항선과 지지선

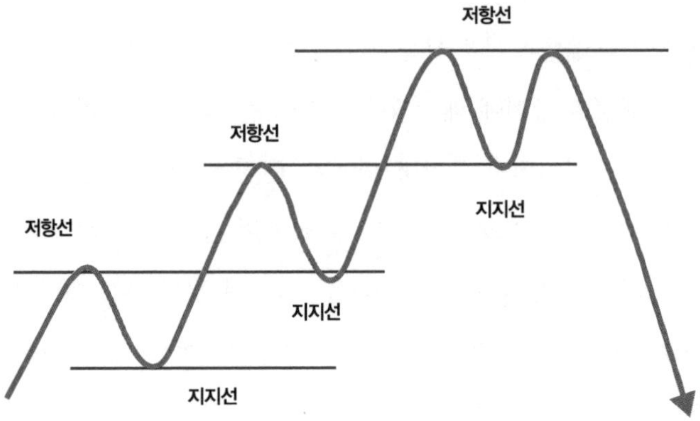

자료: 조세일보 2019.10.15 칼럼 〈서기수의 행복한 투자노트〉

고정되지 않는다. 주가가 일정 기간 오르다 보면 저항선이 새로 지지선이 되고, 주가가 일정 기간 내리다 보면 지지선이 새로 저항선이 된다. 주가가 오르면서 저항선이 새로 지지선이 되는 현상이 몇 번 되풀이되면 대세 상승 장세가 전개되므로 장기 투자가 좋은 수익을 낼 수 있다. 반대로 주가 하락세가 일정 기간 이어지다 보면 지지선이 새로 저항선이 되는 현상이 되풀이되면서 대세 하락 장세가 전개될 수 있다.

추세선 분석은 단기보다 중장기 주가 흐름과 추세 전환 시점을 예측해 매매 타이밍을 고르는 데 도움이 된다. 다만 추세선으로 주가 방향이나 장세 전환 시점을 제대로 예측할 수 있으려면 장세가 비교적 급히 변해야 한다. 주가가 제자리걸음을 걷는 장세에서는 큰 도움이 안 된다.

주가 등락 전환점 파악하는 방법은?

(기술적 분석 지표 3. 이동평균선)

증권사 HTS 등이 제공하는 기술적 분석 정보에서는 5일, 20일, 60일, 120일 등 기간별로 주가 평균치를 구해 추이를 나타낸 그래프를 볼 수 있다. 곧 주가 이동평균선을 그린 차트다.

주가 이동평균선이란 일정 기간별 평균 주가가 시간이 흐르면서 어떻게 달라지는지를 선으로 나타낸 기술적 분석 지표다. 줄여서 이평선이라고 부르고, MA(Moving Average line)로 약칭한다.

주가 이평선은 어떻게 만들까?

먼저 주가 평균치를 구할 기간(구간)을 얼마나 잡을지부터 정해야 한다. 단기 평균치를 구할 때는 보통 5거래일을 산출 구간으로 잡는다. 5일 주가 평균치로 이평선을 만들어 주가가 한 달 동안 어떻게 움직였는지 알아보려 한다고 치자.

먼저 1일에서 5일까지 첫 5거래일간 주가를 평균 내고 차트에 점으로 표시한다. 그리고 1일을 빼고 2일에서 6일까지 5일간 주가를 평균 내 점을 찍는다. 다음에는 1일과 2일을 빼고 3일에서 7일까지 5일간 주가를 평균 내 점을 찍는다. 5거래일간 주가 평균을 구하되, 앞선 날짜부터 빼는 방식(이른바 선입선출 방식)으로 평균 계산 구간을 계속 이동하는 것이다. 이렇게 평균 계산 구간을 계속 이동하는 방식으로 산출하는 기간별 평균치는 그냥 평균이 아니라 이동평균이라고 부른다. 5거래일 주가를 하루씩 밀어가며 이동평균을 구해 차트에 점 찍기를 월말까지 되풀이한 다음 차트에 찍은 점을 모두 이으면 5일 주가 이평

STX 시세와 이동평균선

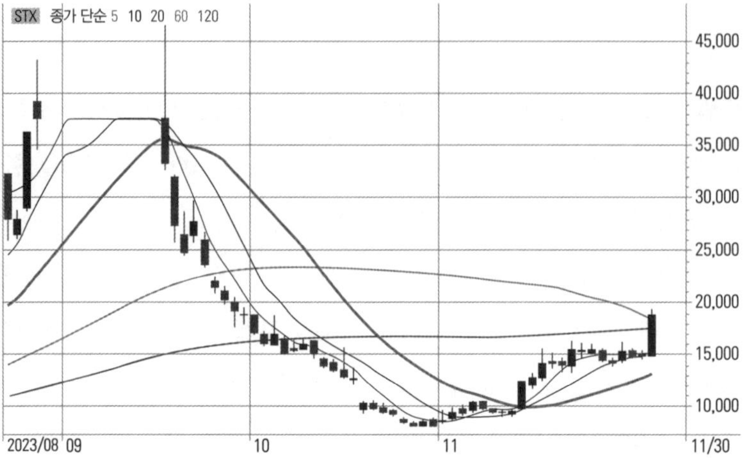

자료: 키움증권 HTS

선이 만들어진다.

차트 분석에서 쓰는 주가 이평선은 이동평균 계산 기간이 얼마든 모두 같은 방식으로 만든다. 보통 단기선, 중기선, 장기선으로 구분한다. 단기선은 주로 5일 이평선(5MA)을 쓰고, 10일선(10MA)이나 20일선(20MA)도 만들어 쓴다. 중기선으로는 60일선(60MA)을 많이 쓴다. 장기선은 120일선(120MA), 200일선(200MA), 240일선(240MA)을 주로 쓴다.

보기 차트(STX 시세와 이동평균선)도 마찬가지다. 5일 이평선(5MA), 10일 이평선(10MA), 20일 이평선(20MA), 60일 이평선(60MA), 120일 이평선(120MA)을 표시하고 선 색깔을 각기 달리해서 구별해 볼 수 있게 해놓았다.

이평선은 개별 종목 시세뿐 아니라 코스피지수나 코스닥지수 같은 종합주가지수도 대상으로 해서 같은 방식으로 만들 수 있다. 일정 기간마다 거래량 평균을 구해서 거래량 이평선을 만들 수도 있다. 단기로는 3일·1주·2주·25일짜리 이평선을 만들기도 하고, 75일·100일짜리 중기 이평선을 만들기도 한다. 150일이나 1년짜리 장기 이평선도 만들어 쓴다.

주가 이평선은 어떻게 활용할까?

주가 이평선은 일정 기간 주식 매매가의 평균치 추이를 나타내는 지표다. 주가 이평선을 보면 일정 기간 평균 주식 매매가가 어떻게 움직였는지를 알 수 있어서 장세 파악에 도움이 된다. 종목별 주가 등락 전환점을 파악하거나 예측하고, 주가에 거품이 끼는지 여부를 판단하기에도 유용하다.

같은 이평선이라도 단기선이냐 중·장기선이냐에 따라 쓰임새가 다르다.

단기선은 증시의 초단기 수급 상황을 나타낸다. 주가 평균 계산 기간이 짧고 새로운 재료가 빨리 반영되는 만큼 기울기가 흔히 가파르다. 20일선이 하락하면 시장이 단기 하락세에 접어들었다고 본다. 거꾸로 20일선이 상승하면 증시가 단기 상승세에 접어들었다고 본다.

다만, 단기선은 수시로 올랐다 내렸다 변덕을 부려 긴 눈으로 주가 추세를 파악하는 데 큰 도움이 안 된다는 단점이 있다. 반면 60일짜리 중기선은 주가 추세를 좀 더 길게 파악하는 데 도움이 된다.

장기선은 주가의 장기 추세를 나타낸다. 흔히 쓰는 120일, 200일, 240일짜리 장기선 중에서도 120일선과 200일선이 전체 경기와 비교적 밀접하다. 120일선이 상승 추세에서 하락세로 돌아서면 경기가 장

SK하이닉스 주가 추이와 120일 가격 이평선

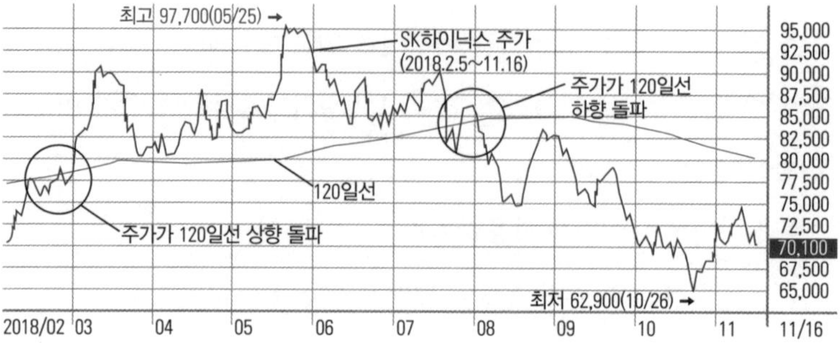

자료: 키움증권 HTS

기적으로 꺾인다는 신호이고, 하락세에서 상승세로 돌아서면 경기가 장기 확대된다는 신호다. 만약 횡보하거나 하락세이던 주가가 120일선을 뚫고 올라가면 주가가 상승세로 바뀔 가능성이 높다. 횡보하거나 상승세이던 주가가 120일선을 뚫고 내려서면 주가가 하락세로 바뀔 가능성이 높다. 보기 그림(SK하이닉스 주가 추이와 120일 가격 이평선)이 좋은 예다. 주가가 120일 이평선을 상향 돌파하면서 반년 남짓 상승하고, 주가가 120일 이평선을 하향 돌파한 다음에는 넉 달 정도 하락세를 이어간 모습을 보여준다.

만약 200일선이 상승 추세에서 하락세로 돌아서면 경기가 확실히 나빠지고 증시 전반이 조정기에 접어든다는 신호다. 거꾸로 200일선이 하락세에서 상승세로 돌아서면 경기가 확실히 좋아지고 증시 전반이 상승세에 접어드는 신호로 볼 수 있다.

보기 그림(이동평균선을 이용한 매매 전략) 왼쪽 맨 위 이평선 배열 상태를 보자. 단기선과 중·장기선이 다 같이 우상향하는데 단기선이 중·

이동평균선을 이용한 매매 전략

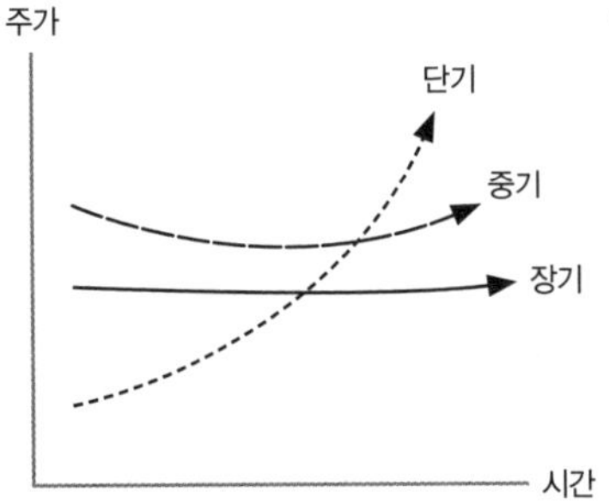

골든크로스 단기 평균선이 중·장기 평균선을 밑에서 위로 급하게 가로질러 올라간다. 모든 평균선이 단·중·장기선 순으로 놓인 가운데 위를 향한다. 향후 주가의 상승 신호.

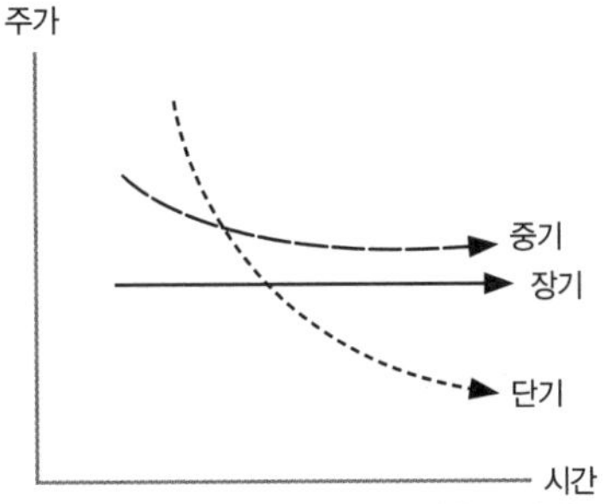

데드크로스 단기선이 중·장기선을 급하게 교차하며 내려간다. 단·중·장기선 모두가 하향 내지 게걸음. 향후 주가 하락을 예고하는 신호.

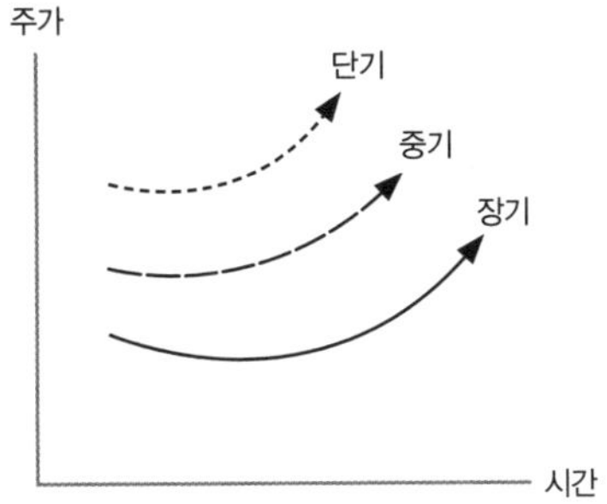

강세 지속 단·중·장기 평균선이 위로부터 차례로 배열된 채 위를 향한다. 앞으로 주가가 계속 오른다는 신호.

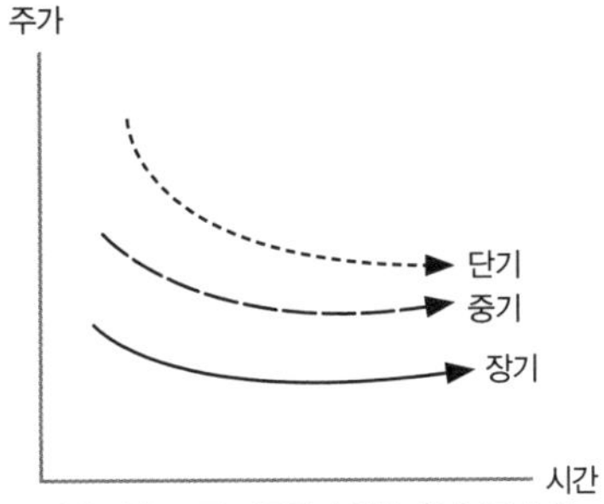

약세 지속 모든 평균선이 하향. 향후 주가 약세를 예고.

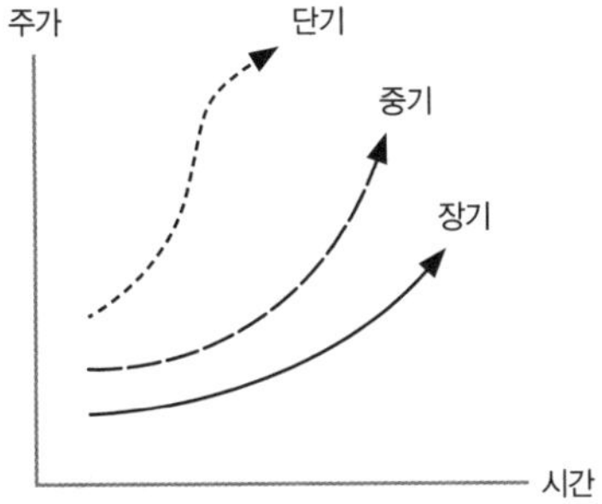

천장 도달 단·중·장기 평균선이 한동안 위를 향해 가다가 단기선이 게걸음을 걷거나 수그러든다. 주가가 단기 최고치에 이르렀고 곧 하락한다는 신호.

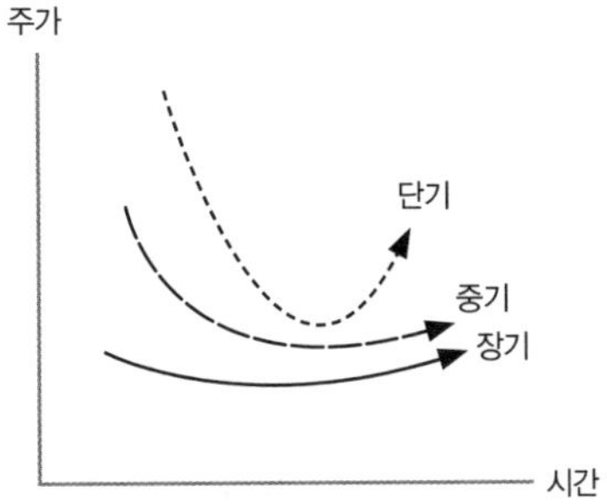

바닥 도달 중·장기선이 하향 횡보하는 가운데 단기선의 끝이 올라간다. 주가가 단기 최저치를 지나 상승세로 돌아선다는 신호.

장기선을 밑에서 위로 급히 교차한다. 이런 배열은 곧 주가가 오른다는 신호다. 중기선이 장기선을 밑에서 위로 급히 교차해도 마찬가지다. 이평선이 이런 모양으로 된 것을 골든크로스(golden cross)라고 부른다.

때로는 보기 그림 왼쪽 중간에서 보듯 이평선이 위로부터 단기선-중기선-장기선 순으로 차례차례 놓이는 이른바 '정배열' 상태가 되기도 한다. 이때도 골든크로스라고 보아 주가 상승을 전망한다.

이번에는 보기 그림 오른쪽 맨 위를 보자. 중기선과 장기선이 횡보하면서 단기선이 중기선이나 장기선을 위에서 아래로 급히 교차한다. 이런 배열은 곧 주가가 떨어진다는 신호다. 중기선이 장기선을 위에서 아래로 급히 가로질러도 마찬가지다. 이평선이 이런 모양으로 되는 경우는 데드크로스(dead cross)라고 한다.

비록 골든크로스와 데드크로스가 주가 상승과 하락을 예고하는 신호이기는 하지만, 기계적으로 단정해선 안 된다. 골든크로스나 데드크로스 신호만으로 곧장 주식을 살 때나 팔 때라고 판단해선 안 된다는 얘기다. 예외적 경우지만, 골든크로스가 생기기 전에 주가가 오르거나 골든크로스 발생 뒤 주가가 떨어지는 수도 있다. 데드크로스가 생기기 전에 주가가 떨어지기도 하고 데드크로스 발생 뒤 시세가 오르는 일도 있다. 그러므로 데드크로스·골든크로스 신호만 보고 주가 흐름을 예측해선 안 되고 다른 변수를 함께 고려해서 매매 판단을 내려야 한다.

이평선을 이용한 주가 분석도 그렇고 차트 분석과 기술적 분석은 모두, 주가가 늘 투자자의 심리 흐름을 반영해 형성되며 과거 추이가 반복해 나타난다는 것을 전제로 한다. 하지만 주가 형성에는 투자자 심리뿐 아니라 다른 많은 변수가 간여한다. 과거 일이 늘 그대로 되풀이된다는 법도 없다. 이런 점을 고려하면 이평선도 여느 기술적 분석 지표와 마찬가지로 분명한 한계가 있다. 이평선이 보여주는 신호를 투자에 유용하게 쓰려면 다른 지표도 두루 살펴보고 함께 종합해서 장세를 판단해야 한다.

단타 매매 때는 이평선 어떻게 써먹나?

기사보기

거래액 2000배 급증…2차전지는 '단타천국'

국내 증시에 '2차전지 열풍'이 불면서 소형 배터리 테마주가 '단타 놀이터'가 되고 있다. 단기 차익을 노린 개인투자자의 단타 매매가 급증하면서 거래대금이 평소보다 많게는 2000배 폭증하고 주가 변동성이 커지는 종목이 늘고 있다.

한국경제
2023.07.28

증시에서 단기 차익을 노린 단타 매매가 성행한다고 전한 기사다. 주식 단타 매매는 주식을 산 당일에 팔아서 수익을 내는 거래 행태다. 정보통신기술과 모바일 기기가 발달하면서 누구나 증권사가 제공하는 온라인 매매 전용 프로그램(HTS, MTS 등)으로 주가 추이를 봐가며 단 몇 분, 몇 시간 만에 주식을 매매할 수 있게 된 덕에 일종의 투자 기법으로 자리 잡았다. 당일로 사고파는 투자 행태나 기법을 데이트레이딩

이동평균선 고려해 매매 시점 고르기

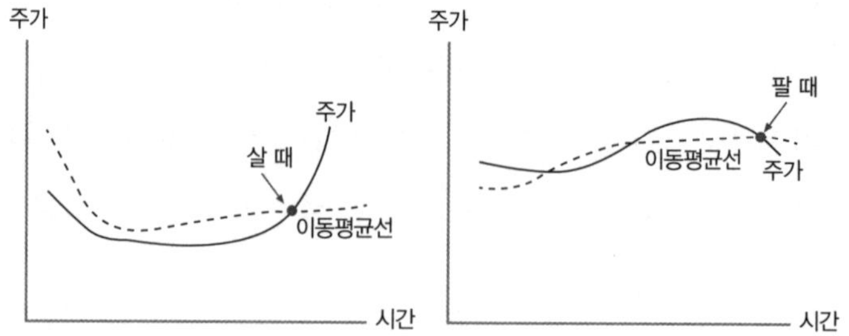

(day trading), 데이트레이딩을 하는 투자자를 데이트레이더라 부른다.

데이트레이딩이 하루에 몇 번 정도 주식을 매매하는 정도인 데 비해, 불과 몇 초에서 2~3분 단위로 하루에도 수십, 수백 번씩 주식을 매매하는 행태도 있다. 곧 초단타 매매인데, 스캘핑(scalping)이라고 부른다. 스캘핑은 컴퓨터에 매매 조건을 알고리즘으로 입력해 자동 거래를 수행하는 방식으로 한다. 스캘핑을 전문으로 하는 사람은 스캘퍼(scalper)라고 부른다. 주식을 당일 매매하는 것은 아니지만 보통 수일 내로 단기 매매하는 행태는 스윙트레이딩(swing trading)이라 하는데, 넓게 보면 스윙트레이딩 역시 단타 매매에 속한다.

단타 매매를 하는 투자자는 주가 이평선을 분, 초 단위로 만들어 쓴다. 특히 데이트레이더는 분 단위 이평선을 즐겨 쓴다. 보통 3분·5분·20분·60분짜리 이평선을 쓰면서 주가·거래량과 이평선이 교차하는 모양에 유의해 매매 타이밍을 잡는다. 투자자 사이에 흔히 통하는 매수 타이밍은, 주가가 상승 곡선을 타기 시작해서 이평선 위로 올라갈 때다. 이평선이 장기간 내림세를 걷다 횡보하거나 약간 위로 방향을 바꾼 상태에서 이평선을 밑돌던 주가가 이평선을 상향 돌파할 때도 매수 시점이다. 반면 주가가 하락 곡선을 타기 시작해 이평선을 하향 돌파할 때는 매도 시점이라고 본다.

단타 매매, '남는 장사'일까?

흔히 '주식은 여유 자금으로 장기간 투자하는 게 비교적 안전하다'고 말한다. 솔직히 우리 증시에는 적용하기 어려운 얘기다. 우리 증시는 선진국에 비해 안정성과 투명성이 떨어지고 시장 관리·감독이 느슨한 탓도 있어, 투기 성향이 높고 주가가 매우 자주 출렁거리기 때문이다. 주가에 변덕이 심한 탓에 투자 성향도 개인·기관 할 것 없이 단기적이다. '오래 갖고 있어봤자 별 볼 일 없으니 조금만 이익이 나면 후딱 팔아치우는 게 현명한 투자법'이라고 생각하는 이들도 있다. 실제로 이런 생각으로 투자하는 이들이 단타 매매에 골몰한다.

데이트레이더나 스캘퍼는 오늘 산 주식을 내일까지 들고 있는 사이 불가피하게 존재하는 손실 가능성 자체를 거부한다. 그날 산 주식은 그날 안으로 팔아치우고 호재가 있는 종목은 즉시 샀다 팔기를 하루 수십 번, 수백 번이라도 반복한다. '우량주에 장기 투자하라'는 소리는 귀담아듣지 않는다. 잘하는 것일까?

결론부터 말하면, 적어도 개인투자자에게는 그리 권할 만한 투자법이 아니다.

무엇보다 거래 비용 부담이 크다.

주식 매매 비용인 매매 수수료나 거래세는 어쩌다 한두 번씩 매매하는 투자자라면 큰 부담이 아니다. 하지만 거래를 자주 하는 단타 매매자는 부담이 크다. 유가증권시장과 코스닥에서 거래하는 경우를 기준으로 온라인 거래 수수료는 사고팔 때마다 거래액의 약 0.01~0.10%다. 거래세의 경우 살 때는 안 내지만 팔 때는 거래액의 0.18%(2024년)를 내야 한다(2025년에는 0.15%).

거래비 부담과 연관된 다른 문제도 있다.

단타 매매자가 타깃으로 삼는 종목은 주로 단가가 싼 비우량주다. 왜?

주로 매매 비용 때문이다. 단타 매매로 이익을 크게 내려면 대량 매매를 해야 한다. 소액으로 투자하는 개인은 하기 힘들다. 설사 한다쳐도 매일 대량을 매매하고 그날로 청산하는 거래를 자주 해서 큰 이익을 내기는 아무래도 쉽지 않다. 그렇잖아도 단타 매매가 표적으로 삼는 종목은 매매가 빈번하게 일어나므로 시세 변동이 여느 종목과 달리 극심하다. 시시각각 변하는 시세를 읽어가며 고수익을 내기도 쉬운 일이 아니다.

이래저래 단타 매매는 우량주 장기 투자에 비해 여러 가지 위험 부담이 따른다. 그래서 일부 단타 매매자는 아예 처음부터 시세조종(작전)에 골몰하기도 한다. 값싼 비우량주를 대거 매수한 뒤, 인터넷 증권카페나 주식 리딩방 등을 통해 단타 매매로 고수익을 냈다면서 투자자를 끌어들여 유망 종목을 '찍어준' 다음, 뜻대로 매수세가 붙어 주가가 오르면 팔아서 득 보는 식이다. 몇몇 세력이 힘을 합쳐 여러 증권사를 통해 일시에 특정 종목을 샀다 팔면서 치고 빠지기도 하고, 언론에 소문을 흘린 다음 뉴스로 전해진 소문을 근거로 표적 종목의 시세를 조종하기도 한다.

증시에 단타 매매자의 작전이 성행하지만 일반 투자자가 작전을 멀리하는 것도 아니다. 이른바 '주식 고수'의 작전으로 단타 매매가 일어나면 작전인 줄 짐작하면서도 슬쩍 끼어 득 보려는 이도 많다. 그러나 시세조종에 편승해 득 보기도 쉬운 게 아니다.

시세조종에 나서는 데이트레이더는 주가가 자주 변하는 종목 중 몇 개만 집중 매매해서 단 몇 분 사이 주가 방향을 뒤바꿔놓기 일쑤다. 그럼 단타 매매에 편승한 투자자는 낭패 보기 십상이다. 단타 매매로 매수가 몰려 주가가 뛴다 싶어 잽싸게 따라 샀는데 불과 몇 분 사이 주가가 떨어지기 때문이다. 단타 매매자에게 집중 표적이 된 종목을 상대로 일부 단타 매매자가 흘린 소문을 따라 주가가 폭등락해서 다수 단타 매매자가 손실을 입는 일도 흔하다. 적어도 초보 개인투자자라면 단타 매매는 안 하는 게 좋다. 웬만큼 투자 경력이 있더라도 단타 매매가 몰리는 종목은 매매를 피하는 게 상책이다.

단타 매매 작전이 실제로 어떻게 벌어지는지 보여주는 사례를 하나 보자. 좀 오래된 일이지만 매우 전형적인 작전이므로 알아두면 유익할 것이다.

2008년 6월 10일 개장 직후 증시에서 '롯데그룹이 대신증권을 인수한다'는 루머가 돌기 시작했다. 개인 데이트레이더가 퍼뜨린 소문이었다. 내용인즉 '전날 롯데그룹이 코스모투자자문을 인수한다는 보도가 나왔고, 코스모투자자문의 최대 주주는 스팍스그룹이며, 스팍스그룹은 대신증권 지분을 2%가량 갖고 있는데 롯데그룹과 손잡고 대신증권을 인수하리라'는 얘기였다.

M&A 호재라고 판단한 투자자들이 일제히 대신증권을 사들였고, 대신증권 주가는 한때 9% 이상 올랐다. 하지만 대신증권과 롯데그룹은 일제히 '사실무근'이라고 공시했고, 주가는 하락 반전해 장을 마쳤다. 이날 대신증권 거래량은 연간 최대치를 경신했다.

같은 날 교보증권 종목을 놓고도 개인 데이트레이더가 대담한 작전을 폈다.

증시 개장 직후 '교보생명이 긴급 이사회를 열어 유진그룹으로 교보증권을 넘기는 안건을 논의한다'는 루머를 퍼뜨린 것이다. '유진그룹이 교보증권을 주당 3만 2000원에 가져간다. 교보생명 회장의 결재만 남았다'는 소문까지 돌게 했다. 교보증권 종목은 대량 거래가 이뤄져 한때 5%가량 올랐다. 그러나 정작 교보생명은 당일 이사회 개최 계획이 없었다. 교보증권은 정규 장 마감 뒤 이사회를 열기는 했으나 임기를 마친 사외이사 선임 건을 다뤘을 뿐이다. M&A 관련 회의는 교보생명에도 교보증권에도 없었다. 소문이 '사실무근'으로 확인되자 교보증권 주가는 급전직하해 전일 대비 1400원(6.51%) 떨어진 2만 100원에 장을 마쳤다.

시세 고점과 저점 어떻게 알아보나?

(기술적 분석 지표 4. 이격도)

기사보기

코스피, 250일 이동평균선 도달…'상승폭 제한'

코스피 지수가 2031선까지 상승했다. … 정인지 유안타증권 연구원은 28일 보고서에서… "코스피가 250일(52주, 1년) 이평선 저항에 도달했다"며 "1년 평균가는 역사적으로 중요한 분기점으로 작용하는 경향이 있었다"고 말했다. 이어 "60일 이평선 이격도가 109.24%로 2009년 9월 23일 이후 가장 높은 수준이라는 점도 부담"이라고 설명했다.

이데일리
2020.05.28

증권사 시황 분석을 전한 기사다. 코스피시장에서 종합주가지수가 상승세를 타고 250일 이평선에 접근했고, 경험상 주가가 250일 이평선에 이르면 연평균 주가에 근접한 셈이어서 더 이상 오르기 어려운데, '60일 이평선 이격도가 109.24%로 2009년 9월 23일 이후 가장 높은 수준이라는 점도 (주가가 계속 오르기에는) 부담'이라는 진단이다.

이격도(disparity)가 뭘까?

과거 일정 기간에 걸친 주가 이동평균과 현재 주가 사이에 얼마나 간격이 있는지를 비율로 계산해낸 지표다.

보통 주가는 이동평균치(이평치, 그림으로 볼 때는 주가 이평선)로부터 멀어졌다가 도로 가까워지고 가까워졌다가 다시 멀어지는 움직임을 반복하며 이평치·이평선으로 회귀하는 특성이 있다. 평균치보다 많이 오르거나 내린 주가는 이격도가 커지면서 제자리로 돌아온다는 얘기다. 이격도는 주가가 이동평균에서 얼마나 떨어져 있는지를 비율로 계산한 기술적 분석 지표다.

이격도를 보면 현재 주가와 과거 주가 평균이 얼마나 떨어져 있는지 가늠할 수 있다. 현재 시세가 과거 주가 추이에 비추어 너무 높은지 낮은지, 즉 현재 주가가 과거 평균치에 비해 싼지 비싼지, 주가 방향이 바뀌는 점은 어디일지, 어떤 종목이 유망할지, 매매는 어느 시점에 어떻게 하면 좋을지까지 알 수 있다. 이런 이치로 이격도는 주식 매매 시점을 포착하거나 투자 유망주를 고르는 도구로 쓰인다.

증시에서는 주가 방향이 바뀌는 점, 곧 주가 변곡점을 주가 모멘텀(momentum)이라 하고, 주가 모멘텀을 찾는 기술적 분석을 모멘텀 분석이라고 부른다. 이격도 역시 주가 변곡점을 찾는 데 도움이 되므로 모멘텀 분석 지표라고 분류하기도 한다.

실제 이격도 계산은 현재 주가(또는 주가지수)를 과거 일정 기간의 주가(또는 주가지수) 이동평균치로 나눠 백분율(%) 수치를 구하는 식으로 한다. 주가 이평치 산정 기간을 얼마로 잡느냐에 따라 5일 이격도, 20일 이격도, 60일 이격도, 120일 이격도… 등 다양하게 구할 수 있다.

간단한 보기로 종목별 이격도를 구해보자.

오늘 현재 시세가 4만 원, 최근 5일간 주가 이동평균치는 3만 8000원이라면 5일 이격도를 다음과 같이 구한다.

$$\text{종목별 이격도} = \frac{\text{현재 주가}}{\text{주가 이동평균}} \times 100 = \frac{40{,}000}{38{,}000} \times 100 = 105.3(\%)$$

5일 이격도가 105.3%라는 것은 현재 주가가 최근 5일간 이평치보다 5.3% 더 높다는 뜻이다.

이격도는 현재 주가가 과거 이동평균치보다 높거나 낮은 상태를 백분율로 나타낸다. 이격도가 100(%)보다 높다면 현재 주가가 과거 주가 이평치보다 높다는 뜻이고, 100보다 낮다면 과거 주가 이평치보다 낮다는 뜻이다. 이격도가 100이면 현재 주가와 과거 주가의 이동평균치가 일치한다는 뜻으로, 그래프로 그린다면 현재 주가 추세와 주가 이평선이 정확히 일치하는 형태가 된다.

증권가에서는 대개 단기 이동평균으로 단기 이격도를 계산해서 단기 주가를 판단하는 데 많이 활용한다. 가령 20일 주가 이평치를 활용해서 20일 이격도를 구해보니 이격도가 105~110%를 넘는다고 하자. 그럼 현재 주가가 과거 주가 평균보다 5~10% 이상 높다고 판단한다. 이격도가 높다고 말할 수도 있다.

'이격도가 100 이상'이라든가 '이격도가 높다'는 얘기는 '현재 주가가 상대적으로 높다'는 뜻이다. 투자자가 주식을 너무 많이 산 상태(과매수 상태)거나 투자가 과열됐다는 뜻이다. 주가가 만약 평균치로 회귀한다면 과매수 주식은 조만간 매물로 나와 주가를 하락 반전시킬 것이다. 그래서 단기 이격도가 5% 이상 높은 수준이면 단기적으로는 보유 주식을 팔 때라고 보는 게 보통이다.

보기 기사도 주가 이격도가 60일 이평선 기준으로 109.24%에 이르러 주식이 과매수 상태라는 분석을 전한 예다. 주가가 천장에 이르렀으니 이제는 매도하라는 신호로 해석해야 한다.

만약 단기 이격도가 90% 이하면 어떨까?

현재 주가가 과거 시세 평균보다 10% 이상 낮으니 과매도 또는 저평가된 경우다. 단기적으로는 주식을 사도 되는 시점으로 볼 수 있다.

종목별 이격도는 그렇다 치고, 증시 전반의 장세가 어떤지도 이격도로 진단해볼 수 있을까?

주가지수 이격도를 구해보면 된다. 코스피지수가 오늘 현재 2000포인트이고 최근 20일간 이동평균이 1950포인트라 하자. 20일 주가지수 이격도를 계산하면 다음과 같다.

$$\text{20일 주가지수 이격도} = \frac{\text{현재 주가지수}}{\text{20일 주가지수 이동평균}} \times 100 = \frac{2,000}{1,950} \times 100 = 102.6(\%)$$

20일 주가지수 이격도가 102.6%라는 것은 현재 코스피지수 수준이 최근 20일간 이동평균보다 2.6% 높다는 뜻이다. 보통 20일 이격도는 105%를 넘어야 과매수 국면이라고 본다. 이 경우 이격도는 그리 높지 않으니 주가 전반이 더 오를 여지가 있다는 뜻이다.

주가지수 이격도는 시황을 판단하거나 주가 전반이 등락하는 이유를 설명하는 논리로 자주 활용한다. 예를 들어 주가지수 이격도가 많이 떨어졌을 때는 증시가 과매도 국면에 접어들었으니 곧 반등할 가능성이 있다고 평가한다. 주가가 며칠간 폭락했다 반등했을 때는 주가지수 이격도가 많이 떨어진 데서 이유를 찾기도 한다.

다만 이격도 해석 또한 늘 들어맞는 것은 아니다. 증시가 약세장이나 강세장일 때는 일반적인 이격도 해석이 잘 들어맞지 않는다. 주가 상승세가 강한 강세장에서는 이격도 같은 기술적 지표가 주가 과열 신호를 보여도 시세가 계속 오를 수 있다. 반대로 약세장에서는 이

SK텔레콤 주가와 이격도

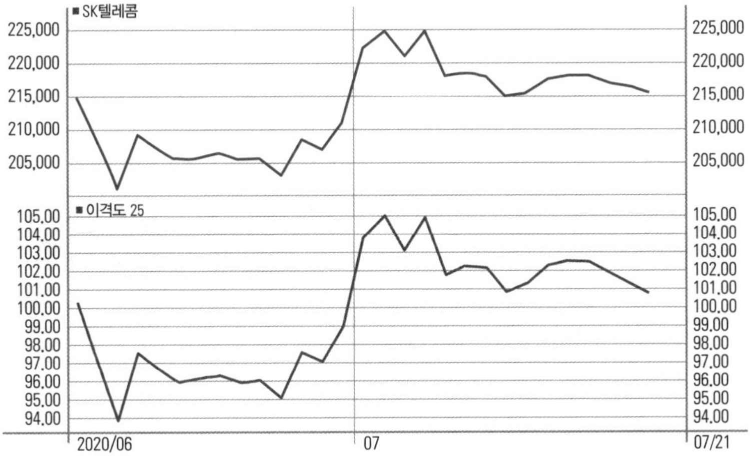

자료: 키움증권 HTS

격도가 주가 상승 신호를 보내도 시세가 더 떨어질 수 있다. 이격도가 105~110%를 넘지 않았어도 주식이 과매수됐을 수 있고, 단기 시세 반전이 일어날 수도 있다. 그래서 실전에서 이격도 해석은 증시가 상승 국면이냐 하락 국면이냐에 따라 조금씩 달라진다.

대세 상승 국면에서는 25일·75일 이격도가 95~98% 미만이면 주식을 사들일 시점이라고 본다. 반대로 25일 이격도가 105~106% 이상, 75일 이격도가 110% 이상이면 팔아야 할 시점이라고 본다. 대세 하락 국면에서는 25일 이격도가 92% 미만, 75일 이격도가 88% 미만이면 주식을 살 때라고 본다. 반대로 25일 이격도가 102% 이상, 75일 이격도가 104% 이상이면 팔아야 할 시점이라고 본다.

보기 SK텔레콤 주가 차트는 2020년 6월 11일에서 7월 21일 사이 25일 이격도를 그렸다. SK텔레콤 주가는 6월 11일 21만 5000원에서 시작해서 6월 15일 20만 1000원으로 내렸고, 이격도는 93.86%를 기록했다. 95% 미만이므로 매수 시점이라는 신호를 내보인 셈이다. 이후 주가는 6월 25일 지나 오름세를 보였고 7월 2일 22만 5000원이 됐다. 이격도는 105.05%로 매도 신호를 내놓았다. 이후 주가는 7월 21일까지 21만 5500원으로 내렸다.

거래량 변할 때는 어떻게 매매할까?
(기술적 분석 지표 5. VR)

기술적 분석에서는 거래량도 주요 지표로 활용한다. 거래량이란 매매가 성립된 수량을 말한다. 보통 주가와 거의 동시에, 또는 주가보다 조금 앞서 움직이므로 주가 향배를 전망하는 데 유용한 정보가 된다. 거래량은 주가와 어떤 관계를 맺고 움직일까? 거래량이 변하면 매매 대응은 어떻게 하면 좋을까? 다음 세 가지에 유의하면 유익할 것이다.

첫째, 거래량이 늘면 주가가 오르고, 거래량이 줄면 주가도 내린다. 주가가 많이 떨어진 뒤 게걸음을 걷는 약세장이나 바닥권에서 거래량이 늘어나면 곧 주가가 오른다는 신호이므로 매수해야 한다. 반대로 주가가 대폭 오른 뒤 계속 오름세인 강세장이나 천장권에서 거래량이 줄어들면 곧 주가가 떨어진다는 신호이므로 매도해야 한다.

둘째, 거래량이 늘면서 주가가 오르면 분할 매수하고, 거래량이 늘면서 주가가 내리면 분할 매도하는 게 정석이다. 다만 거래량이 별로 늘지 않는다면 주가가 대폭 오르거나 내리더라도 뇌동매매(남 따라 하는 매매)를 삼가고 관망하는 게 좋다. 소량 매매로 형성된 시세는 대량 매매가 나올 경우 쉽게 변할 수 있기 때문이다.

셋째, 주가와 거래량이 함께 오르는 상승장에서는 흔히 주가가 전고점(최근 고점, previous peak)을 넘어설지 여부가 관심사가 된다. 거래량이 전고점을 넘어설 정도로 늘어난다면 주가도 전고점을 넘을 가능성이 높다. 거래량이 전고점을 넘어서지 못한다면 주가도 전고점을 넘기 어렵다.

거래량과 주가가 전고점을 넘어 기세 좋게 오를 때는 매수에 가담하는 게 좋지만 바짝 주의해야 한다. 주가와 거래량이 고점에 근접하면 대량 매도 물량이 나오기 쉽기 때문이다. 사고 싶어도 한번에 다 사지 말고 분할 매수하면서 악재가 나오지 않는지, 매도 물량이 늘어나지 않는지 살펴보다 전망이 나빠지기 시작하면 바로 파는 게 좋다.

고점에서 대량 매도 물량이 나오면서 주가가 하락하는 예를 보기 셀트리온 주가 차트에서 볼 수 있다.

셀트리온 주가는 2016년부터 2017년 중반까지 10만 원 안팎에서 거의 변동이 없었는데 2017년 9월 들어 거래량이 폭발하면서 주가가 급등했다. 8월 11일 종가가 10만 1973원이었는데 이듬해 1월 12일 종가는 34만 1500원이 됐다. 5개월 새 3배가 넘게 뛴 셈이다. 2018년 3월 초순 장중 고가가 35만 원을 넘으면서 종가도 전고점을 넘기나 싶었는데 대거 매도 물량이 쏟아져 나왔고, 이후 주가는 2년간 꾸준히 떨어졌다. 거래량도 급감했다. 2020년 3월 20일 종가는 15만 2500원. 한창때 시세에 비해 반토막이 났다.

지나고 보니 2016년 이래 2020년 3월 하순 사이에는 2018년 1월

셀트리온 주가와 거래량 추이

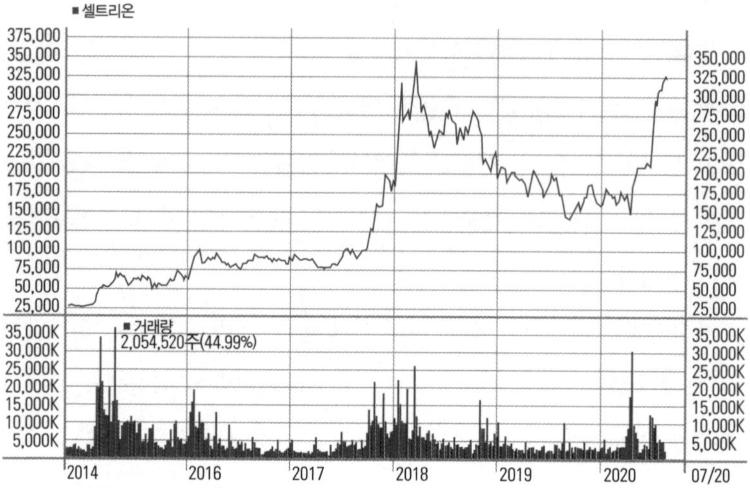

자료: 키움증권 HTS

초순 시세가 최고점이었다. 셀트리온 주가는 2020년 3월 하순에 이르러서야 대량 매매가 일어나면서 급반등했고, 7월 하순에는 한창때 시세에 다가섰다(7월 21일 종가 32만 7500원).

거래량을 분석해서 증시 상황과 적당한 매매 방향을 알려주는 기술적 분석 지표는 없을까?

대표적인 예가 보기 그림에 표시한 거래량 지표, 볼륨레이쇼(Volume Ratio, VR)다.

VR은 일정 기간 주가가 상승한 거래일의 거래량 누계를 주가가 하락한 거래일의 거래량 누계로 나눠 백분율로 나타낸다. 보통은 최근 25일간 거래량 분석을 통해 단기 증시 상황을 진단하는 VR 25(25일 VR)를 많이 쓴다. VR 25는 최근 25거래일 동안 주가가 올랐던 날의

셀트리온 주가와 VR 추이

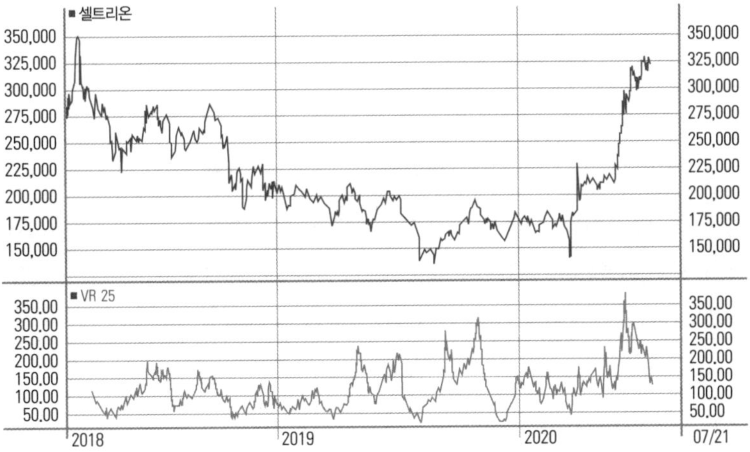

자료: 키움증권 HTS

거래량 누계를 주가가 떨어졌던 날의 거래량 누계로 나눈 비율이다.

$$VR\ 25(\%) = \frac{\text{최근 25거래일 중 주가 상승일 거래량 누계}}{\text{최근 25거래일 중 주가 하락일 거래량 누계}} \times 100$$

주가가 보합을 기록한 날은 거래량 합계를 절반으로 나눠 분모와 분자에 각각 더한다. 주가가 보합세였던 날의 거래량까지 포함한 VR 계산식은 다음과 같다.

$$VR\ 25(\%) = \frac{\text{최근 25거래일 중 주가 상승일 거래량 누계+시세 보합일 거래량 합계의 절반}}{\text{최근 25거래일 중 주가 하락일 거래량 누계+시세 보합일 거래량 합계의 절반}} \times 100$$

VR이 높을수록 주가 상승일 거래량이 주가 하락일 거래량보다 많다는 뜻이다. 따라서 VR이 높은 장세는 단기 강세장이라고 판단한다. 반대로 VR이 낮을 때는 약세장이라고 판단한다.

보통 VR이 150% 안팎이면 증시가 보합 수준이라고 본다. 강세장일 때 300~350% 정도까지는 정상이지만, 350%를 넘으면 장이 단기 과열되었으니 추가 매수를 자제하거나 보유 주식을 팔 때다. 반면 VR이 50~70% 이하면 장이 침체해 바닥권인 상태이므로 단기 매수 시점이다. 증시에서 거래량이 계속 늘면 증시가 과열되고, 주가가 바닥권에 이르면 거래량도 바닥을 친다는 경험에 근거한 풀이다.

시장 심리 보고 매매 타이밍 잡으려면?

(기술적 분석 지표 6. 투자심리도)

증시 투자자는 주가가 계속 오르기만 하거나 계속 내리기만 하는 일이 흔치 않다는 사실을 경험으로 안다. 그래서 주가가 최근 며칠 계속 올랐다면 '조만간 조정받겠다'고 생각하고 매도 주문을 내놓기 시작한다. 거꾸로 주가가 최근 며칠 계속 내렸다면 '조만간 반등하리라'고 짐작하고 매수 주문을 내놓기 시작한다. 주가 추이에 따라 투자 심리가 바뀌는 셈이다. 이렇게 주가 추이에 따라 투자 심리가 바뀌는 것을 숫자로 보여주는 기술적 분석 지표가 있다. 바로 투자심리도다.

투자심리도는 최근 일정 기간(보통 10거래일) 주가가 전날보다 오른 날수를 해당 기간 날수로 나눠 백분율(%)로 표시한다. 예를 들어 삼성전자 시세가 최근 10일 동안 3일 올랐다면 투자심리도는 (3일÷10일=)

30%이고, '10일 투자심리도가 30%'라는 식으로 표현한다. 만약 12일간 주가가 3일 오르고 9일 내렸다면 12일 투자심리도가 (3÷12=) 25%다. 반대로 9일 오르고 3일 내렸다면 12일 투자심리도는 (9÷12=) 75%가 된다.

$$10일\ 투자심리도(\%) = \frac{최근\ 10일\ 사이\ 주가가\ 오른\ 날수}{10일} \times 100$$

투자심리도를 보면 주가가 과열됐는지 침체됐는지 알 수 있다. 매매 대응을 언제 하면 좋을지(사야 할지, 팔아야 할지, 관망해야 좋을지), 언제 매매할지까지 알 수 있다. 보통 다른 변수가 없는 한 투자심리도가 60%를 넘으면 주가가 과열됐다고 본다. 경험상 주가가 계속 오르기는 어렵기 때문이다. 만약 75% 이상이면 팔아야 할 때라고 본다. 하지만 25% 이하면 주가가 매우 침체된 상태이므로 사들이기에 적당한 타이밍이라고 해석한다.

투자심리도는 과거 주가 흐름을 분석해서 향후 매매 시점을 포착하는 데 써먹는 기술적 분석 지표의 전형이다. 기술적 분석 지표 중에서도 주가나 거래량의 추세 또는 변동성이 얼마나 강한지를 나타내므로 시장 강도(强度) 지표로 분류한다.

증권사 매매 전용 프로그램 HTS와 MTS 등에서는 투자심리도를 그래프로 만든 투자심리선(psychological line) 차트를 찾아볼 수 있다. 코스피지수나 코스닥지수 같은 종합주가지수의 추이와 투자심리선, 또는 개별 종목의 주가 추이와 투자심리선을 한 차트에 함께 그려볼 수도 있다.

개별 종목 투자심리도 추이

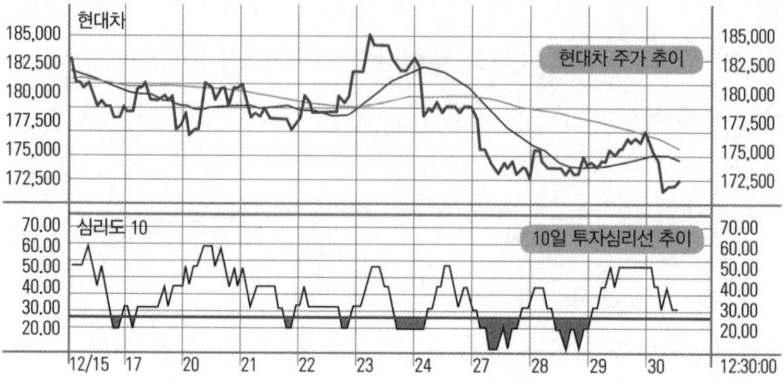

자료: 키움증권 HTS

보기 그림은 코스피지수와 개별 종목(현대차) 주가의 10일 투자심리선을 그린 차트다. 차트에서 투자심리선을 표시할 때는 대개 75% 이상이거나 25% 이하인 부분을 이내 알아볼 수 있게 표시한다. 보기 그림도 그렇다. 투자심리선 위쪽에는 75%선을, 아래쪽에는 25%선을 그어놓았다. 그래프에 표시된 '심리도 10'은 10일 기준으로 만든 투자심리도라는 뜻이다.

매매 세력 크기는 어떻게 알아볼까?

(기술적 분석 지표 7. ADR)

증시에서 매수·매도 세력이 얼마나 큰지 알아보는 데 도움이 될 지표가 있을까?

등락비율, 곧 ADR(Advance Decline Ratio)을 보면 된다. 증시가 열린 기간(일 단위)에 주가가 오른 종목 수(누계)를 주가가 내린 종목 수(누계)로 나눠 백분율(%)로 구하는 기술적 분석 지표다.

$$ADR(\%) = \frac{\text{상승 종목 수(누계)}}{\text{하락 종목 수(누계)}} \times 100$$

ADR이 100%보다 크면 주가가 오른 종목 수가 내린 종목 수보다 많으므로 매수세가 매도세보다 크다고 본다. 반대로 100%보다 작으면 주가가 내린 종목 수가 오른 종목 수보다 많아서 매도세가 매수세보다 큰 것이다. 만약 100%라면 주가가 오른 종목 수와 내린 종목 수, 또는 매도세와 매수세가 서로 균형을 이룬다는 뜻이다.

보통 ADR이 120%를 넘으면 주가가 오른 종목 수가 내린 종목 수의 120%를 넘어 시장이 과열됐다는 뜻이다. 단기 투자 관점에서는 매도가 필요하다고 본다.

만약 ADR이 75% 밑으로 내려가면 주가가 오른 종목 수가 내린 종목 수의 75% 이하라는 뜻이다. 증시가 바닥권에 이르렀으니 단기 투자 관점에서는 사들일 때라고 풀이한다.

ADR이 75%를 넘었어도 120% 아래면 증시가 매매 세력 간 균형을 이룬 상태라고 본다.

보기 기사는 ADR 지표로 볼 때 증시가 바닥권에 있으니 향후 반등 가능성이 크다고 보는 전문가 관측을 전한 예다.

기사보기

지표로 보는 증시 '바닥'…
전문가들 반도체·자동차 담아라

국내증시가 하락세를 이어오면서 등락비율(ADR, Advance Decline Ratio) 지표도 바닥권에 머물고 있다. 금융투자업계 전문가들은 현재 증시는 추가하락 대신 반등 가능성에 무게를 두는 모습이다. 다만 종목 선정에 있어서는 신중할 필요가 있다며 실적개선이 이뤄지고 있거나 외국인들의 수급이 유입 중인 반도체와 자동차, 조선 관련주에 대한 관심이 필요하다고 입을 모았다. 24일 한국거래소에 따르면 지난 23일 코스피 ADR은 61.74%, 코스닥은 57.88%로 집계됐다. 이는 올해 들어 가장 낮은 수치다.

에너지경제신문
2023.10.24

ADR 지표는 분석 기간을 얼마로 잡느냐에 따라 다양하게 만들 수 있다. 우리나라에서는 주로 ADR 20(20일 이동평균치 ADR)을 쓴다. ADR 20은 최근 20거래일 ADR 합계를 20일로 나눠 구한다.

$$\text{ADR 20} = \text{ADR 20 이평치} = \frac{\text{최근 20거래일 ADR 합계}}{\text{20(일)}} \times 100$$

증시에서 매수·매도 세력이 얼마나 큰지 알아보려면 종합주가지수 추이를 봐도 된다. 하지만 코스피지수나 코스닥지수는 시가총액식 지수다 보니 시가총액이 큰 몇 종목이 시세를 좌우하는 경향을 보이고, 그래서 매매 세력의 크기를 제대로 보여주지 못할 때가 잦다. ADR은 주가지수 등락에 상관없이 상승 종목 수와 하락 종목 수 간 비율로 증

코스피지수와 ADR 추이

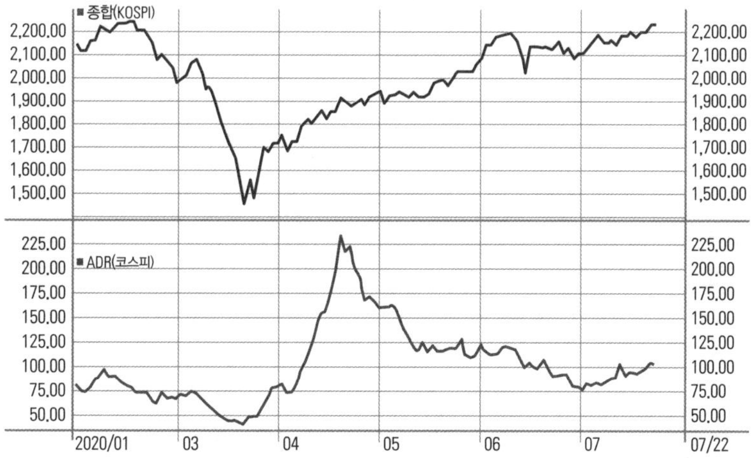

자료: 키움증권 HTS

시가 어디로 쏠리는지 쉽게 알려준다. ADR이 낮아지고 있다면 주가가 내리는 종목이 오르는 종목보다 많다는 뜻이다. 거꾸로 ADR이 높아지고 있다면 주가가 오르는 종목이 내리는 종목보다 많다는 얘기다.

실제로 2020년 코스피지수와 ADR 추이를 그린 보기 그림을 보면 주가와 ADR 추이에 차이가 있다. 차트가 보여주듯 주가는 연초 코로나 사태로 급락했다 3월 중순 지나서는 계속 상승세를 보인다. 그렇다고 주가가 오르는 종목이 내리는 종목보다 점점 더 많아지는 장세는 아니다. ADR은 4월 중순 지나 계속 하강세를 탔고, 7월 들어서는 주가가 내린 종목 수가 오른 종목 수보다 많아졌다.

증시 전반을 놓고 볼 때 투자자가 수익을 내기에는 아무래도 주가가 내리는 종목보다 오르는 종목이 많은 장세가 유리하다. 따라서 이왕이면 ADR이 낮아지기보다 높아지는 시장에 투자하는 게 바람직하다. ADR이 매우 낮다면 증시가 지나치게 하락세로 쏠린 것이니 단기 반등 가능성이 있다고 봐야 한다. 반대로 ADR이 매우 높으면 증시가 상승세로 많이 쏠렸다는 뜻이다. 단기 반락 가능성에 대비할 필요가 있다.

자사주 매입은 호재일까?

기사보기

제약업계 잇달아 자사주 매입…효과 있었나?

올해도 제약바이오 업종 시장의 침체 분위기가 이어지고 있는 가운데 국내 일부 제약사들이 잇달아 자사주를 매입하고 있다. 주가가 하락하는 상황에서 주주 달래기에 나선 것이라는 분석이다. … 최근 한미약품의 지주회사 한미사이언스는 자사주 33만 주를 매입한다고 밝혔다. … 자사주 매입 계획을 밝힌 시점(10월25일)부터 지난 15일 기준 한미사이언스의 주가는 15.5% 상승했다. … 광동제약도 지난 4월 13일부터 6월 28일까지 장내 매수를 통해 총 100만 주, 약 62억 원의 자사주를 매입했고, 올해 들어 15일 기준 21.64% 주가가 상승했다.

메디코파마
2023.11.29

제약회사들이 자사주를 매입하면서 주가가 올랐다고 전한 기사다. 기사에서 언급한 한미사이언스 주가(종가)는 그림에서 보듯 10월 25일 자사주 매입 계획을 밝힌 시점(3만 1600원)부터 가파르게 올라, 한 달

자사주 매입과 주가 추이 사례

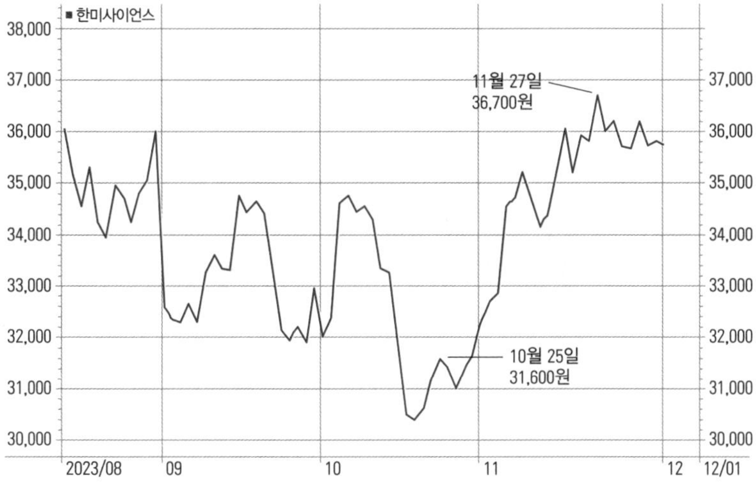

자료: 키움증권 HTS

뒤인 11월 27일 3만 6700원까지 뛰었다.

상장 기업은 주가 하락이 반갑잖다. 기업 이미지도 나빠지고, 증시에서 사업 자금을 마련하기도 어려워지기 때문이다. 그래서 주가가 너무 떨어진다 싶을 때는 따로 돈 들여 자사 주식을 사들이기도 한다. 자사주 공급 물량을 줄여 주가를 떠받치려는 의도다. 때로 회사 안팎에서 대주주를 상대로 경영권을 장악하려는 시도가 있는 경우 경영권 방어 목적으로 자사주를 사기도 한다. 이렇게 기업이 자사주를 사들이는 것, 곧 자사주 매입(buy-back)은 보기 기사에서 보듯 주가에 늘 호재로 작용하는 것일까?

기업이 자사주 매입을 얼마나 많이 하느냐는 흔히 시황과 관계가 깊다. 대개 증시 활황 때는 자사주 매입(취득)과 매도(처분)가 다 함께 늘어난다. 반면 침체장에서는 자사주 취득과 처분이 함께 줄거나, 취득만 늘고 처분은 줄어든다. 증시 침체기에 자사주 처분이 줄어드는 이유는 기본적으로 주식을 팔아봤자 제값 받기 힘들기 때문이다. 만약 자사주 취득이 늘어난다면, 주가가 쌀 때 대주주가 주식을 추가 확보함으로써 주가 부양을 겸해 경영권 안정을 도모하는 경우가 많다.

우리나라에서 자사주 매입 절차는 이사회의 자사주 취득 결의로 시작된다. 이사회 결의가 이뤄지면 당일 금융위원회와 거래소에 자사주 취득 공시(자기주식 취득 결정 공시)를 낸다. 이후 역시 금융위원회와 거래소에 자기주식 취득 신고서를 내고 3일이 지나면 장내시장에서 주식을 살 수 있다. 3개월 안에 사야 한다.

대개 자사주 매입은 발행사가 주가를 적극 관리하겠다는 의지를 보이는 것이므로 주가에 호재로 통한다. 다만 늘 그런 것은 아니라는 데 유의해야 한다. 심한 대세 하락장에서는 주식을 사들여도 약발이 듣지 않을 때가 있다. 시장이 침체하지 않았어도 투자자가 기업의 주가 관리 의지를 의심할 때는 역시 주가에 도움이 안 된다. 회사에 따라서는 자사주 매입 후 얼마 지나 주식을 도로 내놓는 곳도 있는데, 그럴까봐 투자자가 의심하면 주식 매수에 가세하지 않는다.

장기적으로 자사주 매입이 주가에 호재로 작용하려면 회사가 자사주 매입에 그치지 않고 소각(share cancellation)까지 해야 한다. 돈 주고 산 주식을 아예 없애버려야 한다는 얘기다. 주식을 매입해 소각하면 증시에 유통되는 주식 수가 줄고 주당순이익(EPS=연간 순이익÷총 발행주식 수)이 높아진다. 그런 만큼 주식 수요가 커져서 주가가 오르기 쉽다.

그런데 자사주 매입소각은 아무나 할 수 있는 게 아니다. 자사주를 매입해 소각하면 그만큼 자본금이 줄어든다. 자본금이 줄면 재무구조상 부채가 상대적으로 커지므로 부채비율(=부채÷자본금)이 높아지고 그만큼 재무 안정성이 낮아진다. 만약 이미 부채비율이 높은 회사라면 자사주 매입소각분만큼 재무 안정성이 더 나빠지므로 매입소각이 부담스러울 수밖에 없다.

단, 부채비율이 높다 해도 이익을 많이 낸다면 자사주 매입소각이 가능하다. 이익소각을 하면 된다. 이익소각은 회사가 벌어서 쌓아둔 이익금으로 자사주를 사들여 없애는 것이다. 이익소각을 하면 자사주 매입에 자본금이 아닌 돈을 쓰므로 자본금은 변함없고 주식 수만 줄어든다. 회사가 이익을 내는데 주식 유통량이 줄어드니 주식 수요는 공급에 비해 많아지고 주가와 기업의 (내재) 가치가 다 함께 오르기 쉽다.

우리 증시에서는 상장회사의 이익소각이 2000년부터 허용됐다. 워낙 현금 흐름에 문제가 없는 회사만 가능한 일이므로, 이익소각은 증시에서 호재로 인식되어 주가를 올리기 십상이다.

증권사 투자 의견, 어떻게 활용할까?

기사보기

티빙 구독료 인상·환승연애 시즌3…
CJ ENM, 목표주가 26% 상향

NH투자증권은 CJ ENM 관련, 비용 효율화를 통한 수익성 개선이 예상된다며 투자 의견 '매수' 유지하고 목표주가는 기존 7만7000원에서 9만7000원으로 26% 상향 조정했다. 티빙 구독료 인상과 환승연애 신규 시즌에 대한 기대감도 드러냈다.

머니투데이
2023.12.01

증권사가 내놓은 종목별 투자 의견을 전한 기사다.

증권사는 매일 증시 시황 분석을 포함한 투자 분석(기업 분석) 자료를 만들어 인터넷이나 일보(日報), 데일리(Daily) 같은 소식지 등 여러 형태로 고객 등에게 공개한다. 증권사 투자 분석 자료는 투자 종목을 고를 때 참고할 만하다. 증권사 소속 애널리스트(analyst, 기업분석가)가 기업 실적 등 회사 안팎 사정을 조사·분석하고 전문가 견지에서 투자 의견을 내놓기 때문이다.

전형적인 투자 의견은 종목별 적정 주가, 곧 목표 가격(target price)을 밝히고 투자 등급(stock rating)을 매긴 내용을 포함한다. '종목 분석을 해보니 향후 몇 달 안에 도달 가능하거나 적정하다고 판단되는 가격이 얼마인데, 현재 시세를 적정 주가와 비교해볼 때 살 만하다(매수), 파는 게 좋겠다(매도), 계속 갖고 있으라(보유)'는 식으로 얘기한다.

매수(buy) 의견은 대개 적정 주가가 현재 주가보다 매우 높아서(대개 20% 이상) 주가 상승 여력이 있다고 판단할 때 제시한다. 매도(sell) 의견은 적정 주가가 현재 주가보다 크게 낮다고(역시 대개 20% 이상) 볼 때 내놓는다.

적정 주가가 현재 주가의 ±10~20% 안에 있다면 보유(hold) 의견을 제시한다. 증권사에 따라서는 '보유' 대신 '시장수익률 수준, 시장수익률 상회, 시장수익률 하회' 등으로 의견을 세분해 내놓기도 한다.

시장수익률 수준(market perform, market performer, market performance)이란 투자 의견을 매수·매도·보유로 간단히 구분할 때 '보유(하라)'에 해당하는 의견이다. 해당 종목 주가 변동이 시장 전체, 곧 종합주가지수 등락 폭과 비슷한 정도이리라 예상할 때, 보통 종합주가지수 변동 폭 기준으로 ±10~20% 정도 수익률을 기대할 수 있을 때 내놓는다. 중립(neutral)이라는 용어를 쓰기도 한다.

시장수익률 상회(outperform, market outperformance, market outperformer)는 '보유' 중에서도 낙관적 의견이다. 향후 주가가 종합주가지수 상승 폭보다 다소 오를 것 같을 때, 보통 주가 상승 폭을 종합주가지수 대비 10% 이상 20% 이내로 예상할 때 내놓는다.

시장수익률 하회(underperform, market underperformance, market underperformer)는 '보유' 중에서도 비관적 의견이다. 향후 주가 상승 폭이 종합주가지수 상승 폭보다 다소 낮으리라고 볼 때, 보통 주가 상승 폭을 종합주가지수 대비 10% 이하로 예상할 때 내놓는다.

매수·매도 의견도 적극 매수(강력 매수strong buy)와 적극 매도(강력 매도strong sell)로 나눠 제시하곤 한다.

향후 주가 변동에 관한 증권사 투자 의견을 긍정적인 것부터 순서대로 정리하면 대략 다음과 같다.

- 강력 매수 – 매수 – 시장수익률 상회 – 보유(중립) – 시장수익률 하회 – 매도 – 강력 매도
- 투자 비중 확대(overweight) – 투자 비중 중립(유지, 동등 비중equal weight) – 투자 비중 축소(underweight)

• 적극 매수 — 매수 — 보유 — 매도 — 적극 매도

투자 의견을 볼 때 유의할 점이 있다. 같은 투자 의견이라도 내용은 증권사마다 다를 때가 많다는 사실이다. 가령 M증권은 종목별 시세 상승 폭이 종합주가지수 상승 폭을 20% 이상 넘겠다 싶을 때 '적극 매수' 의견을 내놓는데, H증권은 종합주가지수 초과 수익률이 적어도 40~50% 수준은 되리라고 예상될 때 '적극 매수'를 권하는 식이다. 종목별 증권사 투자 의견을 참고할 때는 제목이나 개요만 대충 보지 말고 내용을 자세히 읽어봐야 한다.

증권사 종목 추천, 믿을 만한가?

기사보기

못믿을 '증권사 리포트'…영업익 적중률 고작 11%

증권사들이 전망한 기업들의 실적 예상치와 실제 공개된 영업이익 간 차이가 지나치게 커 증권사 보고서의 실효성에 대한 의문이 제기될 것으로 보인다. 실적 전망치를 제시한 기업 10곳 중 8곳은 실제 숫자와 20% 이상 차이가 났다.

서울경제
2023.02.13

증권사에서 내놓는 기업 분석이나 투자 의견은 종목이나 매매 시점을 고를 때 참고할 만하다. 기업 수익성이 나아지는지도 확인하고, 증권사가 제시하는 적정 주가 또는 목표 주가와 실제 주가의 향배를 비교

해보는 데 활용하면 좋다. 특히 증권사 투자 의견은 보통 몇 개월에서 1년 뒤까지 전망하므로 장기 투자 종목을 고르고 매매하는 데 도움이 된다. 그렇다고 증권사 얘기를 무조건 믿으라는 말은 아니다.

증권사 투자 의견은 사라느니 팔라느니 하면서 상황에 따라 다양한 내용을 내놓는 것 같지만, 실은 매수 추천이 많고 매도 의견은 적다. 실제로 2014년 1월부터 2016년 10월까지 약 3년 동안 국내 증권사 32곳이 낸 리포트 6만 5192건 중 매도 의견은 126건, 전체의 0.2%에 불과했다. 만약 투자자가 증권사 의견을 고스란히 따랐다면 주가가 오르락내리락하는 동안 팔아서 차익을 실현하거나 손절매를 해서 손실을 줄일 기회를 거의 얻지 못했을 것이다.

증권사들이 부정적 투자 의견을 내놓지 않는 이유는 뭘까? 간단하다. 그럴 경우 해당 기업과 기관투자자 등이 '주가 떨어진다'며 항의하기 때문이다. 증권사에 주식거래를 맡기는 큰손 기관투자가 중에는 거액 펀드를 조성해서 주식 투자를 하는 자산운용회사(펀드운용회사)가 있다. 이들 회사가 보유한 종목에 거래 증권사가 부정적 의견을 내놓는다 치자. 증시에서 '팔자' 세가 강해져 손실을 입기 쉽다. 실제로 그런 일이 생기면 자산운용사는 거래 증권사를 옮겨버리고, 증권사는 큰손 고객을 잃는다. 이런 구조다 보니 증권사가 자산운용사 눈치를 보느라 비판적 의견을 못 낸다.

국내 회사에 비하면 리서치와 영업 등 부문별 독립성이 비교적 보장된 것처럼 보이는 외국계 증권사도 거래처의 이해에서 완전히 자유롭지 못하다. 실정이 이러니 증권사 투자 의견을 곧이곧대로 듣기 어렵다. 증권사 투자 의견은 '적극 매수'를 권한 게 아니면 싹 다 매도 의견으로 보는 편이 낫다는 주장까지 있을 정도다.

증권사 목표 주가가 자주 안 맞는다는 것도 문제다.

2007년 말 코스피지수가 1900포인트 안팎일 때다. 국내 증권사는 이듬해 코스피지수가 저점 1753, 고점 2220포인트까지 갈 것이라며 앞다퉈 장밋빛 전망을 내놓았다. 증권사 소속 애널리스트 중 어떤 이는 '2008년 2000포인트를 넘고 2009년에는 3000선까지 간다'고 전망해 주목받았다. 그러나 2008년 코스피지수는 고점 대비 반토막 났다. 10월 27일 코스피지수 종가는 892.16포인트를 기록했다. 증권사 지수 전망을 믿고 투자했던 이들은 큰 손실을 봐야 했다.

주가 전망에 실패할 수 있다는 것은 증권사 스스로도 안다. 그렇다 보니 주가가 오름세다 싶으면 매수 의견을 내놓고 목표 주가를 높게 불렀다가, 주가가 꺾이면 슬그머니 목표 주가를 내리기 예사다. 그나마 증권사가 실력 부족으로 주가 예측을 못한다면, 예측이란 게 워낙 어려운 일이니까 봐줄 여지라도 있을 것이다. 문제는 증권사가 엉터리 주가 전망을 내놓고 투자자를 현혹하곤 한다는 데 있다. 애초부터 증권사가 자기네 보유 종목을 처분할 속셈으로 종목 추천을 내놓고 매수세가 붙으면 주식을 팔아치운다든지, 증권사가 고용한 애널리스트나 투자상담사가 특정 종목을 사놓고 추천을 거듭하는 수법으로 주가를 조작한다든지, 기업 분석 보고서를 특정인에게만 미리 흘려 이익을 얻게 하고 대가를 챙기는 등 좋지 않은 사례가 많다.

H증권 애널리스트였던 A는 어느 해 8월 다른 증권사에 친척 이름으로 증권 계좌를 열고 코스닥에서 K사 주식을 샀다. 그런 다음 이듬해 3월까지 K사 주식에 매수 의견을 7번 내놓고 166차례 매매했다.

A투자증권 투자상담사 B도 다른 사람 계좌로 주식 7억여 원어치를 거래하다 금융감독원에 적발됐다. B씨는 증권 정보를 제공하는 유명 인터넷 사이트 운영사 P사에서 이른바 '사이버 고수'로 행세하며, 특정 종목을 사두고는 매수 추천을 내놓고 주가가 오르면 팔아서 차익을 챙겼다. 이런 일이 흔하다 보니 우리 증시에서는 증권사가 내놓는 투자 의견을 썩 미덥지 않게 여긴다. 증권사가 매수를 추천하면 주가가 오히려 떨어지는 종목도 심심찮게 볼 수 있다.

투자 경보, 어떻게 활용할까?

기사보기

'투자경고 종목 지정' 에코프로머티, 10% 급락중[특징주]

투자경고 종목으로 지정된 에코프로머티(에코프로머티리얼즈)가 28일 급락하고 있다. … 오전 9시 57분 현재 유가증권시장에서 에코프로머티는 전거래일 대비 1만2700원(10.19%) 내린 11만2000원에 거래 중이다. … 앞서 거래소는 에코프로머티의 주가가 급등하자 시장경보제도에 따라 에코프로머티의 투자경고 종목 지정을 예고하고 22일 투자주의 종목으로 지정한 바 있다.

디지털타임스
2023.11.28

유가증권시장 상장 기업 에코프로머티(리얼즈)가 투자경고 종목으로 지정됐다고 전한 기사다. 증시에서 특정 종목 시세가 비정상적으로 급등하거나 소수 거래 계좌에 거래가 집중된다면 불공정 거래 탓일 수 있다. 이럴 때 증시 관리자는 투자 경보를 발령해서 투자자에게 위험을 경고한다.

우리나라에서는 한국거래소가 유가증권시장과 코스닥시장, 코넥스 등에서 일어나는 불공정 거래 행위를 시장 관리자 입장에서 자율 규제한다. 실무는 자본시장법(자본시장과 금융투자업에 관한 법률)에 따라 거래소가 설치한 내부 기구 '시장감시위원회'가 맡고 있다.

거래소가 하는 투자 경보에는 투자주의, 투자경고, 투자위험 등 3단계가 있다.

1단계로는 문제 종목을 투자주의 종목으로 지정해 공시한다. 보통 몇 안 되는 영업점이나 계좌로 매수가 몰리면서 주가가 급등락하는 종목이 대상이다.

투자주의 종목 지정 뒤에도 주가 급등락이 계속되면 경보 2단계인 투자경고 종목으로 지정한다. 1단계 경보 때는 투자주의 종목으로 공시되는 것뿐 별다른 제재가 없지만, 2단계 경보는 다르다. 투자경고 종목으로 지정 공시되면 투자자가 해당 종목 매매 주문을 낼 때 위탁증거금(증거금)을 현찰로 100% 내야 한다. 위탁증거금이란 투자자가 주식 매매에 앞서 자기 증권거래 계좌(위탁 계좌)에 미리 넣어둬야 하는 매매 보증금(담보금)이다. 보통 위탁증거금률은 주식 매수 대금(약정 금액)의 40% 안팎이다. 100만 원어치 주식을 사려면 40만 원가량 현찰로 입금해야 한다는 뜻이다. 그러나 투자경고 종목으로 지정되면 위탁증거금률이 100%가 된다. 주식 100만 원어치를 사려면 100만 원을 고스란히 현찰로 입금해야 한다.

그뿐 아니다. 보통 종목은 신용융자거래(투자자가 증권사에서 돈을 빌려 주식을 매매하는 거래)가 가능하지만 투자경고 종목은 할 수 없다. 유가증권시장과 코스닥에서는 대용증권 사용도 못 한다(코넥스 주권은 제외). 대용증권 사용이 제한된 주식은 증권사에 맡기고 돈이나 주식을 빌리는 데 쓸 수 없어서 담보 가치를 잃는다. 투자자 입장에서는 보유 주식을 투자에 활용하는 데 제한을 받는 셈이므로 그만큼 불편해진다.

만약 투자경고 종목으로 지정된 뒤에도 주가가 더 오르면 최고 경보 단계인 투자위험 종목으로 지정 공시한다. 그럼 2단계 제재에 제한이 추가된다. 지정 즉시 당일 거래가 정지된다. 이후 거래가 재개된 다음 영업일에도 주가가 투자위험 종목으로 지정되기 전보다 40% 이상 오르면 그날 하루 거래 역시 거래소 결정에 따라 정지될 수 있다. 그러므로 투자위험 종목으로 지정된 주식의 시세가 급등할 때는 거래가 정지될 가능성에 대비해 매매할 필요가 있다.

지정일부터 계산해서 10일째 되는 날 이후의 날(T) 종가가 그 이전 5일(T-5) 종가보다 60% 이상, 그 이전 15일(T-15) 종가보다 100% 이상 오르지 않으면 투자위험 종목에서 해제된다. 지정일부터 계산해서 10일째 되는 날 이후의 날(T) 종가가 15일 종가 중 최고가가 되지 않는 경우에도 해제된다. 투자위험 종목에서 해제되면 자동으로 투자경고 종목으로 지정된다.

주가가 급등하는 종목은 흔히 추격 매수가 붙기 쉬운데, 그러다 투자위험 경보가 나오면 주가가 갑자기 방향을 틀어 손해 보기 십상이다. 그러므로 주가가 급등하는 종목이 있으면 투자위험 경보가 나올

투자경고 종목 조회

시장구분	○ 전체 ◉ 코스피 ○ 코스닥 ○ 코넥스
조회일자	20231201 ~ 20231201 [1일] [1개월] [6개월] [1년]

조회 다운로드

번호	종목코드	종목명	현재가	대비	공시일	지정일	해제일
6	084695	대상홀딩스우	27,200	▲ 5,350	2023/11/29	2023/11/30	-
5	204210	모두투어리츠	12,320	▼ 490	2023/11/28	2023/11/29	-
4	004830	덕성	8,520	▼ 510	2023/11/27	2023/11/28	-
3	450080	에코프로머티	132,800	▼ 4,200	2023/11/27	2023/11/28	-

자료: KRX 홈페이지

낌새는 없는지 살펴야 한다. 한국거래소 홈페이지에서 '시장감시' 메뉴를 보면 코스피, 코스닥, 코넥스 시장에서 투자주의 종목, 투자경고 종목, 투자위험 종목으로 어떤 종목이 지정되어 있는지 모두 조회해 볼 수 있다.

관리종목 투자, 함정에 빠지지 않으려면?

유가증권시장과 코스닥시장에는 관리종목이라고 부르는 종목이 있다. 발행사 경영에 심각한 문제가 생겨서 시장 관리자인 한국거래소가 따로 지정하는 종목이다. 상장 기업이 한국거래소에 정기적으로 내야 하는 사업보고서를 내지 않거나 회계감사 결과 문제가 있는 경우, 주가와 시가총액 또는 거래량이 너무 오래 낮은 종목이 주로 지정

관리종목 조회

시장구분	◉ 전체 ○ KOSPI ○ KOSDAQ

조회

◷2023/12/01 PM 01:39:35 (20분 지연 정보)

종목코드	종목명	현재가	등락폭	등락률(%)	거래량(주)	거래대금(원)	지정일자
099520	ITX-AI	1,284	0	0.00	0	0	2023/11/15
380440	엔에이치스팩1...	10,200	– 0	– 0.00	10,501	107,108,530	2023/11/14
377630	삼성스팩4호	2,225	▲ 50	▲ 2.30	128,805	287,318,750	2023/11/14

자료: KRX 홈페이지

된다.

관리종목으로 지정되면 일정 기간 매매 거래가 정지될 수 있다. 매매 거래가 정지된 종목은 거래소가 '매매거래정지 종목'으로 따로 분류해 관리한다. 관리종목 지정 후에도 사업보고서를 내지 않거나 주가·시가총액·거래량이 계속 부진한 기업은 거래소가 상장을 폐지한다.

상장폐지가 결정되는 기업은 증시에서 퇴출되고, 해당 기업이 발행한 주식은 휴지 조각이 되고 만다. 그래서 관리종목으로 지정되기만 해도 주가가 폭락하면서 발행사에는 위기가 닥치게 마련이다. 그런데도 증시에서는 간혹 관리종목 투자가 성행한다. 특히 유동성 장세 때는 관리종목 거래가 왕성하게 일어나기도 한다. 이유가 뭘까? 소생 가능성이 있기 때문이다.

관리종목으로 지정되더라도 튼튼한 기업에 인수될 전망이 있거나 특별한 회생 요인이 있을 때는 주가가 오른다. 관리종목 지정 사유를 지정 기한 내 해소하고 경영을 개선하면 지정에서 풀려 일반 종목으

매매거래 정지 종목 조회

시장구분	◉ 전체 ○ KOSPI ○ KOSDAQ ○ KONEX

조회

종목코드	종목명	정지일	정지사유
002880	대유에이텍	2023/12/01	주식의 병합, 분할 등 전자등록 변경, 말소
203690	스피어파워	2023/12/01	풍문 또는 보도 관련

자료: KRX 홈페이지

로 되돌아갈 수 있는데, 그런 전망이 설 때는 주가가 오른다. 보기 기사도 그런 경우를 전한 예다.

기사보기

CSA코스믹, 실적 턴어라운드에 주가 '훨훨'…
관리종목 벗어나나

화장품 제조 및 판매기업 CSA 코스믹이 실적 턴어라운드에 성공하며 관리종목 탈피 기대감을 높이고 있다. 지난해 5년 연속 적자로 상장폐지 위기에 몰렸던 CSA 코스믹은 흑자 소식에 주가도 덩달아 오름세를 타고 있다. … CSA 코스믹은 최근 12거래일 연속 오름세를 기록하며, 이 기간 동안에만 주가가 40% 가량 올랐다. 실적 턴어라운드 기대감이 반영된 것으로 해석된다.

서울경제TV
2022.03.04

관리종목은 단가가 싸다는 메리트가 있다. 비교적 적은 돈으로도 많은 수량을 매매할 수 있어서 잘만 골라잡으면 쉽사리 큰 득을 볼 수 있다. 문제는 잘 고르기가 쉽지 않다는 것. 관리종목으로 지정된 기업에서는 대주주나 임원 등이 종종 시세조종과 내부자거래 등 불공정 거래를 시도한다. 결국은 망할 것을 알면서도 '소생한다더라'며 헛소문을 내 주가를 띄운 다음 매수세가 붙으면 보유 주식을 팔아치우는 수법을 흔히 쓴다. 이런 종목에 섣불리 투자했다가는 큰 낭패를 볼 수 있다.

관리종목에 투자했다 피해 보지 않으려면 어떻게 해야 할까? 관리종목 주가가 급등할 때면 으레 '기사회생설'이 나돈다. 꼼꼼하게 살펴 진위를 확인해야 한다. 확인하기 쉽지 않을 수 있지만, 함정에 빠지지 않는 길은 그것뿐이다.

정리매매 종목에 투기 몰리는 까닭은?

기사보기

**"상폐되는 종목인데 왜 살까"…
정리매매 '폭탄 돌리기'**

코스닥 상장사 엘아이에스의 정리매매가 진행되고 있는 가운데 개인 투자자들이 폭탄 돌리기 투기판에 뛰어들고 있다. 주가가 일시적으로 급등락하는 현상을 반복하면서 단기 차익을 노리기 위한 움직임으로 보인다.

뉴시스
2023.11.29

상폐, 곧 상장폐지를 앞둔 종목이 정리매매를 하면서 시세가 급등락한다고 전한 기사다.

상장 기업 중에는 갑자기 부도를 내서 증시 관리자로부터 상장폐지 결정을 받는 기업이 있다. 상장을 유지해봤자 실익이 없다고 판단해 스스로 상장을 폐지하는 기업도 있다. 이런 기업이 유통시키던 주식은 상장폐지 직전 7거래일 동안 마지막 매매를 한다. 이른바 정리매매. 투자자로서는 보유 주식을 처분할 마지막 기회다.

정리매매를 앞둔 종목은 상장폐지 결정과 동시에 시세가 급락하는 게 보통이다. 정리매매 때는 일간 시세 등락 폭 제한이 없고, 30분간 호가를 접수한 다음 30분마다 한꺼번에 단일가로 주문을 체결하는 방식으로 거래하기 때문에 주가가 급등락하는 경우가 많다.

보기 기사가 소식을 전한 코스닥 상장사 엘아이에스 주가도 그랬다. 엘아이에스는 2023년 11월 23일 한국거래소 코스닥시장본부로부터 상장폐지 결정을 통보받고, 27일 정리매매를 시작했다. 첫날 주가는 직전 거래일 시세(2730원)에서 2398원(87.84%)이 빠져 단숨에 300원대(이하 종가, 332원)가 됐다. 그러나 이튿날 주가는 435원으로 103원(전일 대비 31.02%)이 올랐다. 29일에는 다시 350원으로 급락했고, 30일에는 285원으로 더 떨어졌다.

이처럼 주가가 급등락을 반복하지만 정리매매 최종일 주가는 사상 최저 수준으로 떨어지기 쉽다. 엘아이에스 시세도 정리매매 최종일인 12월 5일 사상 최저치인 178원으로 떨어졌다.

그나마 정리매매 때 처분되지 못하고 남은 주식은 환금성을 잃고 휴지 조각이 될 가능성이 크다. 청산 절차를 밟는 회사는 잔여 재산을

정리매매 종목 조회

시장구분	◉ 전체 ○ KOSPI ○ KOSDAQ ○ KONEX

조회

◷2023/12/01 PM 01:49:26 (20분 지연 정보)

종목코드	종목명	현재가	등락폭	등락률(%)	거래량(주)
138690	엘아이에스	279	▼ 6	▼ -2.11	1,551,700

자료: KRX 홈페이지

임금·세금 지급이나 빚 상환에 먼저 쓰게 되어 있어서 주주에게 돌아갈 몫이 거의 남지 않기 때문이다. 그러므로 상장폐지가 결정된 종목을 갖고 있다면 정리매매 때 무조건 팔아치우는 게 상책이다.

그런데 정리매매 종목 주가가 급등락하는 이유는 뭘까?

투기 때문이다.

정리매매 종목이라고 해서 다 주가가 떨어지는 것은 아니다. 투기 매수가 몰리면 상장폐지 결정 전보다 주가가 오르기도 한다. 이런 현상은 주로 정리매매 종목에 투기하는 '정리매매꾼' 때문에 생긴다.

정리매매꾼은 전형적으로 헛소문을 만들어 흘리면서 주가를 부추긴다. 인수·합병(M&A)에 나서는 새 주인이 높은 가격에 되사줄 거라느니, 경쟁 업체와 합병해서 상장 자격을 유지할 수 있다느니, 슈퍼 개미(거액 개인투자자)가 인수자로 나섰다느니 하는 식이다. 실제로 주가가 뜨고 일반 투자자가 매수에 가세해 주가가 더 오르면 '꾼'은 팔아치워 차익을 챙긴다. 주가는 급락하고 추격 매수한 투자자는 손실을 안게 된다.

한국거래소에 따르면 2016년 1월부터 2018년 10월 4일까지 약 3년간 코스피시장과 코스닥에서 상장이 폐지된 기업이 31개사(코스피 7개사, 코스닥 24개사, 자진 폐지 경우는 제외)인데, 이들 종목 주가는 정리매매 기간에 평균 90.21% 떨어졌다. 정리매매 종목 시세가 일시 뛴다고 매수했다가는 '쪽박'을 차기 쉽다는 얘기다.

투자자가 정리매매 종목 투자의 위험성을 모르는 것은 아니다. 대개는 주가가 언제 추락할지 모르지만 '난 그 전에 팔고 나간다'는 생각으로 투자한다. 비유하자면 투자자끼리 '폭탄'을 돌리면서 대박을 노리는 투기인 셈이다. 곧 보기 기사에서 말하는 '폭탄 돌리기'다.

5

공모주 · 실권주 투자 포인트

공모주와 공모주 청약

유상증자와 무상증자

신주인수권

유상증자 투자

실권주 공모와 권리락

우리사주제도

장외 공모주 투자

증시에서는 공모주 청약을 비교적 안전한 투자 기회로 본다.
그렇다고 무턱대고 뛰어들면 낭패 볼 수 있다.
공모 후 주가가 공모가를 밑도는 수준으로
떨어질 수도 있기 때문이다.

공모주란 무엇인가?

기사보기

시사저널e
2023.11.29

**에코프로머티發 공모주 광풍…
상장 앞둔 LS머트리얼즈 '함박웃음' 짓나**

최근 에코프로머티리얼즈(에코프로머티)를 필두로 신규 상장 종목들의 주가가 급등하면서 공모주 시장에 광풍이 불고 있다.

2차전지 소재를 생산하는 기업 에코프로머티를 비롯해서 새로 증시에 상장한 종목의 주가가 급등했고, 이런 상황을 '공모주 시장에 광풍이 분다'고 표현한 기사다. 이 기사가 무슨 얘기를 하는 것인지 이해하려면 공모주가 뭔지 알아야 한다.

공모주란 주식회사가 자본금을 공모하면서 투자자에게 제공하는 주식이다. 공모란 주식회사가 자본금을 공개 모집하는 일을 말한다.

주식회사가 창업하려면 사업 밑천, 곧 자본금부터 조성해야 한다. 창업 초기 자본금은 흔히 창업자나 창업자의 친지 등 몇몇 개인이 조성하므로 규모가 작고 주주 구성도 폐쇄적이다. 처음에는 그렇지만 사업을 계속하다 보면 으레 사업을 키우기 위해 자본금을 늘릴 생각을 하게 된다. 자본금을 늘리려면 주식을 더 발행해야 한다. 자본금은 주식을 발행해 주주에게 판 대가로 조성하기 때문이다.

주식회사가 주식을 추가 발행해 자본금을 늘리는 것을 증자(增資, capital increase)라 한다. 증자에는 크게 두 가지 방식, 곧 사모(私募, private offering)와 공모(公募, public offering)가 있다. 주로 누구로부터 자본금을 마련(조달)하고, 자본금 마련을 위해 새로 발행하는 주식을 누구에게 넘기느냐를 기준으로 한 구분이다.

자본금 마련을 사모로 할지 공모로 할지는 창업 때부터 선택해야 한다. 사모는 주로 회사와 관련 있는 소수 개인, 기관, 기존 주주, 새 투자자에게만 새로 발행하는 주식을 넘겨 자본금을 모으는 방식이다. 창업 때는 아무래도 사모 방식을 많이 쓴다. 반면 공모는 기존 주식이나 새로 발행하는 주식을 투자자에게 공개리에 팔아서 자본금을 모집하는 방식이다.

공모와 사모의 개념은 법이 정해놓았다. 자본시장법(자본시장과 금융투자업에 관한 법률 9조 등)에 따르면, 공모는 50명 이상 투자자에게 유가증권을 팔아서 자본금을 모집하는 일이다. 공모 중에서도 새로 발행하는 증권, 이를테면 신주(新株)를 공모하는 것은 '모집(신주 모집)', 이미 발행된 증권, 곧 구주(舊株)를 팔아넘기는 것은 '매출(구주 매출)'이라 한다. 사모는 50명 미만 투자자에게 새로 증권을 발행해서 파는 일이다.

자본금 공모 방식 중 사모는 비교적 소수의 투자자에게서 소액 자본금을 모으는 것이므로 법이 별달리 규제하지 않는다. 반면 공모는 규제가 많다. 공모로 10억 원 이상 자본금을 마련하려는 주식회사는 금융감독원에 사업 내용을 자세히 설명하는 증권신고서(registration statement)를 내고 심사와 허가를 받아야 한다. (소액공모 때, 곧 공모로 마련하려는 자금이 10억 원 미만이면 증권신고서를 내지 않아도 된다.)

공모를 허가제로 운영하는 이유는 부실 회사가 시장 질서를 어지럽히지 않게 하기 위해서다. 공모를 해놓고 금방 문 닫는 회사가 생기면 많은 투자자가 피해를 입기 때문이다.

기업이 상장할 때도 비슷한 취지의 법 규제가 작동한다. 우리나라에서는 주식회사가 정규 증시에 상장하려면 상장 후를 기준으로 총 발행주식 중 일정 비율 이상을 상장 직전에 공모하게 되어 있다. 보기 기사가 다룬 에코프로머티도 코스피시장 상장을 전제로 공모에 나섰다.

상장을 앞둔 기업에 공모를 의무화한 이유는 뭘까?

주로 상장 기업의 주식 소유를 널리 분산시키기 위해서다. 주식 소유가 분산될수록 기업 활동의 공공성과 대중성이 높아지고 증시의 신뢰도를 높이는 등 증시 발전에 기여한다고 보기 때문이다. 이런 취지를 따라 주식회사가 상장을 앞두고 자본금과 주주를 공모하는 것이 기업공개(Initial Public Offering, IPO)다.

기업공개 때는 기업이 이미 발행했거나 추가로 발행하는 주식의 전부 또는 대부분을 주식시장에 내놓고 투자자에게 공개리에 주식을 판다. 기업공개를 거친 주식회사, 곧 공개회사는 기존 자본금에 새 자본금을 더해 자본금을 늘리고 주식 소유를 일반 투자자에게 널리 분산시키게 된다.

만약 주식회사가 기업공개를 거쳐 상장하지 않고 그냥 공모한다면 어떻게 될까?

기업공개나 상장을 하지 않은 주식은 공개 기업이나 상장 기업이 발행한 주식에 비해 매매가 쉽지 않다. 그만큼 주식의 환금성이 떨어지므로 공모도 쉽지 않다. 반면 기업공개나 상장 후 공모할 때는 주식의 환금성이나 가치 상승 잠재력에 대한 증시의 기대가 높아 비교적 공모가 원활히 이뤄진다. 보기 기사에서 전하듯 '에코프로머티를 필두로 신규 상장 종목들의 주가가 급등(한)' 것도, 해당 회사들이 기업을 공개하고 상장하면서 자사 주식 가치를 높인 것과 관계가 있다.

그럼 보기 기사에서 '에코프로머티를 필두로 신규 상장 종목들의 주가가 급등하면서 공모주 시장에 광풍이 불고 있다'고 전한 것은 무슨 얘기일까?

에코프로머티 등 갓 상장한 기업의 주가가 급등했고, 그 여파로 곧 이어 상장할 회사가 판매하는 공모주에도 투자자의 관심이 부쩍 높아졌다는 얘기다.

에코프로머티는 2차전지 소재 제조 분야에서 국내 선도 기업으로 알려져 있는데, 2023년 11월 17일 유가증권시장에 상장했다. 상장 직전 공모했고 공모가(공모주 가격)가 주당 3만 6200원이었는데, 11월 17일 상장 첫날 주가가 공모가 대비 58.01% 급등한 5만 7200원에 장을 마쳤다. 이어 상장 2일 차와 3일 차 연속 상한가를 치면서 11월 말 시세는 공모가의 4배로 치솟았다.

에코프로머티뿐 아니다. 11월 코스닥에 상장한 신규 종목 중 에스와이스틸텍, 캡스톤파트너스, 그린리소스, 한선엔지니어링, 에이에스텍 등은 상장 첫날 종가가 공모가 대비 2배 이상 뛰었다. 유투바이오, 큐로셀, 에코아이도 상장 첫날 주가가 올랐고, 2일 차에도 주가가 20% 이상 급등했다.

이쯤 되자 12월 코스닥 상장을 계획한 차세대 2차전지 생산 기업 LS머트리얼즈도 비슷한 흐름을 보이리라는 기대가 퍼지면서 공모주에 관심이 몰렸다. 이런 상황을 두고 '신규 상장 종목들의 주가가 급등하면서 공모주 시장에 광풍이 불고 있다'고 전한 것이다.

공모주 청약, 초보자에게도 짭짤한 이유는?

상장을 전후로 증시에 나오는 공모주에는 두 가지가 있다. 하나는 신규 상장을 앞둔 공모주, 다른 하나는 이미 상장한 회사가 추가 발행해서 상장하는 공모주다. 어느 것이든 공모주를 사기만 하면 초보 투자자라도 쉽사리 차익을 얻는다고 말하는 사람들이 있다. 무슨 근거로 그럴까?

첫째, 새로 상장하는 공모주를 산다면, 상장 후 공모주 시세가 공모가를 뛰어넘는 일이 잦아서 득 보기 때문이다. 2023년 상반기 코스닥 시장에 상장한 31개사의 공모가 대비 상장 첫날 시초가 수익률은 평균 72.4%나 된다. 상장을 앞둔 기업에서 공모주를 사들여 상장 첫날 시초가로 팔았을 때 평균 72.4%의 고수익이 났다는 뜻이다. 종가 기준 공모가 대비 평균 수익률도 59.2%를 기록했다.

새로 상장하는 주식에는 시세 상승을 기대하는 투자 심리가 쉽게 확산된다. 특히 증시가 활황일 때는 신규 상장 주식에 기대가 집중되면서 새내기 종목의 상장 후 시세가 공모가를 웃도는 사례가 많아진다.

꼭 증시가 잘나갈 때만이 아니다. 증시가 부진할 때도 상장 후 시세가 공모가를 웃돌곤 한다. 2018년에는 코스피지수가 17.28% 하락해 2008년 글로벌 금융위기(연 -40.73%) 이후 10년 만에 가장 큰 폭으로 떨어졌는데도 신규 상장 기업(코스피, 코스닥 합쳐 76개)의 공모가 대비 주가 상승률이 연평균 9.9%를 기록했다.

둘째, 상장회사가 추가 발행해서 상장하는 공모주를 산다면, 흔히 공모가가 기존 주가보다 싸서 득 볼 수 있기 때문이다.

상장회사가 주식을 추가 발행하면 자본금이 늘어난다. 이렇게 기업이 주식을 추가 발행해서 자본금을 늘리는 것을 증자(增資, capital increase)라 한다. 증자는 두 가지 방식으로 할 수 있다. 하나는 회사가 이미 벌어놓은 돈을 회계장부에서 자본금으로 옮겨 넣고 자본금 액수가 늘어난 만큼 주식을 발행해 주주에게 무료로 나눠주는 무상증자(無償增資)다. '무상'이란 대가를 받지 않는다는 말이다. 즉 공짜로 신주를 나눠주고 자본금을 늘리는 방식이다. 다른 하나는 새로 주식을 발행해 기존 주주나 새 주주에게 돈을 받고 파는 유상증자(有償增資, paid-in capital increase)다. '유상'이란 대가를 치른다는 뜻이다. 즉 신주를 팔아서 자본금을 늘리는 방식이다.

무상증자를 하면 자본금이 장부상으로만 늘어날 뿐 실질적으로 늘어나지는 않는다. 유상증자를 해야 주식 발행액만큼 자본금이 실제로 늘어난다. 회사 입장에서는 유상증자를 해야 자본금이 늘어 사업을 키우기에 좋은데, 그러자면 주식을 팔 수 있어야 한다.

문제는 투자자가 아무 주식이나 사주지는 않는다는 점이다. 유상증자를 시도하는 회사도 증자가 쉽지 않다는 점을 안다. 때문에 증자를 성사시키기 위해 신주 공모가를 기존 주가보다 싸게 정한다. 일반 투자자에게 새 주식을 널리 공모해 판매하는 방식으로 유상증자를 하는 경우(유상증자 일반 공모) 신주 가격은 기존 주가에 30% 이내의 할인율을 적용해 발행사가 재량껏 정하게 되어 있다. 그래서 증자 공모주(유상증자 때 새로 발행해 추가 상장되는 주식) 청약은 시세 차익을 기대해볼 만한 기회가 된다.

물론 신규 상장 공모주든 증자 공모주든 시세 차익을 보려면 상장 후 시세가 공모가를 웃돌아야 한다. 상장 후 시세가 공모가를 밑돌 수도 있지만, 그럴 위험이 비교적 적다고 생각하는 투자자 중에는 공모주 청약만 골라 투자하는 이도 있다.

공모주 청약, 어떻게 하나?

기사보기

두산로보틱스 공모가 2.6만원 확정… 기관 60% 의무보유 확약

올해 IPO(기업공개) 최대어로 꼽히는 두산로보틱스의 공모가가 2만6000원으로 확정됐다. 두산로보틱스가 제시한 공

> 모가 밴드(2만1000원~2만6000원) 중 최상단이다. 19일 두산로보틱스는 11~15일 기관투자자를 대상으로 진행한 수요예측에 국내, 해외 기관 1920곳이 참여해 272대 1의 경쟁률을 기록했다고 공시했다. … 참여 기관 중 1820곳(88.88%)이 '2만6000원 이상'의 가격을 적어냈다. … 전체 참여 기관 중 1159곳(60.36%)이 의무보유 확약을 걸었다. … 일반인 공모주 청약은 21~22일 진행된다. 총 공모 주식수는 1620만주인데, 일반 청약자에게는 전체 공모 주식의 25~30%인 405만~486만주가 배정된다. 기관투자자에게는 55~75%인 891만~1215만주가 배정된다. 나머지 20%는 우리사주조합으로 324만주가 배정된다. 공동대표주관사인 한국투자증권… 등 9개 증권사를 통해 청약할 수 있다.
> 증권사별 배정물량은 △한국투자증권 486만주 △미래에셋증권 486만주… 코스피 상장은 내달 5일이다.

포쓰저널
2023.09.19

산업용 로봇 제조와 솔루션 제공 분야 기업인 두산로보틱스가 유가증권시장 상장을 앞두고 공모할 때 나온 기사다.

공모는 기업이 투자자를 상대로 기존 주식을 팔거나 새 주식을 발행해서 파는 일이다. 상장 전에는 의무적으로 공모를 해서 공개 기업이 되어야 하므로, 모든 상장 기업은 상장 전에 공모를 한다. 상장 뒤에는 공모가 더 이상 의무는 아니지만, 기존 주식을 팔거나 새 주식을 발행해 추가 상장하는 식으로 공모를 계속하는 상장 기업이 많다. 공모를 통해 기업이 투자자에게 판매하는 주식을 공모주라 하고, 투자자가 공모에 참여해 공모주를 사는 절차는 '공모(공모주) 청약'이라 한다.

공모·공모주 청약 절차

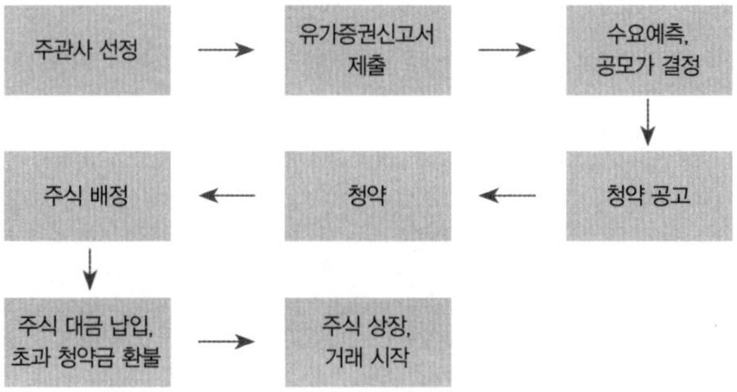

공모 절차는 기업이 금융기관에 의뢰해서 실행하는 게 보통이다. 공모를 의뢰하는 기업은 발행회사라 하고, 공모 절차를 맡는 금융기관은 대표 주관사(공모 주관사, 주관사) 또는 인수회사(인수 주관사)라고 한다. 대표 주관사는 주로 증권회사가 맡고, 공모를 대행해주는 대가로 발행사에서 공모액의 일정 비율로 수수료를 받는다.

대표 주관사는 먼저 발행회사의 내용을 파악해 공모할 주식의 가격, 곧 예비 공모가를 정한다. 그런 다음 회사와 공모 내용을 설명하는 사업설명서, 증권신고서, 직전 연도 감사보고서 등을 만들어 금융감독원에 낸다.

금융감독원이 신고 서류를 심사해 공모를 허가해주면, 다음 단계는 수요예측(book building)이다. 수요예측이란 시장의 공모주 수요가 얼마나 될지, 공모가는 얼마로 정하면 좋을지를 대표 주관사가 예측하는 작업이다.

공모주 물량을 투자자에게 소화시키는 방식은 2단계를 거친다. 먼저 대표 주관사가 전체 물량을 여러 묶음으로 나눠 공모주 인수에 참가하는 인수단 회사(공동 주관사와 인수회사, 주로 증권사들)에 한 묶음씩 넘기고, 기관 각자가 보유한 물량을 일반 투자자에게 넘긴다. 이런 식으로 물량이 소화되기 때문에 대표 주관사 입장에서는 기관들이 얼마나 많은 물량을 인수할지, 공모가를 얼마로 정하면 물량 소화가 잘 될지 등을 미리 알아볼 필요가 있다. 이런 이유로 대표 주관사가 기관을 상대로 공모주 수요가 얼마나 될지 미리 알아보고 적정 공모가를 결정하는 절차(즉 프라이싱pricing)가 수요예측이다. (수요예측을 진행하는 단계의 대표 주관사를 북러너book runner라고 부른다.)

수요예측은 대표 주관사가 기관들을 상대로 공모 내용과 희망 공모가를 밝히고 기관투자가들이 희망 매수가와 수량을 제시해 청약하는 순서로 진행한다. 보기 기사에서 전하듯 2023년 10월 상장을 위해 공모를 진행한 두산로보틱스의 경우 9월 11~15일 진행한 수요예측에 국내외 기관투자가 1920곳이 참가했다.

수요예측을 마치면 대표 주관사가 기관들의 청약 내용을 종합하고 발행사와 협의해 (최종) 공모가를 확정한다. 두산로보틱스의 경우 수요예측에 참여한 기관이 여러 가격을 써냈지만, 확정 공모가는 두산로보틱스가 제시한 가격 범위(2만 1000원~2만 6000원) 중 최상단인 2만 6000원으로 정해졌다.

수요예측에 참가한 기관 중 1159곳(60.36%)은 의무보유 확약도 걸었다. 의무보유 확약이란 기업이 공모주 청약을 진행할 때 수요예측에 참가하는 기관투자자가 공모주를 배정받은 뒤에도 일정 기간 팔지 않고 보유하겠다고 자발적으로 약속하는 것이다. 수요예측에 참가한 기관이 의무보유 확약을 하는 이유는 공모주 물량을 더 많이 배정받기 위해서다. 보통 15일, 1개월, 3개월, 6개월 보유를 약속하지만 자진해서 하는 약속인 만큼 뒤에 지켜지지 않기도 한다.

공모가를 확정한 다음에는 대표 주관사가 확정 공모가를 반영한 증권신고서를 다시 만들어 금융감독원에 낸다. 이후 미디어에 보도 자료를 내고 기업설명회를 여는 등 본격적으로 공모 홍보를 시작한다. 청약일로부터 열흘쯤 전에는 신문 등에 공모 공고도 내야 한다. 일반 투자자가 읽어볼 수 있게 홍보용 사업설명서를 만들어 증권신고서와 함께 증권사 영업점 객장에 배포하기도 한다.

대표 주관사가 마지막으로 할 일은 공모주 물량 배정이다.

증시 규정은 공모를 통해 투자자에게 넘겨지는 주식을 어떤 투자자든 어느 한도 이상은 사들일 수 없게 제한한다. 만약 공모주를 돈 많은 몇몇이 죄다 사들이게 놔둔다면, 공모를 해도 주식 소유를 공공에 분산시키지 못할 것이기 때문이다.

대표 주관사는 금융감독원이 정하는 유가증권 인수 관련 규정 등에 따라 공모주 물량을 누구에게 얼마나 배정할지 결정한다. 관련 규정상 기업이 유가증권시장 신규 상장을 위해 공모주를 발행할 때는 우리사주조합에 전체 일반 공모 물량(총 공모주식 수) 중 20%를, 일반 청약자(개인)에게는 25% 이상 최대 30%를, 기관투자가에게 나머지를 배정해야 한다. (우리사주조합은 주식회사 사원이 자발적으로 구성하는 주주조합이다. 우리사주조합이 결성된 회사의 전 사원은 조합원이 되고, 정기 급여나 보너스에서 일정액을 떼어 자사주를 산다.)

만약 전체 공모 물량의 30%를 개인투자자에게, 20%를 우리사주조합에 배정하면 기관투자가에게는 50%를 배정하게 된다. 보기 기사에서 다룬 두산로보틱스 역시 같은 비율로 공모주 물량을 배정했다. 당초 일반(개인) 공모 규모는 25%(405만 주)였는데 최종적으로 30%(486만 주)로 늘렸다. 주관 증권사가 미리 알아보니 두산로보틱스 직원들의 우리사주 청약 참가율이 20%에 미달하리라고 예상됐고, 우리사주조합의 공모주 청약 미달 물량은 최대 5%까지 일반(개인) 청약자에게 배정할 수 있기 때문이다(2020년 12월 증권신고서 제출 건부터 적용).

두산로보틱스 직원들의 우리사주 청약 참가가 본래 배정된 물량을 채우지 못할 정도로 저조했던 이유는 뭘까?

첫째, 직원들 처지에서 주식을 사고 싶어도 살 돈이 부족했다. 우리사주로 배정된 공모 물량의 20%는 당시 두산로보틱스 직원(201명) 1인당 약 4억 2000만 원어치다. 4억 원이 넘는 현금을 마련하려면 대개 대출을 받아야 한다. 회사에서 직원 1인당 1억 원 한도로 대출을 지원해주지만 많은 직원에게는 당시 연 4~5%대의 만만치 않은 대출금리가 부담이었다.

둘째, 직원들로서는 우리사주의 경우 청약 뒤 1년 동안 주식을 보유해야 한다는 점도 불안했다. 우리사주조합을 통해 취득한 우리사주는 원칙적으로 회사 재직 중에는 1년 동안 팔지 못한다. 이른바 보호예수라고 부르는 제도다. 그런데 두산로보틱스처럼 기업공개 때 증시에 나오는 주식, 곧 IPO주는 상장 직후 시세가 급등하지만 시간이 흐르면서 급락하는 경우가 많다. 돈을 빌려가면서까지 주식을 샀다가 일이 잘못되면 손해 볼 수도 있는 것이다.

공모주 배정 물량은 대표 주관사가 공모주 인수단에 참가한 공동 주관사나 인수회사보다 많이 가져간다. 두산로보틱스가 내놓은 공모주 물량(1620만 주)도 공동대표 주관사인 한국투자증권과 미래에셋증권이 각기 486만 주씩 배정받아 가장 많은 몫을 챙겼다. 나머지 물량은 공동 주관사인 NH투자증권, KB증권, CS증권에 162만 주씩, 그리고 인수회사인 키움증권, 신영증권, 하나증권(각기 48만 6000주), 유비에스증권(16만 2000주)에 배정됐다.

공모주 배정이 끝나면 주관사와 인수단 회사 모두 자사 영업점을 통해 2~3일간 기관과 일반 투자자를 상대로 공모주 청약 신청을 받는다. 두산로보틱스도 2023년 10월 5일 상장을 예정하고 9월 21~22일 이틀간 공모주 청약을 받았다. 공모주 청약을 하려면 청약 시작 전날까지 대표 주관사나 공동 주관사, 인수회사에 계좌를 만들어야 한다.

증권사마다 자사 보유 물량과 예상 청약자 수를 고려해 개인별 청약 신청 물량에 한도를 둔다. 청약을 원하는 개인투자자는 청약 신청일에 거래 증권사 영업점에 신청 수량을 밝히고 청약증거금을 내야 한다. 청약증거금은 청약 신청 때 청약 금액(청약에 필요한 금액), 곧 청약하고자 하는 공모주 금액(공모가×주식 수)의 50%를 증권사에 내고, 개인별 공모주 물량 배정이 끝난 뒤 청약금(주금) 납입일에 나머지 50%를 내게 되어 있다.

청약 신청이 끝나면 증권사마다 공모주 청약 경쟁률을 공고한다. 청약 경쟁률은 증권사별로 청약 둘째 날 마감 시간 전까지 확인 가능하다. 증권사들은 자사 보유 공모주 물량 대비 청약 수량을 고려해, 청약자에게 각자 청약 가능한 공모주 물량을 배정해 통보한다.

공모주를 받을 수 있는 확률은 청약 경쟁률이 낮을수록, 청약증거금은 많을수록 높아진다. 청약 경쟁률이 높으면 청약자가 뜻하는 대로 물량을 배정받지 못하게 될 수 있다. 가령 경쟁률이 100 대 1이면 100주를 신청해야 1주를 배정받을 수 있기 때문이다. 공모가가 5만 원이라면, 100주를 사겠다고 청약증거금 250만 원을 넣었더라도 1주밖에 받지 못한다. 이처럼 증거금을 많이 넣을수록 더 많은 주식이 배정되는 청약 방식을 비례배정 방식이라 한다.

비례배정 방식은 현금 부자에게 유리하므로 '돈 놓고 돈 먹기'라는 비판을 받는다. 그래서 2021년부터는 공모주 청약 물량 배정 때 균등배정 방식을 병행하는 것으로 법이 바뀌었다.

균등배정 방식은 일반(개인) 상대 공모주 청약 때 적어도 공모주 물량의 50%는 청약 참가자에게 균등 배정하는 제도다. 최소 청약증거금 이상을 낸 청약자는 모두 똑같은 수량을 배정받는다.

예를 들어 두산로보틱스가 개인 배정 공모주 1만 주를 내놓고 50%를 균등 배정한다는 조건으로 공모주 청약을 공고하고, 개인투자자 1000명이 참가했다 치자. 1만 주 중 5000주가 균등배정 대상이므로 5000주를 청약자 수 1000명으로 나눠 청약자 1인당 5주씩 배정받을 수 있다. 이렇게 균등배정 방식으로 청약하면 자금이 적은 투자자도 공모주를 배정받을 확률이 높아진다. 다만 이 경우에도 청약 경쟁률이 워낙 높아서 청약자 수가 배정 대상 주식 수보다 많으면 1주도 배정받지 못할 수 있다.

개인투자자는 공모주 청약 때 중복 청약도 할 수 없다(2021년 6월 20일 시행). 전에는 인수회사가 여럿인 기업공개 때, 투자자 한 사람이 여러 증권사에 계좌를 만드는 방식으로 공모주를 복수 청약해서 증권사 한 곳에 청약한 사람보다 많은 공모주를 배정받을 수 있었다. 그만큼 증거금이 더 드니까 현금이 넉넉해야 그럴 수 있었다. 이젠 어떤 증권사에 청약했든 가장 먼저 청약한 경우만 공모주를 배정받을 수 있다. 몇 주를 청약했는지도 상관없다.

그러니 공모 청약을 하려 한다면 어떤 증권사에 청약하는 게 유리할지 증권사별 공모주 배정 물량이나 청약 경쟁률 등을 비교해봐야 한다. 청약을 얼마나 할지 정하기 전에 청약 자격을 확인하는 것도 필요하다. 증권사마다 고객별로 청약 한도를 두거나 증거금 비율을 달리하는 등 영업 방침을 달리하기 때문이다.

증권사마다 청약 물량 배정을 마치고 나면 청약금(주금, 주식 대금) 납입 절차를 진행한다. 청약증거금 중 청약자에게 배정된 물량을 넘는 몫, 곧 초과 청약금(잔여 증거금)은 환불해준다.

청약증거금 환불은 청약금 납입일에 함께 이뤄질 때도 있지만, 청약일로부터 며칠 내지 일주일 안팎 걸릴 수 있다. 그사이 증권사는 청약증거금을 굴려 돈을 벌 수 있지만, 청약자는 청약증거금을 무이자로 증권사에 맡겨둬야 한다.

초과 청약금 환불까지 마치더라도 공모주가 증시에 상장해 거래되기 시작하려면 적어도 며칠 이상 기다려야 한다. 청약일로부터 따지면 공모주를 증시에서 팔 수 있게 되기까지 돈이 묶이는 셈이다. 혹급히 돈 쓸 일이라도 생기면 낭패 볼 수 있으니 공모주 청약은 여유자금으로 해야 한다.

공모주 청약 정보는 어디서 얻나?

IPO스탁 공모주 청약 정보

공모 일정	종목명	희망 공모가	공모가	공모 금액	환불일	상장일	경쟁률	주간사
3.10~3.11	세화아이엠씨	14,500 ~16,300원	16,300원	214억원	3.13	3.19	732:1	한국투자
3.16~3.17	엔에스쇼핑	205,000 ~235,000원	235,000원	2,064억원	3.19	3.27	–	한국투자

자료: IPO스탁 홈페이지

공모주 청약은 단 2~3일간 진행되므로 청약 전에 관련 정보를 입수하는 것이 중요하다. 어떤 기업이 어떤 일정으로 공모하며, 어느 증권사에서 청약할 수 있는지, 공모가는 얼마고 청약 한도는 어느 정도이며, 초과 청약증거금 환불은 언제 해주는지 등 꽤 많은 정보가 필요하다.

정보 매체는 신문광고나 기사, 증권사 인터넷 홈페이지나 영업점 객장 등 다양하다. 인터넷에서는 IPO스탁(http://www.ipostock.co.kr), 38커뮤니케이션(http://www.38.co.kr)에서 보기 표 같은 청약 정보를 자세히 확인할 수 있다. 신규 공모 기업 자료 등 더 상세한 분석 자료는 금융감독원 전자공시시스템 홈페이지(http://dart.fss.or.kr)를 보면 좋다. 전자공시시스템 홈페이지 '공모게시판(지분증권)' 메뉴에는 공모 예정 기업이 금융감독원에 제출한 증권신고서를 올려놓았다.

공모주 투자, 함정은?

기사보기

결국 반토막까지 흘러내린 주가…
'파두 사태'에 개미들 울분

"손실 60%는 머리털 나고 처음이네요…사기 당한 기분입니다."(모 종목토론실 게시글) 매출 부진 가능성을 투자자들에게 미리 알리지 않은 채 상장해 이른바 '뻥튀기 논란'에 휘말린 파두의 주가가 급하강했다. … 상장 당시 기업가치 약 1조5000억원(공모가 3만1000원 기준)으로 주목 받았던 파두의 시가총액은 이날 종가 기준 8622억원을 기록… 상장 이후 약 3개월 만에 절반 규모로 쪼그라든 것이다.

한국경제
2023.11.14

증시에서는 공모주 청약을 비교적 안전한 투자 기회로 본다. 그렇다고 무턱대고 뛰어들면 낭패 볼 수 있다. 공모 후 주가가 공모가를 밑도는 수준으로 떨어질 수도 있기 때문이다. 보기 기사에 소개된 파두가 그런 예다.

파두는 데이터센터용 반도체 설계 전문 기업이다. 2023년 7월 IPO를 진행했고, 8월 7일 코스닥에 상장했다. 상장 당시 공모가는 3만1000원. 그런데 11월 14일 주가는 1만 7710원(종가)으로 공모가 대비 거의 반토막이 났다.

파두는 7월 26일 공시한 투자설명서에 2023년 자사 추정 매출액이 1203억 원이라고 밝혔다. 하지만 실제 2023년 3분기까지 누적 매출액은 180억 원에 그쳤다. '뻥튀기 상장' 논란이 벌어졌고, 11월 15일 법무법인 한누리는 파두와 상장 주관 증권사인 NH투자증권과 한국투자증권을 상대로 집단 소송을 예고했다. 파두와 주관사들은 파두의 2분기 매출(5900만 원)이 터무니없이 작으리라는 점을 수요예측이 진행되기 전인 7월 초 이미 알았을 것으로 짐작되며, 그런데도 그대로 상장 절차를 강행해 수많은 주주가 수백억 원 손해를 봤다는 것이다.

파두 사례처럼 공모주 투자의 잠재적 위험을 현실로 만드는 요인은 무엇일까?

대략 네 가지다.

첫째, 공모가 결정 과정(pricing)에서 공모가가 부풀 수 있다.

기업공개(IPO)에 나서는 기업은 으레 공모가를 높게 부르는 증권사를 대표 주관사로 정하고 싶어 한다. 증권사는 또 대표 주관사 계약을 따내려고 경쟁적으로 높은 공모가를 부른다. 수요예측에 참가하는 증권사들도 공모주 물량 확보를 위해 공모가를 높여 부른다. 그러면서 공모가가 부풀려지고 결국 상장 뒤에는 주가가 공모가를 밑도는 현상이 생긴다. 투자자 입장에서 부풀려진 공모가로 손해 보지 않으려면, 공모 청약 기회가 왔을 때 기업 내용에 비해 공모가가 '뻥튀기'되지 않았는지 잘 살펴봐야 한다.

둘째, 청약 경쟁률이 높으면 청약에 참가해도 실익이 적을 수밖에 없다.

일반 공모 청약을 주관하는 주관사와 인수 증권사들이 보유한 공모주 물량은 한정되어 있다. 만약 청약자가 많아서 청약 경쟁률이 높아지면 청약자가 배정받을 수 있는 공모주 물량이 적어진다. 실제로 유망주 청약 때는 개인이 청약할 수 있는 물량이 불과 몇십 주 또는 몇 주에 그치는 수가 허다하다. 이때 개인 청약자는 먹을 것도 없는데 소문만 요란한 잔치에 끼는 꼴이 된다.

셋째, 청약증거금으로 낸 돈이 묶여 있는 동안 손실을 볼 수도 있다. 보통 공모주 청약일로부터 초과 청약증거금을 돌려받기까지, 그리고 청약 뒤 상장한 공모주를 팔 수 있게 되기까지(짧게는 며칠에서 길게는 1~2주 안팎까지) 증권사에 돈이 묶인다. 그사이 급전이라도 필요해지면 낭패일 뿐 아니라 더 나은 투자 기회를 놓칠 수도 있다.

넷째, 이미 상장한 기업이 유상증자를 위해 공모할 때도 공모 후 새 주식이 상장하기까지 1~2주 걸리는데, 그사이 주가가 공모가 밑으로 떨어질 수 있다. 유상증자 공모 때 공모가는 보통 시세를 밑돈다. 그런 사실을 확인하고 공모에 참여하더라도 100% 안전하지는 않다. 공모 뒤 시세가 공모가 밑으로 내려앉는 일이 얼마든지 생길 수 있기 때문이다. 공모주는 이미 상장돼 있는 주식보다 시세를 예측하기가 어렵고, 그런 만큼 매수 뒤 주가 하락으로 손해 볼 위험도 크다.

소액공모에는 어떻게 청약하나?

기사보기

**주식회사 알통, 소액공모 청약 이달 7일 마감…
투자 주의할 점은?**

비상장 기업 알통이 소액 주식 공모에 나선 가운데 청약 마감이 하루 앞으로 다가왔다. 6일 금융감독원 공시에 따르면, ㈜알통은 운영자금 용도로 기명식 보통주 6만6000주를 주당 1만5000원에 일반 공모방식으로 모집한다. 공모주 청약기간은 이달 7일까지이며, 납입일은 7월 10일이다. … 금융감독원에 따르면 이번 소액공모 공시서류는 증권신고서가 아니어서 금융감독원이 심사하는 절차를 거치지 않으며, 증권회사 등이 주관회사로 참여하여 기업실사 등을 수행하지도 않는다고 밝혔다. 또한 청약증거금 납입, 관리, 환급업무를 금융회사가 수행하는지를 꼭 확인해야 한다고 당부했다.

글로벌이코노믹
2023.07.06

비상장 기업이 소액공모 청약을 받는다고 전한 기사다.

우리나라에서 기업공개나 증자를 위해 나서는 기업은 연간 합산 주식 발행액 기준으로 공모 규모가 10억 원 이상이면 금융 감독 당국의 사전 심사를 받아야 한다. 금융감독원에 증자 계획과 재무 상태 등을 상술한 증권신고서 등을 제출하고 승인을 받아야 한다. 절차가 번거롭기 때문에 보통은 증권사를 주관사로 정해 공모 절차를 맡긴다. 그런데 공모 규모가 10억 원 미만이면 증권사 도움 없이 기업 자력으로 공모를 할 수 있다. 10억 원 미만 공모는 증권신고서 제출 의무를 면제해주기 때문이다. 벤처기업과 유망 중소기업이 자금 마련을 원활히 하도록 돕기 위해 '소액공모'라고 제도화한 것이다.

소액공모를 하면 까다로운 절차를 밟아 당국 승인을 받지 않아도 신속히 사업 밑천을 마련할 수 있다. 그래서 자본금 규모가 작은 비상장 회사나 코스닥기업, 소기업이 주로 나선다.

소액공모에 나서는 기업은 보통 인터넷 홈페이지나 신문광고에 회사와 사업을 소개하면서 공모가와 공모 주식 수를 비롯해 공모 청약 방법을 공고한다. 투자자가 송금할 은행 예금계좌와 입금 마감일도 함께 게시해, 투자자가 입금하게 하는 방식으로 직접 공모주 청약을 받는다. 청약 서류는 인터넷으로 작성해 내게 하고 입금순으로 청약을 받는다.

공모 방법이 간편한 것은 좋은데, 간혹 문제가 생긴다. 퇴출 위기에 몰린 적자 기업이 편법으로 자금을 모집하는 데 소액공모를 활용하거나 공모 직후 부도를 내는 경우가 있다. 한때는 사기 공모가 흔해 많은 투자자가 피해를 보기도 했다.

지금은 소액공모라도 금감원(전자공시시스템)에 소액공모 공시 서류를 내고 회사 재무제표, 공모 내용, 공모주 발행 실적 등을 공시해야 한다. 공모 개시 3일 전까지 발행사 재무 상태와 영업 실적 등을 감사한 외부감사보고서를 내야 하고, 공모 후에는 소액공모 실적보고서도 내야 한다. 소액공모 때 받는 청약증거금도 반드시 증권사, 은행, 한국증권금융 중 한 곳이 관리하도록 제도를 개선했다.

그러나 여전히 소액공모는 사실상 금융감독원 감시를 벗어난 사각지대에 있다. 공모 규모가 10억 원 이상일 때 회사가 제출하는 증권신고서에는 증권사가 기업의 사업 구조나 재무 상태 등을 실사한 내용이 담기지만, 소액공모는 증권신고서를 내지 않으니 증권사의 기업 실사가 빠져 있다. 투명성도 떨어진다. 기업 스스로 내놓는 공시를 제외하고는 일정이 잘 정리된 공모 정보를 제공하는 곳도 없다. 따라서 소액공모에 투자할 때는 회사가 이야기하는 기업 실적이나 전망 등이 과연 사실인지 잘 살펴야 한다.

특히 두 가지 경우를 주의해 봐야 한다.

첫째, 투자 정보가 충분히 공개되지 않은 경우 주의해야 한다.

소액공모 기업은 증권신고서 등을 내지 않아도 되므로 아무래도 투자 정보를 충분히 제공하지 않을 수 있다. 그러므로 투자 정보를 더 많이 수집할 필요가 있다. 소액공모 기업이라도 자금 사용처와 주요 재무 상황은 공시해야 하고 공모 시작 즉시 공시 서류를 금감원에 제출해야 하므로, 해당 서류를 점검해보고 기업 등기부도 직접 찾아 읽어보는 것이 좋다.

둘째, 공모 광고에 자사가 벤처기업이며 곧 코스닥에 상장할 예정이라고 강조할 때는 특히 유의하자. 벤처나 코스닥 상장 예정 기업은 유망하다는 인상을 주는데, 이 점을 악용해 부실기업이 유망 기업을 자처할 수 있기 때문이다.

소액공모 기업에는 의무보유 제도가 적용되지 않는다는 점도 주의해야 한다.

의무보유 제도란 기업이 새로 상장하거나 인수·합병 또는 유상증자를 한 직후에는 최대 주주 등이 일정 기간(유가증권시장 6개월, 코스닥 1년) 주식을 팔지 못하게 하는 제도다. 최대 주주와 기관투자가 등이 공모에 참여해 지분을 대량 확보한 뒤 이내 팔아치워 소액 투자자에게 피해를 입히지 않게 하려는 취지다. 의무보유 대상 주식은 일정 기간 처분할 수 없도록 한국예탁결제원에 전자 등록되고, 의무보유 기간이 끝나면 의무보유 등록이 해제된다.

의무보유가 적용되는 증시에서는 이른바 '큰손의 장난'으로 공모에 참가한 개인투자자가 손실을 보는 사태를 어느 정도 피할 수 있다. 그러나 소액공모에는 의무보유 제도가 적용되지 않으므로 공모 직후 최대 주주가 주식을 대거 팔아치우면 개인투자자가 손해 볼 수 있다. 그러므로 소액공모에 참여할 때는 주주 구성 등 기업 지배구조를 잘 살펴서 공모 직후 대주주의 주식 매각 가능성은 없는지 확인해야 한다.

증자하면 주가 오르나?

증자란 주식회사가 자본금을 늘리는 일이다. 자본금은 주식회사의 사업 밑천이다. 주식을 발행해서 주주에게 팔고 받는 돈으로 마련하므로 주식 발행 대금 총액과 같다. 따라서 회사가 증자를 한다는 것은 주식을 더 발행한다는 뜻이다. 증자를 해서 자본금 규모가 커지면 그만큼 회사의 사업 밑천이 두둑해진다. 대외 신용도 높아져 금융기관이나 투자자로부터 사업 자금을 융통하거나 투자를 유치하기 쉬워지므로 사업을 빨리 키울 수 있다. 그래서 기업은 대개 자본금을 늘리고 싶어 한다.

자본금이 늘어나는 회사는 주가가 오를까?

그럴 수도 있고 안 그럴 수도 있다. 자본금이 늘어나는 만큼 회사 재산의 실질 규모가 불어날 수도, 안 불어날 수도 있기 때문이다. 이 문제를 풀려면 기업의 금전 출입 기록장, 곧 기업 회계장부가 어떻게 생겼는지를 조금 알아야 한다.

보기 그림에서 보듯, 기업 재산은 회계 용어로 자산(資産, asset)이라

회사 재산의 구성

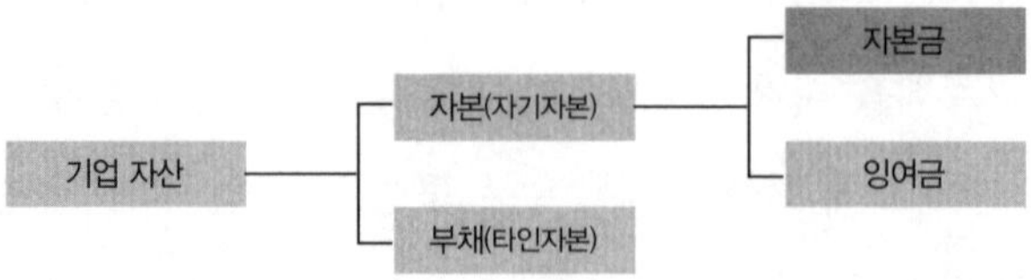

고 부른다. 재산 전체를 가리키는 뜻으로 쓸 때는 총자산이라고도 한다. 자산(총자산)은 자기 돈과 남의 돈으로 구성된다. 자기 돈은 자본 또는 자기자본, 남의 돈은 부채 또는 타인자본이라 부른다.

자본(자기자본)은 자본금과 잉여금으로 세분한다. 자본금은 앞서 말한 대로 주식 발행 대금이다. 잉여금은 자본금을 밑천 삼아 영업해서 벌어들인 이익금이다. 사업이 잘되면 이익이 늘면서 잉여금이 늘어난다. 잉여금은 주주에게 배당으로 나눠줄 수도 있고, 자본금과 함께 사업 자금으로 쓸 수도 있다. 사업 자금으로 쓴다면 잉여금도 자본금과 함께 사업 밑천이 되는 셈이다. 어떻게 쓸지 용도를 정하기 전에는 회사에 남겨두는 자산이므로 유보자본이라고도 부른다.

자산은 자본과 부채로 이뤄지고, 자본은 자본금과 잉여금으로 이뤄진다. 따라서 자본금이 늘면 자본이 커지고, 자본이 커지면 자산도 커진다. 자본금이 늘어나는 만큼 실질 자산 규모가 불어난다면 주가도 오를 것이다.

그런데 자본금이 늘어나도 실질 자산 규모는 그만큼 불어나지 않는 수가 있다. 자본금이 늘어나도 잉여금이 자본금 증가 폭보다 더 크게 줄면 실질 자본 크기는 전보다 줄어든다. 그만큼 실질 자산 규모도 줄어든다. 자본금이 늘고 자본이 커지더라도 부채가 더 큰 폭으로 늘면 실질 자산 규모는 전보다 작아진다. 그러니까 증자를 해서 자본금이 늘어난다 해도 실질 자산 규모가 반드시 커지는 것은 아니다. 실질 자산이 늘어나지 않는 기업 가치를 고려하면 주가도 오르기 어렵다.

자본잠식 종목, 어떻게 알아보나?

기사보기

'자본잠식' 아스타, 관리종목 지정 기로… 수익성 개선도 시급

체외의료 진단기기 기업인 아스타(246720)가 관리종목 지정 기로에 섰다. 기술특례상장 기업 유예 요건과 매출 등으로 지난해까지 문제가 없었지만, 올해 자본잠식이 진행 중이기 때문이다. … 금융감독원 전자공시시스템에 따르면 아스타가 자본잠식률 21.54%로 관리종목 지정 위기에 놓인 것으로 나타났다. 자본잠식이란 자본총계가 자본금보다 적어지는 것으로 자본잠식률이 50%를 넘어서면 관리종목 지정에 들어간다. 아스타의 3분기말 기준 자본총계와 자본금은 각각 51억원, 65억원이다.

뉴스토마토
2023.11.17

코스닥에 상장한 바이오벤처기업 아스타가 자본잠식에 빠졌다고 전한 기사다. 자본잠식이란 어떤 상태를 말할까?

기업이 성장하면 자본금과 잉여금이 늘어나면서 자본(자기자본)이

커지고 자산도 커진다. 자산은 자본뿐 아니라 부채도 포함하는 개념이다. 만약 부채가 자본보다 빨리 커진다면 자산이 불어나도 기업 내실에 문제가 생길 수 있다. 더 나쁜 경우는 사업 손실이 이어져 적자가 쌓이고 잉여금이 줄어들다 아예 바닥나고 자본금까지 까먹기 시작하는 것이다. 이런 상황을 기업회계 용어로 자본잠식이라고 부른다.

보기 A는 재무 상태가 정상인 기업의 자본 구성이다. 이 회사는 자본금 5억 원으로 창업했다. 첫해 사업이 잘되면서 이익잉여금 2억 원을 쌓아, 자본(자기자본) 규모가 자본금 5억 원에 이익잉여금 2억 원을 더한 7억 원으로 불어났다.

[보기 A] 재무 상태가 정상인 기업

<table>
<tr><td rowspan="3">자산 10억</td><td>부채 3억</td><td>부채 3억</td></tr>
<tr><td>자본금 5억</td><td rowspan="2">자본 7억</td></tr>
<tr><td>이익잉여금 2억</td></tr>
</table>

이듬해에는 사업이 부진했다. 적자가 쌓이면서 3억 원 결손을 냈다. 이익잉여금으로 결손금 중 2억 원을 메우고 미처리 결손금 -1억 원이 장부에 남은 상태가 보기 B다. 자본 규모가 자본금 5억 원과 미처리 결손금 -1억 원을 합산한 4억 원으로 줄어들면서 자본 크기가 자본금보다 작아졌다. 적자 폭이 커져 잉여금이 바닥나고 자본금을 까먹기 시작한 상태, 곧 자본잠식에 들어간 것이다. 이 경우 자본잠식이라고는 하나 아직 자본금을 다 까먹지는 않은 상태이므로 '부분 자본잠식'이라고도 한다.

[보기 B] 자본잠식 기업

자산 7억	부채 3억	부채 3억
	자본금 5억	자본 4억
	미처리 결손금 -1억	

(부분) 자본잠식 뒤에도 사업 부진은 계속됐다. 다음 해에는 적자가 더 쌓여 4억 원 추가 결손이 났다. 회계장부상 미처리 결손금은 -1억 원에서 -5억 원으로 불어났고, 자본 규모는 자본금 5억 원과 미처리 결손금 -5억 원을 합산해 제로(0)가 됐다. 보기 C에서 보듯 자본금을 다 까먹은 완전 자본잠식(자본전액잠식) 상태가 된 것이다.

[보기 C] 완전 자본잠식 기업

자산 3억	부채 3억	부채 3억
	자본금 5억	자본 0
	미처리 결손금 -5억	

자본금을 다 까먹은 완전 자본잠식 상태에서 적자가 더 쌓이면 미처리 결손금이 불어나 자본이 마이너스(-) 상태로 된다. 대부분 기업이 자산 중 일부를 부채로 갖고 있는데, 완전 자본잠식 기업이 빚마저 많다면 재무상 최악의 궁지에 몰린다.

보기 기사는 아스타의 3분기 기준 자본잠식률이 21.54%이고 자본잠식 상태라고 전한다. 자본잠식률은 회사가 결손이 쌓이면서 자본금을 얼마나 까먹었는지 보여주는 비율이다. 가령 자본금 1억 원으로 창업한 회사가 8000만 원 손실을 냈다면 자본(자기자본)은 2000만 원이 되고 자본잠식률은 80%가 된다.

자본잠식률을 수식으로 계산할 때는 다음과 같이 자본금에서 자본을 뺀 액수가 자본금의 몇 %인지를 구한다.

$$\text{자본잠식률(\%)} = \frac{\text{자본금} - \text{자본}}{\text{자본금}} \times 100$$

보기 기사는 아스타의 3분기 자본잠식률이 21.54%라 했다. 이를테면 자본금 100만 원으로 사업을 시작해서 21만 5400원은 까먹었고 남은 자본은 78만 4600원뿐이라는 뜻이다.

아스타의 3분기 말 재무 실적은 자본금이 65억 원, 자본(총계)이 51억 원이다. 자본잠식률 산식으로 계산해보면 다음과 같다.

$$\text{자본잠식률(\%)} = \frac{\text{65억 원} - \text{51억 원}}{\text{65억 원}} \times 100 = 21.54\%$$

자본금 65억 원 가운데 14억 원을 까먹음으로써 자본잠식률이 21.54%에 이른 이 상태에서, 향후 적자가 더 쌓여 남은 자본 51억 원까지 다 까먹는다면 아스타는 완전 자본잠식 상태가 된다.

한국거래소가 운영하는 유가증권시장과 코스닥 상장 규정에 따르면 연말(최근 사업연도 말) 기준으로 자본금 잠식 비율, 곧 자본잠식률이 50% 이상이면 관리종목으로 지정된다. 자본잠식률이 21.54%인 아스타의 경우, 자본금 잠식이 더 진행되어 50%에 이르면 관리종목으로 지정된다. 이런 까닭에 보기 기사에서 아스타가 '관리종목 지정 위기에 놓였다'고 전한 것이다.

자본금이 100% 잠식된 완전 자본잠식 종목은 유가증권시장에서든 코스닥시장에서든 관리종목 지정 없이 곧바로 상장이 폐지된다. 코스닥시장에서는 자본잠식으로 관리종목이 된 다음 해에도 자본금이 50% 이상 잠식되면 상장 적격성 실질 심사를 받아야 한다.

상장폐지 주식은 증시에서 퇴출되고 휴지 조각으로 전락하므로 더 볼 것 없지만, 관리종목은 다르다. 자본잠식 사유 등으로 관리종목으로 지정되면 주가가 급락하기 일쑤지만, 발행사가 경영 실적을 개선해 지정 사유를 풀고 일반 종목으로 되돌아갈 전망이 있을 때는 주가가 반등한다. 그래서 관리종목 투자가 성행할 때도 있는데, 예상과 달리 경영이 개선되지 않거나 처음부터 개선 여지가 없는 종목도 있으므로 기업 실정을 자세히 알아봐야 한다.

무상증자 때는 어떻게 공짜 주식 얻나?

증자란 기업이 자본금을 늘리는 일이다. 자본금 늘리기는 여러 방식으로 할 수 있는데, 유상증자와 무상증자가 가장 흔하다.

유상증자(有償增資, paid-in capital increase)란 새로 주식을 발행해 기존 주주(구주주)나 새 주주(신규 주주)에게 파는 증자 방식이다. 주주로부터 주식 대금이 들어오면 회사에는 그만큼 주식 발행액과 자본금이 불어난다.

무상증자(無償增資)는 새로 주식을 발행해서 주주에게 공짜로 나누어주는 증자 방식이다.

주주에게서 돈을 받지 않고 주식을 그냥 넘겨준다면 어떻게 자본금

무상증자의 짜임새

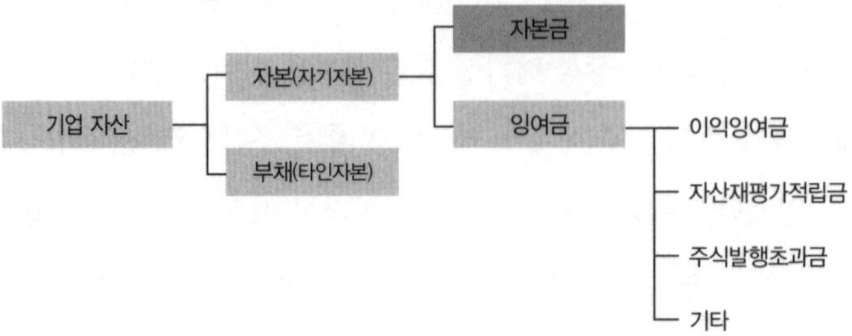

이 커질까?

회계장부 숫자를 바꾸는 것으로 가능하다.

무상증자 때 늘어나는 자본금은 기업 밖에서 새로 들어오는 것이 아니다. 회계장부상 이쪽 주머니에 있는 돈을 저쪽 주머니로 옮겨 넣음으로써 자본금을 늘리고, 늘어난 자본금만큼 새로 주식을 발행한다.

보기 그림을 보자.

기업 회계장부에서 자본(자기자본)은 보통 자본금과 잉여금으로 구성된다. 자본금은 주주에게 주식을 발행해 나눠준 대가로 받은 사업 밑천을 담는 주머니, 잉여금은 자본금을 밑천 삼아 영업을 해서 번 이익을 따로 모아놓는 주머니다.

이제 잉여금에서 돈을 일부 꺼내 자본금으로 옮겨 넣자. 그럼 잉여금은 줄고 자본금은 늘어난다. 늘어난 자본금만큼 주식을 새로 발행해 기존 주주에게 (지분에 비례해) 공짜로 나눠주면 무상증자가 완료된다. 즉 무상증자란 회계장부상 잉여금의 일부 또는 전부를 자본금 항목으로 옮기고, 자본금이 늘어나는 만큼 주식을 새로 발행해 기존 주주에게 무료로 나눠주는 증자 방식이다.

무상증자를 하면 자본금이 늘어난다. 그만큼 주식 발행 총액과 발행주식 수도 늘어난다. 하지만 자본(자기자본)이나 자산은 변함이 없다. 유상증자 때처럼 회사 밖에서 돈이 새로 들어와 자본금을 늘리는 것이 아니기 때문이다.

가령 액면가 1만 원짜리 주식을 총 1만 주 발행해서 자본금 규모가 1억 원인 주식회사가 있다 하자. 주주는 10명, 각자 지분이 1000주씩이다. 이 회사가 10% 무상증자를 한다면 회계장부를 어떻게 적어야 할까?

10% 무상증자를 한다면, 기존 자본금의 10% 해당액을 무상증자 방식으로 늘려 자본금을 키운다는 뜻이다. 먼저 자본금 1억 원의 10%인 1000만 원을 잉여금에서 꺼내 자본금으로 옮긴다. 그다음 액면가 1만 원짜리 주식 1000주를 새로 발행하고, 주주 10명에게 100주씩 나눠주면 된다.

무상증자 때 주식회사가 기존 주주에게 주식을 배정하는 것은 회사가 벌어놓은 돈(잉여금)을 재원 삼아 주주에게 보너스를 지급하는 것과 같다. 그래서 무상증자 주식을 '보너스 주식(bonus issue)'이라고도 한다.

무상증자 하면 주가 뜨나?

무상증자를 하는 회사는 자본금과 발행주식 수가 늘어나도 자본(자기자본)과 자산(총자산) 크기에 변함이 없다. 회사로 새 주식 대금이 들어오는 것이 아니기 때문이다. 자본금은 커지지만 왼쪽 주머니에 든 돈을 오른쪽 주머니로 옮긴 것에 불과하다.

돈이 새로 들어오는 것이 아니라면 뭐 하러 무상증자를 할까?

유상증자 때처럼 새로 자금을 마련하기 위해서가 아니다. 투자자를 상대로 자사 발행주식의 인기를 높이려는 '주가 관리' 목적일 때가 많다. 자본금과 발행주식 수를 늘리고 주주에게 보유 주식 수를 늘려줌으로써 증시에서 자사의 인기를 높이고 주가를 올리기 위해서다.

무상증자는 회사 내부 자금을 기존 주주에게 공짜로 나눠주는 것이므로 기업 재무구조나 자금 사정이 안정되어야 가능하다. '기업의 안정성이 높고 재무가 탄탄하다'고 홍보하는 수단으로 써먹을 수 있는 셈이다. 실제로 무상증자를 하는 회사는 시장에 '재무가 탄탄하다'는 인상을 주어 중장기적으로 주가가 뛸 때가 많다. 단기적으로도 증시가 강세장이든 약세장이든 상관없이 주가 상승을 부르곤 한다. 어떤 종목이 '곧 무상증자 한다'는 정보가 시장에 나오면 곧잘 공짜 주식을 기대하는 매수세가 늘어나기 때문이다.

그럼에도 불구하고 무상증자가 실제로 기업 가치를 키우는 것은 아니므로, 증시에서 무상증자가 주가에 미치는 영향은 그때그때 다르다. 다음 두 기사에서 보듯 무상증자 발표 후 주가가 급등하기도, 급락하기도 한다.

기사보기

무상증자에 주가 급등한 '나라셀라'…물량 주의보

와인 수입 및 유통 전문기업 나라셀라가 무상증자를 진행한다고 발표한 뒤 주가 상한가를 기록했다. 하지만 무상증자로 인한 이론적 기업가치 변화는 없다는 점, 주가 추가 상승 시 재무적 투자자(FI)가 보유한 지분 상당수가 시장에 나올 수 있다는 점 등을 따져봐야 한다. … 상장 과정에서 나라셀라는 벤처금융인 에이벤처스 퍼스트(FIRST) 투자조합과 스마트A 온택트 투자조합의 투자를 받았다. … 주가가 추가 상승, 이들의 차익실현이 가능한 수준까지 올라오면 약 12%의 물량이 쏟아져 나올 수 있는 상황이다.

비즈워치
2023.07.27

기사보기

무상증자한 상장사 전부 주가 하락…'반짝 효과' 그쳐

올해 하반기 무상증자를 단행한 상장사들의 주가가 오히려 무상증자 발표 전보다 떨어진 것으로 나타났다. … 올해 하반기 무상증자를 결정한 상장사(유 · 무상증자 동시 진행 기업 제외)는 17곳이다. … 무상증자 공시 직전일 주가와 비교했을 때 17개 기업 모두 주가가 더 하락했다.

조선비즈
2023.10.22

무상증자는 무슨 돈으로 하나?

기사보기

HB솔루션, 300% 무상증자 실시…
"주주가치 극대화"

HB솔루션이 보통주 1주당 신주 3주를 배정하는 무상증자를 결정했다. … 전자공시시스템에 따르면 HB솔루션은 "지난 7일 개최된 이사회에서 주주가치 제고 · 유동성 강화를 목표로 무상증자를 결정했다"고 밝혔다. … 신주는 4899만8217주다. 신주 배정기준일은 다음달 13일, 상장예정일은 오는 8월4일이다. 무상증자를 위한 재원은 회사가 보유하고 있는 주식발행초과금(약 245억원)을 활용할 예정이다.

머니S
2023.06.28

잉크젯 장비 등을 생산하는 코스닥 상장사 HB솔루션이 무상증자를 한다고 공시한 소식을 전한 기사다. 무상증자는 잉여금을 재원으로 하는 것이 원칙인데, 이 회사는 주식발행초과금으로 신주를 발행한다고 한다. 주식발행초과금이 무엇일까?

주식발행초과금 역시 기업회계에서 잉여금으로 분류하는 돈이다.

잉여금이란 주식회사가 창립 이래 자본금을 밑천 삼아 영업을 해서 번 이익을 쌓아놓은 돈이다. 잉여금은 다시 이익잉여금, 자산재평가적립금, 주식발행초과금 등 세 가지로 나뉜다(☞앞 그림 '무상증자의 짜임새' 참조).

이익잉여금은 회사가 영업해서 올린 이익 중 주주에게 배당금을 주고 회사에 남겨둔 돈이다.

자산재평가적립금은 오래전 사두었던 부동산 같은 회사 자산을 최근 시세로 다시 평가했을 때 구입 당시 가격(장부가)과 시가(시세)에 차이가 나면서 생긴 이익을 쌓아둔 것이다.

주식발행초과금은 회사가 유상증자를 해서 새로 얻은 자금 가운데 자본금으로 넣지 않고 남겨둔 돈이다. 주식회사는 기존 발행주식 시세가 높을 때 액면가보다 높은 값으로 주식을 추가 발행할 수 있다(액면가보다 높은 가격에 발행한다 해서 이를 할증발행이라 한다). 이때 회사에 들어오는 주식 대금 중 새 주식 발행가와 액면가의 차액, 곧 액면가 초과 금액을 자본금에 넣지 않고 남겨둔 돈이 주식발행초과금이다.

이익잉여금, 자산재평가적립금, 주식발행초과금은 모두 무상증자의 재원이 된다. 셋 중에서도 주식발행초과금이 가장 흔하게 무상증자 재원으로 쓰인다. 실례로 2020년 1분기 유가증권시장과 코스닥시장에서 무상증자를 실시한 기업 16개 모두 주식발행초과금을 재원으로 했다.

주식발행초과금은 할증발행 하는 신주 가격과 액면가의 차액으로 마련하는 자금이므로, 신주 발행가가 낮아지면 따라서 줄어든다. 2020년 1분기 국내 증시에서는 코로나19 사태로 주가 전반이 급락하는 바람에 신주 발행가가 낮아졌다. 그래서 주식발행초과금이 급감하며, 상장 기업이 주식발행초과금을 재원으로 삼아 무상증자를 실시할 여력도 따라 줄었다. 그 결과 전년 같은 기간(21개 기업)에 비해 무상증자를 실시한 기업 수(16개)나 주식 수, 무상증자 규모(액면가 기준)가 모두 크게 줄었다. 보기 기사가 이를 전한 예다.

기사보기

상장사 1분기 무상증자 440억… 작년보다 28% 줄었다

올 1분기 유가증권 · 코스닥시장 상장사들이 실시한 무상증자 규모가 지난해 같은 기간 대비 30% 가까이 줄어든 것으로 나타났다. 14일 금융투자업계에 따르면 유가증권과 코스닥시장의 1분기 중 무상증자 규모(액면가 기준)는 지난해 같은 기간 대비 27.9% 감소한 440억원에 그쳤다.

아이뉴스24
2020.04.14

무상증자를 하면 잉여금으로 한데 묶여 있던 이익잉여금, 자산재평가적립금, 주식발행초과금이 자본금으로 옮겨져 자본금의 일부가 된다. 회사는 새로 추가되는 자본금만큼 주식을 새로 발행해 기존 주주에게 나눠준다. 그만큼 자본금과 발행주식 수가 늘어난다.

예를 들어 100% 무상증자, 곧 자본금의 100%를 늘리는 무상증자를 하면 자본금과 주식 수가 2배로 늘어난다. 이미 100주를 갖고 있던 주주는 새로 발행되는 주식 100주를 공짜로 받는다. 보기 기사에서 다룬 HB솔루션은 300% 무상증자를 하므로 100주를 보유한 주주는 신주 300주를 공짜로 받는다.

유상증자 하면 주가 뜨나?

기업이 사업 자금을 마련하는 방도는 여러 가지다. 금융기관에서 빌려도 되고, 채권을 발행해도 된다. 금융기관 융자를 내든 채권을 발행하든 원금을 갚아야 하고 이자도 내야 한다. 하지만 유상증자를 한다면 얘기가 달라진다.

원리금 상환 부담 없이 사업 밑천(자본금)을 늘려 재무구조를 개선하고 사업도 더 활발히 할 수 있다. 장기적으로 주가가 오를 가능성도 높아진다. 게다가 유상증자로 마련한 돈은 자본금에 전부 넣지 않아도 된다. 일부만 자본금에 더해 넣고 나머지는 사업 자금으로 쓸 수 있다.

상장 기업 K사가 유상증자를 결정하고 액면가 5000원짜리 주식 1000주를 새로 발행해 주당 1만 원에 판다 하자. 구주주와 새 주주가 신규 발행주식을 다 사들인다면 K사에 1000만 원(=1000주× 1만 원)이 새로 들어온다. 1000만 원 중 500만 원만 자본금에 더해 넣고 나머지 500만 원은 회사 운영자금으로 쓸 수 있다.

사업 밑천도 늘리고, 당장 필요한 영업자금도 얻고, 주가도 올리고… 이처럼 이점이 많기 때문에 어떤 기업이든 할 수만 있다면 유상증자를 하려 하고 계속하고 싶어 한다. 하지만 아무 회사나 아무 때나 유상증자를 할 수 있는 것은 아니다. 사업을 잘하고 재무 실적이 좋아 전도유망한 회사, 대외 신용도가 높고 주가 전망도 밝은 우량 기업만 주식을 추가 발행해 자본금을 늘릴 수 있다.

다만 상황에 따라서는 우량 기업조차 유상증자에 어려움을 겪을 수 있다. 유상증자를 통해 발행주식이 늘면 증시에서 주식 수요에 비해 공급이 늘어난다. 증시가 활황일 때는 괜찮지만, 증시가 침체해 주식 수요가 적을 때는 주가가 떨어지기 쉽다. 이때는 웬만큼 탄탄한 기업이라도 유상증자에 나서기 어렵다. 그래서 증시가 활발할 때는 유상증자 규모가 늘지만, 장이 침체하면 줄어들곤 한다. 우량 기업이라도 장세가 나쁘면 유상증자를 못 하는데 비우량 기업은 더 말할 나위 없다. 유상증자를 하겠다고 나서기도 어렵지만, 설사 나서더라도 새로 나오는 주식을 사줄 투자자가 없을 것이기 때문이다.

3자 배정 유상증자란 어떻게 하는 증자인가?

기사보기

교보증권, 최대주주 교보생명 배정 2천억원 유상증자

교보증권[030610]은 2천억원 규모의 3자 배정 유상증자를 결정했다고 16일 공시했다. 현재 교보증권의 최대 주주인 교보생명이 보통주 2천865만3천296주를 주당 6천980원에 배정받는다. 이에 따라 교보생명의 지분율은 종전 51.63%에서 73.06%로 올라가며, 교보증권의 자기자본은 지난 3월 말 9천437억원에서 1조1천437억원으로 늘어나게 된다.

연합뉴스
2020.06.16

유가증권시장 상장 기업 교보증권이 유상증자, 그것도 '3자 배정 유상증자'를 한다고 전한 기사다. (제)3자 배정 유상증자가 뭘까?

유상증자 방식을 이야기한 것이다.

기업이 증자하려면 먼저 주주총회나 이사회 결의로 유상증자를 할지, 무상증자를 할지 정해야 한다. 즉 유상증자를 하려면 주주총회나 이사회 결의가 필요하다.

주주총회는 주주 전체로 이루어지는 의결 기구다. 이사회는 주주총회가 주주 중에서 몇 사람을 대표로 뽑아 임명하는 대표이사와 이사로 구성된다. 주주총회와 이사회는 회사 경영에 필요한 의사결정을 나누어 맡는다. 주주총회가 결정하는 것이 있는가 하면, 이사회가 결정하는 것도 있다. 구체적으로 어느 회의체가 무엇을 정하는가는 관련 법이나 회사 정관 등에 따라 회사마다 다르다. 보통 매우 중요한 사안은 주주총회를 열어 결정하지만 대부분 사안은 이사회가 결정한다. 평시에는 이사회가 주주총회를 대신해 회사의 최고 의결 기구 역할을 하기 때문이다.

유상증자도 이사회 결의로 할 때가 많다. 유상이든 무상이든 증자하기로 결정했다면 새로 발행하는 주식을 누구에게 얼마나 배정할지 정해야 한다.

무상증자 때는 기존 주주에게 신주를 배정하면 된다. 하지만 유상증자 때는 기존 주주에게 우선 배정할지, 일반 투자자를 상대로 공모할지, 회사에 연고가 있는 제3자에게 배정할지 골라야 한다.

즉 유상증자를 실행하는 방식은 주주 배정, 일반 공모, (제)3자 배정 등 세 가지가 있다. 셋 중 어느 한 가지를 골라 할 수도 있고, 동시에 두 가지 이상 섞어서 할 수도 있다.

첫 번째, 주주 배정은 기존 주주에게 공모 형식으로 신규 발행주식을 넘기는 증자 방식이다. 주주는 각자 보유 지분에 비례해 신규 발행주식 매수권을 갖게 된다. 기존 주주에게만 공모주 매입권을 주기 때문에 주주 우선 공모 방식 또는 기존 주주 배정 방식이라고도 한다.

주주 배정 방식으로 증자할 때는 우리사주조합, 기관투자가, 개인 주주 등 세 그룹을 상대로 비율을 정해 신규 발행주식을 배정한다. 이를테면 우리사주조합에 20%, 기관투자가에 50%, 일반 투자자에 30%를 배정하는 식이다.

두 번째, 일반 공모는 불특정 다수 투자자를 대상으로 공모주 청약을 받아 신규 발행주식을 공개 판매하는 증자 방식이다.

세 번째, (제)3자 배정은 '회사와 특별한 연고가 있는 이'에게 신규 발행주식 매수권을 주는 증자 방식이다. 회사 임직원이나 회사와 거래 관계가 있는 기업 또는 개인에게 배타적으로 신주 매수권을 준다.

보기 기사에 따르면 교보증권도 3자 배정 유증(유상증자)을 결정했다. 새로 2865만 3296주의 주식을 발행해서 주당 6980원에 교보생명보험에 팔겠다는 것이다. 발행주식 총액이 2000억 원에 이른다.

교보증권은 한동안 증권사 인수·합병 얘기가 나올 때마다 매각설에 시달렸다. 2018년에는 우리은행과 교보생명이 서로 먼저 인수 제안을 했다며 진실 공방이 벌어지기도 했다. 교보생명은 교보증권의 최대 주주인데, 보기 기사가 전하듯 2020년 거액 유상증자로 나오는 새 주식을 몽땅 인수함으로써 지분율을 높이고 교보증권 대주주로서 지배력을 더 키울 수 있게 되었다(2023년 9월, 교보생명의 교보증권 지분율은 84.75%). 교보증권도 유상증자로 발행하는 신주를 팔아 자본금에 보탬으로써 자기자본을 2000억 원 규모 더 늘릴 수 있게 됐다. 자본 규모가 커지는 만큼 덩치가 커져 신용평가사에서 매기는 신용 등급도 높아졌다.

증자 신주 발행가는 어떻게 정하나?

기사보기

파인텍, 3300만주 유상증자 소식에 '급락'… 신주 발행가는?

HD디스플레이 부품 제조업체 파인텍이 유상증자 소식에 급락 중이다. 15일 주식시장에서 파인텍은 전일 대비 24.29%(645원) 하락한 2010원에 거래되고 있다. 전일 오후 5시 36분경 발표된 유상증자 소식 때문이다. 파인텍은 현재 발행한 주식의 3배에 가까운 3300만주를 주주 배정 증자에 나선다. 파인텍의 상장 주식수는 1129만4271주다. 파인텍은 현재 거래되는 가격의 25% 할인율로 신주를 배정한다. 이에 값싼 신주가 대규모 유입되면 주가 하락은 피할 수 없을 전망이다. 파인텍은 신주 발행으로 얻는 자금 374억원을 운영자금으로 쓴다고 공시했다.

아주경제
2019.02.15

코스닥 상장회사 파인텍이 유상증자 신주 발행가를 정했다는 소식을 전한 기사다.

증자할 때는 신주 발행가와 발행주식 수를 미리 정해야 한다. 발행가는 증자 당시 증시에서 유통되는 기존 주식 시세를 고려해 정한다. 무상증자 때는 액면가로 정하는 것이 원칙이지만, 유상증자 때 발행가는 액면가 이상이어야 한다. 만약 유상증자 신주를 액면가보다 낮은 가격으로 발행하려면 주주총회 특별 결의와 법원 인가가 필요하다.

보기 기사에 따르면, 파인텍은 유상증자 신주 발행가를 '현재 거래되는 가격의 25% 할인율로… 배정'하기로 했다. 구주(舊株) 시세보다 25% 깎아서 정한다는 뜻이므로, 당시(2월) 거래가 2010원을 기준으로 하면 신주 발행가는 1508원 정도다.

보통 유상증자 신주 발행가는 액면가보다는 높게, 구주 시세보다는 낮게 정한다. 이렇게 발행가를 시가보다 낮게 정하는 것을 가리켜 '발행가를 (시가에서) 할인한다'고 말한다. 신주 발행가를 정하기 위해 시세에서 깎아낸 비율은 할인율(할인 비율)이라 한다.

유상증자 신주 발행가가 구주 시세보다 많이 싼 경우에는 주주 배정이나 3자 배정 방식으로 신주를 살 수 있는 자격 자체가 특권이나 마찬가지다. 다만 이 특권은 유상증자 뒤에도 해당 종목 시세가 유지된다는 전제에서만 쓸모가 있다. 유상증자 절차를 마친 뒤 거래 시세가 신주 발행가를 밑돌면 증자 신주 매수자는 오히려 손해 본다.

보기 기사가 전하는 파인텍의 경우는 유상증자가 기존 주주에게 악재로 작용하는 상황이다. 시세보다 25% 싼 신주가 증시에 대량 유입되면 주가가 떨어진다는 전망이 서면서 유상증자 뉴스가 주가를 일찌감치 끌어내리고 있기 때문이다.

이처럼 유상증자가 신주 매수자에게 불리한 상황을 만들 수 있는 데 비하면 무상증자는 안전한 편이다. 무상증자 때는 신주를 액면가로 받는 만큼 신주 발행가가 기존 주식 시세보다 떨어져 손해 볼 위험이 작기 때문이다.

신주 배정은 주주 배정 방식으로 증자할 경우 주주 각자가 보유한 구주 수에 따라 '1주당 몇 주' 또는 '몇 %' 신주를 할당하는 식으로 한다. 이렇게 구주 수에 따라 신주를 할당하는 비율을 증자 비율 또는 배정 비율이라고 한다. 증자 비율을 가령 20%로 정하면, 구주 100주를 보유한 주주가 증자 때 배정받을 수 있는 신주는 (0.20×100주=) 20주가 된다.

무상증자 때는 신주를 받기 위해 주주가 할 일이 따로 없다. 회사가 증자 비율을 정하는 등 증자 절차를 마치면 증권거래 계좌를 통해 주주에게 신주를 배분해준다.

증자 신주 받으려면 언제까지 주식 사야 하나?

기업이 증자하면서 신주를 주주 배정 방식으로 배분할 때는 신주 배정 기준일도 미리 정한다. 신주 배정 기준일이란 신주를 주주 배정 방식으로 배분할 때 신주를 인수할 자격, 곧 '신주인수권(subscription right)'이 있는 주주인지 여부를 가려내기 위해 설정하는 기준일이다. 증자 신주 배정 때는 이 기준일로 선을 그어, 그때까지 주식을 보유한 주주(주주명부에 이름이 올라 있는 주주)만 신주인수권이 있는 주주로 인정하고 주주 수를 확정한 다음 지분율에 따라 신주를 배분한다.

유상증자든 무상증자든 증자로 나오는 신주를 얻을 생각으로 투자한다면, 늦어도 신주 배정 기준일까지는 거래 계좌에 주식을 보유한 상태가 되도록 신경 써야 한다.

무상증자 때 기존 주주라면 신주를 무료로 받으니 신주 배정 기준일까지 보유 주식을 팔지 않고 기다리면 된다. 만약 해당 종목을 새로 사서 무료 신주를 받을 생각이면 신주 배정 기준일 전에 주식을 사야 한다.

유상증자 때도 마찬가지다. 주식을 사고자 할 때 주의할 점은, 신주 배정 기준일 당일까지 턱 괴고 기다리면 안 된다는 것이다. 주식거래 결제에는 결제일을 포함해 3거래일(즉 결제일+2거래일)이 필요하므로, 신주 배정 기준일로부터 2거래일(2영업일) 전까지는 주식을 사야 한다.

실제로 신주 배정 기준일이 어떻게 쓰이는지, 보기로 대한항공의 2020년 유상증자 사례(기사)를 보자.

기사보기

창사 이래 최대…대한항공, 유상증자 1조 이사회 의결

대한항공이 코로나19로 인한 유동성 위기를 극복하기 위해 1조원 규모의 유상증자를 결정했다. … 이번 유상증자는 기존 주주의 지분 비율에 따라 신주인수권을 우선 배정한 후 실권주를 일반 공모하는 방식으로 진행된다. 유상증자로 새로 발행하는 주식은 7936만5079주로 주당 예상 발행가격은 1만2600원이며 신주 배정 기준일은 6월 8일이다. 최종 발행가액은 오는 7월 6일 확정되며, 7월 29일 신주 상장이 이뤄질 계획이다. 유상증자가 이뤄지면 대한항공의 발행 주식은 9595만5428주에서 1억7532만507주로 82.7% 늘어난다.

Korea IT Times
2020.05.14

기사에 따르면, 대한항공은 유상증자를 하되 먼저 주주 배정 방식으로 기존 주주에게 신주를 팔기로 했다. 만약 기존 주주가 신주 배정 기준일까지 신주를 다 사지 않아서 남는 물량이 있다면 새 주주를 공

모해 파는 일반 공모 방식 증자를 진행하기로 했다.

증자하는 회사가 기존 주주에게 먼저 신주를 살 권리를 주었는데도 다 팔리지 않고 남은 주식에는 신주 배정 기준일에 따른 기존 주주의 신주 인수 우선권을 더 이상 인정하지 않는다. 이렇게 된 상태의 신주는 기존 주주가 인수 우선권을 잃었다 해서 실권주(失權株, forfeited stocks)라 부른다. 보기 기사에서 '이번 유상증자는 기존 주주의 지분 비율에 따라 신주인수권을 우선 배정한 후 실권주를 일반 공모하는 방식으로 진행된다'고 전한 부분이 여기에 해당하는 내용이다.

기사에 따르면, 대한항공은 우선 주주 배정 증자를 하면서 신주 배정 기준일을 6월 8일로 공고했다. 6월 8일은 월요일이고, 주말인 토요일(6월 6일)과 일요일(6월 7일)은 증시가 열리지 않는다.

대한항공 증자 신주 배정에 관심을 둔 홍길녀가 '신주 배정 기준일은 6월 8일이니 아직 여유 있네…' 하면서 6월 5일(금요일)에 주식을 사면 문제가 생긴다. 거래가 9일에야 결제되어 신주 배정 기준일인 8일에는 주식을 보유하지 못하기 때문이다. 주주 자격을 인정받지 못하니 주주 배정 증자로 나오는 신주를 받을 수 없다.

만약 홍길녀가 6월 4일(목요일) 대한항공 100주 매수 주문을 내서 당일 거래가 체결됐다 하자. 홍길녀의 거래는 신주 배정 기준일인 6월 8일 결제되고, 당일 홍길녀의 거래 계좌에는 대한항공 주식 100주가 입고된다. 신주 배정 기준일 당일 주식을 보유했으니 주주 자격을 인정받아 주주 배정되는 증자 신주를 받을 수 있다.

실제로 6월 8일까지 대한항공 주식을 보유한 주주는 주당 0.66주씩 신주를 배정받았다. 그런데 대한항공 주주가 배정받은 신주는 엄밀히 말해 보통주가 아니라 신주인수권증서다. 주주가 유상증자 절차를 거쳐 정식으로 보통주를 보유하려면 신주 배정 기준일이 지나고 회사가 따로 정하는 청약일에 청약까지 마쳐야 한다. 주식 청약은 매수할 주식 수량을 확정하고 주식 매수에 필요한 대금을 입금하는 절차다. 청약 전에 주주가 받는 것은 신주인수권증서다. 대한항공 주주가 배정받은 '신주'도 공식적으로는 '대한항공45R'이라는 신주인수권증서였다.

유상증자 신주 받고 나서 마음 바뀌면?

유상증자에 참여했다가 마음이 바뀌면 어떻게 하나?

유상증자 기업 주주 중에는 신주를 살 생각이 없었는데 깜박 잊고 (앞서 대한항공의 경우라면 6월 4일까지) 주식을 팔지 못해 신주인수권을 받게 된 경우가 있다. 유상증자 신주를 받고 싶기는 한데 돈이 없어 청약을 못 할 처지인 투자자도 있다. 이런 투자자에게는 계좌에 입고된 신주인수권증서를 처분할 기회가 한 번 있다.

유상증자 기업은 신주인수권증서를 따로 상장시켜 상장일로부터 5영업일간 매매를 진행한다. 신주를 살 권리는 손에 쥐었지만 청약은 안 할 생각이라면, 이 기회에 신주인수권증서를 처분하면 된다. 5영업일 동안 매매가 끝나면 신주인수권증서는 상장폐지가 된다. 다만 신주인수권증서는 보통 유상증자 발행가액의 30~60% 가격에 거래된다는 점에 유의해야 한다.

예를 들어 대한항공 주식 1000주를 보유한 주주가 유상증자로 받은 신주인수권증서를 판다 치자.

대한항공은 (앞서 든 기사에서는 주당 예상 발행가격이 1만 2600원이라고 전했지만) 6월 3일 정정 공시를 내고 유상증자 신주(보통주) 발행가를 주당 1만 4600원으로 정한다고 발표했다. 유상증자 발표 후 주가가 올라서 발행가를 올린 것이다. 신주(신주인수권증서)는 구주 1주당 0.66주씩 발행했다. 신주인수권증서를 발행가(1만 4600원)의 40%인 5840원에 판다면 (1000주×0.66×5840원=) 385만 4400원 득 본다. 신주인수권증서를 팔면 매도 대금이 매도인 거래 계좌로 입금되고, 매도인은 유상증자에는 참여할 수 없게 된다.

(신주인수권증서가) 닷새간 상장되어 매매되는 동안 신주인수권증서를 사들인 투자자에게는 어떤 기회가 있을까?

신주인수권증서는 상·하한가 제한 폭 없이 매매한다. 상·하한가 제한이 없으니 가격이 폭등할 수도, 폭락할 수도 있다. 짧은 기간 매매가 끝난 뒤 매수자는 유상증자 청약에 참가해 신주를 받을 수 있다. 만약 신주인수권증서 매수 뒤 청약 때까지 주가가 떨어져 신주인수권증서 매수 시점 가격보다 낮아졌다면 단기 투자는 실패한 셈이다. 이 경우 청약을 포기할 수도 있는데, 그럼 신주인수권증서 매수액만큼 손실을 봐야 한다.

일반 공모 유상증자는 어떻게 진행되나?

기사보기

CJCGV 유상증자 일반공모 경쟁률 75.67대1로 흥행, "기업가치로 보답"

CJCGV가 추진하고 있는 주주배정 유상증자의 일반공모가 흥행했다. CJCGV는 11일과 12일 실시된 일반공모 청약에서 3조3310억 원의 자금이 몰려 청약 경쟁률 75.67대1로 집계됐다고 13일 공시했다. 이번 일반공모는 구주주 청약 이후 남은 발행 예정 신주 791만7643주를 대상으로 청약을 받았는데 신청 물량이 5억9910만5516주에 이른다. 일반공모의 주금납입일은 14일로 신주는 27일 상장된다. 최정필 CJCGV 경영지원담당은 "… CJCGV의 성장 가능성을 믿고 유상증자에 힘을 보태준 주주와 투자자들에게 감사한다"며 "… 성장 발판을 마련해 더 나은 기업가치로 보답하겠다"고 말했다.

비즈니스포스트
2023.09.13

유가증권시장 상장 기업 CJCGV가 일반 공모 유상증자에 성공했다고 전한 기사다.

CJCGV는 먼저 주주 배정 방식 유상증자를 진행해, 2023년 9월 6~7일 주주들로부터 청약을 받았다. 그런데 청약률이 89.4%에 그쳤다. 기존 주주(구주주)가 청약하지 않아서 남은 신주 물량 10.6%(기사에서 말하는 '구주주 청약 이후 남은 발행 예정 신주 791만 7643주')는 일반 공모 방식 유상증자로 돌려, 9월 11~12일 일반 투자자를 대상으로 청약을 받았다. 일반 공모 청약에는 3조 3310억 원의 자금이 몰려 청약 경쟁률이 75.67 대 1을 기록했다는 내용이다.

유상증자를 주주 배정이나 3자 배정 방식으로 할 때는 증자 절차가 비교적 간단하다. 신주를 받을 주주나 투자자가 청약 절차를 통해 신주 대금을 치르고, 회사가 해당 주주나 투자자의 증권거래 계좌로 신주를 넣으면(즉 입고入庫하면) 그만이다. 그러나 일반 공모 방식으로 할 때는 증자 절차가 복잡하다.

일반 공모 유상증자 때 나오는 신주는 으레 물량이 한정되어 있고 수요자는 많다. 그래서 증자 물량을 공급하는 증권사마다 공모 청약에 참가하는 투자자를 경쟁시킨다. 그렇다 보니 유상증자 공모 청약에 참여하려면 투자자가 알아서 적극 움직여야 한다.

첫째, 청약하려면 공모 청약을 진행하는 증권사(대표 주관사, 공동 주관사)에 위탁 거래 계좌를 만들어야 한다. 이미 거래하는 증권사에서 공모 청약을 진행한다면 별도 계좌를 만들 필요 없이 기존 계좌로 청약할 수 있다.

둘째, 공고된 청약일(청약 예정일, 보통 2~3일)에 청약한다. 청약하는 신주 수량을 밝히고 청약증거금을 계좌에 입금해야 한다. 증권사마다 1인당 청약 한도가 다르므로 그 한도 안에서 청약해야 하고, 청약증거금은 개인의 경우 청약하려는 신주 대금의 50%를 넣어야 한다.

셋째, 청약 절차가 끝나면 청약 경쟁률이 정해진다. 청약자에게는 1인당 배정 가능한 신주 수량이 통보된다. 청약일로부터 보통 일주일 내로 다가오는 납입일(주식 대금 납입일)에는 배정받은 주금(株金), 곧 신주 대금을 내야 한다. 이때 청약 경쟁률에 따라 이미 낸 청약증거금 중 청약자가 살 수 있는 주식 수를 넘는 몫(초과 청약금, 잔여 증거금)이 있다면 돌려받는다. 혹 모자라면 채워 넣어야 한다. 청약증거금을 맡긴 데 따르는 이자를 내주지는 않는다.

넷째, 납입일에 주금을 낸 청약자에게는 증권거래 계좌로 1~2주 안에 신주가 들어온다. 이를 두고 '새 주권이 교부된다'고 말한다. 신주는 신주권 교부일로부터 짧으면 2일, 길면 1~2주 안에 상장된다. 주주총회나 이사회가 증자를 결의한 뒤 신규 발행주식이 증시에 상장되어 공개 거래를 시작하기까지 보통 2~3개월이 걸린다.

유상증자 한다는데… 어떤 종목 청약할까?

기사보기

애경그룹 채형석 부회장 '이스타항공 인수' 포기하나

이스타항공 인수를 추진중인 채형석 애경그룹 부회장의 고심이 깊어졌다. 당초 예정됐던 기한을 연장하면서 인수합병(M&A)을 추진하고 있지만 인수를 강행할시 자칫 회사 전체의 위기로 이어질 수 있기 때문이다. … 현금성 자산이 올해 1분기 679억원에 그친 제주항공은 이를 키우기 위해 유상증자 카드를 꺼내들었다. 하지만 이마저도 '빨간불'이 들어왔다. 제주항공은 22일, 유상증자를 위한 1차 발행가액을 1만3050원으로 정정 공시했다. 당초 예상 발행가액인 1만4000원보다 7% 줄어든 것이다. 이로 인해 모집예정총액도 115억원 이상 낮아진 1585억원으로 책정했다. 이는 항

FETV
2020.06.24

공업 불황으로 제주항공의 기존주가가 낮아지면서 생긴 일이다. 제주항공은 이마저도 '아직 확정되지 않은 금액'이라고 밝혀서 자금난을 덜기 위한 유증은 불투명해졌다.

유증(유상증자) 실패가 예견되는 사례를 전한 기사다. 2020년 국내 저비용항공사(low-cost carrier, LCC)들은 그렇잖아도 경영난에 시달리다 코로나 사태로 크게 휘청거렸다. 이스타항공은 공정거래위원회로부터 '회생 불가' 판정을 받았고, 이스타항공을 인수하려던 제주항공(모회사: 애경그룹)은 유상증자를 해서 현금 자산을 늘리려 했다. 그러나 제주항공도 재무 상태가 어렵기는 매한가지였고 항공업 전망도 나빴기 때문에, 투자자들은 제주항공의 유상증자가 생산적 결과를 낳으리라고 보지 않았다. 유상증자 발표 뒤 제주항공은 되레 주가가 떨어져 증자 규모를 줄여야 했다.

제주항공은 결국 이스타항공 인수를 포기했다. 이스타항공은 2023년 1월 30일 국내 유수 사모펀드 운용사인 VIG파트너스에 인수됐다. VIG파트너스는 자사가 운용 중이던 펀드 자산을 동원, 3자 배정 유상증자 방식으로 이스타항공에 1100억 원 규모 증자 자금을 투입했다(사모펀드 또는 사모펀드 운용사는 소수 투자자로부터 모은 거액 자금을 기업 인수와 매각 등에 굴려 수익을 내는 투자 전문 회사다).

유상증자 시도가 늘 성공하는 것은 아니다. 기업이 미래를 낙관하고 사업 자금을 마련하려 하더라도 투자자가 기업의 안정성과 수익 전망을 어둡게 볼 때는 증자 신주를 사주지 않기 때문이다. 유상증자를 시도했다 실패할 경우, 기업은 주가가 폭락하고 대외 신용도가 떨어지는 등 가만히 있느니만 못한 결과를 볼 수 있다. 투자자도 신중해야 한다. 증자 기업이 내놓는 장밋빛 전망만 믿고 신주 청약에 나섰다가는 투자금만 물릴 수 있다. 유상증자 투자도 종목을 잘 골라야 성공할 수 있다는 말이다. 어떤 종목이 좋을까?

길게 볼 때 안정되고, 수익성 있고, 미래 성장 가능성이 높은 기업이 좋다. 특히 증자로 자금을 모아서 생산적으로 쓸 만한 기업을 골라야 한다. 유상증자를 하는 기업은 흔히 새로 들어오는 증자 대금을 빚을 더는 데 쓰곤 한다. 그럼 이자와 수수료 등 금융비용 부담을 덜기 때문에 영업을 더 적극 펼칠 수 있고, 그 결과 수익이 오를 가능성이 높다. 주가도 뛰기 쉽다.

만약 기업이 유상증자로 모은 돈을 생산적 투자에 쓰기보다 부실한 관계회사를 지원하거나 별로 전망 없는 사업에 쓴다면 어떻게 될까? 투자자 신뢰는 낮아지고 영업 실적과 재무구조도 나빠질 것이다. 그럼 주가가 떨어진다. 같은 유상증자를 하더라도 주가에 미치는 효과는 기업 내용에 따라 달라지는 법이다.

유상증자는 왜 강세장에 호재, 약세장에 악재일까?

증자는 기업 가치를 떨어뜨리는 면이 있다. 보통 주당순이익(Earnings Per Share, EPS, 기업이 일정 기간 올린 순이익을 총 발행주식 수로 나눈 값)이 클수록 투자 가치가 있는 주식으로 보는데, 증자를 하면 발행주식 수가 늘어나는 만큼 주당순이익이 낮아지기 때문이다.

주당순이익이 낮아지지 않게 하려면 증자 뒤 사업이 활발하게 이뤄져 순이익이 커져야 한다. 그러나 증시가 대세 하락 추세라서 주식 수요가 적은 약세장에서는 증자가 주가에 악재다. 증자를 하면 증시에 주식 공급이 늘어나서 그렇잖아도 취약한 주식 수요를 더 위축시키기 때문이다.

만약 기업 내부에 장차 기업 가치를 올릴 만한 특별한 요인이 없고 증시도 전반적으로 약세라면, 유상증자 신주 청약에 참여하지 않는 게 낫다. 참여는커녕 갖고 있는 주식마저 서둘러 처분하는 것이 낫다.

증시가 강세장이면 어떨까?

강세장에서는 유상증자가 주가에 호재다. 증시가 대세 상승 국면일 때는 주식을 사려는 세력이 커져서 증자로 주식 공급 물량이 늘더라도 주가 하락 가능성이 낮기 때문이다. 오히려 주식 공급 못지않게 수요가 늘어 거래가 활발해지면서 주가가 오를 수도 있다. 이때 나오는 유상증자는 주가 하락 걱정을 덜고 새 주식을 시세보다 싸게 살 기회로 활용할 만하다. 다만 증시가 활황세라도 기업들이 너도나도 유상증자에 나서서 증자 행렬이 길어지다 보면 주가가 하락세로 돌아설 수 있다는 점을 유념해야 한다.

유상증자 단기 투자법: 언제 사고 언제 팔까?

유상증자 후 주가 향방은 길게 볼 때 기업이 우량한가 여부로 판가름나지만, 짧게 보면 그렇지도 않다. 기업 내용이 별로 좋지 않아도 '주가 관리'를 열심히 해서 유상증자는 물론 증자 후 주가 상승까지 이뤄내는 수가 있기 때문이다.

전형적인 주가 관리는 일반 공모 유상증자 계획 발표 때부터 청약일까지 자사주를 대거 사들여 주가 오름세를 만들어내고 신주 발행가와 기존 주식 시세를 벌리는 형태로 나타난다. 일반 투자자의 증자 참여를 부추기는 것이다. 그러나 주가 관리 덕에 유상증자 기업 주가가 오르는 효과는 보통 짧게 끝난다. 청약이 끝나면 주가 관리도 끝나고, 증자 계획 발표 때부터 가파르게 오르던 주가도 급반전하기 일쑤다.

설사 기업이 주가 관리를 끝내지 않더라도, 증자 청약 뒤에는 단기 투자자가 매도 공세를 펴서 주가가 급락할 수 있다. 공모 청약을 끝낸 증자 물량이 증시에 상장돼 거래를 시작하면, 신주를 산 투자자가 단기 차익을 보려고 일제히 매물을 쏟아낼 수 있다. 그 서슬에 주가가 떨어지고, 더 손해 보기 전에 팔겠다고 나서는 투자자까지 가세하면 상황이 더 나빠진다. 유상증자 뒤 주가가 급락할 때는 이런 경우가 적지 않다.

그러므로 단기 승부를 볼 생각으로 유상증자 종목을 매매할 때는 청약일과 증자 신주 상장 시점에 유의해야 한다. 보통은 증자 계획이 발표되면 증시에서 바로 주식을 사뒀다가 청약일 직전에 파는 게 좋다. 하지만 투자자가 일제히 이런 식으로 발 빠르게 움직이다 보면 아예 청약일 직전부터 주가가 내릴 수도 있다. 그럴 것 같으면 더 빨리 팔아야 한다.

실권주 공모란 무엇인가?

기사보기

일진전기, 1000억 원 규모 유상증자 결정…
"중전기·전선 수주잔고 1조2000억 원 돌파로 수요 대응 목적"

일진전기는 중전기(변압기 · 차단기) 공장과 전선 공장의 설비 증설을 위해 약 1000억원 규모의 유상증자를 결정했다고 17일 공시했다. … 이번 유상증자는 주주배정 후 실권주 일반공모 방식으로 진행될 예정이다. 신주 예정 발행가액은 기준주가에 20% 할인율을 적용한 9430원으로 결정됐다. 신주 배정 기준일은 12월 15일이고, 2024년 1월 5일부터 11일까지는 신주인수권이 상장돼 거래할 수 있다. 내년 1월 22일부터 1월 23일까지 이틀 동안은 구주주 청약을 진행한다. 회사는 실권주에 대해 1월 25~26일 일반공모 청약을 진행한 다음 2월 13일 신주 상장을 완료한다는 계획이다.

이투데이
2023.11.17

변압기 등 전력기기를 생산하는 유가증권시장 상장사 일진전기가 신주를 주주에게 배정한 뒤 실권주를 일반 공모하는 순서로 유상증자를 한다고 전한 기사다.

실권주를 일반 공모한다는 얘기가 무슨 뜻일까?

유상증자 때 나오는 신주를 구주주가 다 사지 않아 남을 경우, 그 남는 물량을 일반 투자자에게 공개해 매도한다는 말이다.

무상증자를 하는 기업은 주주에게 새 주식을 공짜로 나눠준다. 주주로서는 마다할 이유가 없다. 그런데 주주 배정 방식으로 유상증자를 할 때는 주주가 신주인수권을 행사하지 않고 증자 신주 청약을 포기할 수도 있다. 왜 그럴까?

신주 청약을 위해 내야 할 돈이 없다든지, 유상증자가 잘 안 될 것 같다든지, 증자 후 주가가 신통치 않을 것 같다든지 여러 이유가 있을 수 있다.

신주 청약을 포기하려는 주주는 거래하는 증권사 영업점에 포기 의사를 밝히면 된다. 거래 증권사 영업점에서 전화 등으로 물어오면 그 때 의사를 밝혀도 된다. 설사 청약 의사를 밝힌 뒤라도 생각이 바뀌면 증자 일정상 정해진 주금 납입일에 청약 대금을 넣지 않으면 된다. 주주 배정 유상증자 때는 이렇게 주주가 신주 청약을 포기할 수 있다. 그럼 발행을 예정했던 신주 물량 중 일부가 남게 된다. 이렇게 남는 물량에는 더 이상 주주의 신주인수권을 인정하지 않는데, 이를 두고 신주를 '실권 처리' 한다고 말한다. 실권 처리한 주식은 실권주(失權株, forfeited stocks)라고 부른다.

무상증자 때는 주주가 신주인수권을 포기할 이유가 없으므로 실권주가 생기지 않는다. 하지만 유상증자 때는 실권주가 생길 수 있으니, 증자하려는 회사(발행사) 입장에서는 처음부터 실권주가 생길 가능성을 고려해 증자 계획을 짜야 한다. 핵심 문제는 실권주가 생기면 어떻게 처리하느냐 하는 것이다.

실권주 처리 방법은 대개 이사회 결의로 정한다. 특정 주주에게 몰아줄 수도 있고, 일반 공모를 해서 새 주주에게 팔아넘길 수도 있다. 만약 일반 공모를 결정하면 유상증자 절차에 실권주 공모 청약 일정까지 포함한다.

보기 기사의 일진전기도 주주 배정 유상증자를 계획하면서 처음부터 실권주가 생길 가능성을 고려해 증자 일정을 짠 예다. 일차적으로 주주 배정 방식 유상증자를 진행해서 기존 주주로부터 신주 청약을 받고, 남는 물량이 있으면 실권 처리를 한 다음 실권주를 일반에 공모하고 청약을 받아 판다는 계획이다.

대개 실권주는 발행사가 증자 담당 주관사에 전량을 넘기고, 주관사가 일반 투자자를 상대로 공모 청약을 받아 판매한다. 투자자에게는 실권주 공모 청약도 일반 공모 청약 때와 별다를 것 없는 투자 기회다. 실권주 공모가도 실권 이전 유상증자 신주 발행가와 같으므로, 보통은 공모 당시 시세보다 싼값에 살 수 있다(보기 일진전기의 신주 발행가도 기준 주가보다 20% 싼 9430원이다). 그래서 인기 있는 종목이면 실권주 공모에도 여느 유상증자 공모처럼 개인투자자의 청약이 몰리곤 한다. 그런 만큼 실권주 투자에도 유상증자 공모주 투자 때 흔히 만나는 것과 같은 위험이 있다.

첫째, 시세 차익 가능성이 높은 종목은 실권주라도 청약 경쟁이 심하다. 청약 경쟁률이 높을수록 실제로 배정받을 수 있는 주식 수가 적어 청약에 따른 실속이 거의 없을 수도 있다.

둘째, 청약해서 배정받은 실권주가 상장되기까지 며칠 시일이 걸리는데 그사이 주가가 떨어지면 낭패다. 공모 청약 절차가 시작되고 나서 상장 직전까지 주가가 폭락할 가능성은 늘 있다. 공모 때 투자가 몰렸으나 알고 보니 부실 회사였다고 뒤늦게 알려지는 수도 있고, 공모 절차가 진행되는 사이 회사가 망할 수도 있다. 그러므로 실권주 청약 때도 유상증자 공모 청약 때와 마찬가지로 발행사의 재무 상태를 잘 따져야 한다. 망할 염려가 없는지 따져보고 성장성과 주가 상승 가능성이 높은 기업을 골라야 한다.

실권주 공모 청약 절차는?

실권주 공모도 여느 유상증자 공모와 절차가 비슷하다. 발행사가 주관사에 청약 절차를 대행시키는 것도 마찬가지다.

다만 여느 유상증자 공모 때는 대표 주관사가 아닌 증권사도 청약을 받는 데 비해, 실권주 공모 청약은 대표 주관사 영업점만 받는 게 보통이다. 청약 기간은 이틀 정도다.

실권주 공모 일정이 발표되면 투자자는 공모일(청약일)을 기다렸다가 대표 주관사 영업점에서 청약한다. 청약 계좌를 만들고, 원하는 수량만큼 공모가에 맞춰 청약증거금을 내야 한다. 실권주 청약증거금률은 100%다. 공모가가 주당 1만 원인 실권주 50주를 청약할 경우 50만 원을 청약증거금으로 내야 한다. 청약증거금은 납입일이 되면 납입금으로 대체된다.

보통 2일간 이어지는 청약일에 청약이 진행되고, 청약이 마감되면 청약 경쟁률이 정해진다. 대개 청약일로부터 3~4일 안에 대표 주관사 홈페이지에 청약 결과 배정이 공고되고, 청약 경쟁률에 따라 청약자에게 실권주가 배정된다. 실권주 배정 수량보다 이미 낸 청약증거금이 많으면 초과분(초과 청약금)을 돌려받는다. 50만 원을 청약증거금

실권주 공모를 포함하는 유상증자 절차

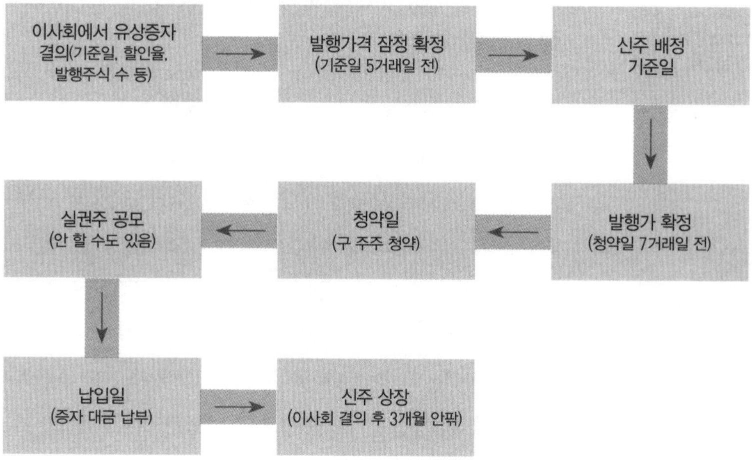

으로 내고 50주를 청약했는데 청약 경쟁률이 높아 10주밖에 배정받지 못했다고 치자. 그럼 나머지 40주 몫의 청약금(40만 원)은 초과 청약금이므로 돌려받는다. 초과 청약금 환불은 보통 청약일로부터 일주일 정도 걸린다. 대개 청약 결과 배정 공고 후 1~2일 내로 환불일을 정한다. 청약증거금을 넣었다 돌려받는 사이 이자는 없다.

실례를 통해 실권주 공모 청약 절차를 한번 짚어보자. 다음 기사는 유가증권시장 상장 기업 SK이노베이션이 주주 배정 방식으로 유상증자를 한 뒤 실권주가 생겼고, 실권주 공모 청약에 많은 투자자가 몰렸다고 전한 예다.

기사보기

SK이노베이션, 유상증자 일반공모 흥행…
경쟁률 67.8대 1

SK이노베이션 유상증자 실권주 일반공모 청약이 경쟁률 67.8대 1을 기록하며 흥행에 성공했다. SK이노베이션은 14~15일 일반 투자자를 대상으로 진행한 1410억원 규모 일반공모 청약에 9조5584억원의 청약 증거금이 들어왔다고 15일 공시했다. 이번 공모는 실권주 101만336주를 대상으로 진행됐으며 청약 경쟁률은 67.8대 1로 나타났다. SK이노베이션이 유상증자로 확보한 금액은 총 1조1400억원이다. 이번 유상증자 신주 1주당 발행가액은 13만9600원이다. 앞서 SK이노베이션은 지난 11~12일 우리사주조합 및 구주주를 대상으로 진행한 청약에서 1조원가량 확보했다. 우리사주조합 및 구주주 대상 청약률은 87.7%로 집계됐다.

아시아에이
2023.09.15

SK이노베이션은 당초 1주당 13만 9600원에 신주 819만 주를 발행해 주주에게 배정하는 방식으로 1조 1400억 원을 마련하기 위한 유상증자를 진행했다.

2023년 9월 11일과 12일 이틀에 걸친 주주 배정 공모 청약일에 구주주(우리사주조합 포함)는 신주 발행 물량 중 717만 9664주를 청약했다. 청약률(=구주주 청약 수량÷유상증자 공모주 수량)은 (717만 9664주÷819만주=) 87.7%.

주주들이 청약하지 않은 나머지 101만 336주는 실권 처리됐고, 실권율(=실권주 발생 수량÷유상증자 공모주 수량)은 (101만 336주÷819만 주=) 12.3%로 집계됐다. 실권주는 대표 주관사인 NH투자증권과 한국투자증권이 9월 14~15일 2일간 주주 배정 때와 같은 주당 발행가 13만 9600원에 일반 공모 청약을 받았다. 실권주 공모는 청약 경쟁률 67.8 대 1을 기록하며 성공했다.

이번 유상증자 공모로 SK이노베이션은 (구주주에게서 모은 1조 원과 실권주 일반 공모로 모은 1400억 원을 합해) 증시에서 총 1조 1400억 원을 마련했다. SK이노베이션이 새로 발행한 주식은 10월 5일 유가증권시장에 상장됐다.

독자가 SK이노베이션 실권주 일반 공모에 투자했다고 가정해보자.

먼저 실권주 공모 주관사인 NH투자증권과 한국투자증권 영업점에 청약 계좌를 만들고 청약일(9월 14~15일)에 청약증거금을 입금해야 한다. 주주 배정 공모 때는 증거금을 매수 희망 수량의 일정 비율(보통 50%)만 내도 되지만, 실권주 공모 청약 때는 증거금률이 100%다. 100주를 산다 치면 100주 대금을 다 내야 한다. 주당 발행가가 13만 9600원이므로 100주면 1396만 원이다.

청약이 마감되면 청약 경쟁률이 정해진다. 주관사는 청약 경쟁률에 따라 청약자가 몇 주나 배정받을 수 있는지 통보해준다. 9월 15일 주관사가 공시한 청약 경쟁률은 67.8 대 1. 실권주 공모 물량 101만 336주, 1410억 원 규모 일반 공모에 9조 5584억 원의 청약증거금이 몰렸다.

실권주 공모 청약 때는 청약증거금이 납입일에 납입금으로 대체되므로 청약한 주식 대금을 따로 입금할 필요 없다. 그냥 기다리고 있으면 증권거래 계좌로 SK이노베이션 신주가 입고된다. 이미 낸 청약증거금 중 실권주 매입에 쓰인 금액을 제한 나머지 금액은 예탁금 계좌로 환불된다.

권리락이란 무엇인가?

주식회사가 주주 배정 방식으로 증자를 하면 기존 주주는 다른 투자자보다 먼저 신주를 확보할 수 있는 권리, 곧 신주인수권을 갖는다. 회사가 주주 배정 증자 계획을 발표하면서 주주에게 신주인수권을 부여한 종목은 증시에서 '권리부(權利附, rights-on)' 주식이라고 부른다. 신주를 인수할 권리가 붙은 주식이라는 뜻이다.

권리부 주식에 딸린 신주인수권은 기업이 증자 계획을 발표하면서 함께 공고하는 신주 배정 기준일까지만 유효하다. 신주 배정 기준일이 지나면 권리부 주식에서 신주인수권이 떨어져 나간다. 이렇게 권리부 주식에서 신주인수권이 떨어져 나가는 것을 '권리락(權利落, ex-rights, rights-off)'이라 한다. 말 그대로 '권리가 떨어져 나간다'는 뜻이다.

권리락에는 두 가지가 있다. 무상증자 과정에서 발생하는 것은 무상 권리락, 유상증자 과정에서 발생하는 것은 유상 권리락이라고 부른다. 어느 것이든 권리락 상태의 주식, 곧 신주 배정 기준일이 지난 주식은 권리락 주식이라 한다. 주식 시세표에 따라서는 권리락 주식에 ☆ 또는 ⦿ 등의 기호를 붙여 다른 것과 구별되게 표시하곤 한다.

증자 때 발생하는 권리락 주식은 권리락 이전의 주식, 즉 권리부 주식과 다르다. 권리부 주식을 보유한 주주는 신주인수권을 행사해 값싼 증자 신주를 살 수 있다. 하지만 권리락 뒤에는 같은 종목을 사도 더 이상 신주인수권을 받지 못한다. 보기에 따라서는 같은 주식을 사는 투자자를 권리락 전후로 차별한다고도 볼 수 있다. 그래서 정규 증시에서는 증시 관리자가 권리락 주식의 첫 거래가(시초 거래가)를 인위적으로 낮춘다. 권리락 주식은 권리부 주식일 때보다 낮은 시세로 거래를 시작하게 함으로써 투자자가 싸게 살 기회를 주는 것이다. 권리락 전후 투자자에게 공평한 기회를 주려는 뜻이다.

권리락 주가는 언제부터 적용되나?

증시에 증자 계획 정보가 흘러나오는 종목은 흔히 신주인수권을 얻으려는 주식 수요가 몰려 주가가 급등하곤 한다. 이 경우 주가 상승은 단기적으로는 기업이 증자 계획을 공식 발표한 뒤 신주 배정 기준일까지만 이어지는 게 정상이다. 좀 더 엄밀히 보면, 주식거래 결제에 3영업일이 걸린다는 점이 고려되어 신주 배정 기준일 전에 상승세가 끝난다.

가령 증시가 7일부터 9일까지 연달아 열리고 증자 계획에 따라 9일을 신주 배정 기준일로 정한 종목이 있다 하자. 거래 결제에 3영업일이 걸리므로 이 종목 신주인수권을 확보하려면 7일까지는 주식을 사야 한다. 따라서 주가도 7일까지는 오르기 쉽다. 일단 7일이 지나면 해당 종목은 권리락 상태로 되고, 권리락 이후 첫 거래일(즉 8일) 시초가는 인위적으로 전날보다 크게 낮춰진다. 권리락 이후 첫 거래일 시초가는 권리락 기준가 또는 권리락 주가라고도 부르는데, 시장 관리자(거래소)가 권리부 주식의 종가(즉 7일 종가)를 토대로 미리 정한 산식에 따라 산출한다.

증자하는 종목에 권리락이 적용되어 시세가 떨어진다는 사실은 기존 주주로서 생각해볼 거리다. 무상증자라면 어차피 새 주식을 공짜로 받는 것이니 상관없다. 하지만 유상증자 때는 새 주식을 살지 말지 정해야 한다. 특히 단기 투자 때는 그렇다. 유상증자 뒤 주가 전망이 좋지 않다면 권리락으로 거래를 재개한 주가가 단기에 회복되기 어렵다는 점을 고려해야 한다. 정말 그럴 것 같으면 증자 신주를 청약할 필요가 없다. 심지어 이미 보유한 주식마저 권리락을 적용받기 전에 팔아치우는 편이 낫다.

권리락 주가는 왜 쉽사리 오락가락할까?

권리락 주식은 시초가가 인위적으로 낮춰지므로 시세가 갑자기 싸진 것처럼 보인다. 일종의 착시 효과인데, 여기 현혹되어 개인투자자가 쉽사리 주식을 사들이면서 거래가 활발해지고 시세가 오르기 쉽다. 그러나 이런 식으로 상승세를 타는 권리락 주가는 쉽사리 도로 꺼지기 일쑤다. 권리락 주가의 움직임을 보여주는 기사를 살펴보자.

기사보기

대한항공, 다시 날아오르나…
권리락 후에도 주가 급등

대한항공이 5일 장 초반 급등세를 보이고 있다. 신용평가사의 신용등급 하락 위기에서 벗어나는 등의 호재가 작용한 것으로 분석된다. 대한항공은 이날 9시35분 현재 전날보다 10.44%(2000원) 오른 2만1150원에 거래되고 있다. … 대한항공은 권리락을 반영해 4일 종가를 2만2900원에서 1만9150원(보통주)으로 가격 조정했다. 대한항공이 권리락 조정 이후에도 상승세를 유지하고 있는 셈이다.

조선비즈
2020.06.05

유가증권시장 상장 기업 대한항공이 유상증자를 하면서 권리락을 적용받고 거래를 시작한 첫날 주가가 급등세라고 전한 기사다.

신주 배정 기준일이 6월 8일 월요일이므로 증자 신주인수권을 받으려면 목요일인 6월 4일까지 대한항공 주식 매수 주문이 체결돼야 한다. 금요일인 6월 5일에는 권리락이 적용된다. 금요일 아침 권리락이 적용된 대한항공 보통주 시초가는, 보기 기사에서 전하듯 4일 종가(2만 2900원) 대비 83.6% 수준인 1만 9150원으로 낮춰졌다.

대한항공 주가가 권리락 적용 후에도 (종가 기준으로) 3일간 오른 것은 착시 효과에 따른 일시적 현상이다. 착시 효과로 오르는 권리락 주가는 쉽사리 도로 꺼진다. 실제로 대한항공 시세는 권리락이 적용된 6월 5일(금요일) 1만 9150원으로 출발해 2만 600원으로 상승 마감하고 그 다음 주에도 8일(종가 2만 700원)과 9일(종가 2만 1100원) 연속 올랐지만,

대한항공 주가 추이

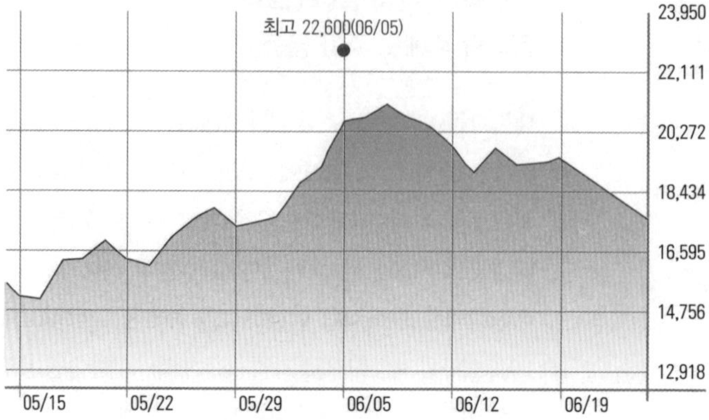

자료: NAVER 금융

10일(2만 700원)부터는 하락세로 돌아서 계속 내리막길을 걸었고, 6월 25일에는 1만 7600원으로 떨어졌다.

우리사주는 뭐가 좋은가?

기사보기

"8일만에 3억 벌었다…퇴사 해 말어" … 에코프로머티 직원들은 고민중

에코프로머티리얼즈 상장 당시 우리사주를 통해 공모주 청약한 임직원들이 상장 후 주가가 3배 넘게 급등하면서 대규모 평가이익을 보게 됐다.

매일경제
2023.11.28

2023년 11월 유가증권시장에 상장한 에코프로머티리얼즈 직원들이 상장 때 받은 우리사주로 단기간에 큰 시세 차익을 냈다고 전한 기사다. 우리사주가 뭘까?

정식 명칭은 우리사주제도(Employee Stock Ownership Plan, ESOP)다. 주식회사 사원들이 근로복지기본법에 따라 자사 주식 투자를 목적으로 하는 조합(우리사주조합)을 만들고 조합원으로 가입해 자사주를 취득하고 보유하는 제도다. 우리사주조합은 조합원들이 정기 급여에서 일정액을 떼어 자사주를 사고 관리한다. 조합원들이 우리사주조합을 통해 취득하고 보유하는 주식은 우리사주라 부른다.

자본시장법에 따르면, 우리사주조합이 소속한 기업은 유가증권시장에서 자본금을 공모할 때 (신주 모집이든 구주 매출이든) 공모하는 주식 총수의 20%를 우리사주조합에 배정해야 한다(자본시장과 금융투자업에 관한 법률 제165조의7 우리사주조합원에 대한 주식의 배정 등에 관한 특례).

그 대신 조합원이 우리사주조합에 낸 돈으로 취득한 우리사주는 그 조합원이 회사에 재직하는 한 1년 동안 팔지 못하는 것이 원칙이다(근로복지기본법 제43조 우리사주의 예탁 등). 이른바 보호예수라고 부르는 제도다.

다만 보호예수 기간 중이라도 조합이 해산하거나 조합원이 사망하는 등의 특별한 경우에는 주식을 팔 수 있다. 조합원이 우리사주를 팔 때는 조합이 규약으로 정할 경우 조합이 먼저, 조합원이 그다음에 사들일 수 있다.

비록 1년 보유 의무가 있다지만, 우리사주도 퇴사하면 처분할 수 있다. 퇴사 후 1개월이 지나면 우리사주가 개인 명의로 전환되어 들어오고, 계좌에 입고된 주식을 팔면 차익을 실현할 수 있다. 그러므로 우리사주를 받은 뒤 시세 차익이 크게 나서 이익을 실현하고 싶다면 회사를 그만두면 된다. 유명한 사례로, 유가증권시장에 상장한 신약 개발사 SK바이오팜에서 그런 일이 있었다.

2020년 중반 SK바이오팜 임직원 207명은 상장을 앞둔 회사 공모주를 우리사주조합을 통해 1인당 평균 1만 1820주꼴로 배정받았다. 상장 첫날인 7월 2일 SK바이오팜 주가는 공모가 4만 9000원의 2배가 넘는 12만 7000원에 거래를 마감했다. 이후 주가는 7월 8일 종가 21만 7000원을 찍고는 두 달가량 16~20만 원(종가) 안팎에서 움직였다. 그러자 직원 1인당 평가 차익이 10억~20억 원 안팎이라는 계산이 돌았고, 차익 실현을 노린 직원들이 줄퇴사했다. 한 보도(서울신문, 2020년 8월 14일자)에 따르면, SK바이오팜 퇴사자는 전체 직원 207명의 약 35%인 70명에 달했다.

크게 볼 때 우리사주제도의 취지는 직장인 복지, 그리고 증시 안정과 관계가 있다. 상장 기업이 유상증자 할 때 신주 중 일정 비율은 자사 사원에게 먼저 팔게 해서 직장인 복지를 돕고 주식 장기 보유도 유도한다는 것이다. 그래서 우리사주제도를 운영하는 기업이나 우리사주조합에는 여러 혜택을 준다.

첫째, 기업이 우리사주조합에 출연한 자사주의 장부가액이나 금품은 전액 손비(expense, 비용과 손실)로 인정한다. 회사가 우리사주조합 운영비를 내준 경우에도 손비(복리후생비)로 인정해준다.

둘째, 조합원에게는 세금 혜택을 준다.

직장인이 우리사주조합에 가입할 때는 출자금을 낸다. 출자금은 우리사주를 살 때 쓸 수 있다. 우리사주조합원이 출자금으로 우리사주를 취득하면 취득가와 시세 간 차액만큼 소득을 얻을 수 있는데, 이렇게 얻은 소득 중 일부는 급여로 간주해 조합 출자금(조합 출연금, 주식 구입비) 중 일정액에 소득공제 혜택을 준다.

소득공제란 소득액(과세 대상이 되는 소득)에 세율을 곱해 소득세액을 계산하기 전에 소득액에서 일부를 제해주는 것이다. 소득공제를 받으면 공제 폭만큼 세 부담이 줄어든다. 일반기업은 연간 400만 원까지, 창업 벤처기업은 1500만 원까지 소득공제 혜택을 준다.

그러니까 일반기업 우리사주조합원이 400만 원을 출자해 우리사주를 취득하면 취득가와 주식 시세 간 차액으로 소득을 얻더라도 소득세를 내지 않는다. 하지만 출자액이 400만 원을 넘으면 시세의 70% 상당액과 취득가액 간 차액이 근로소득으로 간주되어 세금을 내야 한다(시세의 70%를 넘는 금액, 즉 시세의 30% 상당액에는 세 부담이 없다).

예를 들어 출자액과 취득가액이 1000만 원이고 주식 시가가 2000만 원이라면, 시가의 70%인 1400만 원과 취득가액 1000만 원의 차액(곧 400만 원)은 근로소득으로 간주되어 세금을 내야 한다(시가의 30%인 나머지 600만 원에는 세 부담이 없다). 창업 벤처기업은 1500만 원 한도에서 소득공제를 해주므로 일반 회사에 비해 세 부담이 더 작다.

한편 우리사주를 팔 때(즉 조합 출연금을 인출할 때)는 판매액(인출금)이 근로소득으로 간주되어 소득세를 내야 한다. 이때도 장기 보유한 우리사주는 근로소득세를 덜 낸다. 2년 이상 4년 미만 보유했으면 인출금의 50%, 4년 이상 보유한 경우 인출금의 75%에 세금 부담이 없다.

중소기업 우리사주는 6년 이상 보유한 경우 아예 한 푼도 세금을 내지 않는다.

우리사주제도는 꽤 일찍부터 시작했지만 오래 인기가 없었다. 초기에는 주식을 의무적으로 보유한 채 팔지 못하는 기간이 7년이나 됐고 증시도 침체해 주가가 낮았기 때문이다. 지금은 주식을 처분하지 못하고 보유해야 하는 기간도 1년으로 단축되고 세금 공제 혜택도 있는데다 주가가 뛰면서 직장인이 돈 버는 사례가 자주 생겨 관심이 높아졌다.

대표 사례로 2010년 5월 삼성생명이 유가증권시장에 상장했을 때는 1999년 사원들에게 배정한 우리사주가 공모가(11만 원) 기준으로 220배 차익을 올리는 기록을 냈다. 2014년에는 삼성SDS(삼성에스디에스)가 상장했는데, 2000년 이전에 회사가 발행한 액면가 5000원짜리 우리사주를 팔지 않고 보유한 장기근속 사원은 상장 뒤 60배 이상 차익을 볼 수 있었다.

2017년 말에는 유가증권시장 상장 기업 삼성중공업의 우리사주가 화제가 됐다. 1년 전 회사가 유상증자 후 상장한 우리사주를 직원들이 사들일 때 가격은 주당 7170원이었는데, 보호예수 기간이 끝난 시점 주가는 1만 2000원 안팎으로 뛰었기 때문이다.

그렇지만 우리사주가 늘 '대박'을 치는 것은 아니다. 우리사주도 주식인 만큼 증시가 활황일 때는 처분하기 쉽지만, 장이 침체하면 처분이 어려워 '애물'이 될 수 있다. 증시가 그런대로 괜찮을 때라도 보호예수에서 풀린 물량이 일시에 '팔자'고 나서면 주가가 하락해 제값을

삼성에스디에스 주가 추이

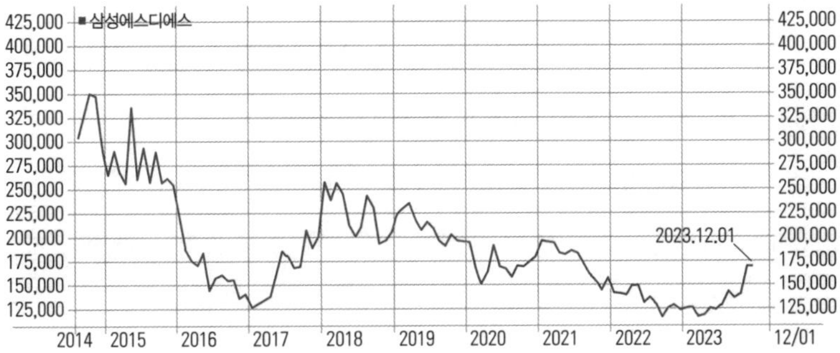

자료: 키움증권 HTS

못 받기도 한다. 삼성SDS 우리사주가 그랬다.

삼성SDS 우리사주조합은 2014년 상장(11월 14일)을 앞둔 공모에서 공모주 20%(121만 9921주)를 공모가 19만 원에 우선 배정받았다. 그중 절반인 60만 9960주가량이 전체 사원 1만 4000여 명에게 배분됐다. 나머지 물량은 근속 연수에 따라 차등 배분됐다. 20년 차 사원은 100주 이상 받았다.

상장 직후 삼성SDS 주가는 장중 40만 원을 돌파했고 사원들은 환호했다. 하지만 11월 28일 42만 9500원에 장중 최고가를 기록한 뒤 주가는 내리막길을 걸었다. 보호예수에서 풀린 2015년 11월 14일 직후에는 25만 원(종가) 수준으로 떨어졌다. 당시 주식을 판 직원이 많지 않았는데도 이후 주가는 계속 떨어졌다.

2017년 1월 25일 종가는 공모가를 크게 밑도는 12만 6500원이 됐다. 2018년 들어 20만 원대로 올라섰지만, 26만 원대를 넘지 못하고 이후 완만한 하향세를 이어갔다. 2023년 12월 1일 종가는 16만 8500원. 여전히 9년 전 공모가를 넘지 못한 상태다.

그나마 삼성SDS 직원들에게는 상장 당시 우리사주가 좋은 투자 기회가 될지 모른다는 기대가 있었다. 우리사주조합원 입장에서 그런 기대는커녕 뻔히 손해 볼 위험을 알면서도 우리사주를 받아들여야 하는 경우도 있다. 이를테면 재무 상태가 나빠져 위기에 빠진 회사가 유상증자로 회생을 도모하면서 우리사주조합에 증자 물량을 배정할 때가 그런 경우다.

2020년 들어 국내 저비용항공사의 선발 주자인 제주항공이 코로나 사태로 자금난에 빠졌다. 직원 70%가 휴직해야 했다. 회사는 유상증자를 추진하며 공모주 물량 20%를 우리사주조합에 배정했다. 사원들은 심사가 복잡해졌다. 항공업 업황 전망이 좋지 않아 공모주의 상장 후 주가 전망을 낙관하기 어려운 점을 생각하면 증자 참가 권리를 포기하는 게 좋겠지만, 그럴 경우 경영난을 타개하려는 회사의 증자 시도를 외면하는 셈이 되기 때문이다. 보기 기사가 당시 상황을 전한 예다.

기사보기

제주항공, 휴직 중인 직원들에게
"유상증자 참여하라…강제는 아냐"

1700억원 규모의 유상증자를 추진 중인 제주항공이 전 사원이 소속돼 있는 우리사주조합에 주식 20%를 우선 배정키로 해 논란이 일고 있다. 제주항공 내부에서는 "최악의 업황을 겪으며 사실상 강제 휴직을 하고 있는 상황에서 직원들이 회사 유상증자에 돈까지 내야 하는 것이냐"는 볼멘소리가 나오고 있다.

조선비즈
2020.05.22

장외 공모주 투자 매력은?

기사보기

[장외시황] LS머트리얼즈, 공모주 청약 진행

1일 비상장 주식시장은 보합 마감했다. 이날 38커뮤니케이션에 따르면 전기차용 에너지 저장장치 제조기업 LS머트리얼즈가 일반 투자자를 대상으로 공모주 청약을 시작했다.

이투데이
2023.12.01

코스닥 상장을 앞둔 전기차 관련 장치 제조사 LS머트리얼즈가 일반 투자자를 상대로 공모주 청약을 받기 시작했다고 전한 기사다.

장외주식은 잘만 고르면 '잭팟(jackpot)'이 터지는 재테크 수단이다. 장외에서는 잠재력 있는 주식도 헐값에 살 수 있기 때문이다. 특히 상장을 앞두고 공모하는 장외주식, 곧 장외 공모주 중에는 상장 후 시세가 폭등해 큰 시세 차익을 안겨주는 종목이 심심찮게 나온다. 그래서 상장을 앞둔 장외주식만 골라 사는 투자자도 있다. 하지만 장외주식은 상장 주식에 비해 기업 가치가 제대로 검증되지 않고 기업 정보도 불투명한 것이 워낙 많다. 곧 상장한다 해도 섣불리 투자했다가는 손해 볼 수 있다.

인터넷 기업 P정보통신이 실례다.

장외기업 P사는 코스닥 상장을 위한 예비 심사를 청구하면서 액면가 500원짜리 주식을 주당 6000원에 공모하고 싶다고 밝혔다. 소문이 퍼지자 P사 주식은 장외에서 인기가 치솟았다. 그즈음 P사 주식 20만 주가 명동 사채시장에 나왔고, 시세는 단박에 P사의 공모 희망가를 넘어 1만 원으로 뛰었다. 한 달 뒤에는 시세가 1만 8000원까지 가면서 상당수 물량이 팔려 나갔다. 그런데 P사는 갑자기 준비가 부족하다며 상장 심사 청구를 자진 철회했다. P사 장외주식은 휴지 조각이 되고 말았다.

또 다른 예도 있다. H사 장외주식은 코스닥에 상장한다 해서 시세가 높았는데, 상장 추진이 어려워지자 대주주 K부터 지분을 처분하고 손을 털었다. 일반 투자자는 H사 주가가 폭락한 뒤에야 사실을 알게 됐다.

P사나 H사는 상장을 자진 철회한 경우지만, 상장 심사 과정에서 뜻하지 않게 상장을 기각당하는 회사도 있다.

의류 제조업체 N사는 인터넷 사업에 진출한다며 자회사를 만드는 등 의욕에 차서 코스닥 상장 심사를 청구했다. 공모 희망가로 2만 4000원을 불렀고, 장외 시세도 비슷한 수준이었다. 그러나 심사 결과는 재무 상태 부실로 상장할 수 없다는 것이었고, N사 장외주식은 즉시 환금성을 잃었다.

상장 심사에서 떨어지거나 심사 청구를 자진 철회하는 장외기업은 꽤 많다. 그러므로 상장한다는 말에 혹해 무턱대고 장외주식을 사면 안 된다. 확신할 수 있을 때까지 충분히 정보를 모아야 한다.

어쨌든 장외주식을 매매하고 싶다면 K-OTC 거래를 우선 고려할 만하다. 장외주식을 모아놓아 거래하기 편하고, 세금 혜택도 볼 수 있기 때문이다. 보통 소액주주가 장외에서 비상장 주식을 거래하는 경우 대기업 주식은 양도 차익의 20%, 중소기업 주식은 양도 차익의 10%를 양도세로 내야 한다. 하지만 K-OTC에서는 예외적으로 벤처기업, 중소기업, 중견 기업 주식 매매로 얻은 소득에 양도세를 내지 않는다.

6

배당주 · 우선주 · 액면변경주 투자 포인트

현금배당과 주식배당

배당수익률과 배당락

보통주와 우선주

액면분할과 액면병합

배당 투자가 목적이고 다른 조건이 같다면
배당을 많이 주는 종목, 곧 고배당주를 사야 한다.
배당 투자 종목을 고를 때는 배당성향만 보고
판단하지 말고 배당수익률도 함께 고려해야 한다.

배당 매력 포인트는?

기사보기
아시아경제
2023.07.27

LG유플러스, 보통주 1주당 250원 현금배당 결정

LG유플러스는 보통주 1주당 250원의 현금배당을 결정했다고 27일 공시했다. 배당금 총액은 1074억여원이다.

유가증권시장에 상장한 LG유플러스가 현금배당을 한다고 전한 기사다. 현금배당 한다는 말이 무슨 뜻일까?

배당부터 알아보자.

주식회사는 한 해 사업을 끝내면 영업 실적을 결산해 득실을 따져본다. 남은 이익이 있다면 이사회와 주주총회 결정에 따라 '사내유보' 명목으로 회사에 남겨 향후 사업 자금으로 쓸 수도 있고, 주주에게 나눠줄 수도 있다. 주주에게 나눠줄 때는 주주 각자의 보유 지분에 비례해 이익을 배분한다. 이렇게 주식회사가 이익을 주주에게 배분하기로 결정하고 지급하는 몫이 배당(dividend)이다. 이익배당, 배당금, 이익배당금이 모두 같은 뜻이다. 배당을 지급하는 일은 '배당을 준다'거나 '배당한다'고 말한다.

배당 지급 방법은 세 가지. 현금을 나눠주는 현금배당, 주식을 나눠주는 주식배당, 현금과 주식을 함께 나눠주는 현금+주식배당이 있다.

첫째, 현금배당은 글자 그대로 현금을 나눠주는 것이다. 보기 기사에서 LG유플러스가 지급하는 것과 같은 배당 방식이다.

둘째, 주식배당 때는 배당액만큼 새로 주식을 발행해 주주에게 나눠준다. 지분에 따라 분배하므로 배당 후에도 주주 각자의 지분율은 변하지 않는다.

주주 입장에서 주식배당은 공짜로 새 주식을 받는 셈이므로 무상증자와 다를 바 없다. 회계장부를 기록할 때도 무상증자와 마찬가지로 주식배당에 해당하는 액수를 이익잉여금 항목에서 빼서 자본금으로 옮겨 넣는다.

투자자에게 배당은 매매 차익에 더해지는 수입이므로 일종의 보너스다. 만약 매매 차익과 배당만 얻는다면, 주식 투자 이익은 거래세와 거래 수수료를 떼고 났을 때 [주식 매도액−주식 매수액+배당]이 된다. 주식을 팔아 생긴 돈에 배당을 얹었을 때 당초 주식을 살 때보다 돈이 남았다면 투자는 일단 성공한 셈이다.

배당 수령 절차는 간단하다. 증권거래 계좌에 주식을 보유했다면 주식 발행사가 배당 절차를 진행하는 동안 그냥 기다리면 된다. 결산 뒤 배당하는 경우, 보통 주주총회 뒤 1~2주 지나 배당이 들어온다. 현금배당 때는 현금이, 주식배당 때는 주식이 거래 계좌로 들어온다.

보기 기사에서 LG유플러스는 보통주에 배당한다고 했다. 주식회사는 경우에 따라 권리 내용을 제각기 다르게 정한 주식을 발행해, 별개 종목으로 증시에 유통시킨다. 예를 들면 보통주와 우선주를 구분해 별개 종목으로 상장하고 유통시키는 식이다. 보통주(보통주식)에는 주주총회에 참석해 의결을 행사할 수 있는 권리, 곧 의결권을 준다. 우선주에는 의결권을 주지 않는 대신 배당을 보통주보다 더 준다. LG유플러스가 보통주에 배당한다는 것은 보통주 보유자에게만 배당을 지급하고 우선주 보유 주주에겐 배당하지 않는다는 뜻이다.

배당은 언제 주나?

배당은 아무 회사나 할 수 없다. 대개는 배당 시기를 전후로 이익이 많이 난 데다 미래 수익 전망도 좋아야 할 수 있다. 다만 실제 배당을 할지 말지, 언제 얼마나 어떻게 지급할지 등의 문제는 경영 정책 차원에서 회사가 정할 일이다. 경영상 필요하면 설사 회사 사정이 좋지 않더라도 배당을 지급할 수 있다. 심지어 회사에 이익이 나지 않은 경우에도 주주총회나 이사회 의결로 배당을 결정할 수 있다.

배당은 언제 할까?

기업은 대개 연간 4분기(3월 말, 6월 말, 9월 말, 12월 말) 중 한 분기를 골라서 연 1회 실적을 결산한 다음 배당한다. 즉 연배당(연간배당)이다. 이렇게 결산 뒤 지급하는 배당을 결산배당 또는 보통배당이라 한다. 삼성전자처럼 연배당과 함께 3, 6, 9월 말을 기준으로 분기배당을 지급하는 곳도 있다.

투자자가 보통배당을 받으려면 결산 때까지 주식을 쥐고 있어야 한다. 그 전에 주식을 팔면 배당을 받을 수 없다. 다만 '결산 때까지'라 해서, 이를테면 연말 결산 회사로부터 배당을 받으려면 12월 말일까지 주식을 들고 있어야 한다는 얘기는 아니다. 배당 기준일 현재 주식을 보유한 상태라면 배당을 받을 수 있다.

배당 기준일이란 회사가 배당받을 권리가 있는 주주를 확정하는 날이다. 배당을 계획한 회사는 배당 기준일까지 자사 주식을 보유한 주주에게만 배당받을 권리를 준다. 일단 배당 기준일이 지난 뒤에는 자사 주식을 취득해 보유하더라도 배당을 주지 않는다.

배당을 계획한 회사가 배당 기준일을 정하는 이유는 배당을 받을 권리가 있는 주주(이른바 권리 주주)가 누구인지 확정하기 위해서다. 회사에 따라서는 배당을 줄 주주를 확정하기 위해 배당 기준일을 넘긴 날로부터 일정 기간(상법상 3개월 이하) 주주명부를 폐쇄하기도 한다. 주주명부를 닫고, 새로 주주가 됐더라도 주주명부에 이름을 올려주지 않는다. 이 경우에는 배당 기준일이 곧 주주명부 폐쇄 기준일이 된다.

배당 기준일로 배당을 줄 주주가 확정된다면, 배당 기준일까지만 주식을 사면 배당을 받을 수 있는 것일까?

그렇지 않다. 배당 기준일로부터 2영업일 전까지는 주식을 사야 배당을 받을 수 있다. 주식거래는 매매 체결일로부터 결제일까지 영업일 기준으로 3일이 걸리기 때문이다.

가령 12월 26, 27, 28일이 모두 증시가 열리는 평일이고 배당 기준일이 12월 28일이라 하자. 그럼 12월 26일 오후 6시 정각까지는 주식을 사야(매수 거래를 체결해야) 한다. 정규 장이 끝나고 시간 외 거래에서 사도 상관없다. 그럼 3영업일 결제 원칙에 따라 28일 거래 계좌로 주식이 입고되므로 배당을 받는다. 배당받을 자격을 확보한 다음에는 주식을 팔아도 여전히 배당을 지급받을 수 있다. 즉 26일에 주식을 사면 배당받을 자격을 얻고, 27일에 해당 주식을 팔아도 배당을 받는다.

국내 기업은 대개 12월 말에 결산하고 연배당을 한다. 연배당의 배당 기준일은 보통 12월 증시의 마지막 거래일(영업일)인데, 다른 날로 정할 수도 있다.

2023년 12월 말 결산하고 증시의 마지막 거래일(곧 폐장일)을 배당 기준일로 삼는 기업의 배당 기준일은 12월 28일이었다. 2023년 증시에서는 12월 28일(목요일)이 마지막 거래일이었기 때문이다. 29일(금요일)은 평일이지만 증시가 그해 마지막 평일은 휴장하는 까닭에 열리지 않았고, 30일(토요일)과 31일(일요일)은 휴일이었다. 따라서 26일까지는 주식을 사야 결산배당을 받을 수 있었다.

배당 제도에는 보통배당 말고도 이른바 특별배당 또는 중간배당이 있다. 결산 전이라도 회사에 특별한 이익이 나는 등 배당 이유가 생긴다면 회계연도 중간에 할 수 있는 배당이다. 반년에 한 번씩 배당하는 반기배당, 분기별로 배당하는 분기배당이 중간배당에 해당한다. 우리나라 상법상 상장회사의 보통배당은 주총이나 이사회 결의로 지급하지만, 중간배당은 이사회 결의로 지급할 수 있다(상법 제462조의3).

중간배당을 노리고 주식을 매매하고자 할 때는 투자 시점을 미리 계산해야 한다.

대개 12월에 결산하는 국내 기업은 6월 배당을 한다. 정관에 6월 말을 중간배당 기준일로 정해놓고, 중간배당을 결정하면 6월 30일을 중간배당 기준일(주주명부 폐쇄 기준일)로 정해서 배당 지급 대상자를 확정하고, 7~8월에 배당금을 지급한다. 중간배당 기준일 설정은 상법에 따로 규정이 없지만 보통 주식거래 결제에 필요한 3영업일 원칙을 적용한다.

가령 상장 기업 K사가 중간배당을 결정하고 6월 30일(화요일)을 중간배당 기준일(주주명부 폐쇄 기준일)로 결정해 공시했다고 하자. 증시는 6월 22일(월요일)부터 30일까지 평일 쉬지 않고 개장한다 치자. 이 회사의 주주 자격을 인정받아 중간배당을 받으려면 언제까지 주식을 사야 할까?

주말인 27일과 28일은 빼고 6월 30일부터 날짜를 거슬러 세어 3영업일째 되는 날인 6월 26일(금요일)까지는 주식을 사야 한다.

배당 크기, 어떻게 계산하나?

배당의 크기는 배당률(dividend rate)로 결정된다. 배당률이란 배당이 기존 주식 수나 주당 단가에 비해 얼마나 큰지 백분율로 나타내는 지표다.

주식배당 때는 주주가 보유한 주식 1주당 몇 주를 새로 발행해 배당으로 주느냐가 배당률을 결정한다. 가령 배당률을 1%로 정하면, 주주는 보유 주식 1주당 0.01주씩 새 주식을 배당으로 받는다. 100주를 보유한 주주라면 1주를 배당으로 받는다.

현금배당 때는 주당 가격의 몇 %를 현금으로 지급할지가 배당률이 된다. 이때는 주당 가격을 액면가로 계산할지, 시가(시장가격, 시세)로 계산할지도 함께 정해야 한다. 액면가로 하면 액면가 배당, 시가로 하면 시가 배당이 된다.

주당 가격을 액면가로 계산해서 배당률을 정할 때(즉 액면가 배당 때)는 주당 배당액을 액면가로 나누면 배당률(액면가 배당률)을 구할 수 있다.

$$\text{액면가 배당률(\%)} = \frac{\text{주당 배당액}}{\text{액면가}} \times 100$$

액면가에 (액면가) 배당률을 곱하면 주당 배당액을 구할 수 있다. 즉 [액면가×배당률=주당 배당액]이다. 가령 액면가가 5000원이고 배당률이 10%일 때 배당액은 (5000원×10%=) 500원이 된다.

주당 가격을 시가로 계산해서 배당률을 정할 때(즉 시가 배당 때)는 주당 배당액을 시가로 나누면 배당률(시가 배당률)을 구할 수 있다.

$$\text{시가 배당률(\%)} = \frac{\text{주당 배당액}}{\text{시가}} \times 100$$

시가에 (시가) 배당률을 곱하면 주당 배당액을 구할 수 있다. 즉 [시가×배당률=주당 배당액]이다. 가령 시가가 10만 원이고 배당률이 10%일 때 배당액은 (10만 원×10%=) 1만 원이 된다.

보기 기사는 코스닥 상장 기업 씨젠이 1주당 200원씩 현금배당을 결정했고 시가 배당률이 1.0%라고 전한다. 그럼 배당률 결정에 활용된 씨젠 1주당 시세는 얼마일까? [시가=주당 배당액÷시가 배당률]

이므로 (200원÷1.0%=) 2만 원 정도임을 알 수 있다.

기사보기

씨젠 3분기 보통주 1주당 200원 배당 결정, 총 93억 규모

체외진단 전문기업 씨젠이 93억 원 규모의 현금배당을 실시한다. 씨젠은 8일 이사회를 열고 보통주 1주당 200원의 분기배당을 실시하기로 결정했다고 공시했다. 시가 배당률은 1.0%고 배당금총액은 약 92억8935만 원이다. … 2023년 3분기 배당기준일은 2023년 9월30일이며 배당금지급 예정일자는 11월28일이다.

비즈니스포스트
2023.11.08

액면가로 배당하든 시가로 배당하든, 배당률과 배당의 크기는 대체로 순이익 크기에 비례한다. 배당률이나 배당이 크면 순이익도 크다는 뜻이다. 자연히 배당이나 배당률이 클수록 회사의 대외 신용도도 높아진다.

배당금 지급 통지서, 어떻게 읽나?

주식배당, 현금배당, 배당률이 무엇을 뜻하는지 알고 나면 주식 발행사가 주주에게 보내주는 배당금 지급 통지서를 쉽사리 읽어낼 수 있다. 보기 그림은 신한금융지주회사 배당금 지급 통지서인데, 시험 삼

배당금 지급 통지서 예

현금배당금 지급 통지서 부본

주 주 명 : 아무개

주주번호: 30000115962750 ＊＊＊ (주)신한금융지주회사 의 제 **2** 기

*배당금을 아래와 같이 통지합니다.

*배당내역

구분/종류	배당일수	소유주식수	배당금
보통주	365	500	300000
		500	300000

*주당 배당내역

보통주	0.12000000

*지급 일자 및 장소

지 급 일 자	지 급 장 소
20○○/04/15 부터	거래증권회사 계좌 자동 입금

아 읽어보자.

핵심은 신한금융지주회사 보통주 500주를 보유한 주주에게 30만 원을 현금배당 한다는 것이다.

신한금융지주는 전년도 사업을 결산하고 주주에게 보통주 1주당 12%(통지서에는 0.12000000으로 표기) 비율로 액면가 현금배당을 한다고 결정했다.

신한금융지주 보통주 액면가는 5000원. 액면가의 12%로 배당하므로 주당 배당액은 (액면가 5000원×액면가 배당률 0.12=) 600원이다.

보기 통지서를 받은 주주는 500주를 갖고 있으므로 배당금은 (주당 배당액 600원×보유 주식 수 500주=) 30만 원이다. 주주에게는 통지서에 적힌 지급 일자(4월 15일)부터 증권거래 계좌로 현금 30만 원이 입금된다.

현금배당 때는 왜 시가 배당이 유리할까?

사례보기

○○은행은 2023년 사업을 결산하고 2024년 봄 주당 550원, 배당률 11%로 주주들에게 액면가 배당을 지급했다. ○○은행 주식 액면가는 5000원. 시가는 2023년 말 장 마감 때 종가로 4만 700원이었다. 2023년 말에 이 은행 주식 1000주를 갖고 있던 신나라 씨는 배당으로 얼마를 받았을까?

현금배당은 액면가와 시가 중 어느 것을 기준으로 하느냐에 따라 실속이 달라지곤 한다. 액면가 배당을 지급한 보기 예로 살펴보자.

○○은행 주식 액면가는 5000원, 배당률은 11%다. 그럼 주당 배당액은 액면가 5000원의 11%인 550원이다.

신나라 씨는 1000주를 보유했으니 (550원×1000주=) 55만 원을 현금으로 배당받았을 것이다. 이 정도 배당이면 속된 말로 '짭짤한' 것일까?

신나라 씨가 ○○은행 주식 1000주를 사는 데 주당 4만 700원씩 모두 4070만 원을 들였다 하자.

배당으로 55만 원을 받으니 수익률은 고작 (55만 원÷4070만 원×100=) 1.35%다. 배당률 11%와는 차이가 크다. 이처럼 액면가로 배당하면 배당률 수치가 꽤 높아 보여도 실질 배당액은 별로 크지 않을 때가 많다. 하지만 시가를 기준으로 배당하면 얘기가 달라진다. 배당률이 곧 수익률이 되기 때문이다.

○○은행이 시가 배당을 하면서 배당률을 11%로 정했다 하자.

그럼 주당 배당액은 연말 주당 시가 4만 700원의 11%인 4477원이다. 1000주를 보유한 신나라 씨가 받는 배당액은 447만 7000원이 된다. 액면가 배당 때와는 비교도 안 될 정도로 배당액이 커진다.

우리 증시에서는 대개 주식 시가가 액면가보다 높다. 그러므로 같은 배당률이면 액면가 배당보다 시가 배당 때 배당액이 훨씬 크다. 주주 입장에서는 당연히 시가 배당이 유리하다. 그런데 국내 기업은 전통적으로 시가 배당보다 액면가 배당을 많이 한다. 시가 배당을 하더라도 배당률이 낮아서 배당이 나와도 액수가 작다. 자연히 투자자는 배당을 외면한 채 매매 차익만 바라보고 단기 투자에 골몰한다. 그런 탓에 주가도 안정감 없이 늘 출렁거린다.

우리나라와 달리 미국 등 선진국 증시에서는 기업이 시가 배당을 많이 하고 배당률도 상대적으로 높다. 자연히 투자자가 주식 장기 보유로 배당을 노리는 경향도 비교적 강하다.

현금배당과 주식배당, 어느 쪽이 유리한가?

주주 입장에서 배당은 현금과 주식 중 어느 쪽이 유리할까?

그때그때 다르다.

첫째, 장세에 따라 다르다.

국내 기업이 가장 즐겨 하는 현금배당은 액면가를 기준으로 하기 때문에 실익이 적을 때가 많다. 하지만 주식배당은 상황에 따라 실익이 달라진다. 배당받은 주식을 시세로 팔면 현금을 쥘 수 있기 때문이다. 주식 시세가 높을 때는 주식배당이 유리하고, 주식 시세가 낮을 때는 액면가 현금배당이 유리하다.

둘째, 주총(주주총회)에서 배당률이 어떻게 정해지느냐에 따라 다르다.

주식배당을 할 때는 결산일 전에 회사가 배당을 예고하는 공시를 해야 한다. 하지만 현금배당 때는 그럴 필요가 없다. 그래서 현금배당 때는 아무 예고 없다가 주총 자리에서 덜컥 배당률이 정해질 수 있다. 이때 현금배당률이 낮게 정해지면 주식배당보다 불리해질 수 있다.

투자자 입장에서는 현금배당과 주식배당의 수익성이 상황에 따라 다르지만, 회사는 대개 주식배당을 선호한다. 현금배당을 하면 그만큼 회사에서 돈이 빠져나가지만, 주식배당을 하면 회사 돈을 쓰지 않아도 되기 때문이다.

회사가 사업을 결산해보니 이익이 났다 하자. 배당을 원하는 주주의 기대에 부응하려면 배당을 해야 할 것이다. 하지만 회사는 이익금을 사업에 재투자하거나 당장 원활치 않은 자금 사정을 개선하는 데 더 쓰고 싶다 하자. 이럴 때 주식배당을 하면 배당도 하고 이익금을 사업비 등으로 쓸 수도 있으니 일석이조다.

주식과 현금 다 주는 배당 수익 계산은 어떻게?

매년 말 결산하는 상장 기업 K사는 2023년 사상 최대 실적을 냈다. 그래서 이사회가 주주에게 주식배당 4%에 액면가 기준 6%의 현금배당을 얹어 배당하기로 결정했다. 이 회사 주식 1000주를 보유한 홍길동이 받을 배당의 실질 합계액은 얼마나 될까? K사 주식의 액면가는 5000원, 배당 결정 직전 연말 시세는 종가 기준으로 1만 3100원이었다.

주식배당부터 계산해보자.

4%를 배당한다 했으니, 1000주를 보유한 길동은 회사가 배당 지급을 위해 새로 발행하는 주식을 1000주의 4%, 곧 40주 받는다.

주식배당: 보유 주식 수 × 배당률 = 1000주 × 0.04 = 40주

배당받은 주식 40주를 증시에 내다 판다 치자. 배당 결정 직전 연말 시세인 1만 3100원을 기준으로 환산하면 (40주×1만 3100원=) 52만 4000원의 현금이 들어온다.

주식배당의 현금 값어치: 배당 주식 수 × 시가 = 40주 × 1만 3100원 = 52만 4000원

이번에는 현금배당이 얼마나 될지 계산해보자.

배당률은 액면가 기준 6%이고 액면가는 5000원이므로, 1000주를 보유한 길동의 현금배당액은 30만 원이 된다.

액면가 현금배당: 보유 주식 수 × 액면가 × 배당률 = 1000주 × 5000원 × 0.06 =

보유 주식 수 × 액면가 기준 주당 현금배당액 = 1000주 × 300원 = 30만 원

결국 길동은 주식배당 52만 4000원과 현금배당 30만 원을 더해서 82만 4000원을 배당받는다.

현금으로 환산한 결과에 따르면, 4%의 주식배당이 액면가 기준 6%의 현금배당보다 수익이 크다. 현금배당을 액면가 기준으로 했기 때문이다.

만약 현금배당을 시가의 6%로 한다 치면, 길동 몫의 현금배당은 78만 6000원으로 커진다.

시가 현금배당: 보유 주식 수 × 시가 × 배당률 = 1000주 × 1만 3100원 × 0.06 = 보유 주식 수 × 시가 기준 주당 현금배당액 = 1000주 × 786원 = 78만 6000원

액면가 배당 때는 왜 배당수익률을 봐야 하나?

배당 투자가 목적이고 다른 조건이 같다면 배당을 많이 주는 종목, 곧 고배당주를 사야 한다. 어떤 종목이 고배당주인지 무엇으로 알아보나?

전에 얼마나 배당했는지, 이번에는 얼마나 배당할지를 경영 실적과 견줘보고 배당에 따른 실수익이 얼마나 될지 따져봐야 한다. 적어도 세 가지를 짚어봐야 한다.

첫째, 액면가 배당인가, 시가 배당인가? (시가 배당이 액면가 배당보다 훨씬 유리하다.)

둘째, 현금배당인가, 주식배당인가? (배당 크기를 비교해보라.)

셋째, 배당률이 높은가?

배당률은 주식 수나 주당 단가에 비해 배당액이 얼마나 큰지를 나타내는 비율이다. 대체로 순이익 크기나 발행사의 대외 신용, 투자 가치에 비례해 커진다. 액면가 배당률(액면가 대비 배당의 크기를 나타내는 비율)과 시가 배당률(시가 대비 배당의 크기를 나타내는 비율)로 나눠볼 수 있는데, 배당 실수익을 알려면 시가 배당률을 봐야 한다. 액면가 배당률은 시가 배당률과 달리 배당 크기를 제대로 나타내지 못하기 때문이다.

액면가 배당률과 시가 배당률에 어떤 차이가 있는지 예를 들어 살펴보자.

액면가는 5000원, 결산일 시세(종가) 2만 원, 1주당 배당금이 1000원인 종목의 액면가 배당률과 시가 배당률을 구해 비교해보자.

액면가 배당률은 1주당 배당액을 액면가로 나눠 구한다.

$$\text{액면가 배당률(\%)} = \frac{1000\text{원}}{5000\text{원}} \times 100 = 20\%$$

시가 배당률은 1주당 배당액을 시세 단가, 즉 시가(결산일 또는 배당 기준일 종가)로 나눠 구한다.

$$\text{시가 배당률(\%)} = \frac{1000\text{원}}{2\text{만 원}} \times 100 = 5\%$$

액면가 배당률은 20%인데 시가 배당률은 5%다. 이처럼 액면가 배당률과 시가 배당률 사이에는 괴리가 있다. 시가 배당률이 나타내는 배당 실수익을 액면가 배당률로는 알 수 없다. 때문에 상장 기업이 배당을 공시할 때는 시가 배당률도 함께 밝히게 되어 있다.

시가 배당률은 시가 배당수익률, 배당수익률, 배당 투자수익률 등 여러 이름으로 부른다. 여러 이름 중에서도 실질 배당 수익 지표로 가장 흔히 쓰이는 것은 '배당수익률'이다.

$$\text{배당수익률(\%)} = \text{시가 배당률(\%)} = \frac{\text{1주당 배당액}}{\text{1주당 시가(결산일 종가)}} \times 100$$

보기 산출식과 같이 배당수익률을 계산하려 할 때는 1주당 배당액(dividend per share, DPS)이 얼마인지를 알아야 한다. 1주당 배당액은 연간 배당금 총액을 총 발행주식 수로 나누면 구할 수 있다.

$$\text{1주당 배당액(DPS)} = \frac{\text{연간 배당금 총액}}{\text{총 발행주식 수}}$$

산출식을 보면 알 수 있듯이 배당수익률은 배당 총액이나 1주당 배당액이 클수록, 시가(시세)는 낮을수록 높다. 배당수익률이 높다면 곧 시세에 비해 배당을 많이 주는 종목이라는 얘기다.

배당을 많이 주는 회사는 대개 전년도 실적이 좋다. 다른 변수에 문제가 없는 한 전년도 실적이 좋았다면 향후 실적도 낙관할 만할 것이다. 결국 배당수익률이 높은 종목을 사면 배당뿐 아니라 시세 차익도 커질 가능성이 높다. 그래서 배당수익률은 투자 종목 선정 때 PER(Price Earnings Ratio, 주가수익비율) 같은 기본적 분석 지표와 함께 주요 척도로 쓰이곤 한다.

사례보기

액면가 5000원, 시가 5만 원인 주식을 100주 보유한 투자자가 배당률 50%로 배당을 받는다. 액면가 배당을 받을 때와 시가 배당을 받을 때 배당액과 배당수익률은 각각 얼마일까?

배당액

액면가 배당 때:

1주당 배당액 = 액면가 5000원의 50%인 2500원

총배당액 = 1주당 배당액 2500원 × 보유 주식 수 100주 = 25만 원

시가 배당 때:

1주당 배당액 = 시가 5만 원의 50%인 2만 5000원

총배당액 = 1주당 배당액 2만 5000원 × 보유 주식 수 100주 = 250만 원

배당수익률(시가 배당률)

액면가 배당 때:

1주당 배당액인 2500원을 시가 5만 원에 견준 비율

2500원 ÷ 5만 원 × 100 = 5%

시가 배당 때:

1주당 배당액인 2만 5000원을 시가 5만 원에 견준 비율

2만 5000원 ÷ 5만 원 × 100 = 50%

배당수익률이 주가 올리고 내리는 이치는?

배당수익률이 주가를 올리는 과정

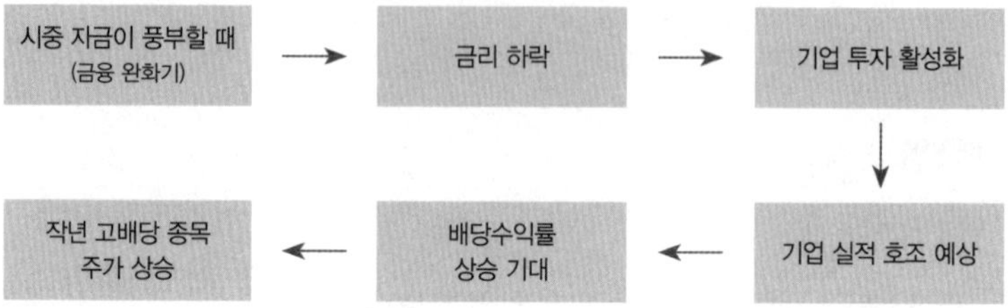

배당수익률은 금융 시황과 관련해 주가에 영향을 미친다.

금융기관에 자금이 풍부하고 금리가 낮아서 기업의 자금 마련이 쉬워지면 투자가 활발해지는 것이 정상이다. 그럼 장차 기업 실적이 좋아지고 배당수익률도 오르리라고 기대해볼 만하다. 이때는 전년도 배당수익률이 높았던 종목에 투자가 몰려 주가가 오른다. 즉 금융 완화기에 배당수익률 실적이 높은 종목은 투자 수요가 늘어 주가가 오르기 쉽다.

거꾸로 시중에 자금이 부족해져 금리가 오르고 기업의 자금 마련이 어려워지면 투자 수요가 침체해 기업 수익성이 나빠지기 쉽다. 이때 전년도 배당수익률이 낮은 종목은 매도 수요가 커져서 주가가 하락한다. 즉 금융 긴축기에 배당수익률 실적이 낮은 종목은 투자 수요가 줄어 주가가 침체하기 쉽다.

예상 배당수익률은 배당 투자에 어떻게 써먹을까?

기사보기

유안타증권 "삼성생명 내년 배당수익률 7.2% 전망, 목표주가 상향"

삼성생명 주식이 매수의견으로 상향됐다. 목표주가도 높아졌다. 삼성생명은 2024년 이익 증가에 힘입어 배당을 확대할 것으로 분석됐다. 정태준 유안타증권 연구원은 20일 삼성생명 투자의견을 기존 중립(HOLD)에서 매수(BUY)로, 목표주가를 기존 8만 원에서 9만 원으로 각각 높여 잡았다. 직전 거래일인 17일 삼성생명 주가는 6만9100원으로 거래를 마쳤다. 정 연구원은… "삼성생명의 2023년 배당수익률은 5.8%에 그칠 것으로 보이지만 2024년에는 7.2%에 이를 것으로 예상한다"고 말했다. 2024년 주당배당금은 5천 원으로 전망됐다.

비즈니스포스트
2023.11.20

2024년에 삼성생명의 이익이 늘어나고 주식 배당수익률도 전년보다 높아지리라고 예상한 증권사 추천 의견을 전한 기사다.

배당 투자에는 배당수익률이 꼭 필요한 지표다. 시세에 비추어 배당을 얼마나 받을 수 있을지 알려주기 때문이다. 그런 만큼 결산기가 다가오면 증권사 기업 분석 자료 등에서 쉽게 구해 볼 수 있다. 상장기업은 배당 계획 발표 때 배당수익률이 얼마나 되는지 공시해야 하므로 기업공시를 봐도 된다.

투자자가 손수 계산해볼 수도 있다. 배당수익률은 결산일 주가와 1주당 배당액만 알면 구할 수 있기 때문이다. 다만 결산일 전에는 결산일 주가를 알 수 없다는 점이 문제다. 1주당 배당액도 연간 배당금 총액을 알아야 구할 수 있다. 이 문제를 넘어서기 위해 증권분석가(애널리스트analyst)는 편의상 작년도 배당액 또는 올해 예상 배당액과 현재 주가를 조합해 산출한 예상 배당수익률을 흔히 쓴다. 보기 기사가 전한 삼성생명 배당수익률도 이 방법으로 계산한 예상 배당수익률이다.

$$\text{예상 배당수익률(\%)} = \frac{\text{올해 예상 배당액 또는 전년도 배당액}}{\text{현재 주가}} \times 100$$

예상 배당수익률을 구해 투자에 활용하는 법을 알아보자.

P사는 전년도 결산에 따라 1주당 7500원을 현금배당 한다고 2023년 1월 13일 공시했다. 결산기 말인 연말 종가는 48만 7000원, 배당수익률은 1.54%였다. 홍길녀는 2023년 1월 27일 종가 46만 2000원에 P사 주식을 샀다. 홍길녀가 2024년에 배당을 받아 거둘 수 있는 배당수익률(예상치)은 얼마나 될까?

공식대로 구하면 된다. P사가 전년도 실적을 토대로 지급한 배당액 7500원을 2023년 1월 27일 현재 시세 46만 2000원으로 나누면 1.62%가 나온다. 이 수익률은 편의상 2023년 1월 27일 주가(46만 2000원)가 연말까지 그대로 유지되고 2024년에도 전년과 같은 수준으로 결산배당이 된다는 가정 아래 나온 계산이다. 곧 홍길녀가 2023년 1월 27일에 산 P사 주식을 연말까지 보유하면 2024년에도 1주당 7500원씩 배당을 받아 1.62% 수익을 낼 수 있다는 얘기다. 예상 배당수익률은 이런 식으로 활용하는 투자 지표다.

배당성향은 왜 높을수록 좋은가?

기사보기

**[분석] NH증권, 3Q 일회성 비용 빼면 선방…
高배당매력**

NH투자증권은 올해 3분기 실적에서 유독 일회성 요인으로 인식되는 비용 지출이 두드러졌지만 그에 비해서는 나름 선방했다는 평가를 받는다. … 전반적인 업황 악화에 주가가 하락하기는 했지만 저가 매수가 가능하고 배당성향이 높아 투자 매력은 높다는 분석이다. NH증권은 지난해 실적 악화에도 70% 이상인 배당성향으로 DPS(주당 배당금)를 방어했듯 올해도 고배당 기조를 이어갈 전망으로 기대되기 때문이다.

더리브스
2023.10.30

증권사 애널리스트 추천 의견을 빌려, 유가증권시장 상장사 NH투자증권의 배당성향이 높아 주식을 살 만하다고 전한 기사다. 배당성향이 무엇이고, 배당성향이 높으면 뭐가 좋기에 주식 매수를 추천할까?

배당성향(dividend payout ratio)이란 기업이 벌어들인 이익 중 주주에게 지급한 배당액이 얼마나 되는지를 나타내는 비율이다. 한 사업연도의 총배당금을 당기순이익으로 나눠 구한다. 배당 비율이라고도 한다.

$$\text{배당성향}(\%) = \frac{\text{총배당금}}{\text{당기순이익}} \times 100$$

가령 1000억 원의 당기순이익을 낸 회사가 총 500억 원을 배당했다면 배당성향은 50%다.

$$\frac{500\text{억 원}}{1000\text{억 원}} \times 100 = 50\%$$

배당성향은 기업의 배당 지급 능력이 어느 정도인지를 간단히 보여준다. 배당성향이 높을수록 배당금 지급 능력이 크고, 회사가 벌어들인 이익 중 주주에게 내주는 몫이 크다는 얘기다. 그래서 배당 투자 종목을 고를 때는 배당성향이 높은 종목을 사라고 권한다.

예상 배당수익률(=주당 배당액/주당 시세)이 같다면 배당성향이 높은 종목을 사야 배당을 많이 받을 수 있다. 그렇지만 배당성향이 높더라도 주가가 높으면 배당수익률이 낮아진다. 배당성향만 보고 '배당을 많이 주는 회사'라고 판단하지 말고, 배당수익률도 함께 고려해야 한다.

배당을 받으면 세금은 얼마 내나?

배당소득을 얻으면 배당금의 15.4%를 세금으로 내는 것이 원칙이다. 소득액의 14%는 소득세 명목으로, 1.4%(소득세액의 10%)는 주민세 명목으로 원천징수한다.

200만 원을 배당으로 받았다면 증권사가 200만 원의 15.4%인 30만 8000원을 소득세와 주민세 명목으로 거래 계좌에서 원천징수한다. 세금을 제하고 투자자가 얻는 실제 소득은 169만 2000원이다.

소득세법상 개인의 이자소득과 배당소득을 합한 금융소득 합계액

종합소득세율

과세 표준	세율
1,200만 원 이하	6%
1,200만 원 초과 4,600만 원 이하	15%
4,600만 원 초과 8,800만 원 이하	24%
8,800만 원 초과 1억 5,000만 원 이하	35%
1억 5,000만 원 초과 3억 원 이하	38%
3억 원 초과 5억 원 이하	40%
5억 원 초과 10억 원 이하	42%
10억 원 초과	45%

이 연간 2000만 원을 넘으면 그 초과액을 다른 소득(사업소득, 근로소득, 기타소득 등)과 합해 종합소득세율로 과세한다. 금융소득종합과세라고 부르는 과세 방식이다.

종합소득세율은 과세 대상 소득(과세 표준, 곧 과표)이 클수록 세율이 높아지는 누진세율 체제다. 보기 표에서 보듯 과표의 6%에서 45%까지 적용한다. 지방소득세(과표의 0.6~4.5%)를 포함하면 6.6%에서 49.5%까지 부과한다.

이자소득과 배당소득을 합해 연간 2000만 원 이하인 금융소득은 금융기관에서 단일세율(14%, 소득세액의 10%인 지방세까지 포함하면 15.4%)로 원천징수한다. 종합소득과 합산해 과세하지 않는다는 뜻에서 분리과세라고 부르는 과세 방식이다.

배당락 전후로는 어떻게 매매하면 좋을까?

기사보기

[특징주] 금융·통신 등 고배당주, 배당락 효과에 급락(종합)

고배당주로 꼽히는 종목들의 주가가 29일 배당락 효과에 줄줄이 급락했다. 이날 유가증권시장에서 대신증권[003540]은 전 거래일보다 8.73% 내린 1만9천350원에 거래를 마쳤다. 또 DB손해보험[005830](−8.63%), 삼성증권[016360](−8.35%)… 등 금융주를 중심으로 낙폭이 컸다.

연합뉴스
2021.12.29

주식배당은 증시 상황에 따라 실익이 달라진다. 주가가 높을 때는 배당받은 주식을 파는 것이 현금배당보다 유리할 수 있지만, 주가가 낮을 때는 불리할 수 있다. 게다가 주식배당에는 '배당락(配當落, ex-dividend)'이 적용된다는 점도 고려해야 한다. 배당락이 적용되면 보기 기사에서 보듯 주가가 떨어지기 때문이다.

배당락이 무엇이기에 주가가 떨어질까?

배당락이란 배당권, 즉 주식에 딸린 배당받을 권리가 '떨어져 나가는 것'이다. 배당권은 주주 누구나 누릴 수 있지만 아무 때나 누릴 수 있는 것은 아니다. 기업이 배당할 때는 특정일을 배당 기준일로 정하고, 배당 기준일 현재 주식 보유자에게만 배당권을 주기 때문이다. 일단 배당 기준일을 지나서는 바로 이튿날 주식을 사도 배당권을 주지 않는다. 이렇게 배당 기준일을 넘김으로써 배당권이 없어진 상태를 배당락, 배당락 상태인 주식을 배당락 주식이라 한다.

보기 기사는 배당락 효과로 주가가 떨어졌다고 전하는데, 배당락이 된다 해서 주가가 자동으로 떨어지는 것은 아니다. 주가를 떨어뜨리는 배당락 효과는 증시 관리자가 인위적으로 개입해 만들어낸다.

배당락이 발생하는 과정을 사례로 살펴보자.

해마다 12월 31일 결산하는 K사가 배당 결정을 공시했다 치자. 증시는 12월 26일과 27일에 이어 28일 한 해 거래를 마감하고, 다음 해 1월 3일 거래를 재개하기로 예정되어 있다. 올해 영업 결산을 근거로 K사가 지급하는 배당을 받으려면 올해 주식거래가 마감되는 12월 28일 현재 주주 자격이 있어야 한다. 그러자면 늦어도 12월 26일까지는 K사 주식을 사야 한다. 주식거래 결제에는 매매 체결일을 포함해서 거래일(영업일)로 사흘이 걸리기 때문이다. 결국 K사 주주에게는 12월 26일이 배당 수령 자격을 인정받을 수 있는 마지막 날이 된다. 이렇게 회사가 배당을 앞두고 배당 지급 대상(즉 배당 수령 자격이 있는 주주)을 확정하는 날을 배당 기준일이라 한다.

정기 결산 후 배당하는 종목은 시장 관리자(한국거래소)에 의해 배당 기준일 다음 날(거래일 기준)에 배당락 주식으로 지정된다. 배당 기준일이 12월 26일이면 바로 다음 날인 27일에 배당락 주식이 된다. 결산일(결산기 말, 결산기 마감일)인 12월 28일로부터는 하루 전에 배당락 주식이 되는 셈이다. 배당락 주식이 되는 날은 배당락일이라고 부른다.

배당락 적용 절차는 상장 기업이 주식배당을 계획하고 금융감독원에 신고하면 시작된다. 배당 계획 신고는 결산기 말 5일 전까지 해야 한다. 증시 관리자는 금감원 신고 내용을 받아보고 배당 계획을 공시

배당락 투자 흐름도

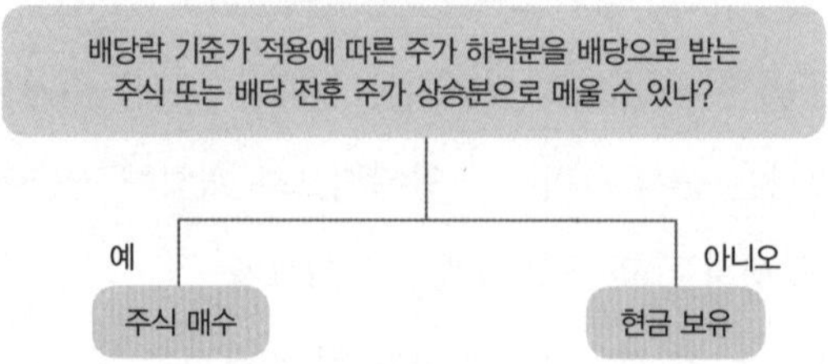

한다. '배당 예고'라고 부르는 절차다. 배당 예고 후에는 배당 기준일 다음 날 해당 종목을 배당락 상태로 지정한다. 주식 시세표에 따라서는 배당락 상태가 되는 종목에 ★ 기호 등을 붙여 다른 종목과 구별되게 표시하곤 한다.

배당락 주식은 배당을 받지 못한다. 배당락이 적용된 주식을 사는 입장에서 보면, 배당을 못 받는 만큼 시세가 낮아져야 공평하다고 여길 만하다. 주식배당 뒤에는 유통 주식 수가 늘어나는 만큼 1주당 가치(=시가총액/총 발행주식 수)가 실질적으로 낮아진다는 점에서도 그렇다. 그래서 배당락 주식은 배당락일에 증시 관리자가 설정한 '배당락 기준가'를 매매 기준가로 삼아 거래를 시작하게 되어 있다.

배당락 기준가는 배당락 종목의 경우 주식 가치가 배당락 이전보다 낮아져야 한다는 전제 아래, 따로 정한 계산법으로(주가가 배당락 전보다 얼마나 낮아져야 하는지를 이론적으로 추산해서) 배당락 적용 전날(거래일 기준) 종가를 낮춘 가격이다. 따라서 배당락 기준가는 배당락 적용 전날 종가보다 낮아진다. 배당락 기준가를 적용받기 때문에 배당락 종목은 배당락일 전날 종가보다 낮은 가격으로 거래를 시작하게 된다.

앞서 예로 든 K사의 경우도 배당락 주가가 적용되는 12월 27일, 곧 배당락일 오전 장 거래를 시작하는 매매 기준가는 12월 26일 종가에 토대한 가격이 아니라 배당락 기준가가 된다. 기업이 증자할 때면 권리락을 적용하는 날 증시 관리자가 인위적으로 낮춘 기준가로 거래를 재개시키는 것과 같은 원리다.

결국 배당락이 적용되면 주가가 떨어지므로 주식배당을 받고도 손해 볼 수 있다.

주식배당과 달리 현금배당에는 배당락 기준가가 적용되지 않는다. 12월 26일을 배당 기준일로 삼고 현금배당을 한 종목은 27일 오전 장도 여느 거래일과 마찬가지로 전날 종가를 기준으로 매매를 시작한다. 시세표에 배당락이라는 표시만 붙는다. 그렇다면 주식배당이 현금배당보다 불리해질 수 있다는 얘기다. 그러므로 배당을 노려 주식을 매매할 때는 매매하려는 종목이 현금배당을 할지 주식배당을 할지 따져봐야 한다. 주식배당을 한다면 배당락 뒤 주가가 어떻게 움직일지도 잘 가늠해봐야 한다.

예를 들어 지금 내가 보유한 종목이 어지간히 차익이 났는데, 결산일이 다가오자 회사는 현금보다 주식으로 배당을 할 것 같고 배당락 뒤 주가 하락 위험도 클 것 같다 치자. 이때는 배당락일로부터 1거래일 전(곧 배당 기준일)까지 보유 주식을 팔아치워 차익을 실현하는 편이 낫다. 기관투자가도 흔히 같은 방식으로 거래한다. 배당락일 전날(곧 배당 기준일)에 주식을 사서 주주명부에 이름을 올려놓고(즉 배당을 확보해놓고) 다음 날(곧 배당락일) 팔아치우는 투자자도 많다.

배당락 함정, 어떻게 건널까?

배당 투자에 성공하려면 배당락 함정을 건너야 한다. 배당락으로 주가가 너무 많이 떨어지면 배당을 받고도 손실을 볼 수 있기 때문이다. 배당락으로 손해 볼 위험을 피할 방책은 뭘까?

단기 투자 때와 장기 투자 때 대응법이 다르다.

단기 투자 때는 배당수익보다 시세 차익이 더 크다 싶으면 보유 주식을 파는 것이 좋다. 장기 투자라면 배당 기준일 전후로 일단 팔았다가 되사는 방법을 고려할 만하다. 우선 배당 가능성이 보이는 우량주를 사놓고, 결산기가 다가오면서 배당을 노린 주식 수요가 늘고 주가가 오르면 배당 기준일 직전에 일단 판다. 이후 배당 기준일이 지나서 배당락으로 주가가 떨어지면 도로 사서 장기 보유한다. 이렇게 투자하면 장기에 걸쳐 수익을 낼 가능성이 있다.

시세가 회복되면 팔려고 배당락 주식을 샀는데, 아무리 기다려도 시세가 회복되지 않으면 어쩌나?

그렇다면 배당락 함정에 빠진 것이다. 함정에 빠지지 않으려면 우량주를 사야 한다. 우량주는 배당락 직후에도 비교적 쉽게 매수세가 붙고, 장기 투자로 수익을 낼 가능성도 상대적으로 높다.

12월 결산 기업이라면 이른바 1월 효과 덕을 볼 수도 있다. 1월 효과란 새해가 시작될 때면 으레 투자자가 새 기대와 희망을 갖고 낙관적 심리로 주식을 매수하면서 주가가 오르는 현상이다. 12월 결산 기업은 결산 뒤 증시가 새해를 맞으므로 1월 효과에 의해 배당락 후 주가가 비교적 빨리 회복될 수 있다.

배당락은 확실히 경계할 문제이긴 하지만, 그렇다고 배당 투자를 기피할 필요까지는 없다. 장기 투자 관점에서는 오히려 배당락으로 주가가 떨어지는 틈을 타 평소 눈독 들인 우량주 매수를 시도해볼 만하다. 증시에는 늘 이런 시도를 하는 투자자가 있기 때문에 배당락일 주가가 오히려 강세를 띠는 일도 흔하다.

우선주는 어떤 주식?

기사보기

"배당 두배 더 주네"… 본주보다 주가 더 뛴 우선주

20일 유가증권시장에서 LG화학이 전일 대비 0.18% 하락했다. 반면 같은 날 LG화학우선주는 3.54% 상승한 가격에 거래를 마쳤다. 2차전지 투심이 약해진 가운데 개인투자자가 차라리 배당 매력에 집중해 예상 배당수익률이 2배가량 되는 우선주를 매수했기 때문이다. 박스권 장세에서 성장주가 흔들리고 배당주가 선전하자 본주보다 높은 배당수익률을 제시하는 우선주의 주가 상승률이 본주를 앞서고 있다.

매일경제
2023.09.20

개인들이 LG화학 우선주를 비롯해 우선주 매수에 몰린다고 전한 기사다.

우선주(優先株, preference shares, preferred stock)가 뭘까?

보통주(common stock)와는 발행 조건 등이 달라서 증시에서 별개 종목으로 취급하는 주식이다.

보통주(소유자)는 대개 주주가 행사하는 권리를 다 누린다. 주총에 참석해서 주요 경영 사항에 의결권을 행사할 수 있고, 배당을 받을 수 있고, 증자 때는 신주인수권을 행사할 수 있다. 보기 기사에서 우선주의 상대 개념으로 얘기하는 '본주'다.

우선주(소유자)에는 의결권이 없다. 의결권이 없으니 회사 경영에 참여할 수 없다. 그 대신 회사가 배당할 때는 보통주보다 먼저 배당을 받는다. 배당받는 순서에서 우선권을 누리는 셈이다. 보통주에 비하면 배당도 흔히 1~2%포인트 정도 더 받는다. 보기 기사에서 말하는 '본주보다 높은 배당수익률을 제시하는 우선주…'가 바로 이 얘기다.

우선주는 회사가 해산(청산)할 경우, 채권자에게 빚을 갚고 난 뒤에도 주주가 나눠 가질 재산이 남는다면 보통주보다 먼저 분배받을 수 있다. 회사가 증자할 때 우선주를 발행하면 신주인수권도 행사할 수 있다.

기업이 보통주와 우선주를 모두 발행하면 보통주와 우선주가 각자 별개 종목이 된다. 이를테면 LG화학 보통주와 LG화학 우선주는 발행사가 같아도 별개 종목으로 증시에 상장한다. (이처럼 하나의 증권 발행사가 여러 종목을 발행할 수 있기 때문에 상장회사 수와 상장종목 수가 반드시 일치하지는 않는다.)

주식 관련 기사나 시세표에서는 종목명에 '○○우', '○○1우', '○○2우'… 식으로 '우' 자를 붙여 우선주를 표시한다. 보기 기사에서는 '삼성전자우'가 우선주다.

기사보기

'5만전자' 갇힌 삼전 우선주
본주와 가격차 10년來 최대

삼성전자 본주(보통주)와 우선주 간 주가 괴리(Gap · 갭)가 최근 10년 이내 최대치로 벌어졌다. 보통주는 7만전자에 안착했지만 우선주는 여전히 5만전자다. 21일 한국거래소에 따르면 삼성전자는 올해 31.65% 상승하며 7만2800원에 시세를 형성 중이다. 반면 삼성전자우 주가는 13.86% 오른 5만7500원으로 여전히 5만전자다.

매일경제
2023.11.21

기업이 우선주를 발행하는 이유는 뭘까?

보통은 영업이 부진한데 신주 공모로 자본금을 늘리려 할 때 다소 높은 배당을 내세워 공모를 성사시키기 위해서다. 회사 창립 때 자본을 댄 발기인 주주를 우대하는 뜻에서 발행하기도 한다.

미국 등 증시 선진국에서는 시가 배당을 많이 한다. 때문에 고배당을 노린 주식 투자도 많이 하고, 우선주 시세가 보통주보다 높은 종목도 많다. 배당 투자를 많이 하다 보니 장기 투자도 많이 하고, 그만큼 시세가 안정적으로 움직인다.

우리나라는 사정이 다르다. 전통적으로 대주주가 우선주를 좋아하지 않는다. 의결권이 없어서 회사 지배력 확보에 도움이 되지 못하기 때문이다. 주가 부양과 기업 지배력 확대를 도모하는 오너들은 우선주에 별 관심이 없으며, 증시가 약세일 때 보통주를 싸게 사들여 지분 늘리기를 즐긴다.

소액 투자자도 우선주를 즐겨 사지 않는다. 국내 기업이 발행하는 우선주는 말이 우선주지, 배당 혜택이 보통주보다 썩 나을 게 없기 때문이다. (뒤에 자세히 얘기하겠지만, 가끔씩 개인이 우선주 투자에 열 올릴 때가 있는데, 대개는 투기 세력이 붙었을 때 나타나는 현상이다.)

국내 기업은 대체로 배당에 인색하다. 배당을 하더라도 액면가 배당을 주로 하므로 배당수익률이 낮다. 그런데다 우선주 배당은 보통주를 상대로 배당할 때만 받을 수 있다. 기업이 이익을 내고도 보통주에 배당을 안 하면 우선주 배당도 없다는 얘기다. 이런 경우 우선주에 배당을 더 준다는 것도 의미가 없어진다.

배당하지 않는 배당주라면 빛 좋은 개살구일 뿐이다. 우리 증시에서는 우선주에 빛 좋은 개살구가 많다 보니 대개 보통주에 비해 시세도 싸고, 발행가도 낮고, 거래량도 적다.

우선주 투자 포인트는?

기사보기

다가오는 연말… 배당 쏠쏠한 저평가 우선주 '주목'

연말이 다가오면서 배당률이 높은 우선주 가운데 본주 대비 저평가된 종목들에 관심이 쏠리고 있다. … 우선주는 보통주와의 괴리율이 클수록 투자매력이 높다. … 현대차2우B(10만9300원), 현대차우(10만7700원), 현대차3우B(10만7300원)는 현대차 보통주(20만8500원)와 40~41%의 괴리

파이낸셜뉴스
2023.11.22

율을 보이고 있다.

보통주와의 '괴리율'이 큰 우선주를 골라 매수할 것을 권하는 기사다.

우선주 투자는 흔히 보통주와 우선주의 시세 차를 이용한다.

정상적인 경우 우선주는 보통주보다 시세가 낮은데, 주가가 대세 상승 국면일 때는 보통주 시세가 뛰면서 보통주와 우선주 간 시세 차가 벌어진다. 차이가 너무 많이 벌어진다 싶으면 우선주 매수세가 늘면서 차이가 좁혀지는 경향이 있다. 따라서 보통주 시세가 상승하는 국면에서 보통주와 우선주 간 시세 차가 가장 클 때 우선주를 산다면 이후 (우선주) 시세 상승으로 득 볼 가능성이 있다.

보통주와 우선주의 가격 차가 얼마나 나는지는 보기 기사에서 말하는 괴리율(가격 괴리율)을 봐야 한다. 괴리율은 보통주와 우선주 간 시세 차가 보통주 시세에 비해 얼마나 되는지를 비율로 나타내는 기술적 분석 지표다. 다음과 같이 계산한다.

$$\text{괴리율(\%)} = \frac{\text{보통주 시세} - \text{우선주 시세}}{\text{보통주 시세}} \times 100$$

가령 보통주 시세는 주당 200원, 우선주는 100원이라 치자. 괴리율을 계산하면 다음에서 보듯 50%가 된다.

$$\frac{200\text{원} - 100\text{원}}{200\text{원}} \times 100 = 50\%$$

보기에서 보듯, 괴리율이 50%면 보통주와 우선주의 시세 차가 보통주 시세의 절반 정도라는 얘기다.

괴리율이 높을수록 보통주 가격이 우선주 가격보다 높다는 뜻이다. 흔히 유망한(즉 시세 상승 전망이 있는) 우선주는 괴리율이 45~50%를 넘는다. 괴리율이 전에 비해 큰 데다 기업 내용과 실적 전망이 좋아서 장차 배당 가능성이 높아 보이는 가운데 보통주 시세가 오름세라면, 우선주 투자를 고려할 만하다. 일정 기간이 지나면 우선주 시세가 올라, 보통주와의 괴리율을 좁힐 가능성이 높기 때문이다.

괴리율 말고 보통주와 우선주 간 가격 차를 기준으로 유망 우선주를 고를 수도 있다.

대체로 우선주 시세는 보통주에 비해 20~60% 정도 싼데, 다른 조건이 같고 기업 내용이 우량하다면 시세가 보통주의 45~50% 이내일 때 살 만하다. 하지만 시세가 보통주의 60%를 넘는 우선주라면 관심 두지 않는 게 좋다. 우선주 시세치고 너무 부풀려졌을 가능성이 높기 때문이다. 우선주 시세가 보통주 시세보다 높을 때는 괴리율이 마이너스로 나오는데, 이런 경우도 마찬가지다. 다만 우량 기업이 발행한 우선주면 보통주 시세의 60~70%까지 접근한 값이라도 장기 투자 관점에서 매수를 고려할 수 있다.

우선주 투자 함정은?

우선주는 기업이 주가 관리 차원에서 배당에 신경을 쓸 때면 유난히

거래가 늘곤 한다. 보통주보다 배당을 더 받는다는 메리트가 새삼 부각되기 때문이다. 특히 결산을 앞두고는 배당과 시세 차익을 함께 기대하는 매수세가 몰려 시세가 급등하곤 하는데, 이때 작전세력이 끼어들기 쉽다.

작전세력이 우선주를 타깃으로 삼는 이유는 뭘까?

우선주는 대개 보통주에 비해 가격이 싸고 거래 물량도 보통주의 10퍼센트도 안 될 만큼 적다는 게 가장 큰 이유다. 가격이 싸고 거래 물량도 적으니 대량 매매하면서 시세를 조작하기 쉬운 것이다. 실제로 우선주 상대로는 시세조종(manipulation)이 잦고, 시세조종이 드러나지 않더라도 시세가 급등하는 우선주를 샀다가 손해 보는 개인투자자가 많다. 2020년 삼성중공업 우선주 투자가 그랬다.

2020년 6월 2일 삼성중공업이 카타르 액화천연가스(LNG)선을 수주했다고 발표하자, 유가증권시장 상장종목인 삼성중공업 우선주 '삼성중공우' 주가가 뛰기 시작했다. 2일부터 17일까지 10거래일 연속 상한가 행진을 했다. 우리 증시에서 2015년 6월부터 가격제한폭이 ±30%로 확대된 이후 최장기 연속 기록이다.

6월 9일과 12일 한국거래소가 '투자경고 종목', '투자위험 종목'으로 지정해 일시 거래가 중단된 뒤에도 주가 상승세는 거침이 없었다. (투자경고 종목, 투자위험 종목으로 지정되면 해당 종목을 살 때 위탁증거금을 100% 내야 하고 신용융자로는 살 수 없다.) 6월 1일 종가가 5만 4200원이었는데 17일 종가는 74만 4000원이 됐다. 2주 만에 약 14배가 오른 것이다. 6월 한 달 동안 일평균 거래 대금도 595억 원으로, 전달(9400만 원)의 632배로 늘어났다. 하지만 상황은 곧 역전됐다.

삼성중공업 우선주 시세 추이

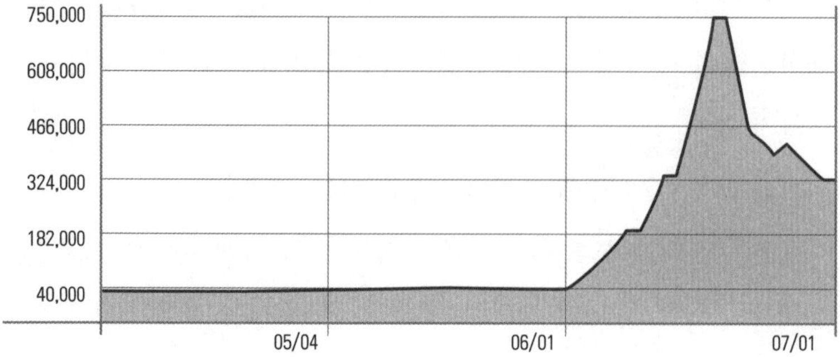

자료: NAVER 금융

6월 17일 시세 급등 탓에 18일 다시 거래가 정지됐는데, 매매를 재개한 19일부터 주가는 날마다 20%대 안팎으로 추락했다. 7월 1일 종가는 33만 3000원으로 주저앉았다. 투기 수요 때문에 주가가 널을 뛰는 사이 뒤늦게 삼성중공우를 산 투자자는 톡톡히 골탕을 먹었다.

당시 삼성중공업 우선주 시세가 급등하자 다른 우선주 시세까지 덩달아 뛰면서 우선주 투자 열풍이 불었다. 제약업체 SK바이오팜이 유가증권시장에 상장된다는 소식이 나오자 SK그룹 관련 우선주가 일제히 급등했고, 특별한 재료가 없던 일양약품 우선주(일양약품우)와 남양유업 우선주(남양유업우)도 상한가를 이어갔다. 6월 초부터 17일까지 우선주 주가 상승률 상위 20종목의 평균 상승률은 171%로, 해당 종목 보통주 상승률(17%)을 10배 이상 웃돌았다.

하지만 삼성중공우 주가가 급락한 6월 19일에 우선주 상장종목 총 117개 중 105개가 하락했다. 22일에도 일양약품 우선주와 한화 우선주가 하한가를 쳤고, 남양유업 우선주도 12.15% 급락했다. 증시에서는 '터질 게 터졌다'는 반응이 많았다.

2020년 삼성중공업 우선주를 비롯한 우선주 투기 열풍은 당시 코로나19 사태로 정부가 재정을 풀고 부동산을 규제하면서 시중에 넘치는 유동성 자금이 증시로 흘러들어 발생했다. 증시로 들어오는 돈이 많아지면 거래 물량이 적은 우선주에 작전과 투기가 붙기 쉽다. '삼성중공우'만 해도 2020년 5월 29일 현재 전체 상장 주식 수 11만 4845주, 시가총액 62억 원에 불과했다. 투자자 몇 명이 시세조종을 의도하고 돈을 모아 높은 호가를 내놓으면 쉽사리 주가를 띄울 수 있을 정도였다.

설사 시세조종이 개입되지 않더라도 수급 요인에만 의지해 뛰어오르는 주가는 언제든 급락할 가능성이 높다. 그러므로 별다른 이유 없이 주가가 뛰는 우선주는 매매를 조심해야 한다.

증시 전반이 어떤 국면에 있느냐에 따라 보통주와 우선주의 주가 상승률에 차이가 난다는 점도 유념해야 한다. 보통 증시 전반이 강세인 장세 초기에는 보통주가 우선주보다 시세 상승률이 크다. 그러나 상승 장세가 중반에 접어들면 그 전에 상대적으로 적게 오른 우선주에 관심이 몰려, 우선주가 보통주보다 상승률이 커진다. 이어 상승 장세가 마무리될 즈음에는 우선주가 비정상적으로 강세를 띠곤 한다. 이런 때 추격 매수에 나섰다가는 주가가 급락세로 반전해 손해 볼 가능성이 높다. 증권 뉴스가 우선주 강세 소식을 전하면, 증시 전반이 고점에 다다라 곧 주가 방향이 바뀐다는 신호로 알고 경계해야 한다. 거래량이 적은데도 시세가 급등하는 우선주라면 작전세력이 끼어들지 않았는지 의심해봐야 한다.

신형 우선주의 매력 포인트는?

기사보기

두산로보틱스 수요예측 흥행몰이…두산우 등 강세

두산 우선주를 비롯한 그룹주 주가가 20일 강세를 보이고 있다. 올해 기업공개(IPO) 최대어로 꼽히는 두산로보틱스가 기관 투자자 수요예측에서 흥행을 거둔 영향으로 풀이된다. 이날 오전 9시50분 현재 두산우는 전일 대비 2900원(4.48%) 오른 6만7700원에 거래 중이다. 같은 시각 신형 우선주인 두산2우B도 전일보다 0.8%(800원) 오른 10만1300원을 기록하고 있다.

한국경제
2023.09.20

유가증권시장 상장사 두산의 우선주 시세를 전한 기사다. 기사 중 '신형 우선주' 얘기가 나온다. 신형 우선주가 뭘까?

말 그대로 새로운 형태의 우선주다. 우리나라에서는 1995년 12월 개정 상법이 적용되면서 1996년 12월 1일부터 발행되기 시작했고, 그 전에 발행된 우선주(즉 구형 우선주)와 구분해 신형 우선주라고 부른다. 의결권이 없는 점은 구형 우선주와 같지만, 구형 우선주에 없는 여러 가지 우대 조건이 붙는다. 우선주로 발행하지만 일정 기간이 지나면 보통주로 바꿀 수 있는 권리를 준다든지, 구형 우선주보다 배당을 더 준다든지 하는 식이다.

구형 우선주가 '두산우'같이 종목명 뒤에 '우'를 붙여 우선주임을 표시하는 데 비해 신형 우선주 표시에는 숫자와 알파벳을 더한다. 보기 기사에 나오는 '두산2우B'에서 보듯 종목명과 우선주 표시('우') 사이에 1, 2, 3 등 숫자를, 맨 뒤에 알파벳 기호 B 또는 U 등을 붙인다. 앞의 숫자 1, 2, 3은 발행 순서, 곧 1차, 2차, 3차로 발행했다는 뜻이고, 알파벳 기호는 신형 우선주임을 나타낸다. 그러니까 '두산우'는 두산에서 첫 번째로 발행한 구형 우선주, '두산2우B'는 두산이 두 번째로 발행한 신형 우선주, '한화3우B'는 한화에서 세 번째로 발행한 신형 우선주인 셈이다.

기업이 구형 우선주에 우대 조건을 붙여 신형 우선주를 발행하는 이유는 뭘까?

구형 우선주의 단점을 보완하기 위해서다.

발행사 입장에서 볼 때 구형 우선주는 의결권이 없으니 경영권을 위협받지 않고 자본금을 마련하기에 좋은 수단이 된다. 하지만 투자자 쪽에서 보면 배당이 조금 더 많다는 점 외에는 의결권이 없다는 단점을 지울 만한 메리트가 거의 없다. 그렇다 보니 구형 우선주는 새로 발행되더라도 투자자가 큰 관심을 갖지 않아 자본금 마련이 쉽지 않다. 신형 우선주가 나온 것은 이처럼 인기 없는 (구형) 우선주에 우대 조건을 붙여 투자자를 끌어모으기 위해서다.

어떤 우대 조건을 붙여주느냐는 발행사마다 다르다.

가장 흔한 조건은 구형 우선주와 달리 만기(존속기간)를 두는 것이다. 예를 들어 신형 우선주는 기업이 주식을 발행한 뒤 일정 기간(보통 3~10년)이 지나면 만기 때 보통주와 1 대 1로 바꿔준다. 그러고 나면 우선주를 사고도 의결권을 누릴 수 있는 셈이다. 이런 조건이 붙은 신형 우선주('전환 우선주'라고 부른다)는 만기가 임박하면 시세가 오르는 경향이 있다.

신형 우선주에 붙여주는 두 번째로 흔한 조건은 보통주 증자에 참여할 수 있는 권리를 주는 것이다. 증자 때 주주에게 주는 신주인수권은 우선주 보유자의 경우 신규 발행 우선주에 한하는 것이 원칙이다. 보통주 증자 때는 증자 신주를 취득할 수 없다. 신형 우선주에 보통주 증자 참여권을 준다는 것은 우선주에도 증자 때 보통주와 같은 권리를 누리게 해준다는 뜻이다.

신형 우선주에 흔히 붙여주는 또 다른 조건은 최저 배당률을 적용해 구형 우선주보다 배당을 더 주는 것이다. 회사 정관에 '해마다 액면가 대비 적어도 몇 %는 신형 우선주에 배당한다'는 식으로 최저 배당률을 정해두고, 결산 결과 배당 가능한 이익이 생기면 최저 배당률만큼은 무조건 배당해주는 조건이다.

비록 이익이 나야 한다는 전제가 있지만, 액면가 대비 최저 배당률로 배당을 준다면 확정 이자율로 이자를 주는 것과 마찬가지다. 회사마다 다르지만 보통 최저 배당률은 액면가 대비 2~10% 정도다. 실제 배당을 정관으로 정한 최저 배당률보다 높은 배당률로 지급할 수도 있다.

만약 올해 최저 배당률에 따른 배당을 못 받았다면 배당 의무를 누적시켜 내년에 우선 배당을 받는 조건을 붙이는 경우도 있다('누적적 우선주'라고 부른다). 이를테면 최저 배당률이 9%인데 올해 배당을 못 하면 내년에 누적 배당 18%를 주겠다는 조건을 붙인다. 배당을 보장해주는 셈이다. 구형 우선주는 회사가 이익이 나든 안 나든 보통주에 배당하지 않으면 배당을 받지 못하는 점에 비추어볼 때, 확실히 나은 조건이다.

보통주나 구형 우선주는 회사에 순이익이 줄면 배당금도 줄어들 가능성이 높다. 하지만 최저 배당률을 적용한 신형 우선주는 확정 배당을 받으니, 투자자 입장에서 보면 정기예금이나 채권과도 같다. 특히 만기와 최저 배당률을 함께 적용한 신형 우선주는 채권과 같은 주식인 셈이다.

이렇게 여러 가지로 우선주보다 유리한 조건이 붙기 때문에 신형 우선주는 투자자에게 인기가 있다. 우선주인데도 보통주보다 시세가 높게 형성되기도 한다. 그렇다고 신형 우선주면 다 보통주와 우선주를 능가하는 매력을 지녔다고 오해해서는 안 된다. 회사마다 발행조건이 천차만별이므로 종목마다 장단점을 꼼꼼하게 견주어보고 투자해야 한다.

액면분할 하면 주가 오르나?

기사보기

삼성전자, 3Q 호실적에 깜짝 반등…
'9만 전자'는 언제쯤

'6만 전자' 허덕이던 삼성전자가 모처럼 웃었다. 3분기 실적이 시장 전망치를 웃돌면서 바닥을 찍고 반등만 남았다는 반도체 사업 전망을 보란 듯 증명해서다. 이번 호실적은 6만 원대 중반까지 내려갔던 주가마저 끌어 올리면서 투자자들의 기대감도 불러일으키고 있다. 액면분할 후 역대 최대 주가인 '9만 전자'도 불가능한 이야기가 아니라는 이야기도 나온다.

더팩트
2023.10.12

액면분할 후 오랫동안 6만 원대에서 움직인 삼성전자의 분기 실적이 좋게 나와 주가 상승 기대가 높아졌다고 전한 기사다. 삼성전자는 2018년 액면분할을 했다. 액면분할이 뭘까?

주식 액면가를 기존 액수보다 작게 쪼갠 다음 주식을 다시 발행하는 일이다. 액면가 분할 또는 주식분할이라고도 한다. 가령 액면가 5000원인 주식을 10 대 1로 액면분할 한다면, 새로 발행하는 주식 액면가는 500원이 되고 주식 수는 10배가 된다. 이렇게 액면분할을 하면 액면가는 낮아지고 발행주식 수는 늘어난다. 하지만 주식 발행액이나 자본금 규모, 시가총액, 기업 가치, 실질 주가, 재무구조는 액면분할 이전과 변함이 없다. 주주의 지분율이나 지위도 이전 그대로다. 그럼 왜 액면분할을 하나?

주식 유동성(liquidity)을 높이기 위해서다.

주식 유동성이란 주식을 팔아서 현금화하고 싶을 때 얼마나 빨리 할 수 있는지를 표현하는 개념이다. 증시에서 단가가 싼 주식은 개인도 곧잘 몇백 주씩 사고팔아 매매가 활발하다. 하지만 단가가 비싼 주식은 투자자가 쉽사리 매매할 엄두를 못 내므로 거래 물량(유동 물량, 유동량, 유통량)이 적기 쉽다. 거래 물량이 적으면 투자자가 아무 때나 주식을 팔아서 현금화하기가 어려워진다. 유동성이 떨어지는 것이다. 유동성이 떨어지면 주식 시세도 정체하기 쉽다. 단가가 비싼 우량주는 흔히 이런 문제에 부딪힌다. 단가가 비싼 주식의 유동성 문제를 해결해줄 수 있는 것이 바로 액면분할이다.

증시 선진국 미국은 흔히 고가 우량주의 유동성 감소 문제를 액면분할로 대응한다. 우량주의 경우 주가가 일정 수준 이상 오르면 주주가 회사에 액면분할을 요구하고, 회사도 자주 액면분할을 해서 주식 유동성을 높인다. 우리 증시도 1998년 3월 미래산업이 처음 액면가를 주당 5000원에서 100원으로 낮춰 분할한 뒤로 액면분할 사례가 많아졌다. 단가가 비싼 종목을 상대로 주주가 회사에 액면분할을 요구하는 사례도 늘어나는 추세다.

상장종목이 액면분할을 할 때는 거래를 일시 정지하고 액면을 분할한 새 주권을 발행한 다음 새 주식을 상장하는 변경 상장 절차를 밟는다. 변경 상장 후 거래를 재개할 때는 증시 관리자(한국거래소)가 해당 종목 기준가를 액면가 하락 폭만큼 인위적으로 낮춘다. 액면가 5000원, 시세 10만 원인 종목을 액면분할 해서 액면가를 500원으로 낮춘다 하자. 액면가가 10분의 1로 낮아졌으니 변경 상장 후 기준가도 액면가 하락 폭만큼 낮춘 1만 원으로 정한다.

액면분할 후 주가는 액면가 하락 폭만큼 떨어지지만 주주가 보유하는 주식 수량은 액면가 하락 폭만큼 늘어난다.

P사가 발행한 주식 액면가가 5000원, 시세는 1주당 6만 원인데 주주 홍길동은 100주를 갖고 있다고 하자. P사가 새 액면가를 500원으로 정해 액면분할 하면 길동은 보유 주식 100주를 반납하는 대신 1000주를 배정받는다. 변경 상장 후 기준가는 6000원이 된다. 길동은

보유 주식 수가 늘어나 뿌듯할지 모르지만, 보유 주식 평가액은 액면분할 전(100주×6만 원=600만 원)이든 액면분할 후(1000주×6000원=600만 원)든 똑같다.

그래도 액면분할로 단가가 낮아진 종목은 투자자가 전보다 싸졌다고 생각해 쉽게 산다. 그 결과 단기적으로는 수요가 늘고 거래가 활발해져 유동성이 증가하고 시세가 오르기 쉽다. 최근 증시에서는 이처럼 유동성이 늘어나면서 시세가 오르는 효과를 노려 액면분할을 하는 회사와 액면분할을 요구하는 투자자를 쉽게 볼 수 있다. 다만 액면분할 뒤 주가의 장기 향방은 단언할 수 없다. 만약 투자자가 주로 기업의 내재 가치만 보고 장기 투자하는 성향이 우세한 종목이라면 액면분할이 주가에 별다른 재료로 작용하지 못할 수도 있다.

단기적으로도 액면분할이 늘 주식거래를 활발히 하고 시세를 올리는 역할만 하는 것은 아니다. 강세장에서는 액면분할에 의한 단가 하락이 주가 상승을 부추길 수 있지만, 경기나 증시가 침체한 약세장에서는 주가에 악재로 작용할 수 있다. 증시가 침체하면 매수 기반이 허약한 상태이기 쉬운데, 액면분할로 주식 물량이 늘어나면 그만큼 수요 대비 공급이 커지는 측면이 부각되기 때문이다.

따지고 보면 주식 수급 면에서도 액면분할이 늘 호재는 아니다. 액면분할을 하면 주식 수도 늘고 주당 가격이 싸져서 투자자가 사기 쉽지만 팔아치우는 데 따르는 부담도 없어지기 때문이다. 증시 전반이 침체해 매도세가 강할 때는 액면분할이 오히려 시세 하락을 부추길 수도 있다. 실례로 2019년에는 액면분할을 시행한 코스피와 코스닥 상장 기업 29개사 중 19개사(65.5%)의 주가가 하락했다. 액면분할 후 주가가 오른 종목은 대부분 6월을 넘긴 하반기에 액면분할을 해서 연말 증시 회복 효과를 본 경우였다.

원칙적으로 액면분할주로 바람직한 투자 대상은 지금 고수익을 내고 미래 성장성도 있지만 단지 시세가 비싸서 거래량이 적은 종목이다. 이런 종목을 액면분할 하면 주식거래를 활발히 하려는 액면분할 본래 취지가 살아서 주가에 호재로 작용하기 쉽다.

보기 기사에서 다룬 삼성전자는 액면분할이 주가에 어떤 영향을 미쳤을까?

액면분할 후 3년여 간 시세 흐름을 놓고 보면, 주가에 호재가 되지 못했다.

삼성전자는 2018년 5월 4일 주식 1주를 50주로 쪼개는 액면분할을 하고 새 주식을 유가증권시장에 상장했다. 액면분할 직전만 해도 시세 단가가 265만 원 수준이어서 '황제주'라 불렸는데, 변경 상장 후 5만 3000원에 거래를 시작하고 개인이 대거 매수하면서 세칭 '국민주'가 됐다.

액면분할 전인 2018년 1분기 말 삼성전자 주주 수는 24만 1513명이었는데, 2020년 1분기 결산 기준 보통주 주주는 136만 5221명으로 늘어났다(한국예탁결제원, 금융감독원 전자공시시스템). 일평균 거래 대금도 액면분할 전인 2018년 1~4월 7158억 원이던 것이 2020년 1~4월 1조 2551억 원으로 75.34% 증가했다.

유동성이 크게 늘었지만 주가는 지지부진했다. 2018년 5월 5만 원대로 출발한 삼성전자 시세는 반도체 업황 부진으로 계속 하락했고, 2019년 초 3만 원대까지 내려앉았다. 이후 반등해서 2020년 초 6만 원대로 올라섰지만, 곧 코로나 사태로 기세가 꺾여 4~5만 원대에서 움직였다. 2023년 12월 5일 종가는 7만 1200원. 5년 반이 지났지만 액면분할 직후 시세(5만 3000원)에서 34.34% 올랐을 뿐이다.

대세 하락기에는 왜 액면을 병합하나?

기사보기

DGP, 주식병합 후 거래 재개 첫날 '급등'

DGP 주가가 거래 재개 첫날 급등하고 있다. 1일 오전 9시 42분 기준 DGP는 전 거래일 대비 1220원(24.3%) 오른 6240원에 거래되고 있다. 앞서 DGP는 적정 유통주식수 유지를 통한 주가안정화 및 기업가치 제고를 위해 병합 전 1주당 가액 100원에서 1000원으로 주식병합을 결정했다. 이에 따라 병합 전 보통주 2억426만947주에서 2042만 6094주로 변경됐다. 한국거래소 코스닥시장본부는 지난달 9일 주식 병합 등의 사유로 같은 달 12일부터 전날까지 주권매매거래가 정지된다고 밝혔다. 이날 DGP는 액면병합 주권 변경 상장하면서 거래가 재개됐다.

한경닷컴
2023.06.01

신재생 에너지 개발 관련 사업을 하는 코스닥 상장사 DGP가 주식 액면을 병합한 후 변경 상장 첫날 주가가 급등했다고 전한 기사다.

액면병합(reverse stock split)이 뭘까?

여러 개의 주식을 한 개로 합쳐 주식 수를 줄이고 액면가를 높이는 일이다.

액면가 1000원인 상장종목 5주를 1주로 합치는 액면병합을 한다 치자. 그럼 발행주식 수는 5분의 1로 줄고, 액면가는 1000원에서 5000원으로 5배 커진다. 즉 액면병합을 하면 액면가는 높아지고 발행주식 수는 줄어든다. 그렇더라도 액면분할 때와 마찬가지로 기업 가치나 시가총액에는 변함이 없다. 주식 발행액이나 자본금 규모, 실질 주가, 재무구조, 주주의 기존 지분율이나 지위도 이전 그대로다.

액면병합 절차도 액면분할 때와 같다. '이사회 결의 → 주총 결의 → (신주 상장 전날까지) 거래 정지 → 신주 상장(변경 상장)' 순이다.

액면병합 직후 증시에서 거래를 재개할 때는 증시 관리자(한국거래소)가 해당 종목 기준가를 액면가 병합 폭만큼 인위적으로 높인다. 5주를 1주로 합치는 액면병합을 했다면 변경 상장 후 기준가를 예전 시세에 5배를 곱한 값으로 높여 거래를 재개한다.

액면병합은 왜 할까?

주가가 싸고 거래 물량은 많아서 싸구려 종목 취급을 받는 상태에서 벗어나기 위해서다. 주가가 싸고 유통 물량이 많으면 아무래도 투자자가 매매를 쉽게 생각한다. 단타 매매 표적이 되기도 쉽다. 단타 매매 표적이 되면 시세가 종일 출렁거리기만 할 뿐 오르기 어렵다. 오를 만하면 매도 물량이 쏟아져 나오기 때문이다. 결국 '싸구려 단타용 종목'이라는 이미지가 고착되고, 그쯤 되면 기관 등 거액 투자가도 외면하게 되어 시세 상승이 더 어려워진다. 이때 액면병합을 하면 주식 유동성은 줄이고 단가를 높여, 단타 매매를 몰아내고 싸구려 종목 이미지를 벗을 수 있다.

보통 대세 상승장에서는 기업이 단가가 비싸고 유통 물량이 부족한 종목에 유동성을 보태고자 액면을 분할한다. 약세장에서는 단가가 싸고 물량이 넘치는 종목의 유동성 부담을 줄이고자 액면병합을 한다. 그래서 대세 상승기에는 액면분할이, 대세 하락기에는 액면병합이 많이 나타난다.

우리 증시에서는 2023년 한 해 12개 기업(상장폐지 기업 제외)이 액면병합을 결정했다. 주로 증시가 침체하면서 주가가 급락했거나 1000원 미만으로 떨어진 기업이 나선 것이다.

액면을 병합하든 분할하든 액면 변경이 주가를 높이는 것은 반짝 효과로 그칠 때가 많다. 액면을 변경하면 주가가 싸거나 비싸 보일 뿐, 주식의 실질 가치가 변하는 것은 아니기 때문이다.

실제로 2022년 액면을 병합한 국내 상장사 16곳(15곳은 코스닥) 가운데 2023년 들어 주가가 오른 곳은 코스닥 상장사인 세토피아와 모트렉스 등 2곳뿐이었다. 2022년 초 액면을 병합한 코스닥 상장사 제넨바이오는 2023년 2월 9일 2175원(종가)까지 치솟았던 주가가 12월 5일 381원(종가)으로 추락해, 액면병합 전에 세칭 '동전주(값싼 주식)'라 불리던 상태로 되돌아갔다.

7

주식 선물·옵션 투자 포인트

코스피200 선물 거래

콘탱고와 백워데이션

매수차익거래와 매도차익거래

프로그램 매매

코스피200 옵션 거래

콜옵션과 풋옵션

선물 거래에서는 상품 가격이 움직이는 방향을 제대로 맞혀야 벌고,
예상이 빗나가면 손실을 피할 길이 없다.
옵션 거래에서는 손실 규모를 계약금에 한정할 수 있다.
권리행사를 하는 편이 오히려 불리하다고 판단될 경우
해당 권리와 계약금만 포기하면 그뿐이다.

선물 거래는 어떤 거래?

상품에는 현물(現物)과 선물(先物, futures)이 있다.

현물은 현재 시세로 거래를 계약하고, 계약 즉시 대금과 맞바꿔 거래를 완료하는 상품이다. 거래를 계약하고 상품과 대금을 맞바꿔 거래를 완료하는 일을 가리켜 계약을 '결제한다(pay, settle)'고 말한다. 선물은 현재 시세로 거래를 계약하지만 계약 결제는 미래의 특정 시점을 정해놓고 그때 가서 하는 상품이다. 현물을 매매하는 거래는 현물 거래, 선물을 매매하는 거래는 선물 거래(futures trading)라 한다.

선물 계약(futures contract)의 특징은, 예정한 결제 시점 이전에 상품 시세가 어떻게 변하든 상관없이 결제한다는 점이다. 그렇다 보니 결제 전에 상품 시세가 변하면 상품 매도자와 매수자 사이에 희비가 엇갈린다.

가령 오늘 1억 원에 사기로 하고 결제는 한 달 뒤 하는 조건으로 선물 계약을 한 상품의 시세가 한 달 뒤 2억 원이 됐다 하자. 그럼 사기로 한 쪽은 크게 득 본다. 2억 원 하는 상품을 1억 원이면 손에 넣을

수 있기 때문이다. 반대로 상품을 팔기로 한 쪽은 그만큼 손해 봐야 한다. 시세가 2억 원으로 오른 상품을 1억 원에 넘겨야 하기 때문이다. 하지만 1억 원에 계약한 선물 상품 시세가 한 달 뒤 1000만 원으로 폭락한다면? 희비가 바뀔 것이다. 이처럼 선물 거래는 파는 쪽과 사는 쪽이 상품의 미래 시세에 정반대 방향으로 기대를 건다. 기대가 맞아떨어지면 득 보지만, 방향을 잘못 맞히면 손해 본다. 한쪽이 득 보면 다른 쪽은 반드시 밑지는 제로섬(zero-sum) 게임이다.

현물 거래는 상품 시세를 그때그때 확인하고 즉시 매매하므로, 큰 이익을 내기도 어렵고 큰 손해를 볼 위험도 적다. 그러나 선물 상품은 나중 시세가 어떻게 변하든 상관없이 미리 정한 값에 거래하므로, 시세가 급변하면 큰 득을 얻거나 크게 망한다. 투기성이 높다.

맨 처음 선물 거래를 시작한 이들은 곡물 생산 농가와 곡물상(농가에서 곡물을 사다 다른 곳에 파는 상인)이었다.

곡물은 전통적으로 수확이 불확실한 상품이다. 풍년이 되면 공급이 많아지니 시세가 떨어지고, 흉년이면 공급이 줄어 값이 오른다. 만약 대풍이 들면 농가는 곡물을 헐값에 팔아야 한다. 그럼 수확 전에 선물로 곡물 매도 계약을 맺어두면 어떨까?

특별히 시세 폭락이 예상되지 않는 상태에서 매매 계약을 할 때는 곡물값을 웬만큼 받을 수 있을 것이다. 나중에 대풍이 들어 곡물값이 폭락하더라도 손해를 면할 수 있다. 수확이 불확실한 곡물을 상인에게 미리 적당한 값에 팔아넘김으로써 나중에 시세 급변으로 손해 보는 위험을 회피할 수 있는 것이다.

곡물상도 곡물을 선물 거래로 미리 싼값에 사둔 다음 시세가 급변하면 이익을 볼 수 있다. 곡물에 선물 매수 계약을 한 뒤 심한 흉작이 되어 시세가 폭등하면 큰돈을 벌 수 있는 것이다.

결국 농가나 상인이나 자기 나름대로 '일이 잘되면 손실을 피하고 득 볼 수 있다'는 계산에서 선물 거래에 응했다. 곡물 선물 거래는 이런 식으로 농가와 상인의 이해가 맞아떨어져 발전했다. 곡물로 처음 시작한 선물 거래는 이후 다른 농산물로도 확대됐다. 지금은 금속이나 에너지 같은 상품부터 주식, 채권, 양도성예금증서(CD), 금, 외환 등 다양한 금융자산에 이르기까지 거래 범위가 크게 넓어졌다. 우리나라도 증시를 운영하는 한국거래소가 선물시장까지 함께 운영하며 주식, 금, 미 달러 등 여러 가지 선물 상품을 거래하고 있다.

세계 범위로 볼 때 초기 선물 거래는 주로 미래에 혹 입을지도 모를 손실을 회피하는 데 목적을 두었다. 지금은 거래 대상과 규모가 늘면서 투기 목적 거래가 급증하는 추세다. 선물 거래로 손해 보는 사례나 규모도 커지고 있다.

KOSPI200과 KOSPI200 선물, 어떻게 다른가?

우리 증시에서 주식 선물 거래는 '코스피200 선물 거래'를 중심으로 하고 있다.

코스피200(KOSPI200)이란 코스피지수와 마찬가지로 우리 증시에서 만들어 쓰는 종합주가지수 중 하나다. 코스피200지수라고 부르기도 한다. 유가증권시장 내 시가총액 비중이 큰 200개 상장종목의 시가총액을 근거로 만든다. 시세 단위는 포인트, 지수 산출 기준 시점은 1990년 1월 3일이다. 실제 산출법은 좀 더 복잡하지만 단순화하면 다음 식으로 표현할 수 있다.

$$\text{오늘의 KOSPI200(포인트)} = \frac{\text{KOSPI200 종목의 오늘 시가총액}}{\text{KOSPI200 종목의 1990년 1월 3일 시가총액}} \times 100$$

보기 식대로 한다면, 오늘의 KOSPI200 값(시세)은 유가증권시장에서 고른 200개 상장종목의 1990년 1월 3일 당시 시가총액을 100으로 놓고 오늘의 시가총액을 구하면 된다. 이렇게 얻은 KOSPI200 값이 만약 120포인트라면, 유가증권시장에 상장한 우량주 200개 종목의 현재 시가총액이 기준 시점(1990년 1월 3일)보다 대략 1.2배 커졌다고 볼 수 있다.

KOSPI200 시세는 유가증권시장 내 시가총액이 큰 종목으로 산출하므로 코스피지수와 비슷한 방향으로 움직인다. 그래서 KOSPI200 시세를 가리켜 코스피지수의 그림자라고도 부른다.

'KOSPI200 선물'은 뭘까?

KOSPI200이라는 주가지수를 선물로 거래하기 위해 KOSPI200을 기초자산(underlying asset)으로 삼아 인위적으로 만들어낸 금융상품이다. 'KOSPI200 주가지수 선물(KOSPI200 Index Futures)' 또는 'KOSPI200지수 선물'이라고도 부른다. 주식에서 파생(派生)되었으므로 금융상품으로 분류할 때는 주식 파생상품에 넣는다. 즉 KOSPI200 선물은 주가지수 선물(또는 선물 주가지수)이면서 주식 파생상품이다. KOSPI200 선물에 비하면 KOSPI200은 주가지수 현물(또는 현물 주가

코스피200지수 선물 시세

(단위: 포인트, 계약, 천 주)

종목	시가	고가	저가	종가	전일대비	거래량	미결제수량
KOSPI 200	285.59	286.09	283.36	285.89	▲2.03	98,516	–
선물 2009	284.60	286.50	283.05	286.50	▲3.10	207,194	292,945
선물 2012	284.40	285.40	282.50	285.25	▲3.15	830	38,958
선물 2103	282.15	282.15	281.45	281.45	▲1.55	2	1,475

자료: 서울경제 2020.7.3

지수)이자 주식 현물상품이라고 말할 수 있다.

코스피200 선물 거래는 'KOSPI200 선물(KOSPI200 주가지수 선물, KOSPI200지수 선물)'을 상품으로 삼아 거래한다. 코스피200 선물 거래 대상이 되는 상품, 곧 KOSPI200 선물은 KOSPI200 3월물, 6월물, 9월물, 12월물 등 네 가지 종목이 있다. 선물 종목은 각자 증시에서 매매되는 동안 주가지수 형태로 시세가 매겨진다.

보기 표 '코스피200지수 선물 시세'를 읽어보자.

2021년 3월에 결제되는 KOSPI200 3월물(선물2103)은 2020년 7월 3일 종가가 281.45포인트로 전일 대비 1.55포인트 올랐다. KOSPI200 선물의 호가 단위, 곧 최소 시세 변동 폭(틱 단위, 곧 1틱)은 0.05포인트다.

시세표에 따라서는 'KOSPI200 선물2103'을 'KOSPI200 F 202103'으로 표기하기도 한다. 'F'는 선물을 뜻하는 'Futures'의 약칭이다.

KOSPI200 선물 거래, 어떻게 하나?

KOSPI200 선물 거래는 KOSPI200의 미래 시세 예측에 돈을 거는 머니 게임(money game)이다. KOSPI200 시세가 KOSPI200 선물(3월물, 6월물, 9월물, 12월물) 시세보다 오를지 내릴지 예측해서 적당한 선물을 매매한 다음, 결제일(결제 만기)에 가서 예측이 맞는지 여부로 투자 성패를 가른다. 3월물, 6월물, 9월물, 12월물 중 하나를 골라 매매할 수도 있고, 두세 가지나 네 가지 모두를 매매할 수도 있다.

예를 들어 거래법을 알아보자.

사례보기

고수익 씨, KOSPI200 선물 사다

지금은 8월 중순. KOSPI200 시세는 288포인트다. 앞으로는 당분간 주가 전반이 오를 것 같다. KOSPI200 선물 시세도 한 달 뒤 적어도 290포인트는 넘을 것 같다. 이렇게 생각한 고수익 씨는 KOSPI200 9월물을 시세가 290포인트일 때 2계약 샀다.

선물 매매 단위는 '계약'이다. 가령 KOSPI200 9월물을 '1단위 산다'면 KOSPI200 9월물을 '1계약 산다'는 얘기다. 매매할 때마다 계약당 25만 원씩 거래승수라고 부르는 매매 계약금을 걸어야 한다. 따라서 KOSPI200 선물 1계약분의 거래액, 곧 거래 단위는 KOSPI200 선물 시세에 거래승수 25만 원을 곱한 금액이 된다. (KOSPI200 선물의

호가 단위, 곧 1틱은 0.05포인트이므로 최소 가격 변동 금액은 25만 원×0.05=1만 2500원이 된다.)

요컨대 선물 거래액은 [선물 계약 매매가×선물 계약 단위당 거래승수×선물 계약 수]로 계산한다. 고수익 씨의 선물 거래액은, KOSPI200 9월물을 시세가 290포인트일 때 2계약 샀으므로 (290포인트×25만 원×2계약=) 1억 4500만 원이다.

거래액은 포지션 금액이라고도 한다. 포지션 금액을 다 내야만 거래할 수 있는 것은 아니다. 포지션액의 일정 비율만 위탁증거금(개시증거금) 명목으로 걸면 된다. 증거금률은 한국거래소가 기초자산 가격 변동성을 기초로 수시로 조정해 발표한다. 2023년 12월 5일 현재 코스피200지수 선물의 위탁증거금률은 13.5%. 고수익 씨의 경우 포지션액이 1억 4500만 원인 선물 거래를 하려면 포지션 금액의 13.5%인 1957만 5000원을 위탁증거금으로 증권사에 맡겨둬야 한다.

선물 거래를 하려면 유지증거금이라는 개념도 알아야 한다. 유지증거금은 계약자가 선물 거래로 돈을 잃었어도 결제에 문제가 없게 하기 위해 위탁증거금에 설정하는 잔고 수준이다. 계약자는 거래 계좌의 위탁증거금 잔고를 최소한 유지증거금 수준으로 유지해야 한다. 2023년 12월 5일 현재 코스피200지수 선물 유지증거금률은 9.9%다. 고수익 씨라면 포지션액이 1억 4500만 원이므로 1억 4500만 원의 9.9%인 1435만 5000원을 유지증거금으로 설정하고 선물 거래를 하는 동안(미결제 약정을 보유하는 동안) 계좌 잔고를 유지해야 한다.

증권사는 매일 증시가 끝난 뒤 투자자의 계좌 잔고(예탁평가 잔고)를 살펴보고, 만약 계좌 잔고가 유지증거금 수준에 못 미치면 부족분을 위탁증거금 수준으로 채워 넣으라고 요구한다. 이렇게 증거금 부족분을 채워 넣으라고 요구하는 것을 '마진콜(margin call)을 건다'고 말한다.

KOSPI200 선물을 산다는 것은 KOSPI200 선물 거래 만기일에 현물인 KOSPI200 시세가 KOSPI200 선물 시세보다 높으리라고 예상하는 쪽에 돈을 건다는 뜻이다.

선물 시세가 현물 시세보다 낮은 상태를 백워데이션(backwardation)이라 한다. 백워데이션을 예상하고 선물을 사는 것(곧 선물 매수 쪽에 돈을 거는 것)은 '매수 포지션(buy position)을 보유한다' 또는 '롱 포지션(long position)을 보유한다'고 말한다.

KOSPI200 선물 3월물, 6월물, 9월물, 12월물 계약의 거래 만기일은 각각 3월, 6월, 9월, 12월 둘째 주 목요일(기준 시각 오후 3시)이다. 계약 결제는 거래 만기일에만 하지만, 매매는 만기 전에도 할 수 있다. 정규 거래 시간은 오전 8시 45분부터 오후 3시 45분까지이고, 평일 오후 6시부터 이튿날 오전 5시까지 야간 거래도 할 수 있다.

이제 고수익 씨 거래로 되돌아가보자.

고수익 씨가 매수 포지션을 보유한 KOSPI200 9월물은 9월 둘째 주 목요일이 결제 만기다. 만기일 KOSPI200 시세는 과연 고수익 씨가 예측한 대로 296포인트로 올랐다.

고수익 씨는 KOSPI200 9월물을 290포인트일 때 샀으니 선물을 현물보다 6포인트 싸게 산 셈이다. 따라서 6포인트에 해당하는 차익을 번다.

차익 계산은 다음과 같다.

KOSPI200 시세와 KOSPI200 9월물 매매가의 차이×선물 매매 계약 수×거래 승수(선물 1단위당 매매 계약금)=6포인트×2계약×25만 원=300만 원

요컨대 고수익 씨는 KOSPI200 선물을 KOSPI200 현물보다 6포인트씩 싼값에 2계약을 사들임으로써 한 달 만에 300만 원을 번 셈이다. 선물 거래 만기일에 결제된 300만 원은 고수익 씨가 거래 전에 자기 거래 계좌에 넣어둔 위탁증거금 1957만 5000원에 더해진다.

300만 원을 버는 데 고수익 씨가 들인 돈은 위탁증거금 1957만 5000원이므로 투자 이익률은 15.3%다. 포지션액은 1억 4500만 원이었으니 위탁증거금 1957만 5000원과의 차액에 해당하는 1억 2542만 5000원은 빌려서 거래한 셈이다. 위탁증거금 1957만 5000원을 밑천으로 보면 밑천의 6.4배를 빌린 셈이다.

사람들이 투자할 때면 흔히 빚을 지렛대 삼아 자기가 들인 돈의 수익률을 높이는데, 이렇게 빚이 투자수익을 올리는 과정에서 지렛대 역할을 하는 것을 가리켜 지렛대효과(레버리지효과leverage effect)라 한다. 고수익 씨가 1957만 5000원으로 주식 선물 1억 4500만 원어치(거래액=포지션 금액)를 거래해 15.3%의 투자 이익률을 올리는 데는 사실상 빌린 돈 1억 2542만 5000원이 톡톡히 지렛대효과를 냈다. 선물 거래는 이처럼 비교적 소액으로 금액이 큰 거래를 할 수 있는 점이 매력이다.

주가지수 선물 상품으로는 KOSPI200 선물 외에 미니KOSPI200 선물도 있다. 주가지수 선물 거래를 활성화할 목적으로 기존 KOSPI200 선물에 더해 새로 만들었다. KOSPI200 선물과 마찬가지

로 KOSPI200지수를 기초자산으로 삼지만, KOSPI200 선물을 거래할 때와는 달리 거래승수를 5만 원으로 낮추고 매달 결제하는 선물 상품이다. 즉 미니KOSPI200 선물을 거래할 때는 매매 계약금으로 5만 원만 걸면 되고, 거래 단위는 미니KOSPI200 선물 가격에 거래승수(5만 원)를 곱한 금액이 된다. KOSPI200 선물은 3월, 6월, 9월, 12월에 결제하지만 미니KOSPI200 선물은 매달 결제한다. KOSPI200 선물은 호가 단위(최소 시세 변동 폭=1틱)가 0.05포인트지만, 미니KOSPI200 선물은 0.02포인트다. 최소 가격 변동 금액(1틱의 가치)도 다르다. KOSPI200 선물은 (25만 원×0.05=) 1만 2500원이지만, 미니KOSPI200 선물은 (5만 원×0.02=) 1000원이다.

KOSPI200 선물 거래, 위험은 어디에?

주식 선물 거래는 주가가 움직이는 방향을 제대로 맞히기만 하면 비교적 적은 돈으로 단기간에 큰돈을 벌 수 있다. 그러나 예측을 잘못하면 손실도 크다. 이번에는 실패 사례를 보자.

사례보기

나실패 씨, KOSPI200 선물 사다

8월 중순 KOSPI200 시세는 288포인트였다. 나실패 씨는 KOSPI200 시세가 한 달 뒤 적어도 290포인트는 넘으리라고 판단하고, KOSPI200 9월물을 290포인트에 2계약

사들였다. 그런데 이후 주가 흐름은 예상을 벗어났다. 9월 둘째 주 목요일, 즉 9월물 선물 만기일에 KOSPI200 시세는 오히려 280포인트로 떨어졌다.

선물 계약은 매매 후 만기일이 되면 결제를 해야 한다. KOSPI200 시세가 예상보다 오르든 내리든 상관없다. 보기 사례에서 만기일 KOSPI200 시세는 KOSPI200 9월물 시세보다 10포인트나 떨어졌다. 나실패 씨는 선물, 즉 KOSPI200 9월물을 현물보다 10포인트나 비싸게 산 꼴이 됐다. 선물 1계약의 거래 단위는 25만 원이고, 나실패 씨는 2계약을 샀다. 따라서 50만 원에 선물과 현물의 시세 차 10포인트를 곱한 500만 원을 잃는다.

KOSPI200 시세와 KOSPI200 9월물 시세(매매가)의 차이×KOSPI200 9월물 매매 계약 수×선물 계약 단위당 매매 계약금(거래승수)=(280포인트-290포인트)×2계약×25만 원=-500만 원(손실)

나실패 씨의 포지션 금액(선물 거래액)은 선물 거래액 산출식(=선물 상품 가격×선물 1단위 매매 계약금×계약 수)에 따라 계산하면 (290포인트×25만 원×2계약=) 1억 4500만 원이다.

선물 거래를 하려면 포지션액의 일정 비율을 위탁증거금(개시증거금) 명목으로 증권사에 맡겨둬야 한다. 2023년 12월 5일 현재 코스피200 지수 선물의 위탁증거금률은 13.5%. 나실패 씨는 포지션 금액 1억 4500만 원의 13.5%인 1957만 5000원을 증권사에 맡기고 코스피200

지수 선물을 거래했지만, 결과적으로 500만 원을 잃고 말았다.

시세 떨어져야 득 보는 주식 투자?

주식 현물을 샀다가 주가가 떨어지면 손해를 본다. 선물 거래를 하면 주가가 떨어지는 쪽에 돈을 걸어 득 볼 수도 있다. 주가가 떨어지든 오르든 방향만 맞히면 되기 때문이다.

주식 선물 거래에서 주가가 떨어지는 쪽에 돈을 건다는 것은 주식 선물을 판다는 뜻이다. 주식 선물을 판다는 것은 결제일 현물 시세가 선물 시세(매매가)보다 낮은 쪽에 돈을 건다는 얘기다. KOSPI200 선물 거래에서는 현물인 KOSPI200 시세가 선물 결제 만기일에 KOSPI200 선물 시세보다 낮은 쪽에 돈을 건다는 뜻이다.

실제로 선물 결제 만기일에 KOSPI200 시세가 KOSPI200 선물 시세보다 낮다고 하자. 그럼 주식 선물을 판 투자자는 선물을 현물보다 비싸게 판 셈이므로 득 본다.

예를 들어보자. 지금이 1월 하순이고 KOSPI200 시세는 200포인트다. 투자자 고수익 씨가 보기에, 향후 한두 달쯤 뒤 주가는 적어도 190 포인트 밑으로 내릴 거 같다. 이때는 주가가 떨어지는 쪽에 돈을 걸어야 한다. 주식 선물은 파는 거래를 하는 게 좋다.

선물 매도 거래 사례를 가정해서 살펴보자.

고수익 씨는 KOSPI200 3월물 2계약을 190포인트에 팔았다. KOSPI200 3월물의 거래 만기일(선물 계약 결제일)인 3월 둘째 주 목요일 KOSPI200 시세가 '190포인트보다 낮다'는 데 돈을 건 셈이다. 실제로 만기일 KOSPI200 시세가 190포인트보다 낮으면, 고수익 씨는 선물을 현물보다 비싼 값에 팔아서 득 본다.

실제 주가는 선물 만기일을 향해 갈수록 계속 떨어졌다. KOSPI200 3월물 만기일에 KOSPI200 시세는 188포인트로 떨어졌다. 고수익 씨는 KOSPI200 3월물을 190포인트에 팔았는데 만기일 KOSPI200 시세는 188포인트이므로, 선물을 현물보다 2포인트 비싸게 판 셈이다. 고수익 씨는 다음과 같이 득 봤다.

> KOSPI200 현물 시세와 선물(3월물) 매도가의 차이×선물 매매 계약 수×선물 단위당 매매 계약금＝2포인트×2계약×25만 원＝100만 원

만약 KOSPI200 시세가 선물 만기일에 190포인트보다 높았다면 어떻게 됐을까? 고수익 씨는 선물 계약을 시세보다 싸게 판 셈이 된다. 선물 매도가와 현물 시세의 차이만큼 손실을 볼 수밖에 없다. 이처럼 주식 선물 거래는 주가 방향 맞히기 게임이다. 맞히면 맞힌 대로, 틀리면 틀린 대로 현·선물 간 시세 차이만큼 득실을 보는 거래다.

선물 거래가 현물 거래와 다른 또 하나 특이한 측면은, 선물 매도 거래에서는 현물을 갖고 있지 않은 채로 팔 수도 있다는 점이다. 이 거래에서는 현물 시세가 만기일 선물 시세보다 떨어져야 득 본다는 점도 특징이다.

선물 거래 용어로는 '선물(선물 계약, 선물 상품)을 팔았다'고 말하는 대신 '매도 포지션(sell position)을 골랐다'거나 '숏 포지션(short position)을 골랐다'고 말하기도 한다. 선물 시세가 현물 시세보다 높은 상태는 콘탱고(contango)라고 부른다. 선물 계약 매도자는 선물 거래 만기일에 콘탱고가 발생해야 득 볼 수 있다.

증시에서 꼬리가 개를 흔드는 이치는?

주가지수 선물 투자는 선물 매매가를 만기일 현물 시세와 비교해 성패를 가른다. 그러니까 현물 주가 방향이 투자 성패를 가른다고 볼 수도 있다. 때문에 선물에 투자하는 '큰손'은 흔히 현물 투자도 병행해서 현물 증시를 선물 투자에 유리한 방향으로 이끌려 한다. 그래서 선물 투자가 현물 주식 시세에 영향을 미칠 때가 많다.

가령 큰손이 KOSPI200 선물을 대거 매수했다 치자. 득을 보려면, 선물 만기일에 KOSPI200 시세가 선물 매수가보다 높아서 선물을 현물보다 싸게 산 결과가 돼야 한다. 그렇지 않으면 선물을 현물보다 비싸게 산 셈이 되므로 손해 본다. 그래서 거액 선물 매수자는 흔히 선물 만기일을 앞두고 현물 주식을 사들여 현물 시세 상승을 유도하곤 한다. 현물에만 투자하는 개인에게는 이때가 비교적 괜찮은 값에 주식을 팔 수 있는 기회다.

주식 선물 매도자는 매수자와 이해가 엇갈린다. 만기일 현물 시세가 선물 매도가보다 낮아야 선물을 비싸게 판 셈이 되어 득 볼 수 있다. 그래서 거액 선물 매도자는 선물 만기일이 다가오면 현물시장에서 보유 주식을 팔아치워 현물 시세 하락을 유도하곤 한다. 현물에만 투자하는 개인에게는 이 틈이 주식을 싸게 살 수 있는 기회다.

평소 선물 매도자와 매수자 간에 이해가 엇갈리다 보니, 선물 만기일을 앞두고는 자주 선물 매매가 현물시장에 영향을 미쳐 현물 시세가 출렁거리곤 한다. 따지고 보면 선물시장은 현물시장을 근거로 생긴 시장인데, 선물시장이 현물시장보다 정보에 더 빨리 반응하고 영향력도 더 커서 현물시장을 좌지우지할 때가 많다. 이처럼 나중에 생긴 선물시장이 먼저 생긴 현물시장을 흔드는 현상을 가리켜 흔히 '꼬리가 개를 흔든다(Tail wags the dog)'고 말한다. 몸통이 꼬리를 흔들어야 정상인데 정반대라는 뜻이다.

백워데이션 때는 왜 선물을 사야 하나?

주가지수 선물 투자는 선물을 매매해놓고 선물 매매가를 만기일 현물 시세와 견주어 성패를 가른다. 곧 선물과 현물 간 시세 차가 선물 투자의 성패를 결정하는 셈이다.

선물 결제 만기 전까지 선물과 현물 사이에 생기는 시세 차를 베이시스(basis) 또는 시장 베이시스(market basis)라 한다. 베이시스는 선물 매매가(시세)가 현물 시세보다 높을 때 5포인트, 6포인트… 식으로 양(+)의 값이 된다. 이런 상태를 콘탱고(contango)라 한다. 반대로 선물 시세가 현물 시세보다 낮을 때는 베이시스가 -5포인트, -6포인트… 식으로 음(-)의 값이 된다. 이런 상태는 백워데이션(backwardation)이라 한다.

베이시스가 양수인 콘탱고 때는 선물이 현물보다 고평가된 것으로 본다. 플러스(+) 베이시스값이 클수록 '콘탱고 경향이 강하다'고 말한다. 반면 베이시스가 음수인 백워데이션 때는 선물이 현물보다 저평가된 것으로 본다. 마이너스(-) 베이시스값이 클수록 '백워데이션 경향이 강하다'고 말한다.

현물과 선물의 시세에 차이가 나는 한 베이시스는 플러스(+) 아니면 마이너스(-) 값을 보이게 마련이지만, 선물 결제 만기(만기일)가 되면 그렇지 않다. 선물 결제 만기가 되면 선물 계약이 결제되면서 선물과 현물의 시세가 같아지기 때문에 베이시스가 제로(0)가 된다.

선물과 현물의 시세 차, 곧 베이시스가 제로가 된다는 말이 무슨 뜻일까?

선물 만기가 되면 만기 전에 베이시스만큼 고평가 또는 저평가됐던 선물 시세가 제자리로 돌아간다는 뜻이다. 고평가된 선물 시세가 제자리로 돌아간다면 선물 시세가 떨어지고, 저평가된 선물 시세가 제자리로 돌아간다면 선물 시세가 오른다는 뜻이다.

그렇다면 선물 시세가 현물보다 고평가된 콘탱고 때는 선물을 파는 거래가 투자 이익을 볼 가능성이 높다. 선물 만기가 되면 만기 전에 고평가됐던 선물 시세가 제자리로 돌아가면서 떨어질 것이기 때문이다. 반면 선물 시세가 현물보다 저평가된 백워데이션 때는 선물을 사는 거래가 유리하다. 선물 만기가 되면 만기 전에 저평가됐던 선물은 제자리로 돌아가면서 시세가 오를 것이기 때문이다. 이처럼 선물 투자 때는 시장이 콘탱고 상태인지, 백워데이션 상태인지에 따라 매도냐 매수냐를 결정할 수 있다. 때문에 시장이 콘탱고 상태인지, 백워데이션 상태인지를 잘 봐야 한다.

현물과 선물에 동시 투자하면 절대 손해 안 본다고?

주가지수 선물은 결제 만기 전 현물과 가격 차가 벌어졌다가 만기일이 되면 일치한다. 이런 사실을 근거로, 선물을 매매하면서 동시에 선물 매매 계약만큼 현물에도 반대 방향으로 병행 투자한다면 손해 보지 않는 무위험 거래가 가능하다는 이론이 있다.

어떻게 그럴 수 있는지, 증시에서 현물과 선물에 동시 투자하는 예를 들어보자.

우리 증시에서 주식 선물 상품의 대표는 KOSPI200 선물이다. KOSPI200 선물에 대응하는 현물은 KOSPI200이다. 주가지수 선물과 현물에 동시 투자한다는 것은, 이를테면 선물 상품 중 하나인 KOSPI200 3월물과 현물인 KOSPI200을 동시 매매한다는 얘기다.

그런데 KOSPI200이란 유가증권시장 소속 우량주 200개 종목의 시가총액을 종합해 만드는 주가지수다. 주가지수를 어떻게 매매하나?

매매할 길이 없다. 그래서 KOSPI200을 대신하는 상품을 만들어 매매한다. KOSPI200지수 산출 때 넣는 종목 중 10~100여 개를 골라 한데 묶은 주식 꾸러미, 곧 바스켓(basket)을 만들고 바스켓 안에 든 종목을 매매하는 것이다.

KOSPI200지수 산출용 바스켓이 정말 KOSPI200을 대신하려면 KOSPI200지수 산출에 쓰는 200종목을 모두 담아야 한다. 하지만 실제로는 그럴 수가 없다. 그래서 200개 중 주요 종목 몇십 개만 골라 담은 바스켓으로 KOSPI200지수 산출용 바스켓 대용품을 삼는다. 대용품을 쓰더라도 해당 바스켓에 담긴 종목의 시세 흐름은 KOSPI200과 비슷하리라고 보는 것이다. 그나마 이런 투자도 개인은 못 하고 기관이나 할 수 있는데, 바스켓 대용품을 만들어 투자하려면 거액이 들기 때문이다.

기관투자가는 평소 KOSPI200 선물과 현물에 동시 투자한다. 이를테면 현물 주식을 1억 원어치 사고, 동시에 주가지수 선물 매도 계약도 1억 원어치 해두는 식이다. 이렇게 투자하면 이론상 현물 시세 하락으로 손실을 봐도 선물 투자에서 주가 하락을 예측한 대가로 득 보므로 현물 투자 손실을 메울 수 있다. 선물과 현물에 동시 투자한 입장에서 볼 때 전체적으로는 손실을 입지 않는다.

선물이 현물 시세에 비해 고평가된 콘탱고 상태에는 선물을 팔고 상대적으로 저평가된 KOSPI200 바스켓 내 주식 현물을 선물 매도 계약만큼 사둔다. 이후 주가가 떨어지면 주식 현물에서는 손실을 보지만 선물 매도 거래는 만기에 이익을 보므로 주가 하락에 따른 현물 투자 손실을 메울 수 있다. 선물과 현물에 병행 투자한 입장에서 볼 때 전체적으로는 손실을 입지 않는다.

반대로 선물이 현물에 비해 저평가된 백워데이션 때는 선물을 사들이는 대신 상대적으로 고평가된 KOSPI200 바스켓 내 주식 현물을 선물 매수 계약만큼 팔아치운다. 이렇게 해두면 이후 주가가 올라 현물 투자에서는 손실을 보더라도 선물 투자로 이익을 보므로 주가 상승에 따른 현물 투자 손실을 메울 수 있다. 선물과 현물에 병행 투자한 입장에서 볼 때 전체적으로는 손실을 입지 않는다.

요컨대 선물과 현물에 동시 병행 투자하면 손실 위험이 없어진다는 것인데, 이는 이론일 뿐 실제는 다르다. 무엇보다 KOSPI200의 대용물로 만든 종목 바스켓이 KOSPI200과 완벽하게 같을 수 없기 때문이다.

기관이 KOSPI200 대용물을 만들 때는 최대한 KOSPI200과 시세가 비슷하게 움직일 수 있도록 노력하지만, 아무리 그래도 완벽하게 똑같이 만들기는 어렵다. 그렇다 보니 증시에서는 자주 KOSPI200 대용 바스켓이 KOSPI200 시세를 제대로 반영하지 못한다. 그럴 때는 선물·현물 병행 투자에 필요한 판단을 그르치는 가격 오차, 이른바 트래킹에러(tracking error)가 생긴다. 이 트래킹에러 때문에 선물·현물 병행 매매는 이론상 무위험 거래일지라도 실제로는 손실이 날 수 있다. 그럼에도 불구하고 선물·현물 병행 매매가 손실 위험을 줄여줄 가능성은 높다는 게 통설이다.

현물·선물 병행 투자는 헤지(hedge) 거래의 전형이다. 헤지 거래란 헤징(hedging), 곧 투자해서 손해 볼 위험(risk)을 피하는 데 중점을 둔 거래다. 선물 거래도 헤징을 목적으로 출발했다. 그런 뜻에서 선물 투자의 본령은 헤징이다. 하지만 근래 선물시장에서는 헤징을 위한 거래보다 레버리지를 키워 큰 차익을 내고자 하는 투기 목적 거래가 주류다. 현·선물의 가격 차에서 현실적으로 발생하는 차익을 노려, 현·선물에 병행 투자하는 것이다. 이처럼 현·선물에 동시 병행 투자해서 차익을 버는 거래를 차익거래(arbitrage)라 한다. 차익거래 중에서도 현물을 사고 선물을 파는 거래는 매수차익거래(buy arbitrage), 현물을 팔고 선물을 사는 거래는 매도차익거래(sell arbitrage)라 한다.

프로그램 매매란 어떻게 하는 거래인가?

현물과 선물 투자를 병행하는 차익거래는 간단하지 않다.

KOSPI200 차익거래를 하려면 현물 주가지수 KOSPI200의 대용 상품으로 쓸 주식 바스켓을 만들어야 한다. 베이시스, 곧 KOSPI200 선물과 KOSPI200의 시세 차도 수시로 계산해야 한다. KOSPI200 대용 바스켓을 구성하는 수십 종목을 한꺼번에 대량으로 사고파는 주문도 수시로 낼 수 있어야 한다. 이 모든 일을 해내려면 거액 자금과 고도의 기술이 필요하다. 아무래도 개인은 감당하기 어려워서 차익거래는 거의 전적으로 증권사 등 기관(기관투자가)의 몫이다.

기관은 보통 베이시스 계산을 근거로 주문과 매매가 자동으로 이루어질 수 있게 하는 컴퓨터 프로그램(알고리즘)을 짜서 활용한다. 컴퓨터가 KOSPI200 선물은 물론 현물 대용 바스켓에 담은 종목을 상대로 자동 매매 주문을 낼 수 있도록 프로그래밍 해놓는 것이다. 이후 컴퓨터 프로그램은 증시가 열리는 동안 수시로 베이시스를 계산해 적당한 때 적당한 방향으로 일시에 현·선물 호가를 대량으로 내놓는다. 이렇게 미리 짜 넣은 컴퓨터 프로그램으로 일시에 자동으로 여러 종목을 사고파는 매매 기법이 프로그램 매매다. 영문 머리글자로 흔히 PR이라 쓴다.

프로그램 매매를 차익거래에 쓸 때는, 컴퓨터 프로그램으로 차익거래에 적당한 베이시스값을 설정해서 장중 베이시스가 해당 값에 이르면 컴퓨터가 자동으로 매매 주문을 내게 한다. 미디어에서 증시 동향을 전할 때는 흔히 프로그램 매매를 활용한 차익거래와 비차익거래(차익거래가 아닌 거래)에 얼마나 많은 자금이 쓰였는지도 함께 알려준다. 보기 기사가 그런 예다.

기사보기

[코스피 마감] 외국인·기관 '팔자'에 4거래일만 하락

코스피가 17일 외국인과 기관의 동반 매도에 4거래일 만에 하락 마감했다. … 코스피 지수는 전 거래일 대비 18.33포인트(-0.74%) 내린 2469.85에 거래를 마쳤다. 코스피 시장에서는 외국인과 기관이 각각 825억원, 2413억원 규모를 순매도했고, 개인만 2933억원 규모를 순매수했다. 프로그램 매매는 차익 거래 53억6100만원 매수 우위, 비차익 거래 704억600만원 매도 우위로, 650억4500만원 매도 우위로 집계됐다.

이데일리
2023.11.17

프로그램 매매 뜨면 왜 주가 요동치나?

프로그램 매매는 증시에 큰 영향을 미친다. 컴퓨터가 대량 주문을 일시에 쏟아내면서 기관이 투자하는 거액 자금을 빠르게 이동시키기 때문이다.

가령 현물을 사고 선물을 파는 매수차익거래가 프로그램 매매를 통해 일어난다 하자. 그럼 KOSPI200 시세에 영향을 크게 미치는 현물 대형주에 매수 주문이 몰려 주가가 급등한다. 반대로 현물을 팔고 선물을 사는 매도차익거래가 프로그램 매매로 일어나면 현물 대형주에 매도 주문이 몰려 주가가 급락한다.

차익거래와 연계된 프로그램 매매로 주가가 급등락하면 개인투자자는 주가 향방을 몰라 혼란에 빠지기 쉽다. 프로그램 매매로 시장이 혼란스러워지는 틈을 타 헛소문을 퍼뜨리며 주가조작에 나서는 세력도 곧잘 생긴다. 거래소는 이런 문제를 줄이기 위해 증권사마다 프로그램 매매 내용을 신고하게 한다. 거래가 이뤄지는 동안 매매 내용을 수시로 공시하게 하기도 한다. 그래서 프로그램 매매 정보는 HTS, MTS 등을 통해 수시로 알 수 있다.

그렇지만 어떻게 하든 차익거래와 연계된 프로그램 매매로 주가가 요동치는 현상을 막을 수는 없다. 특히 선물 만기일인 3월, 6월, 9월, 12월 둘째 주 목요일에는 차익거래를 결제하는 거래가 동시에 대량 발생하므로 주가가 특히 급등락하기 쉽다. 그러므로 주식 투자자는 주가지수 선물 만기일이 임박할 때면 선물을 거래하지 않더라도 현·선물 주가 동향과 주식 매매에 각별히 주의할 필요가 있다. 증권가에서는 주가가 요동치는 선물 만기일을 마녀(witch)가 날뛰는 날에 비유해 위칭데이(witching day)라고 부른다.

프로그램 매매로 주가 급변하면 어떻게 대응할까?

증시에서 기관과 외국인이 프로그램 매매에 나서서 거액 자금을 이동시키면 주가가 급하게 요동치곤 한다. 이럴 때 투자자는 어떻게 대응하면 좋을까?

프로그램 매매가 매수차익거래냐 매도차익거래냐에 따라 대처 방법이 다르다. 매수차익거래에 대응하는 방법부터 알아보자.

증시에서 선물 시세가 현물 시세보다 높아 베이시스가 양(+)의 값을 보이는 콘탱고 경향이 강해진다 하자. 그럼 기관은 일제히 매수차익거래에 나서서 상대적으로 저평가된 현물을 사고 고평가된 선물을 팔아치운다.

기관의 매수차익거래는 거래를 벌일 조건이 주어지면 컴퓨터가 자동으로 매매 주문을 내놓는 프로그램 매매를 통해 이뤄진다. 프로그램 매매로 매수차익거래가 시작되면 현물시장에서는 대형주에 대량으로 매수 주문이 몰려 주가가 오르기 쉽다.

매수차익거래가 많이 일어난 뒤에는 현물시장에 대량 매수된 주식 물량이 쌓인다. 이 물량을 매수차익거래 잔고(프로그램 매수 잔고, 매수차익 잔고)라고 부른다. 매수차익 잔고 물량은 선물 만기일이 되면 반대 방향으로 청산하게 되어 있다. 이전과 정반대로 선물을 사고 현물은 파는 매도차익거래를 해야 한다. 그래서 매수차익 잔고 물량이 청산될 시기(선물 만기일)가 가까워지면 현물시장에서 대량 매도가 일어나 주가가 급락하기 쉽다.

꼭 선물 만기가 임박하지 않더라도 매수차익 잔고가 많아지면 상승

장일 때라도 주가 상승세가 제한되기 쉽다. 매수차익 잔고가 어느 정도 청산되어 줄어들기 전까지는 주가가 상승세를 타기 어렵다. 특히 대형주는 차익거래의 주된 대상이라서 매수차익 잔고를 청산할 때 현물시장에서 매도 타깃이 된다. 따라서 증시에서 매수차익 잔고가 꽤 높아졌다는 얘기가 나오거나 선물 만기일이 가까워지면 (현물시장에서) 대형주는 사지 않는 게 좋다.

이번에는 증시에서 선물보다 현물의 시세가 높아 베이시스가 음(-)의 값을 보이는 백워데이션 경향이 강해진다 하자. 그럼 선물이 현물보다 상대적으로 저평가되었다고 보므로 선물을 사고 현물을 파는 매도차익거래가 일어난다. 이때는 기관이 일제히 프로그램 매도에 나서므로 현물시장에서 대형주 위주로 대량 매도가 발생해 주가가 급락하기 쉽다.

2018년 2월 5일 뉴욕증시(NYSE) 주가 폭락 때도 프로그램 매도 탓이 컸다. 당시 다우지수는 전 거래일 대비 1175.21포인트, 4.60%가 떨어진 2만 4345.75포인트로 마감됐다. 다우지수 사상 하루 낙폭으로는 최대치였고, 하락률도 2011년 이후 6년여 만에 최고 기록이었다. 이날 주가 폭락은 직전에 금리 인상이 예고된 탓에 경기 위축을 우려한 투자자가 대거 주식을 팔아 차익을 실현한 탓이라는 풀이가 많았다. 하지만 나중에는 사람이 아니라 컴퓨터 프로그램이 자동으로 대량 매도를 일으킨 탓이라는 풀이가 나왔다.

프로그램 매도가 늘어나면 현물시장에서 대량 매도된 주식 물량, 곧 매도차익거래 잔고(매도차익 잔고, 프로그램 매도 잔고)가 늘어난다. 매도차익 잔고는 선물 만기일에 이전과 반대 방향으로 정리된다. 만기일이 가까워지면 선물은 팔고 현물을 사는 프로그램 매수세가 일어나면서 현물시장에서 대형주 위주로 주가가 오르기 쉽다. 현물시장에서는 매도차익 잔고가 정리되기 시작할 때가 대형주 매입에 적당한 타이밍이다.

사이드카는 언제 뜨나?

기사보기

거래소, 코스닥시장 매도 사이드카 발동

한국거래소 코스닥시장본부는 코스닥시장 사이드카(프로그램매매 호가 효력정지)를 발동했다고 7일 밝혔다. 거래소는 코스닥150선물(12월물)이 전일 대비 6% 이상 하락하고 코스닥150 지수는 3% 이상 하락한 뒤 1분간 지속되자 이날 오전 11시48분 매도 사이드카를 발동했다. 발동시점부터 5분간 모든 프로그램매매 매도호가 효력이 정지된다. 거래소는 전일에는 매수 사이드카를 발동한 데 이어 하루 만에 코스닥이 급락하면서 이날은 매도 사이드카를 발동했다.

아시아경제
2023.11.07

코스닥시장에서 사이드카(Sidecar)가 발동됐다고 전한 기사다.

사이드카란 주식 선물 장세가 급변할 때 증시 관리자(한국거래소)가 프로그램 매매 호가 효력을 일시 정지시키는 제도다. 우리 말 공식 명칭은 '프로그램 매매 호가 효력 일시 정지 제도'다.

증시에서 프로그램 매매는 특정 조건만 맞으면 자동으로 매매 호가를 내놓도록 미리 설정한 컴퓨터 프로그램으로 주식을 거래하는 매매 기법이다. 조건만 맞으면 컴퓨터가 하루에도 몇 번이고 대량으로 매매 주문을 시장에 내놓는다. 자금도 많이 들고 고난도 기술을 요해서 기관투자가나 활용하는 기법이다.

전형적인 프로그램 매매는 선물시장과 현물시장을 연계해 이뤄지므로 현물 주가에 직접 영향을 미친다. 선물 시세가 전날보다 급등하면 현물 시세가 상대적으로 싸지므로 현물 매수 물량을 대거 내놓는다. 반대로 선물 시세가 전날보다 급락할 때는 현물 시세가 상대적으로 비싸지므로 현물 매도 물량을 대거 내놓는다. 이런 경위로 선물 시세가 급변하면 프로그램 매매 호가가 대거 나오면서 현물 시세를 급변시킬 수 있다.

증시에서 주식 시세가 급락하면 투자자가 앞뒤 안 가리고 주식을 마구 내다 파는 투매(投賣) 사태가 생길 수도 있다. 선물 시세 급변이 대량 프로그램 매매를 야기하다 보면 현물 시세에 충격을 줄 수 있는 것이다. 이처럼 선물 시세 급변에 따른 프로그램 매매가 주식 현물시장에 미치는 충격을 줄여 증시를 안정시키기 위해 증시 관리자가 사이드카를 발령하곤 한다.

사이드카는 하루 1회만 발동할 수 있다. '전일에는 매수 사이드카를 발동한 데 이어 하루 만에… 매도 사이드카를 발동했다'라는 보기 기사에서 보듯, 매수 사이드카와 매도 사이드카, 두 가지가 있다.

유가증권시장에서 매수 사이드카는 시장 관리자(한국거래소)가 파생상품시장에서 기준으로 삼는 종목, 즉 코스피200 선물(최근 월물)의 가격이 기준 가격(전일 종가) 대비 5% 이상 오른 상태가 1분간 지속될 때 발동한다. 매도 사이드카는 코스피200 선물 가격이 기준 가격(전일 종가) 대비 5% 이상 내린 상태가 1분간 지속될 때 발동한다.

코스닥에서 사이드카는 코스닥시장에서 쓰는 종합주가지수 중 하나인 코스닥150(코스닥 상장사 중 중대형 벤처기업 위주 150개 종목의 시세를 종합해 만든다) 시세와, 코스닥150 선물(코스닥150을 기초로 만든 선물 상품)의 최근 월물 시세를 기준으로 삼아 발동한다. 매수 사이드카는 코스닥150 선물 가격이 기준 가격(전일 종가) 대비 6% 이상 오른 상태가 1분간 지속되고, 코스닥150이 직전 매매 거래일의 최종 시세 대비 3% 이상 상승할 때 발동된다. 매도 사이드카는 코스닥150 선물 가격이 기준 가격(전일 종가) 대비 6% 이상 내린 상태가 1분간 지속되고, 코스닥150이 직전 매매 거래일의 최종 시세 대비 3% 이상 하락할 때 발동된다.

사이드카가 발동되면 주식 선물시장과 현물시장 양쪽에서 5분 동안 프로그램 매매(매수·매도) 호가의 효력이 일시 정지된다. 선물 가격이 오른 경우에는 프로그램 매수 호가 효력이 정지되고, 선물 가격이 내린 경우에는 프로그램 매도 호가 효력이 정지된다.

사이드카 발동으로 효력이 정지된 프로그램 매매 호가는 사이드카 발동 후 5분이 지나거나, 장 종료 40분 전(오후 3시 30분에 장이 마감하므로 2시 50분) 이후 효력 정지 상태에서 자동 해제된다. 해제 후에는 호가 접수 순서에 따라 매매가 체결된다. 사이드카 발동으로 프로그램 매매 호가의 효력이 정지된 동안 서킷브레이커(☞ '서킷브레이커는 언제 발동되나?' 참조)가 발동되어 주식 거래가 중단됐다 재개된 때에도 사이드카 발동이 해제된다.

서킷브레이커는 언제 발동되나?

기사보기

CBS노컷뉴스
2020.03.19

1460선 붕괴, 서킷브레이커 발동… 韓증시 '패닉'

코스피, 코스닥 지수가 또다시 8% 넘게 폭락해 4거래일만에 주식거래가 중단되는 서킷브레이커(Circuit Breakers)가 발동됐다.

종합주가지수인 코스피지수와 코스닥지수가 폭락해서 증시에 서킷브레이커가 발동됐다고 전한 기사다.

서킷브레이커(Circuit Breakers, CB)는 우리말로 '시장 일시 중단 제도'라고 부른다. 주가가 너무 떨어질 때 투자자와 증시를 안정시키기 위해 증시 관리자가 주식 매매를 일시 중단시키는 제도다.

사이드카와 다른 점은 뭘까?

첫째, 사이드카는 선물시장에서 선물 시세가 급등하거나 급락할 때 발동하지만 서킷브레이커는 현물시장에서 종합주가지수가 급락할 때만 발동한다.

둘째, 사이드카는 프로그램 매매 호가 효력만 일시 정지시키지만 서킷브레이커가 발동되면 현물 증시, 선물 증시, 옵션 증시에서 모두 거래가 중단된다.

유가증권시장에서 서킷브레이커는 코스피지수가 직전 거래일 종가 대비 8% 이상 하락하면 1단계 발동을 예고할 수 있고, 8% 이상 하락한 상태가 1분간 지속될 경우 1단계가 발동된다. 1단계 서킷브레이커가 발동되면 유가증권시장 상장종목은 모두 20분간 거래가 중단된다.

1단계 발동 이후 코스피지수가 전일 종가 대비 15% 이상 하락하고, 1단계 서킷브레이커 발동 시점 코스피지수 대비 1% 이상 추가 하락한 상태가 1분간 지속되면 2단계 서킷브레이커가 발동된다.

2단계 서킷브레이커가 발동되면 유가증권시장 내 호가 접수, 그리고 채권시장을 제외한 현물시장과 연계된 선물·옵션시장에서도 20분간 호가 접수와 매매를 중단한다. 거래 중단 시간에는 신규 호가를 내지 못하지만 거래 중단 직전에 접수한 호가에 취소 주문은 낼 수 있다.

1단계와 2단계 서킷브레이커는 하루 한 번만 발동할 수 있고, 장 종료 40분 전이 지나면 발동하지 않는다.

2단계 서킷브레이커 발동 뒤 코스피지수가 전일 종가 대비 20% 이상 하락하고, 2단계 발동 시점 지수 대비 1% 이상 추가 하락한 상태가 1분간 지속되면 3단계 서킷브레이커를 발동한다. 3단계 서킷브레이커가 발동되면 유가증권시장의 모든 거래가 즉시 끝난다. 이 경우에는 취소 호가를 비롯해 어떤 호가 접수도 못 한다. 3단계 서킷브레이커는 장 종료 40분 전이 지나도 발동할 수 있다.

코스닥시장에서는 코스닥지수가 직전 거래일 종가보다 8% 이상 하락하여 1분간 지속되는 경우 1단계 서킷브레이커를 발동한다. 1단계 서킷브레이커가 발동되면 코스닥시장 전 종목의 매매가 20분간 중단된다.

1단계 서킷브레이커가 발동되어 거래가 중단되었다가 재개된 상황에서 코스닥지수가 전일 종가 대비 15% 이상 하락하고, 1단계 서킷브레이커 발동 시점 코스닥지수 대비 1% 이상 추가 하락한 상태가 1분간 지속되면 2단계 서킷브레이커가 발동된다.

2단계 서킷브레이커가 발동되면 코스닥시장 내 모든 종목의 매매, 그리고 취소 호가를 제외한 호가 접수가 중단된다. 거래 중단 후 20분이 지나 거래를 재개할 때 종목별 시초가는 거래 재개 시점부터 10분간 호가를 접수해서 단일가 매매로 결정한다.

1단계와 2단계 서킷브레이커는 하루 한 번만 발동할 수 있고, 장 종료 40분 전이 지나면 발동하지 않는다.

2단계 서킷브레이커가 발동되어 거래가 중단됐다가 재개된 상황에서 코스닥지수가 직전 거래일 종가 대비 20% 이상 하락하고, 2단계 발동 시점 코스닥지수보다 1% 이상 추가 하락한 상태가 1분간 지속되면 3단계 서킷브레이커가 발동된다. 이 경우 당일 코스닥시장 거래는 즉시 종료되고 다시 열리지 않는다. 3단계 서킷브레이커는 장 종료 40분 전이 지나도 발동할 수 있다.

앞서 설명한 사이드카와 서킷브레이커는 1987년 10월 미국 증시에서 발생한 이른바 '블랙먼데이'를 계기로 제도화되었다. 당시 미 증시 폭락으로 미국뿐 아니라 세계 증시가 큰 영향을 받았기 때문에, 향후 또다시 갑작스런 주가 폭락 사태가 오는 것을 막고자 각국 증시에서 도입했다. 우리나라는 1998년부터 도입해 시행했다.

옵션은 어째서 선물보다 유리한가?

사례보기

나집사 씨의 부동산 옵션 거래

나집사 씨가 집 장만에 나섰다. 마음에 드는 집이 3억 원이다. 중개업소는 "내년이면 시세가 5000만 원 이상 오를 테니 잡아두라" 한다. 그러나 경제를 좀 안다는 처남은 "내년이면 집값이 많이 떨어질 테니 사지 말라" 한다.

나 씨가 망설이자 집주인이 제안했다.

"계약금으로 1000만 원만 내라. 그럼 앞으로 1년째 되는 날 오직 당신에게만 3억 원에 이 집을 살 수 있는 권리를 주겠다. 잔금은 그때 내라. 그때 가서 생각이 바뀌면 안 사도 된다. 단, 계약금은 포기해야 한다."

나 씨는 집주인 제안을 받아들여 계약했다.

1년 뒤 집값이 중개업자 말대로 3억 5000만 원으로 올랐다. 다른 사람은 몰라도 나 씨는 3억 원에 살 수 있으니 5000만 원을 득 봤다.

만약 집값이 2억 5000만 원으로 떨어졌다면, 나 씨는 계약금을 포기해야 했을 것이다. 계약금이 아깝지만, 그렇다고 2억 5000만 원짜리를 3억 원에 살 수는 없는 노릇이니까.

보기 사례에서 나집사 씨는 계약금을 치르는 대신 미래의 특정일에 미리 정한 값으로 잔금을 치르고 집을 살지 말지 택할 수 있는 권리를 얻었다. 여기서 나 씨가 얻은 권리를 옵션(option)이라 한다.

옵션이란 어떤 상품을 특정 기일이나 특정 기간 내에 특정 가격으로 사거나(또는 사지 않거나) 팔 수 있는(또는 팔지 않아도 되는) 권리다. 옵션을 매매하는 거래를 옵션 거래(option trading)라 한다. 옵션 거래 대상인 옵션은 옵션 상품 또는 옵션 계약이라고도 부른다.

옵션 계약을 맺고 약정된 권리를 행사하는 것을 두고는 '옵션을 행사한다'고 말한다. 옵션을 행사할 수 있는 가격은 권리행사 가격 또는 행사 가격(exercise price, strike price)이라 한다.

옵션은 권리행사가 가능한 시기를 언제로 정하는가에 따라 두 가지로 구분한다. 계약 후 특정일(만기일)이 될 때까지 언제라도 권리행사가 가능하면 미국식 옵션(American option), 특정일에만 권리행사를 할 수 있다면 유럽식 옵션(European option)이다.

옵션 거래도 넓게 보면 선물 거래다. 계약 뒤 미래의 어느 시점에 가야 거래가 이뤄지기 때문이다. 예상 또는 기대가 들어맞을 때 이익을 올릴 수 있는 점도 마찬가지다. 다만 결정적으로 다른 점이 있다. 선물 거래에서는 상품 가격이 움직이는 방향을 제대로 맞혀야 벌고, 예상이 빗나가면 손실을 피할 길이 없다. 옵션 거래에서는 손실 규모를 계약금에 한정할 수 있다. 옵션 행사가 가능한 시점에 가서 보니 권리행사를 하는 편이 오히려 불리하다고 판단될 경우 해당 권리와 계약금만 포기하면 그뿐이다. 상대적으로 손실을 적게 할 수 있다. 선물 거래에는 없는 안전장치가 달려 있는 셈이다.

옵션 거래는 사는 쪽이 늘 유리하다?

옵션을 사들이는 거래자를 옵션 매입자(option buyer) 또는 옵션 보유자라고 부른다. 옵션 매입자는 옵션 매매 계약 뒤에 거래를 완결(결제)할 수도 있고 포기할 수도 있다. 계약금을 지불하고 옵션을 산 다음 권리행사가 가능해졌을 때 유리하면 권리를 행사하고, 불리하면 권리행사를 포기해도 된다.

옵션을 파는 거래자는 옵션 매도자(option seller) 또는 옵션 발행자(option writer)라고 부른다. 옵션 매도자는 옵션 매입자로부터 계약금을 받고 옵션을 판다.

선물 거래에서는 매수자와 매도자 양쪽이 손익을 둘러싼 권리와 의무를 같이 지지만, 옵션 거래는 다르다. 매수자는 권리행사만 할 뿐 의무가 없다. 반면 매도자는 매수자가 권리행사를 원하면 반드시 응해야 한다. 만약 매수자가 권리행사를 포기하면 해당 옵션 계약은 효력이 끝난다. 그럼 매수자만 일방적으로 권리를 누리는 것일까? 그렇지 않다. 매도자는 매입자에게 옵션을 넘겨주는 대신 계약금(option fee)을 받을 수 있다. 만약 매입자가 권리행사를 포기하면, 매도자는 계약 때 받은 계약금을 그대로 갖게 된다.

그럼 매수자와 매도자 중 어느 쪽이 유리한 것일까?

매수자는 권리행사 여부에 따라 상대적으로 큰 이익을 얻을 수 있지만 손실은 계약금에 한정할 수 있다. 매도자는 반대다. 매매에서 얻을 수 있는 이익은 계약금에 한정되고 손실은 상대적으로 크게 생길 수 있다. 매도자가 일방적으로 불리한 손익 구조다.

다만 계약금이 문제다. 옵션 매도자는 대개 불리한 손익 구조를 보상받기 위해 계약금을 비싸게 받으려 한다. 그만큼 매수자는 부담스러운 거래를 해야 한다.

옵션 계약금은 얼마를 주면 좋을까? 이 문제는 여느 상품 거래와 마찬가지로 옵션 상품 매입 수요와 공급에 따라 결정된다. 옵션 계약금은 옵션 상품 거래에 따라붙는 프리미엄이라는 뜻에서 옵션 프리미엄이라고도 한다. 옵션 거래 구조상 옵션 프리미엄은 사실상 옵션 상품의 가격과 같은 것으로 통한다.

KOSPI200 옵션 거래, 어떻게 하나?

기사보기

KOSPI 200 Closing Price List(마감현황)…1.73% ↑

26일 코스피200은 전일대비 4.55포인트(1.73%) 상승한 267.31로 장을 마감했다. 코스피200 6월물 선물은 전일대비 3.65포인트(1.39%) 상승한 266.65를 기록했다. 외국인과 기관이 각각 1327계약, 2472계약 순매도했으며, 개인은 4620계약 순매수했다. 6월물 옵션은 콜옵션 행사 가격 267.5이 전일대비 55.68% 상승한 4.25로 마감했다. 반대로 6월물 풋옵션 행사 가격 267.5는 30.83% 하락한 5.07로 마감했다.

글로벌이코노믹
2020.05.26

증시에서 하루 장이 마감되고 나서 현물 주가지수 KOSPI200 시세, KOSPI200 선물과 옵션 시세를 전한 기사다.

우리나라에서 옵션 거래는 선물 거래와 공통점이 많다. 한국거래소가 시장을 운영하며 주식 · 채권 · 금리 · 통화 등 다양한 상품을 거래하는 점, 금융기관 · 일반 기업 · 외국인 등 기관 외에 개인이 많이 참가하는 점도 같다.

주가지수를 기초자산으로 삼는 옵션 상품 중 대표 격은 보기 기사에 나오는 KOSPI200 옵션이다. KOSPI200 옵션은 KOSPI200을 옵션으로 거래하기 위해 인위적으로 만들어낸 주식 파생상품이다. KOSPI200 시세에 2.5포인트 단위로 수치를 더하거나 빼서 가격을 만들고 콜옵션이냐 풋옵션이냐를 구분한다. 예를 들면 6월 어느 날 KOSPI200 시세가 336.39포인트일 때, 7월에 거래 만기가 오는 'KOSPI200 콜옵션 340.0' 또는 'KOSPI200 풋옵션 342.5'라는 상품을 만드는 식이다. 인위적으로 만드니까 다양한 상품이 나올 수 있다.

코스피200 옵션 시세표(2023.06.29)

코스피200 옵션 거래 동향(단위: 포인트, 계약, 백만 원)

종목명	시가	고가	저가	종가	전일대비	거래량	미결제약정수량	거래대금
코스피200 C 202307 340.0	2.60	3.53	1.96	1.98	-0.26	56,887	19,056	36,622
코스피200 C 202307 337.5	3.86	5.06	3.07	3.07	-0.37	15,329	8,807	14,102
코스피200 C 202307 335.0	5.42	6.86	4.49	4.49	-0.39	3,296	5,041	4,496
코스피200 P 202307 345.0	7.23	8.15	5.65	8.02	-0.01	1,544	12,069	2,590
코스피200 P 202307 342.5	5.61	6.18	4.03	6.18	0.09	4,661	12,490	5,778
코스피200 P 202307 340.0	3.93	4.45	2.73	4.45	0.03	28,969	23,713	25,020
코스피200 P 202307 337.5	2.70	3.10	1.76	3.10	0.00	70,267	24,215	40,980
코스피200 P 202307 335.0	1.78	2.02	1.08	2.01	-0.08	113,550	30,316	43,694

자료: 이데일리

상품 실례를 보자. 2023년 6월 29일 KOSPI200 시세는 336.39포인트(종가)를 기록했다. 이날 KOSPI200 옵션 거래 시장에서는 보기 '거래소 주가지수 옵션 시세표'에 나열된 것처럼 다양한 KOSPI200 옵션 상품이 거래됐다.

표에서 '종목명' 항목에 나열된 '코스피200 C 202307 340.0', '코스피200 C 202307 337.5'…는 서로 다른 별개의 옵션 종목, 곧 옵션 계약 상품(KOSPI200 옵션 상품)이다. 'C' 표시는 콜옵션, 'P' 표시는 풋옵션을 나타낸다. '202307'이라는 숫자는 2023년 7월이 (계약) 만기라는 뜻이다.

KOSPI200 옵션 계약 상품은 만기일에만 결제(권리행사)가 가능한 유럽식 옵션이다. 만기일은 매월 둘째 주 목요일. 예컨대 6월에 7월물 콜옵션 335.0 1계약을 샀다면, 결제일은 7월 둘째 주 목요일이 된다. 결제는 만기에만 할 수 있지만, 매매는 만기 전이라도 거래자 간 매매 조건만 맞으면 언제든 가능하다. 선물 계약이 결제 만기 전에도 거래될 수 있는 것과 마찬가지다.

KOSPI200 옵션 거래는 옵션 상품을 사거나 팔기로 계약한 계약자가 거래 만기에 권리행사 가격과 KOSPI200 시세를 견주어보고 권리를 행사하거나 포기하는 방식으로 진행한다. 만기 때 권리행사가 유리한지 불리한지 따져보고, 유리하면 권리를 행사해 돈을 벌고, 불리하면 권리행사를 포기하고 계약금을 잃는다.

콜옵션(call option, 매입 옵션)의 경우, 옵션 계약자가 결제일(옵션 거래 만기일)에 계약을 사거나 계약금을 포기한다. 풋옵션(put option, 매도 옵션)의 경우, 계약을 팔거나 계약금을 포기한다.

홍길녀가 6월 20일 콜옵션 335.0을 매수했다 하자. 엄밀히 말하면, 매수하기로 계약한 것이다. 이후 계약을 결제해야 하는 만기일(7월 둘째 주 목요일)에 KOSPI200 시세는 옵션 시세보다 높은 336.60이 됐다. 길녀가 권리행사를 한다면 옵션을 싸게 사는 셈이 된다. 따라서 권리를 행사해, 권리행사 가격(335.0)과 만기일 KOSPI200 시세(336.60)의 차이를 근거로 이익을 정산해 받는다.

이익 정산은 옵션 상품의 시세를 바탕으로 한다. 옵션 상품의 시세는 어떻게 형성될까? KOSPI200 옵션 상품의 시세를 표시한 보기 주가지수 옵션 시세표를 다시 보자.

옵션 상품(종목명)에는 맨 뒤에 340.0, 337.5… 식으로 숫자가 붙어 있다. 해당 종목의 권리행사 가격을 표시한 숫자, 곧 가격이다. KOSPI200 옵션은 보통 이 가격을 근거로 콜 340.0, 콜 337.5, 풋 337.5, 풋 340.0… 식으로 종목을 구분한다. 예를 들어 콜 335.0이라면 권리행사 가격이 콜 335.0포인트이고 권리행사 기일(옵션 만기일)이 되면 콜 335.0포인트에 권리행사를 할 수 있는 콜옵션 상품(계약, 종목)이라는 뜻이다.

투자자가 옵션 종목을 매매하면 종목마다 프리미엄(단위: 포인트)으로 표시하는 시세가 형성된다. 보기 표에서 종목명 곁에 나열된 항목, 곧 시가, 고가, 저가, 종가, 전일 대비에 표시된 숫자가 모두 프리미엄이다. 나머지 항목, 곧 거래량과 미결제 약정 수량은 옵션 계약의 수를 나타낸다.

이제 보기 표에 표시된 옵션 상품 중 하나를 골라 거래한다고 가정해보자.

2023년 6월 홍길녀는 7월 둘째 주 목요일에 만기가 돌아오는 KOSPI200 옵션 상품 '코스피200 C 202307 340.0', 곧 콜 340.0을 10계약 샀다. 매수 가격(프리미엄)은 2.0포인트.

옵션 계약의 단위당 매매 가격(곧 계약 단가=거래승수)은 25만 원이다. 콜 340.0을 프리미엄 2포인트를 주고 10계약 사니까 매수 대금은 (2포인트×10계약×25만 원=) 500만 원이 든다.

호가 가격 단위, 곧 각 옵션을 매매하기 위해 내놓는 호가는 프리미엄이 10포인트 이상인 경우 0.05포인트 단위로 낼 수 있다. 이 경우 최소 가격 변동 금액은 (25만 원×0.05포인트=) 1만 2500원이 된다. 프리미엄 시세가 10포인트 미만인 옵션 계약은 0.01포인트 단위로 주문할 수 있다. 이 경우 최소 가격 변동 금액은 (25만 원×0.01포인트=) 2500원이다.

옵션 계약을 샀다지만, 엄밀히 말하면 계약을 사기로 약정한 것이다. 결제를 해야 거래가 완결된다. 계약을 결제한다는 것은 곧 거래의 득실을 정산한다(정밀하게 계산한다)는 뜻이다.

홍길녀가 매수한 옵션 계약은 콜 340.0(코스피200 C 202307 340.0)이라는 콜옵션 상품(계약, 종목)이다. 옵션 만기일(권리행사 기일)인 7월 둘째 주 목요일이 되면 콜 340.0포인트에 권리행사를 할 수 있다.

KOSPI200 옵션 거래의 득실 정산은 만기일 KOSPI200 시세와 종목별 권리행사 가격의 차이에 매매 계약 수, 계약 단위당 매매 가격(곧 계약 단가=거래승수, 25만 원)을 곱하는 방식으로 한다.

홍길녀가 옵션을 매수한 뒤 만기일(7월 둘째 주 목요일)이 되자 KOSPI200 시세는 337.5가 되어 옵션 시세(340.0)보다 낮아졌다. 길녀로서는 권리행사를 하면(즉 옵션을 사기로 한 계약을 이행하면) 옵션을 비싸게 사는 셈이 되므로 불리하다. 권리행사를 포기하고 계약금만 잃는 것으로 거래를 마무리해야 한다.

옵션 거래의 결제는 매매일(D)의 다음 거래일(D+1)에 한다. 매수 거래를 했다면 매수자의 옵션 계좌 예탁금에서 옵션 매수 대금이 빠져나가 매도자의 옵션 계좌로 입금된다.

증권사는 옵션 주문이 체결되거나 결제되면 살 때와 팔 때 모두 거래 대금 기준으로 수수료를 뗀다. 수수료율은 증권사마다 다르다.

거래를 해서 차익을 내면 세금도 내야 한다. 2023년 12월 현재 개인투자자는 코스피200 선물과 코스피200 옵션 등 국내 주가지수 관련 파생상품을 거래해서 차익을 낸 경우 양도소득세로 거래 차익의 10%(지방소득세 포함 11%, 기본공제 연 250만 원)를 내야 한다.

거래소 파생상품시장에서 거래할 수 있는 옵션 상품 중에는 미니코스피200 옵션, KOSPI200 위클리옵션, 코스닥150 옵션도 있다.

미니코스피200 옵션은 코스피200 옵션 거래에 적용되는 계약 단

미니코스피200 옵션 시세표(2023.06.29)

미니코스피200 옵션 거래 동향(단위: 포인트, 계약, 백만 원)

종목명	시가	고가	저가	종가	전일대비	거래량	미결제약정수량	거래대금
미니코스피200 C 202307 337.5	3.82	5.02	3.08	3.08	-0.36	20,789	20,197	3,665
미니코스피200 C 202307 335.0	5.38	6.84	4.54	4.58	-0.30	4,793	4,352	1,208
미니코스피200 C 202307 332.5	8.16	8.74	6.34	6.34	-0.26	114	179	41
미니코스피200 P 202307 347.5	9.08	9.90	7.60	9.88	-0.27	159	19,711	72
미니코스피200 P 202307 342.5	5.00	5.90	4.00	5.90	-0.20	276	31,768	68
미니코스피200 P 202307 340.0	3.82	4.50	2.74	4.50	0.08	11,983	34,888	2,138

자료: 이데일리

가(거래승수, 25만 원)를 5만 원으로 낮춘 미니 옵션 상품이다. 시세표는 보기와 같이 '미니코스피 C 202307 337.5', '미니코스피 C 202307 335.0' 식으로 상품(종목)을 표시한다.

KOSPI200 위클리옵션도 코스피200을 기초자산으로 삼아 만든 옵션 상품이다. 매주 만기가 돌아오므로 시장 상황에 빠르게 대응해 투자할 수 있다. 옵션 시세표에는 'KOSPI 위클리M C 2401W4 285.0', 'KOSPI 위클리M P 2401W3 285.0' 식으로 표시된다. M은 행사 가격, C나 P는 옵션 종류(콜옵션, 풋옵션)를 나타내고, 2401W4는 2024년 1월 4주차가 만기라는 뜻이다. 옵션 시세표에서 볼 수 있는 'KOSPI 위클리M C 2401W4 285.0'은 만기가 2024년 1월 4주차이고 행사 가격(M)이 285.0포인트인 콜옵션 상품을 뜻한다.

코스닥150 옵션은 코스닥시장의 종합주가지수인 코스닥150을 기초자산으로 삼아 거래하는 주가지수 옵션 상품이다.

KOSPI200 옵션 거래, 어디서 하나?

KOSPI200 옵션 거래를 하려면 증권사 영업점에 현물 주식거래를 위한 위탁 거래 계좌와는 별도로 주가지수 옵션 거래 계좌를 개설해야 한다. 만약 주가지수 선물 거래 계좌를 만들어놓았다면 별도 계좌 개설 없이 거래할 수 있다.

거래 계좌를 만든 다음 신규 주문 때까지 현금이나 유가증권으로 500만~1500만 원은 기본 예탁금으로 맡겨둬야 한다. 이후 거래 때마다 거래 증거금도 내야 한다. 거래 증거금은 거래액의 일정 비율에 해당하는 일종의 계약금이다. 거래 증거금 부족분을 메우는 데 충분하다면 이미 맡겨둔 기본 예탁금을 거래 증거금으로 쓸 수도 있다.

KOSPI200 옵션은 상품(종목)이 많다. 한 개 또는 여러 개를 매매할 수도 있고, 모두 다 매매할 수도 있다. 매매할 옵션의 종목, 수량, 가격을 정해 현물 주식에 투자할 때처럼 주문하면 된다. 주문은 가격, 시간, 수량 우선 순으로 자동 체결된다.

정규 거래 시간은, 최종 거래일이 도래하지 않은 종목의 경우 오전 8시 45분부터 오후 3시 45분까지, 최종 거래일이 도래한 종목의 경우 오전 8시 45분부터 오후 3시 20분까지다.

야간 시간대(오후 6시부터 다음 날 오전 5시까지)에도 거래한다. 야간 거래는 한국거래소가 유렉스(EUREX)와 연계 거래 계약을 맺어 운영하고 있다. 유렉스는 독일 프랑크푸르트에 있는 유럽 최대 파생상품 거래소로, KOSPI200 옵션과 선물 그리고 KOSPI200 위클리옵션 등을 상장해 거래한다.

KOSPI200 콜옵션 투자로 750만 원 걸고 1750만 원 벌려면?

KOSPI200 옵션 투자도 KOSPI200 선물 투자처럼 KOSPI200의 미래 시세를 예측해 적절한 상품(종목, 계약)을 매매해야 돈을 벌 수 있는 머니 게임(money game)이다.

콜옵션 투자 사례를 가정해 살펴보자.

사례보기

1월 3일 현재 KOSPI200 시세는 371.18포인트.
투자자 홍길녀는 한 달 뒤면 KOSPI200 시세가 지금 보다 더 오를 것으로 보고 KOSPI200 옵션 2월물 콜 370.0(KOSPI200 콜 370.0) 종목을 장중에 프리미엄 3포인트를 주고 10계약 사들였다.

홍길녀는 이 옵션을 사는 데 얼마를 치렀을까?

옵션 매입자는 매도자에게 옵션 프리미엄을 지불해야 한다. 옵션 프리미엄은 다음 산식으로 계산한다.

옵션 프리미엄 = 매매 계약 수 × 옵션 계약 매매 단가 × 프리미엄 포인트

매매 계약 수: 홍길녀는 콜옵션 10계약을 샀다.

옵션 계약 매매 단가: KOSPI200 옵션 계약의 매매 단가(거래승수)는 25만 원이므로 홍길녀가 사들인 콜옵션 계약의 매매 단가도 25만 원이다.

프리미엄 포인트: 프리미엄 포인트는 곧 옵션 종목의 시세다. 계약 수가 늘어나거나 프리미엄 포인트가 높아지면 그만큼 매매에 돈이 더 든다. 홍길녀가 옵션 계약을 사는 데 치른 프리미엄은 3포인트다.

홍길녀는 2월물 콜옵션 종목을 10계약 사면서 프리미엄 3포인트를 냈으므로, 계약금을 다음과 같이 계산해서 치렀다.

홍길녀가 치른 옵션 프리미엄=매매 계약 수×옵션 계약 매매 단가×프리미엄 포인트=10계약×25만 원×3포인트= 750만 원

옵션 2월물은 2월 둘째 주 목요일이 옵션 만기일이다. 옵션 만기에 KOSPI200 시세는 홍길녀가 기대한 대로 380포인트로 올랐다. 홍길녀는 현물 주가지수 KOSPI200 시세보다 10포인트 싸게 콜 370.0을 살 수 있는 권리를 확보한 상태이므로 권리행사를 하는 편이 유리하다.

콜 370.0을 살 수 있는 권리를 행사하면 홍길녀는 [만기일 KOSPI 200 시세와 콜 370.0의 권리행사 가격 간 차이×매매 계약 수×옵션 매매 단가]로 계산한 차익을 얻는다. 이렇게 계산해보면 (10포인트×10계약×25만 원=) 2500만 원이 홍길녀가 옵션 권리행사로 올리는 수익이다. 옵션을 살 때 계약금으로 750만 원이 들었으니 계약금을 제하면 1750만 원이 남는다.

만약 주가가 하락해 만기일 KOSPI200 시세가 홍길녀의 기대와 달리 360포인트로 떨어졌다면 어떻게 해야 할까?

옵션 권리를 행사한다면 콜 370.0을 KOSPI200 시세보다 10포인트나 비싸게 사는 결과가 되므로 손해다. 이때는 권리행사를 포기해야 한다. 그럼 옵션 권리를 살 때 걸었던 프리미엄(계약금) 750만 원을 잃지만 그나마 그 편이 손실을 줄이는 길이다.

프리미엄 손실까지 줄일 길은 없을까?

재빨리 움직이면 된다. 옵션 권리를 사들인 뒤 KOSPI200 시세가 기대와 다른 방향으로 움직여 만기일로 갈수록 상황이 불리해진다 하자. 그대로 두었다가 만기가 닥쳐 손해 보는 사태를 피하려면 옵션 계

약을 결제일 전에 팔아치우면 된다.

KOSPI200 풋옵션 투자로 750만 원 걸고 1750만 원 벌려면?

이번에는 풋옵션 투자 사례를 가정해보자.

사례보기

5월 10일 현재 KOSPI200 시세는 380포인트.
홍길동은 한 달 뒤 KOSPI200 시세가 현재보다 떨어지리라고 예측하고 KOSPI200 6월물 풋옵션(풋 380.0)을 프리미엄 3포인트를 주고 10계약 샀다.

옵션 계약금은 [매매 계약 수×매매 단가×프리미엄 포인트]로 계산한다. 홍길동이 사들인 풋옵션은 매매 단가가 25만 원이다. 따라서 계약금은 (10계약×25만 원×3포인트=) 750만 원 들었다.

옵션 매수 계약 후 6월물 만기일인 6월 둘째 주 목요일이 왔다. KOSPI200 시세는 길동이 기대한 대로 370포인트로 떨어졌다.

풋 380.0을 KOSPI200 시세보다 10포인트 비싸게 팔 수 있으니 홍길동은 권리를 행사한다. [만기일 KOSPI200 시세와 옵션 권리행사가격의 차이×매매 계약 수×계약 단가]로 계산해서 (10포인트×10계약×25만 원=) 2500만 원을 번다. 옵션을 살 때 들인 계약금 750만 원을 제하면 1750만 원이 남는다. 이처럼 풋옵션 거래에서는 주가가 떨어저야 옵션 매입자가 돈을 번다.

만약 만기일에 KOSPI200 시세가 홍길동의 기대를 뒤집고 390포인트로 올랐다면 어떻게 해야 할까?

380포인트에 권리를 행사한다면 옵션을 KOSPI200 시세보다 싸게 파는 결과가 되므로 이때는 권리행사를 포기해야 한다. 그럼 계약금을 잃지만 어쩔 수 없다. 이처럼 풋옵션 거래에서는 주가가 오르면 옵션 매입자가 손실을 본다. 다만 콜옵션과 마찬가지로 풋옵션도 계약 후 KOSPI200 시세가 만기로 가면서 불리하게 움직일 때는 만기 전에 계약을 팔아 손실을 줄일 수 있다.

개별주식 옵션·선물은 어떻게 투자하나?

개별주식 옵션(single stock option)과 개별주식 선물(single stock futures)은 삼성전자, 현대차, SK텔레콤 같은 개별 종목으로 선물 거래나 옵션 거래를 할 수 있게 만든 주식 파생상품이다.

거래 원리나 방법도 주가지수 선물·옵션과 대략 비슷하다. 종목별로 현물 주가의 미래 시세를 예측해서 선물이나 옵션 상품을 매매하고 만기일에 투자 성패를 가른다. 주가지수 선물·옵션 투자 때는 증시 전체의 시세 흐름을 맞혀야 이익을 낼 수 있지만, 개별주식 선물·옵션 투자 때는 개별 종목의 시세 예측을 잘해야 한다.

만기일도 비슷하다. 주가지수 옵션과 개별주식 옵션은 매월 둘째 주 목요일이 만기다. 주가지수 선물과 개별주식 선물은 3월, 6월, 9월,

12월의 둘째 주 목요일이 만기다. 따라서 3월, 6월, 9월, 12월의 둘째 주 목요일이면 주가지수 선물, 개별주식 선물, 주가지수 옵션, 개별주식 옵션이 일제히 만기를 맞는다. 이때는 기관이 프로그램 매매로 대량 투자하는 선물·옵션 계약이 같은 날 일제히 결제되므로 선물시장과 현물시장 양쪽에서 주가가 크게 출렁거리기 일쑤다.

증권가에서는 네 가지 주식 파생상품의 동시 만기일을 가리켜 네 마녀가 심술을 부리며 날뛰는 날, 곧 '네 마녀의 날(Quadruple Witching Day)'이라고 부른다. 이날은 주가가 격동하기 쉬우므로 파생상품을 거래하지 않는 투자자도 매매에 각별히 주의할 필요가 있다.

본래 개별주식 옵션·선물 거래는 주로 개인투자자가 현물 주식 투자의 위험을 줄일 수 있도록 헤지(hedge) 수단을 제공한다는 명분으로 시작됐다.

가령 현물 주식을 사면서 현물 투자액의 10분의 1은 개별주식 선물 매도 계약이나 풋옵션을 사는 식으로 병행 투자한다면, 현물 주가가 폭락하더라도 선물·옵션에서 득 봄으로써 손실의 10% 정도는 줄일 수 있기 때문이다.

실제로 기관투자가는 평소 현물과 선물·옵션에 병행 투자해서 현물 투자 위험을 줄인다. 그런 만큼 현물 주식에 과감하게 투자해서 증시를 활성화하는 역할도 한다. 하지만 개인이 선물·옵션에 투자할 때는 헤지보다 투기를 목적으로 하는 경우가 더 많다. 주가 방향만 잘 맞히면 비교적 적은 돈으로 현물시장에서 얻기 힘든 대박을 터뜨릴 수 있기 때문이다.

주식 용어 찾아보기

ㄴ

ㄷ

ㄹ

ㅁ

ㅂ

ㅇ

ㅈ

ㅊ

ㅋ

ㅌ

ㅍ

ㅎ

숫자·영문 용어